Neue Wissenschaftliche Bibliothek

Max Weber

Die protestantische Ethik und der »Geist« des Kapitalismus

# Max Weber

# Die protestantische Ethik und der »Geist« des Kapitalismus

Textausgabe auf der Grundlage
der ersten Fassung von 1904/05
mit einem Verzeichnis der wichtigsten
Zusätze und Veränderungen
aus der zweiten Fassung von 1920
herausgegeben und eingeleitet von
Klaus Lichtblau und Johannes Weiß

Die Deutsche Bibliothek: CIP-Einheitsaufnahme
**Weber, Max** : Die protestantische Ethik
und der »Geist« des Kapitalismus / Max Weber. –
Bodenheim : Athenäum Hain Hanstein, 1993
(Neue wissenschaftliche Bibliothek)
ISBN 3-8257-4771-9


Satz: Satzbüro Norbert Geldner, Frankfurt
Druck: Nexus Druck GmbH, Frankfurt
Bindung: Nexus Druck GmbH, Frankfurt
Printed in Germany
ISBN 3-8257-4771-9

# Inhalt

# Einleitung der Herausgeber

Max Webers erstmals 1904–05 veröffentlichte und 1920 in seine *Gesammelten Aufsätze zur Religionssoziologie* in erweiterter Form aufgenommene berühmte Studie über die *Protestantische Ethik*[1] hat trotz zahlreicher Anfechtungen und Widerlegungsversuche, die ihre lange und selbst für den Fachmann kaum mehr zu überschauende Wirkungsgeschichte begleitet haben, bis heute nichts von ihrer ursprünglichen Faszinationskraft eingebüßt. Obgleich Weber selbst wiederholt davor gewarnt hatte, daß es genauso einseitig und problematisch sei, die Beschränktheiten einer rein „ökonomischen Geschichtsbetrachtung" durch eine dezidiert „idealistische" bzw. „spiritualistische" Geschichtskonstruktion zu ersetzen, ist seine Protestantismusstudie gleichwohl immer wieder vor allem sowohl als eine inhaltliche als auch methodologische Gegenposition gegenüber zentralen Grundannahmen der Marxschen Geschichtsphilosophie und Gesellschaftstheorie verstanden worden. Die Eigenart von Webers Fragestellung, die Art der Begriffsbildung und die methodische Vorgehensweise haben dabei zu zahlreichen Irritationen bezüglich seines eigentlichen Anliegens geführt. Denn dieses läßt sich keinesfalls so deuten, daß Weber in seiner Protestantismusstudie nun von einem „bürgerlichen" Standpunkt aus eine umfassende Antwort auf die Frage nach der historischen Herkunft, der epochalen Eigenart und dem mutmaßlichen Schicksal des modernen Kapitalismus zu geben versuchte. Vielmehr ging es ihm in letzterer Hinsicht nur um den viel bescheideneren Anspruch, auf einen inneren, d.h. *sinnhaften* Zusammenhang bzw. auf eine „Wahlverwandtschaft" zwischen *einem* – von mehreren – konstitutiven Bestandteil des modernen kapitalistischen „Geistes" und den religiösen Wurzeln der modernen Berufsethik im Sinne einer rationalen Methodik der Lebensführung und -reglementierung aufmerksam zu machen, wie sie in den verschiedenen Strömungen des asketischen Protestantismus seit der Reformation in Westeuropa und später in Nordamerika in den führenden Ländern des beginnenden Industrialisierungsprozesses mehr oder minder stark ausgeprägt war.[2]

Webers eigentliche „These" war also von ihm selbst bewußt mit zahlreichen Kautelen und Einschränkungen versehen worden. Auch war sie an sich nicht „neu“, hatten doch bereits vor ihm verschiedene andere Autoren auf einen historischen Zusammenhang zwischen der „calvinistischen Diaspora“ und den ursprünglichen Verbreitungsgebieten des modernen industriellen Kapitalismus aufmerksam gemacht.[3] Eine stärkere Berücksichtigung seiner strikten Unterscheidung zwischen den verschiedenen kapitalistischen Wirtschaftsformen, die bereits *vor* dem Beginn des Industrialisierungsprozesses in den verschiedensten Epochen der europäischen Geschichte und auch in vielen außereuropäischen Kulturen anzutreffen seien, sowie der epochalen Eigenart des modernen industriellen Kapitalismus einerseits als auch seine grundbegriffliche Unterscheidung zwischen dem *Geist* und der *Form* des modernen kapitalistischen Wirtschaftssystems andererseits hätten dabei zahlreiche Kontroversen und schiefe Konfrontationsstellungen vermeiden helfen können, die bis heute eine sachliche Diskussion und auch philologisch adäquate Rezeption seiner „These“ erschweren.[4] Webers Protestantismusstudie kann also nur in einem sehr *eingeschränkten* Sinne als ein genuiner Beitrag zur Wirtschafts- und Kulturgeschichte des modernen Kapitalismus verstanden werden. Warum ist ihr dennoch im Laufe der Zeit eine solch ungeheuere *wirkungsgeschichtliche* Bedeutung zugewachsen?

Innerhalb der modernen Soziologie wird – im Unterschied zur zeitgenössischen Wirtschafts- und Sozialgeschichte – bis heute noch am uneingeschränktesten an Webers Protestantismusstudie als einem kanonischen Text festgehalten. Das Bedürfnis nach einer intellektuellen Fundierung des Faches mit Hilfe eines höchst anspruchsvollen Werks eines großen „Klassikers“, die nachträgliche soziologische Reinterpretation der *Protestantischen Ethik*, welcher Weber bereits selbst durch ihre Überarbeitung und Aufnahme in seine *Gesammelte Aufsätze zur Religionssoziologie* Vorschub leistete und schließlich der bundesrepublikanische Reimport der maßgeblich durch Talcott Parsons geprägten nordamerikanischen Weber-Rezeption haben diese erstaunliche Karriere eines Textes begünstigen helfen, der ursprünglich alles andere als einen bewußten Meilenstein auf dem sicheren Weg hin zu einer einzelwissenschaftlich orientierten Spezialdisziplin verkörperte.[5] Zwar wurden insbesondere von soziologischer Seite aus mit einem großen intellektuellen Aufwand und auf einem hohen Anspruchsniveau die internen logischen und entwicklungsgeschichtlichen Beziehungen zwischen Webers Protestantismusstudie und seinen diversen späteren Schriften herausgearbeitet, um diese schließlich als exemplarischen Beitrag zu einer soziologischen Modernisierungstheorie zu dechiffrieren, welche der historischen Eigenart des okzidentalen Rationalismus auch in anderen zentralen Erscheinungsformen der modernen Gegenwartskultur nachzuspüren und diese innerhalb des Bezugsrahmens eines taxonomischen Begriffssystems zu verorten versuchte.[6] Jedoch traten im Rahmen dieser Bemühungen die begrifflich-analytischen Unterscheidungen und die Rekonstruktion von werkinternen Verweisungszusammenhängen dabei aber oft tendenziell an die Stelle einer Überprüfung der theoretischen Grundannahmen anhand der entsprechenden historischen Quellen, von der jede recht verstandene „historische Sozialwissenschaft“ doch eigentlich zehrt.

Ein eher umgekehrtes Gewichtungsverhältnis zwischen begrifflich-analytischem Unterscheidungsvermögen und der Konfrontation der theoretischen Konstrukte mit der historischen Datenbasis kennzeichnet dagegen die Rezeption der Weberschen Protestantismusstudie bei zahlreichen Vertretern der akademischen Geschichtsschreibung. Dieses grundsätzliche Mißtrauen gegenüber vorschnellen Generalisierungen läßt sich dabei sicherlich nicht auf das fachbedingte Ressentiment der Historiker im Sinne einer fehlenden Bereitschaft reduzieren, nun ihrerseits unhinterfragt „die Götzenbilder der Soziologen anzubeten“[7]. Webers eigene Auseinandersetzung mit maßgeblichen fachhistorischen Kritikern seiner Studie, auf die später noch einzugehen sein wird, belegt nämlich eindringlich, wie schwer es offensichtlich der akademischen Geschichtsforschung gewesen ist, der Eigenart seiner Begriffsbildung und Theoriekonstruktion im Rahmen einer vermeintlichen historischen „Widerlegung“ bestimmter begriffs- und sozialgeschichtlicher „Ableitungs“-Versuche Webers auf der Ebene von konkreten epochen- und länderspezifischen Fallanalysen gerecht zu werden.[8] Empirische Relativierungen bzw. Falsifizierungsversuche von zentralen Bestandteilen seiner „These“ auf der einen Seite stehen dabei dem insbesondere in den letzten Jahren zu beobachtenden Bestreben gegenüber, seine Protestantismusstudie zumindest als exemplarischen Beitrag und Meilenstein der modernen zeitgenössischen Kulturgeschichtsschreibung und der historischen Mentalitätenforschung in ihrer paradigmatischen Bedeutung grundsätzlich anzuerkennen.[9]

Die wirkungsgeschichtliche Bedeutung der *Protestantischen Ethik* wäre jedoch höchst unzureichend beschrieben, wenn man sie nur im Hinblick auf diverse fachspezifische Rezeptionsprozesse in Betracht ziehen würde. Denn neben dem unbestrittenen wissenschaftsgeschichtlichen Stellenwert dieser Studie lassen sich auch eine Reihe von weiteren Bedeutungsdimensionen identifizieren, welche zugleich auf den *außerakademischen* Entstehungszusammenhang dieser Untersuchung und ihre *ideenpolitische* Stoßrichtung im Kontext der allgemeinen kulturellen Aufbruchsstimmung und Reformbestrebungen der Jahrhundertwende verweisen. Zum einen lassen sich nämlich zahlreiche Bezüge zwischen Webers eigener Biographie, seiner Familiengeschichte sowie seiner Kritik an der Stellung des deutschen Bürgertums innerhalb der politischen Kultur des wilhelminischen Kaiserreichs feststellen, die sich in der *Protestantischen Ethik* niedergeschlagen und in Gestalt einer eigenwilligen Genealogie des spezifischen Ethos der modernen bürgerlichen Form der Lebensführung symptomatisch verdichtet haben.[10] Nicht zufällig ist diese Studie deshalb gewissermaßen als Webers „persönlichster" Text anzusehen, von dessen Überarbeitung er auch noch in der definitiven Fassung der zweiten Auflage von 1920 sagte, daß er trotz der zahlreichen Ergänzungen und Modifikationen „*nicht einen* einzigen Satz ..., der irgendeine sachlich wesentliche Behauptung enthielt, gestrichen, umgedeutet, abgeschwächt oder sachlich *abweichende* Behauptungen hinzugefügt habe"[11].

Zum anderen stellt dieser Text auch ein bewußtes politisches Manifest im Sinne eines kulturellen Orientierungsangebots für das seit der Gründung der Nationalliberalen Partei politisch wie kulturell gespaltene deutsche Bürgertum dar, das Weber nun auf die Verwurzelung der bürgerlichen Freiheitsrechte und der modernen kapitalistischen Berufsethik innerhalb der religiösen Tradition des asketischen Protestantismus und der puritanischen Revolution im England des 17. Jahrhunderts als der eigentlichen „heroischen" Epoche des okzidentalen Bürgertums aufmerksam zu machen versuchte. Webers „Anglophilie" und seine Bewunderung des wirtschaftlichen Erfolges des angelsächsischen Kapitalismus sowie der politischen Überlegenheit der parlamentarischen Demokratien in England und den U.S.A. gegenüber den autokratischen Monarchien Mittel- und Osteuropas wird somit zum entscheidenden Ferment für seine kulturgeschichtliche Rekonstruktion der historischen Grundlagen des westlichen Liberalismus, dessen revolutionäres Potential er gleichermaßen gegenüber dem Traditionalismus katholischer Provenienz als auch der obrigkeitsstaatlichen Fixierung des lutheranischen Protestantismus deutscher Prägung geltend gemacht hatte.[12] Nicht zufällig wird deshalb dieses Loblied auf den anglo-amerikanischen Puritanismus zur eigentlichen Drehscheibe der insbesondere durch Talcott Parsons geprägten nordamerikanischen Weber-Rezeption, in der die Kulturwerte des asketischen Protestantismus nun zur unverzichtbaren Voraussetzung eines erfolgreichen gesamtgesellschaftlichen Modernisierungsprozesses hochstilisiert werden und die im Kontext der „Reeducation“ nach dem Zweiten Weltkrieg auch in der Bundesrepublik Deutschland weite Verbreitung fand und bis vor nicht allzulanger Zeit zumindest das fachsoziologische Weber-Verständnis maßgeblich prägte.[13]

Webers Rekonstruktion der *asketischen* Grundlagen des modernen kapitalistischen „Geistes“ und des bürgerlichen „Ethos“ der Lebensführung beinhaltet aber ferner zugleich eine Reihe von psychologischen Grundannahmen und eine Theorie der „Triebverdrängung“ bzw. der Affektkontrolle und der kulturellen „Sublimierung“, die ihn mit zwei weiteren kulturtheoretischen Klassikern der Jahrhundertwende verbindet: nämlich mit Nietzsche und Freud. Die Bedeutung von Webers Nietzsche-Rezeption für die Entwicklung seines Werkes ist in den letzten Jahren wiederholt ausführlich beschrieben worden.[14] Sie läßt sich auch anhand der beiden Fassungen der *Protestantischen Ethik* nachweisen, welche durchaus als eine thematische Variation von Nietzsches zentraler Frage: „Was bedeuten asketische Ideale?“ verstanden werden kann, wie dieser sie insbesondere der dritten Abhandlung seiner „Genealogie der Moral“ aus dem Jahre 1887 zugrunde legte. Auch die Bezüge zwischen Weber und Freud sind in der bisherigen Sekundärliteratur des öfteren hervorgehoben worden.[15] In diesem Zusammenhang sind auch naheliegende Versuche festzustellen, Webers eigene Lebensgeschichte und die Entwicklung seines Werkes sowie die insbesondere in seiner *Protestantischen Ethik* skizzierte Kulturtheorie selbst zum „symptomatischen“ Gegenstand einer psychoanalytisch bzw. psychohistorisch orientierten Fallanalyse zu nehmen.[16] Dabei hätte aller Aufregung ob dieser vermeintlichen „Entdeckung“ bzw. „Entlarvung“ zum Trotze selbst eine oberflächliche Lektüre der beiden Fassungen seiner Protestantismusstudie leicht zeigen können, daß sich Weber nicht zuletzt aufgrund seiner eigenen nervösen Erkrankung seit der Jahrhundertwende wiederholt ausführlich mit der psycho- und neuropathologischen Literatur seiner Zeit beschäftigt hat und sich gerade von der entsprechenden Fachliteratur nicht nur weitere Aufschlüsse über die persönlichkeitsmäßigen und kulturellen Implikationen von *asketischen* Praktiken der Lebensreglementierung versprach, sondern auch einen wesentlichen Beitrag zur Präzisierung von genuin *religionspathologischen* Phänomenen und Fragestellungen erhoffte. Weber war sich insofern also der konstitutiven Bezüge zwischen seiner eigenen Analyse der kulturgeschichtlichen Bedeutsamkeit der „innerweltlichen Askese“ und der entsprechenden psychopathologischen Forschung der Jahrhundertwende sehr wohl bewußt.[17]

Sein Interesse an den religiös geprägten motivationellen Grundlagen einer genuin „irrationalen“ Lebensführung – nämlich des Erwerbs ausschließlich um des Erwerbs willen – und an diversen „Hysterisierungs“-Phänomenen innerhalb der religionsgeschichtlichen Überlieferung sowie seine Beschreibung der durch den asketischen Protestantismus bewirkten „Rationalisierung“ der Techniken der Affektkontrolle und der Selbstbeherrschung im Sinne eines methodisch reglementierten Lebensstils zeigen dabei eindringlich, worum es ihm insbesondere in der *Protestantischen Ethik* ging: nämlich um einen substantiellen Beitrag zur *historischen Psychologie* des modernen Wirtschaftsmenschen und um eine „Veranschaulichung der Art, in der überhaupt die ‚Ideen‘ in der Geschichte wirksam werden“[18]. Daß Weber in diesem Zusammenhang auch die formale Gleichstellung des weiblichen Geschlechts, wie sie zu seiner Zeit insbesondere in den durch den Calvinismus und Puritanismus geprägten Ländern weit fortgeschritten war, ebenfalls auf die religiöse Tradition des durch den asketischen Protestantismus erkämpften Prinzips der Gewissensfreiheit zurückzuführen und diese asketische Tradition der „Emanzipation der Frau“ zeitweise sogar gegen die erotisch-libertären Forderungen innerhalb des linken Flügels der bürgerlichen Frauenbewegung in Deutschland auszuspielen versuchte, belegt eindrucksvoll, wie tief seine *Protestantische Ethik* zugleich mit der modernen „sexuellen Frage“ und den entsprechenden kulturellen Symptombildungen verbunden gewesen ist.[19]

Webers Protestantismusstudie muß also in vielerlei Hinsicht als ein „überdeterminierter“ Text gelesen und verstanden werden. Sie *nur* aus der Perspektive seines späteren Werkes und vor dem Hintergrund entsprechender *soziologischer* Generalisierungen zu interpretieren, bedeutet deshalb, sie vorschnell aus ihrem Entstehungszusammenhang und den kulturellen Auseinandersetzungen zur Zeit ihrer erstmaligen Niederschrift herauszulösen und dabei möglicherweise Lesarten zu vernachlässigen bzw. gar auszuklammern, welche vor dem Hintergrund der späteren Entwicklung von Webers Werk eher erschwert als gefördert worden sind.[20] Wir haben uns aus diesem Grund dazu entschlossen, Webers Protestantismusstudie in ihrer ursprünglichen Fassung, wie sie erstmals 1904–05 im „Archiv für Sozialwissenschaften und Sozialpolitik“ erschienen ist, wieder einem breiteren Publikum zugänglich zu machen, wobei zugleich mit dieser Ausgabe erstmals im Anhang auch die wichtigsten Zusätze und Veränderungen aus der zweiten und endgültigen Fassung der *Protestantischen Ethik* aus dem Jahre 1920 getrennt aufgeführt und im Originaltext entsprechend gekennzeichnet worden sind. Diese

Form der Edition hat gegenüber den bisher verfügbaren Ausgaben eine Reihe von Vorteilen, welche die vorliegende Neuausgabe solange als unentbehrliche Quellengrundlage für eine differenzierte Rezeption des Weberschen Werkes erweisen wird, bis eine entsprechende historisch-kritische Edition der beiden Fassungen der *Protestantischen Ethik* vorliegt, wie sie im Rahmen der großen *Max Weber Gesamtausgabe* geplant ist.[21] Zwar gibt es inzwischen einen auch im Buchhandel erhältlichen Faksimiledruck der Erstausgabe der *Protestantischen Ethik*, in dem jedoch auf eine Kenntlichmachung bzw. Wiedergabe der entsprechenden Veränderungen innerhalb der zweiten Auflage verzichtet wurde.[22] Demgegenüber beruhen alle anderen verfügbaren Textausgaben auf einem Nachdruck der zweiten und definitven Fassung der *Protestantischen Ethik* aus dem Jahre 1920, ohne ihrerseits die gegenüber der Erstausgabe hinzugekommenen Veränderungen kenntlich zu machen. Dies hat insbesondere in der von Johannes Winckelmann besorgten Neuausgabe der *Protestantischen Ethik*, die zusammen mit wichtigen Kritiken an Webers Studie und Webers „Antikritiken" veröffentlicht wurde, den entscheidenden Nachteil, daß hier in den entsprechenden Kritiken und Antikritiken auf einen Text Bezug genommen wird, der in der Winckelmannschen Ausgabe gar nicht zum Abdruck gekommen ist: nämlich die Originalfassung der *Protestantischen Ethik* von 1904–05, an der sich diese frühe Rezeption und Diskussion der „Weber-These" überhaupt erst entzündet hatte.[23]

Gleichwohl sollte die vorliegende Neuausgabe nicht als eine Konkurrenz, sondern als eine sinnvolle Ergänzung zu den bisher verfügbaren Texteditionen angesehen werden. Denn Weber hat seine „These" im Zuge diverser Kritiken und Antikritiken, mit den verschiedenen Fassungen seines Aufsatzes über *Die protestantischen Sekten und der Geist des Kapitalismus*, dem religionssoziologischen Kapitel in *Wirtschaft und Gesellschaft*, seinen späteren Untersuchungen über *Die Wirtschaftsethik der Weltreligionen* sowie der definitiven Fassung der *Protestantischen Ethik* aus dem Jahre 1920 entsprechend präzisiert, in einigen Punkten zum Teil auch noch zugespitzt und vor dem Hintergrund seiner späteren religionssoziologischen Schriften und universalgeschichtlichen Untersuchungen innerhalb eines übergeordneten theoretischen Bezugsrahmens neu verortet. Über diesen Weg der Kritik und der Antikritik sowie Webers Versuch einer Einordnung der Protestantismusstudie in sein späteres Werk gibt die vorliegende Ausgabe Auskunft. Sie erlaubt es erstmals dem Leser, sich selbst einen Überblick über Art und Ausmaß der von Weber später an der ursprünglichen Fassung vorgenommenen

Veränderungen zu verschaffen, ohne dazu in der Flut der Sekundärliteratur ertrinken zu müssen. Um jedoch die Lektüre der im Anhang dieser Ausgabe abgedruckten Zusätze und Veränderungen zum Zwecke einer ersten Orientierung zu erleichtern, möchten wir im folgenden einige Hinweise und Kommentare zu den wichtigsten Überarbeitungen und Ergänzungen innerhalb der zweiten Auflage geben.

Es lassen sich dabei verschiedene Arten und Grade von Veränderungen und Ergänzungen der ursprünglichen Fassung unterscheiden, die zugleich einen ersten Eindruck über das Ausmaß der von Weber nachträglich vorgenommenen Modifikationen vermitteln. Zunächst wird anhand entsprechender Verweise in der Erstausgabe und ihrer späteren Abänderung deutlich, daß Weber ursprünglich eine Fortsetzung der beiden Teilveröffentlichungen der *Protestantischen Ethik* aus den Jahren 1904–05 geplant hatte, die aus verschiedenen Gründen jedoch nicht mehr zustande kam. Webers Protestantismusstudie muß also im Grunde genommen als ein *unvollendetes Werk* betrachtet werden, dessen *fragmentarischer* Charakter erst in der zweiten Auflage von 1920 zugunsten einer eher geschlossen wirkenden Darstellung in den Hintergrund getreten ist. Einer der Gründe für diese Nichtfortsetzung der Arbeit an der *Protestantischen Ethik* kann neben der veränderten und inhaltlich erweiterten Fragestellung von Webers späteren religionssoziologischen Arbeiten in der nicht zu bezweifelnden Tatsache gesehen werden, daß Weber nun in den in der Folgezeit erschienenen Untersuchungen des mit ihm befreundeten Kollegen Ernst Troeltsch eine für sein eigenes Problem theologisch kompetente und insofern „höchst willkommene Ergänzung und Bestätigung" finden konnte, auf die er in der zweiten Fassung der *Protestantischen Ethik* wiederholt zustimmend verwies. Dies betrifft insbesondere Troeltschs Buch über *Die Soziallehren der christlichen Kirchen und Gruppen*, das 1912 bei Siebeck in Tübingen erschien.[24] Ferner hat Weber an den entsprechenden Stellen der Erstausgabe der *Protestantischen Ethik*, an denen er auf die geplante Fortsetzung seiner Studie verwies, in der zweiten Auflage zum einen Bezüge zu seinen verschiedenen „Antikritiken" aus den Jahren 1907–1910 sowie der letzten Fassung seines Sektenaufsatzes aus dem Jahre 1920 hergestellt, die gewissermaßen als eine Fortsetzung und Präzisierung der Thematik seiner Protestantismusstudie aufgefaßt werden können, und zum anderen auf weiterführende inhaltliche Fragestellungen hingewiesen, die er in seiner Vorbemerkung zu den *Gesammelten Aufsätzen zur Religionssoziologie* sowie in der Einleitung zu seinen Untersuchungen über *Die Wirtschaftsethik der Weltreligionen* entfaltet hatte.[25] Insbesondere diesen letzten Verweisen sowie den entsprechenden inhaltlichen Zusätzen, auf die noch im folgenden einzugehen sein wird, ist es zu verdanken, daß Webers Protestantismusstudie wirkungsgeschichtlich in erster Linie vor dem Hintergrund seiner späteren religionssoziologischen Untersuchungen rezipiert worden ist.

Eine weitere Form der Überarbeitung betrifft wichtige terminologische Präzisierungen bzw. Modifizierungen von zentralen Grundbegriffen der ersten Fassung der *Protestantischen Ethik*, die zum Teil als Folge seiner Auseinandersetzung mit verschiedenen Kritikern seiner Untersuchung gedeutet und als Versuch verstanden werden können, unnötige Mißverständnisse bezüglich der Eigenart seiner „These" bereits im Ansatz zu vermeiden. Dies betrifft insbesondere die Verwendung der Formulierungen *moderner Kapitalismus*, *moderner kapitalistischer Geist* und *moderne kapitalistische Unternehmung* anstelle der Verwendung der entsprechenden Begriffe ohne den Zusatz „modern", mit dem Weber nun eindeutig zum Ausdruck bringen möchte, daß seine „These" ausschließlich in bezug auf eine historisch *spezifische* Erscheinungsform des Kapitalismus, wie sie ursprünglich nur in Westeuropa und Nordamerika anzutreffen ist, Geltung beansprucht.[26] Ähnliche Präzisierungen und semantische Zuspitzungen beinhalten ferner die Ersetzung des Begriffs „bürgerliche Klassen" durch den Terminus *bürgerliche Mittelklassen*, mit dem Weber auf die spezifische *ständische Lage* der ursprünglichen sozialen Trägergruppen des modernen kapitalistischen Geistes verweist, sowie die striktere Unterscheidung bestimmter *Ausprägungen* des „altprotestantischen Geistes", d.h. insbesondere die schärfere Abgrenzung der *reformierten* Kirche von den *calvinistischen* und *puritanischen* Strömungen des asketischen Protestantismus.[27] Dagegen stellt die Ersetzung der Ausdrücke „Berufsbegriff" und „Berufsidee" durch die Termini *Berufskonzeption* und *Berufsethik* sowie der nun bevorzugte Gebrauch des Begriffs *Ethos* anstelle von „Ethik" zum einen einen Hinweis darauf dar, daß Weber mit seiner Abhandlung keine rein ideen- bzw. begriffsgeschichtliche Rekonstruktion der religiösen Ursprünge der modernen Berufskonzeption verfolgt, und zum anderen eine Klarstellung, daß seine Untersuchung weniger an einer Analyse des *dogmatischen Inhalts* als vielmehr der *praktisch-psychologischen Wirkung* dieser Berufsauffassung im Hinblick auf eine methodisch-rationale Reglementierung der alltäglichen Lebensführung interessiert ist.[28] Erwähnt sei in diesem Zusammenhang schließlich noch, daß es Weber in der zweiten Auflage im Rahmen seiner Gegenwartsdiagnose aus begreiflichen Gründen vorzog, von einer *mechanisierten* statt von einer „chinesischen" V*ersteinerung* der modernen Verhältnisse zu sprechen und daß er den ursprünglich von Werner Sombart geprägten und von ihm selbst übernommenen Begriff des *kapitalistischen* „Geistes" zumindest im Titel seiner Abhandlung nun auch *ohne* Anführungszeichen verwendet, ohne bereits an dieser Stelle ein entsprechendes Distanzierungsbedürfnis zu signalisieren.[29]

Eine weitere Reihe von Veränderungen betreffen wichtige Ergänzungen gegenüber der ersten Fassung, die zum einen auf Webers bessere Übersicht bezüglich der Quellenlage und einschlägigen Fachliteratur zurückzuführen sind und die zum anderen den nun erreichten Stand von Webers Auseinandersetzung mit verschiedenen Kritikern seiner Studie dokumentieren. Als Folge dieser Form der Überarbeitung ist insbesondere das auch bereits in der ersten Fassung beträchtliche „Fußnotengeschwulst" noch erheblich weiter aufgebläht und fast bis zur Unübersichtlichkeit gesteigert worden. Neben den Ergänzungen der bibliographischen Angaben, die vor allem auf entsprechende Hinweise von theologisch versierten Fachkollegen Webers zurückzuführen sind und die sich insbesondere in einer erheblichen Ausweitung der Ausführungen zur Geschichte des Berufsbegriffs niedergeschlagen haben,[30] sind auch eine Reihe von Zusätzen festzustellen, welche Webers erweiterten Kenntnisstand bezüglich einer stärkeren historischen Spezifizierung der „Wahlverwandtschaft" zwischen der Tradition des asketischen Protestantismus und bestimmter Bestandteile der modernen kapitalistischen Berufsethik belegen. Dies betrifft unter anderem die Inanspruchnahme von William Petty als weiteren Gewährsmann und gewissermaßen auch „Zeitzeugen" für die Begründung der Relevanz und Plausibilität von Webers „These" und die wiederholten Verweise auf die Relevanz der Arbeiten von Ernst Troeltsch bezüglich einer entsprechenden religionsgeschichtlichen Erweiterung und Absicherung von Webers Protestantismusstudie.[31] Ferner hat Weber unter dem Eindruck der 1914 erschienenen Heidelberger Dissertation von Paul Honigsheim in der zweiten Auflage nun auch verschiedene Vergleiche zwischen der Tradition des asketischen Protestantismus und der religiösen Eigenart der französischen Jansenisten sowie der Gedankenwelt von Port Royal und dem Werk Pascals eingearbeitet, um sowohl Übereinstimmungen bezüglich ihrer Auffassung der Vorherbestimmung als auch grundlegende Unterschiede zwischen der jansenistischen Form der Frömmigkeit und der puritanischen Ethik kenntlich zu machen.[32] Überdies hat sich Webers langjährige Beschäftigung mit den Werken von Kierkegaard und Nietzsche in zwei entsprechenden Zusätzen der Zweitauflage explizit niedergeschlagen. Denn der für die dänische Ziviltheologie grundlegende Gegensatz zwischen dem „Einzelnen“ und der „Ethik“ wird nun dem calvinistischen Persönlichkeitsideal und dessen „Kräfteökonomie“ gegenübergestellt, für die jener Gegensatz gerade *keine* Rolle spiele. Und die ursprünglich insbesondere von Georg Simmel vertretene *ethische* Interpretation der Nietzscheschen Lehre einer „ewigen Wiederkunft des Gleichen“ wird nun von Weber für einen Vergleich dieses „züchtigenden Gedankens“ mit dem puritanischen Prädestinationsglauben in Anspruch genommen, um sowohl ihre prinzipielle Übereinstimmung hinsichtlich des zugrundeliegenden ethischen Imperativs als auch ihre unterschiedlichen *bewußtseinsmäßigen* Implikationen zu unterstreichen.[33]

Erheblichen Raum innerhalb der Veränderungen der Zweitauflage nimmt auch Webers fortgesetzte Auseinandersetzung mit zentralen Kritikern seiner Studie ein. Diese Auseinandersetzung hat sich unter anderem in einer Reihe von Einschüben niedergeschlagen, in denen sich Weber ausführlich über das Verhältnis zwischen den *rationalen* und den *irrationalen* Bestandteilen des kapitalistischen Erwerbsstrebens sowie über den konstitutiven Unterschied zwischen dem *Kapitalismus im allgemeinen* und dem *modernen industriellen Kapitalismus* äußert. Ferner hebt Weber hierbei wiederholt den Gegensatz zwischen dem „parvenuehaften“ und „plebejischen“ Charakter des „zum Unternehmer aufsteigenden *Mittel- und Kleinbürgertums*“ als der eigentlichen sozialen Trägergruppe des beginnenden Industrialisierungsprozesses und dem grandseigneuralen Lebensstil der Landlords und der traditionellen patriarchalischen „Hausväter“, der internationalen Finanzaristokratie, der Staatsmänner und Fürsten sowie der hohen Staats- und Verwaltungsbeamten und dem geschäftlichen Gebaren der kapitalistischen „Abenteurer“, „Projektmacher“ und „Spekulanten“ verschiedenster Art hervor, das eben gerade kein Charakteristikum der Neuzeit darstelle, sondern zu allen Epochen und in den verschiedensten Kulturen anzutreffen sei.[34] Diese Ausführungen stehen dabei in einem engen Zusammenhang mit zentralen Gegenargumenten und konkurrierenden Deutungsmodellen bezüglich der historischen Genese des modernen kapitalistischen Geistes, wie sie insbesondere von Werner Sombart und Lujo Brentano gegenüber Webers Studie geltend gemacht wurden.[35] Webers explizite Auseinandersetzung mit Sombart und Brentano, der er eine Reihe von zum Teil ausführlichen Fußnoten in der Neufassung der *Protestantischen Ethik* gewidmet hat, kann dabei als eine Wiederaufnahme und Fortsetzung jener Art von „Antikritik“ verstanden werden, wie er sie in den Jahren 1907–1910 bereits in ähnlicher Weise gegenüber den entsprechenden Kritiken von H. Karl Fischer und Felix Rachfahl geltend gemacht hatte.[36] Ferner ist hervorzuheben, daß sowohl Sombart als auch Brentano gegenüber der von Weber vertretenen „Protestantismus-These“ in einem gewissen Sinne das „katholische Lager“ repräsentieren, so daß ihre Kritik als auch Webers diesbezügliche Antikritik zugleich als eine Fortsetzung des „Kulturkampfes“ mit anderen Mitteln angesehen werden können. Aufgrund der prinzipiellen Bedeutung dieser Art von „Kritik“ und „Antikritik“ für ein adäquates Verständnis von Webers Protestantismusstudie und aufgrund des Umfangs, den Weber diesen beiden Kritikern in der zweiten Auflage der *Protestantischen Ethik* eingeräumt hat, soll deshalb an dieser Stelle etwas ausführlicher auf Webers Auseinandersetzung mit Sombart und Brentano eingegangen werden.

Das gelegentlich den Charakter eines „Kulturkampfes“ tragende Wechselspiel von Kritik und Antikritik wird besonders in Webers Auseinandersetzung mit bestimmten Thesen Sombarts deutlich, wie sie jener in seinem 1913 erschienenen Buch „Der Bourgeois“ vertreten hatte, das Weber ironisch als ein „‚Thesenbuch‘ im schlechtesten Sinn des Wortes“ bezeichnete. Sombart, der nie müde wurde, immer neue soziale Trägergruppen und historische Vorläufer des modernen kapitalistischen Geistes gegenüber Webers „These“ ins Spiel zu bringen, hatte in seiner eigenen Untersuchung über diese „Geistesgeschichte des modernen Wirtschaftsmenschen“ zum einen die relative „Fortschrittlichkeit“ und „Kapitalfreundlichkeit“ der scholastischen Wirtschaftsethik gegenüber der diesbezüglich „rückständigen“ puritanischen Ethik behauptet und zum anderen in dem Renaissanceschriftsteller Leon Battista Alberti einen historischen Vorgänger des auch von Weber als Beleg für seine These in Anspruch genommenen Benjamin Franklin identifiziert, welcher bereits alle wesentlichen Elemente von Franklins Utilitarismus und „Geschäftstüchtigkeit“ im modernen Sinne vorweggenommen habe. Sombart bezog sich bei seiner Einschätzung des kanonischen Zinsverbotes und der insbesondere in den Schriften von Bernhardin von Siena und Antonin von Florenz vertretenen scholastischen Wirtschaftsethik dabei vor allem auf eine 1912 in der Schriftenreihe der Görres-Gesellschaft erschienene Untersuchung von Franz Keller, die von Weber explizit der katholischen „Apologetik“ bezichtigt wurde. Gegenüber Sombart und Keller macht Weber nun den Einwand geltend, daß gerade das kanonische Zinsverbot *kein* relevantes Unterscheidungsmerkmal zwischen der katholischen und der reformierten Ethik darstelle, da das Zins- und Wucherverbot auch in den verschiedensten anderen religiösen Ethiken anzutreffen sei und im übrigen auch noch die hugenottische ebenso wie die niederländische Kirchengeschichte des 16. Jahrhunderts geprägt habe. Auch hält Weber die von Sombart vertretene Annahme für abwegig, daß das kanonische Wucherverbot gerade die *produktive Kapitalanlage* unberührt gelassen und somit in direkter Weise den modernen „Unternehmungsgeist" gefördert habe. Weber sieht demgegenüber in Bernhardin von Siena und Antonin von Florenz „spezifisch rational *asketisch* ausgerichtete Mönchsschriftsteller", die ähnlich wie später die Jesuiten sich darum bemüht hätten, den Unternehmungsgewinn des Kaufmanns als Entschädigung für dessen im übrigen ebenfalls der Mönchsaskese entstammenden *industria* als ethisch erlaubt zu rechtfertigen. Dagegen fehle sowohl bei den Scholastikern als auch bei Alberti gerade der für Webers „These" entscheidende Gedanke der *Bewährung* des eigenen Heils im *Beruf*, weil sie noch nicht jene *psychischen Prämien* kannten, welche gerade die puritanische Ethik mit dem Gedanken der Geschäftstüchtigkeit verband und „welche dem Katholizismus notwendig fehlen mußten, da seine Heilsmittel eben andere waren"[38].

Auch die Gleichsetzung von Leon Battista Alberti mit Benjamin Franklin hält Weber nur insoweit für gerechtfertigt, als sie deren ethische Empfehlung einer weltzugewandten „Wirtschaftlichkeit" betreffen. Nur sei hier der grundlegende Unterschied zu berücksichtigen, daß dieser „moderne" *Utilitarismus* bei Alberti *noch nicht*, bei Franklin dagegen *nicht mehr* mit entsprechenden religiösen Motiven verbunden gewesen sei. Bei Alberti überwiege demgegenüber viel eher eine „Lebensklugheit" im Sinne des ökonomischen Rationalismus von *antik-heidnischen* Schriftstellern, deren Bedeutung Weber im Hinblick auf die „neuzeitliche" Art der Wirtschaftspraxis zwar grundsätzlich anerkennt, gleichwohl strikt von der puritanischen Ethik zu unterscheiden bemüht ist. Im übrigen sieht Weber im Gegensatz zu der von Sombart vertretenen Ansicht in Alberti eher einen aus vornehmsten florentinischen „Kavaliersfamilien" entstammenden *Literaten*, nicht aber einen durch „bürgerliche" Verhältnisse geprägten Wirtschaftsethiker, dessen „Ressentiment" gegenüber der Aristokratie ihn zum Träger und Verkünder der modernen kapitalistischen Wirtschaftsgesinnung im Sinne der asketischen Berufspflicht gemacht habe. Mangelnde Unterscheidungen zwischen der *Haushaltsführung* und dem *Erwerb* einerseits sowie der *Vermögensanlage* im allgemeinen und der *Kapitalverwertung* im besonderen sind Weber zufolge weitere entscheidende Gründe dafür, warum Sombart die wahre historische Stellung und Bedeutung Albertis im Kontext eines noch vorwiegend auf die traditionelle Form der Haushaltung bezogenen „ökonomischen Rationalismus" verkannt habe. Im übrigen macht Weber sowohl gegenüber Alberti als auch den scholastischen Wirtschaftsethikern den grundsätzlichen Einwand geltend, daß ihre ökonomischen Lehren eher eine *Widerspiegelung* der bzw. eine *Akkomodation* an die gegebenen wirtschaftlichen Verhältnisse ihrer Zeit verkörperten als eine „Argumentation aus zentralen religiösen Positionen heraus", welche im Unterschied zu einer rein im Dogmatischen verbleibenden „Ethik" bzw. „Literatenlehre" gerade die *individuellen* Antriebe zum *praktischen Handeln* mit bestimmten religiösen *Heilsinteressen* und entsprechenden *psychologischen* Heilsprämien verbinde.[39]

Auch Brentanos Kritik an zentralen Grundannahmen von Webers Protestantismusstudie ist durch den Versuch gekennzeichnet gewesen, zum einen die Bedeutung der puritanischen Ethik für die Entstehung des modernen kapitalistischen Geistes zu relativieren und zum anderen ältere Traditionen und alternative soziale Trägergruppen der kapitalistischen Wirtschaftsgesinnung geltend zu machen. Dies betrifft insbesondere seine grundsätzliche Infragestellung von Webers These, daß die lateinisch-katholischen Völker im Unterschied zu den protestantischen Gebieten noch nicht den Begriff des *Berufes* in der von Weber in Anspruch genommenen Bedeutung kannten, sowie seinen Einwand, daß gegenüber der z.B. bereits bei Jakob Fugger anzutreffenden Wirtschaftsgesinnung die diesbezügliche Auffassung Calvins und der Puritaner geradezu *traditionalistisch* statt „kapitalistisch" geprägt gewesen sei. Weber weist nun in seiner entsprechenden Replik darauf hin, daß auch Brentano nicht zureichend zwischen dem wirtschaftlichen *Erwerb* im allgemeinen und dem *kapitalistischen Erwerbsstreben* im besonderen unterscheide. Dies führe unter anderem dazu, daß Brentano die wirtschaftliche Rolle der *Emigranten* aller Konfessionen als Bankiers gegenüber der eigentlichen Trägergruppe der kapitalistischen Berufsethik zu stark betone und insofern bei der Erklärung der Entstehung des modernen Kapitalismus auf eine überall anzutreffende Erscheinung, nicht aber auf eine historisch *spezifische* Kompenente zurückgreife.[40] In ähnlicher Weise wie gegenüber Sombart versucht Weber ferner auch Brentanos Insistieren auf der Bedeutung der „heidnischen Emanzipation vom Traditionalismus" für die Entstehung der modernen Wirtschaftsgesinnung zu relativieren. Brentanos Versuch, die mittelalterlich-mönchische Form der Lebensführung als Vorwegnahme der asketischen Grundlagen der puritanischen Berufsethik zu interpretieren und letzterer dabei jeden Innovationsanspruch abzusprechen, wird von Weber dagegen mit dem Argument zurückgewiesen, daß es ihm gerade um den Nachweis der *innerweltlichen* Wendung einer ursprünglich rein *außerweltlich* orientierten Form der methodisch-rationalen Lebensreglementierung gehe und daß er insofern diesen historischen Zusammenhang nicht „übersehen", sondern selbst wiederholt betont habe, was sich insbesondere auch in seiner Rekonstruktion der „asketischen Provenienz" des modernen Berufsbegriffs niedergeschlagen habe.[41] Auch Brentanos Versuch, einen Widerspruch zwischen dem nüchtern-rationalen „Geschäftssinn" und der philanthropischen Grundorientierung Benjamin Franklins zu konstruieren sowie die relative kapitalistische „Rückständigkeit" der puritanischen Moraltheologie Richard Baxters mit dessen „Antimammonismus" zu begründen, wird von Weber mit dem Argument kritisiert, daß es im ersten Fall gerade entscheidend sei zu klären, wie ein solcher Philanthrop jene nüchterne Lebensmethodik im Stile eines *Moralisten* vortragen konnte, während es im letzteren Fall zu verstehen gelte, wie eine solche „antimammonistische" Lehre gleichwohl die Entstehung des spezifisch *ökonomischen Rationalismus* fördern helfen konnte. Was Brentano zu Recht als *Paradoxie* kritisiert, wird insofern von Weber ausdrücklich als eine historische Paradoxie anerkannt, um so zugleich den „widernatürlichen" bzw. „irrationalen" Charakter des auf *asketischer* Grundlage beruhenden kapitalistischen Erwerbsstrebens zu unterstreichen.[42]

Schließlich können wir in der zweiten Auflage der *Protestantischen* Ethik eine Reihe von Ergänzungen feststellen, welche Weber vor dem Hintergrund seiner eigenen späteren religionssoziologischen Untersuchungen, d.h. insbesondere unter Bezugnahme auf entsprechende Überlegungen im religionssoziologischen Kapitel von *Wirtschaft und Gesellschaft* sowie in den Aufsätzen über *Die Wirtschaftsethik der Weltreligionen* vorgenommen hat und die letztendlich nur im Zusammenhang mit diesen späteren Schriften voll verständlich sind. Dies betrifft vor allem die Vergleiche mit den verschiedenen *außereuropäischen Religionen*, die Weber meist kursorisch eingefügt hat, um nun zum einen die historische Eigenart des asketischen Protestantismus in einem *universalgeschichtlichen* Kontext zu unterstreichen und um zum anderen die entsprechenden Bezüge zu seinen späteren religionssoziologischen Untersuchungen hervorzuheben. Erwähnt seien hier insbesondere seine Bezugnahme auf die „organische" religiöse Ethik und den „Berufstraditionalismus" der *hinduistischen* Kastenordnung und Wiedergeburtslehre, die

Bedeutung der „Heilsgewißheit" im *Buddhismus* als weiteres Beispiel für eine historisch bedeutsame „nicht sakramentale Erlösungsreligion", die „prädeterministische" (statt: „prädestinatianische") Auffassung der Vorherbestimmung im *Islam* sowie die Verweise auf den indischen *Jainismus* und den indisch-iranischen *Parsismus*.[43]

Eine besondere Bedeutung kommt in diesem Zusammenhang Webers Auseinandersetzung mit dem Verhältnis der „*jüdischen Ethik*" zum modernen ökonomischen Rationalismus zu, wie es namentlich von Werner Sombart zur Diskussion gestellt, später von Lujo Brentano wiederaufgenommen und schließlich von Weber selbst in seiner Studie über *Das antike Judentum* ausführlich erörtert wurde.[44] Bereits in der ersten Fassung der *Protestantischen Ethik* hatte Weber wiederholt auf die Bedeutung der Rezeption des *Alten Testaments* und insbesondere der Übernahme wesentlicher Züge der alttestamentlichen Gottesvorstellung innerhalb des asketischen Protestantismus, ferner auf „das Eindringen alttestamentlich-jüdischen Geistes in den Puritanismus" sowie die „Wirkung nüchterner hebräischer Lebensweisheit" auf die puritanische „Lebensstimmung" hingewiesen, gleichwohl davor gewarnt, diesen „English Hebraism" als eine unmittelbare und ungebrochene Wiederaufnahme der „alttestamentlichen Sittlichkeit" zu betrachten.[45] In den entsprechenden Zusätzen der Zweitauflage ist Weber nun vor dem Hintergrund der von Sombart vertretenen „Thesen" darum bemüht, stärker die *Unterschiede* zwischen der *jüdischen* und der *puritanischen* Ethik hinsichtlich ihrer „praktischen Dogmatik" hervorzuheben. Zwei Gesichtspunkte sind es, die Weber zufolge entscheidend dazu beigetragen haben, daß die Wirtschaftsethik des Judentums trotz seines *formalgesetzlichen Rationalismus* im wesentlichen traditionalistisch verhaftet geblieben ist. Denn zum einen behinderte hier eine „*doppelte (Innen- und Außen-)Ethik*", d.h. die ökonomische Ungleichbehandlung der Glaubensbrüder und der Glaubensfremden eine volle Entfaltung des der jüdischen „Gesetzes"-Ethik an sich zugrundeliegenden Rationalisierungspotentials. Zum anderen sieht Weber auch in dem mittelalterlichen und neuzeitlichen Judentum die Verkörperung eines „politisch oder spekulativ orientierten „Abenteurer"-Kapitalismus" bzw. ethisch gewendet: eines „*Paria*-Kapitalismus", welcher das Judentum gerade *nicht* dazu qualifiziert habe, sich zur maßgeblichen sozialen Trägerschicht der Verkündung und praktischen Umsetzung eines „Ethos des rationalen bürgerlichen *Betriebs* und der rationalen Organisation der *Arbeit*" zu entwickeln.[46]



Weber macht in den Zusätzen zur Zweitauflage der *Protestan-*

*tischen Ethik* aber auch von einigen religionssoziologischen Grundbegriffen Gebrauch, deren prinzipielle Bedeutung und systematischer Stellenwert allein im Kontext seiner späteren religionssoziologischen Schriften voll verstanden und erschlossen werden können. Dies betrifft zum einen den Rückgriff auf das *Theodizee*-Problem und die Bezugnahme auf die religionsgeschichtliche Bedeutung der *Prophetie*, zum anderen die grundbegriffliche Unterscheidung zwischen *Mystik* und *Askese* als zwei idealtypisch voneinander abzugrenzende Formen religiöser Heilssuche sowie zwischen *Kirche* und *Sekte* als zwei grundsätzlich unterschiedliche soziale Organisationsformen des *praktischen* religiösen Lebens.[47] Insbesondere die beiden typologischen Unterscheidungen zwischen *Mystik* und *Askese* sowie *Kirche* und *Sekte* hatte Weber zwar bereits in der ersten Fassung seiner Protestantismusstudie wiederholt verwendet, die ihnen zugrundeliegenden Bedeutungsgehalte dagegen nicht zuletzt in Anlehnung an und Abgrenzung von entsprechenden terminologischen Unterscheidungen und religionsgeschichtlichen Untersuchungen seines Kollegen und Freundes Ernst Troeltsch erst nachträglich explizit in den Rang von religionssoziologischen *Grundbegriffen* erhoben. Mit der entsprechenden Präzisierung dieser Grundbegriffe ist Weber nun zum einen in der Lage, die historische Eigenart der *innerweltlichen Askese* als eines gottgewollten *Handelns* noch stärker als bisher von der *emotionalen* Religiosität und „Innerlichkeit" der *weltflüchtigen Mystik* abzugrenzen. Zum anderen verweist nun die stärkere Konturierung des Gegensatzes zwischen den sozialen Organisationsformen und den Implikationen der verschiedenen *Kirchen*verfassungen gegenüber dem „voluntaristischen Verband" der *Sekte* auf die spezifische Art des Gemeinschaftslebens und der sozialen Kontrolle innerhalb der verschiedenen puritanischen Denominationen, wie sie Weber bereits in den verschiedenen Fassungen seines Sektenaufsatzes behandelt hatte.[48]

Als völlig irritierend können dagegen insbesondere jene Zusätze bezeichnet werden, in denen Weber von dem großen universalgeschichtlichen Prozeß der *Entzauberung* der Welt spricht, der mit der „altjüdischen Prophetie" beginne und „im Verein mit dem hellenischen wissenschaftlichen Denken" aufgrund der strikten Ausschaltung aller *magisch-sakramentaler* Heilsmittel schließlich innerhalb der puritanischen Ethik seinen „Abschluß" finde. Diese Stellen müssen jedem Leser der Endfassung der *Protestantischen Ethik*, der Webers späteres religionssoziologisches Werk und die entsprechende Sekundärliteratur noch nicht kennt, notwendig als Fremdkörper erscheinen, da sie mit der *ursprünglichen* Fragestellung seiner Protestantismusstudie nicht ohne weiteres zu erklären und in Übereinstimmung zu bringen sind.[49] Denn mit dem Begriff der „Entzauberung der Welt" bezeichnet Weber nun einen Jahrtausende umfassenden und nicht nur auf die Geschichte des okzidentalen Christentums beschränkten Prozeß der *Rationalisierung* von Weltbildstrukturen und der Ausschaltung aller nicht-ethischen, „übernatürlichen" Wege der Heilssuche, wie er nur vor dem Hintergrund seiner späteren universalgeschichtlich-kulturvergleichenden Problemstellung zum Gegenstand entsprechender Einzeluntersuchungen erhoben werden konnte.[50] Webers nachträgliche Einordnung der *Protestantischen Ethik* in dieses übergreifende religionssoziologische Bezugssystem macht nun zwar zum einen die Anschlußstellen zwischen dieser frühen Studie und seinen späteren Arbeiten deutlich. Sie hat damit aber zum anderen den Weg hin zu einer Rezeption seiner Protestantismusstudie geöffnet, welche deren ursprüngliche Fragestellung zugunsten der späteren religionssoziologischen Reinterpretation und Rekontextualisierung dieser Pionierarbeit in den Hintergrund treten ließ. Angesichts dieses Umstandes erscheint es uns ratsam, daß wir die Mühe auf uns nehmen und Webers *Protestantische Ethik* heute auch wieder in ihrer *ursprünglichen* Fassung lesen.

## Editorischer Hinweis

Der vorliegenden Textausgabe liegt die erste Fassung der *Protestantischen Ethik* zugrunde, wie sie ursprünglich 1904–05 in den Bänden 20 und 21 des „Archivs für Sozialwissenschaften und Sozialpolitik" im November 1904 und Juni 1905 in zwei Teilabdrucken erschienen ist. Mit der Ausnahme von offensichtlichen Rechtschreibe- bzw. Satzfehlern, die durch einen Vergleich mit der endgültigen Fassung von 1920 stillschweigend korrigiert worden sind, haben wir die originäre Schreibweise Max Webers dabei weitgehend beibehalten. Lediglich die Anmerkungen wurden aus Gründen der Übersichtlichkeit im Unterschied zur Originalausgabe durchgehend numeriert. Die Querverweise bezüglich der einzelnen Anmerkungen wurden dabei ebenfalls entsprechend abgeändert. Ferner sind die Sperrungen im Originaltext in der vorliegenden Ausgabe kursiv gesetzt worden. Diese Regelung betrifft auch die im Anhang aufgeführten Zusätze und Veränderungen aus der zweiten Auflage. Abweichungen bezüglich der Schreibweise einzelner Worte und der Verwendung des „englischen Genetivs" innerhalb der beiden Fassungen der *Protestantischen Ethik* haben wir zugunsten der heute üblichen Schreibweise korrigiert. Zusätze und Veränderungen innerhalb der zweiten Auflage von 1920 wurden in der vorliegenden Ausgabe an der jeweiligen Textstelle der Originalfassung mit einer eckigen Klammer vermerkt, ebenfalls durchgehend numeriert und im Anhang abgedruckt. Verzichtet wurde dabei auf eine Kennzeichnung jener Modifikationen innerhalb der zweiten Fassung von 1920, die nur eine stilistische Variation der entsprechenden Textstelle der Originalfassung ohne inhaltliche Veränderung der ursprünglichen Formulierung beinhalten. Dies betrifft insbesondere die verschiedene Verwendung der Zeitformen sowie die unterschiedlichen Arten der Hervorhebung von Textstellen durch Sperrungen bzw. Anführungszeichen innerhalb der beiden Fassungen der *Protestantischen Ethik*. Dagegen wurden neben den Zusätzen und inhaltlichen Veränderungen auch alle jene terminologischen Präzisierungen vermerkt, die entweder eine stärkere Betonung, Abschwächung oder gar Korrektur der ursprünglichen Formulierung beinhalten. Im Zweifelsfall wurde dabei eher vom Prinzip einer möglichst vollständigen Dokumentation der entsprechenden Zusätze und Veränderungen anstelle einer restriktiven Vorgehensweise ausgegangen. Sofern in der zweiten Auflage von 1920 neue Anmerkungen hinzugefügt worden sind, haben wir dies in den Zusätzen ausdrücklich gekennzeichnet. Neue Anmerkungen, die innerhalb eines Zusatzes zum Haupttext aufgenommen worden sind, haben wir in Form einer alphabetischen Untergliederung des entsprechenden Zusatzes aufgeführt. Verweise in den Zusätzen auf andere Zusätze wurden ebenfalls durch eine eckige Klammer gekennzeichnet.

An dieser Stelle möchten wir die Gelegenheit wahrnehmen, um uns bei Stefanie Möller und Daniela Paul zu bedanken, die in unserem Auftrag das mühevolle Geschäft übernommen haben, ein vollständiges Verzeichnis *aller* Veränderungen zwischen der ersten und der zweiten Fassung der *Protestantischen Ethik* zu erstellen, welches uns bei unserer editorischen Arbeit sehr geholfen hat. Ferner möchten wir darauf hinweisen, daß ohne das unermüdliche Engagement von Axel Rütters die vorliegende Neuausgabe der *Protestantischen Ethik* wohl kaum zustande gekommen wäre. Auch ihm sei für seine Unterstützung dieser Edition deshalb herzlich gedankt.

*Klaus Lichtblau & Johannes Weiß*

## Anmerkungen

1 Vgl. *Max Weber*, Die protestantische Ethik und der„Geist“ des Kapitalismus, in: Archiv für Sozialwissenschaft und Sozialpolitik 20 (1904), S. 1–54 u. 21 (1905), S. 1–110; *ders.*, Gesammelte Aufsätze zur Religionssoziologie, Bd. I, Tübingen 1920 (im folgenden zitiert als GARS I), S. 17–206.

2 Vgl. hierzu insbesondere S. 47 f. u. 154 ff. dieser Ausgabe sowie die entsprechenden „antikritischen“ Klarstellungen in: *Max Weber*, Die protestantische Ethik, hg. v. *Johannes Winckelmann*, Bd. II: Kritiken und Antikritiken, 2. durchgesehene u. erw. Aufl. Hamburg 1972 (im folgenden zitiert als PE II), S. 164 f., 169 u. 284 f. Zur wissenschaftsgeschichtlichen Herkunft der in diesem Zusammenhang von Weber wiederholt verwendeten „chemischen“ Allegorie der *Wahlverwandtschaften* und zu ihrem grundsätzlichen methodologischen Stellenwert innerhalb der *Protestantischen Ethik* siehe auch die luzide Analyse von *Richard Herbert Howe*, Max Weber‘s Elective Affinities. Sociology within the Bounds of Pure Reason, in: American Journal of Sociology 84 (1978), S. 366–385, ferner die entsprechenden „metakritischen“ Überlegungen in: *Klaus Lichtblau*, Causality or Interaction? Simmel, Weber and Interpretive Sociology, in: Theory, Culture & Society 8;3 (1991), S. 33–62 (bes. S. 55 ff.).

3 Vgl. vor allem *Eberhard Gothein*, Wirtschaftsgeschichte des Schwarzwaldes und der angrenzenden Landschaften, Bd. I, Straßburg 1892, S. 673–714, ferner *Werner Sombart*, Der moderne Kapitalismus, Leipzig 1902, Bd.I, S. 379 ff. Weber hatte in seiner eigenen Protestantismusstudie insbesondere auf *William Petty, Eberhard Gothein* und *Werner Sombart* als wichtigste Bezugsautoren für seine „These“ im übrigen selbst hingewiesen, auf Petty allerdings erst in der zweiten Fassung der *Protestantischen Ethik* (vgl. S. 8, Anm. 14 u. 15 sowie die Zusätze 8, 11a, 17, 423 u. 434 in der vorliegenden Neuausgabe). Im Rahmen seiner Auseinandersetzung mit *Felix Rachfahl* hatte Weber deshalb ironisch auf die Möglichkeit hingewiesen, „eine der Grundthesen meines Aufsatzes zu einem leider unbewußten *Plagiat* an Petty zu stempeln“, diesen „Plagiats“-Vorwurf allerdings durch den Zusatz entkräftet: „Meine entscheidende ‚These‘ über die Bedeutung des ‚Berufes‘ enthielt – wie ich nachträglich betonen möchte – nur in der Art der Durchführung Neues“ (PE II, S. 159; vgl. ebd., S. 177, 292 u. 336 f.). Zur *Vorgeschichte* der „Weber-These“ siehe auch *Paul Münch*, The Thesis before Weber: An Archaeology, in: *Hartmut Lehmann/Guenther Roth* (Hg.), Weber‘s *Protestant Ethic*: Origins, Evidence, Contexts, Cambridge/New York/Melbourne 1993, S. 51–71.

4 Siehe hierzu insbesondere Webers „antikritische“ Klarstellungen in PE II, S. 27 ff., 170 ff. u. 283 ff.

5 Zu Webers ambivalentem Verhältnis zur Soziologie, welches auch noch seine späteren Schriften kennzeichnen sollte, vgl. *Johannes Weiß*, Georg Simmel, Max Weber und die „Soziologie“, in: *Otthein Rammstedt* (Hg.), Simmel und die frühen Soziologen, Frankfurt/M. 1988, S. 36–63.

6 Siehe hierzu insbesondere *Talcott Parsons*, The Structure of Social Action, New York 1937, Vol. II, S. 500 ff.; *Reinhard Bendix*, Max Weber. Das Werk. Darstellung, Analyse, Ergebnisse, München 1964; *Shmuel N. Eisenstadt* (Hg.), The Protestant Ethic and Modernization, New York 1968; *ders.*, Die protestantische Ethik und der Geist des Kapitalismus. Eine analytische und vergleichende Darstellung, Opladen 1971; *Wolfgang Schluchter*, Die

Entwicklung des okzidentalen Rationalismus, Tübingen 1979; *ders.*, Religion und Lebensführung, 2 Bde., Frankfurt/M. 1988; *Niklas Luhmann*, Max Webers Forschungsprogramm in typologischer Rekonstruktion, in: Soziologische Revue 3 (1980), S. 243–250; *Jürgen Habermas*, Theorie des kommunikativen Handelns, Frankfurt/M. 1981, Bd. 1, S. 225 ff. u. Bd. 2, S. 449 ff.; *Richard Münch*, Theorie des Handelns. Zur Rekonstruktion der Beiträge von Talcott Parsons, Emile Durkheim und Max Weber, Frankfurt/M. 1982; *Jeffrey C. Alexander*, Theoretical Logic in Sociology, Vol. III: The Classical Attempt at Theoretical Synthesis: Max Weber, Berkeley/Los Angeles 1983 sowie *Scott Lash/Sam Whimster* (Hg.), Max Weber, Rationality and Modernity, London 1987. Weber hatte allerdings bereits in der ersten Fassung der *Protestantischen Ethik* eindringlich davor gewarnt, seine Studie in erster Linie bzw. gar ausschließlich als einen Beitrag zur Geschichte des okzidentalen „Rationalismus" mißzuverstehen. Zu seiner antizipatorischen Kritik einer „so einfachen Problemstellung" vgl. S. 30 f. der vorliegenden Neuausgabe.

7 *Geoffrey Rudolph Elton*, Europa im Zeitalter der Reformation 1517 bis 1559. 2., überarb. Aufl. München 1982, S. 308.

8 Siehe hierzu die Kritiken und Antikritiken in PE II sowie die entsprechenden Zusätze Webers in der zweiten Auflage der *Protestantischen Ethik*, die im Anhang der vorliegenden Neuausgabe abgedruckt sind.

9 Vgl. hierzu insbesondere die zusammenfassende Darstellung von *Richard van Dülmen*, Protestantismus und Kapitalismus. Max Webers These im Licht der neueren Sozialgeschichte, in: *Christian Gneuss/Jürgen Kocka* (Hg.), Max Weber. Ein Symposion, München 1988, S. 88–101; ferner zur Geschichte der Protestantismus-Kapitalismus-Kontroverse die Textsammlungen von *Philippe Besnard* (Hg.), Protestantisme et capitalisme. La controverse post-Wéberienne, Paris 1970 und *Robert W. Green* (Hg.), Protestantism, Capitalism and Social Science. The Weberian Thesis Controversy, Lexington, Mass. 1973 sowie die Literturhinweise in PE II, S. 395 ff. u. die kritische Rekonstruktion dieser Kontroverse bei *Malcolm H. MacKinnon*, The Longevity ot the Thesis: A Critique of the Critics, in: *Lehmann/Roth* (Hg.), Weber's *Protestant Ethic*, a.a.O., S. 211–243. Zu neueren Versuchen einer historischen Infragestellung von zentralen Grundannahmen der Weberschen Studie siehe vor allem *Malcolm H. MacKinnon*, Part I: Calvinism and the Infallible Assurance of Grace: The Weber Thesis Reconsidered; Part II: Weber's Exploration of Calvinism: The Undiscovered Provenance of Capitalism, in: The British Journal of Sociology 39:2 (1988), S. 143–210; *Luciano Pellicani*, Weber and the Myth of Calvinism, in: Telos 75 (1988), S. 57–85; *Guy Oakes*, Farewell to The Protestant Ethic?, in: Telos 78 (1988/89), S. 81–94; *Paul Piccone*, Rethinking Protestantism, Capitalism and a Few Other Things, ebd., S. 95–108; *Pellicano*, Reply to Guy Oakes, in: Telos 81 (1989), S. 63–76 u. *Oakes*, Four Questions Concerning *The Protestant Ethic*, ebd., S. 77–86; *Tony Dickson/Hugh V. McLachlan*, In Search of „The Spirit of Capitalism": Weber's Misinterpretation of Franklin, in: Sociology 23:1 (1989), S. 81–89; *Tatsuro Hanyu*, Max Webers Quellenbehandlung in der „Protestantischen Ethik". Der Begriff „Calling", in: Zeitschrift für Soziologie 22 (1993), S. 65–75 sowie die Beiträge von *David Zaret, Kaspar von Greyerz, Oakes, Gianfranco Poggi, Philip Benedict* u. *James A. Henretta* in: *Lehmann/Roth* (Hg.), Weber's *Protestant Ethic*, a.a.O.

10 Siehe hierzu die Untersuchungen von *Christoph Steding*, Politik und Wissenschaft bei Max Weber, Breslau 1932, bes. S. 56 ff. sowie *Guenther Roth*,

Zur Entstehungs- und Wirkungsgeschichte von Max Webers „Protestantischer Ethik", in: *Karl Heinrich Kaufhold* u.a., Vademecum zu einem Klassiker der Geschichte ökonomischer Rationalität, Düsseldorf 1992, S. 43–68; ferner *G. Roth*, Weber the Would-Be Englishman: Anglophilia and Family History, in Lehmann/Roth (Hg.), Weber's *Protestant Ethic*, a.a.O., S. 83–121.

11 GARS I, S. 18; vgl. den Zusatz 1 in dieser Ausgabe.

12 Vgl. *Wolfgang Mommsen*, Max Weber. Gesellschaft, Politik und Geschichte, Frankfurt/M. 1974, S. 21 ff. u. 72 ff.; *Regis A. Factor/Stephen P. Turner*, Weber, the Germans, and „Anglo-Saxon Convention": Liberalism as Technique and Form of Life, in: *Ronald M. Glassman/Vatro Murvar* (Hg.), Max Weber's Political Sociology. A Pessimistic Vision of a Rationalized World, Westport, Conn./London 1984, S. 39–54 sowie die bereits in Anm. 10 zitierten Arbeiten von *Steding* u. *Roth*.

13 Zur Eigenart dieser nordamerikanischen Weber-Rezeption siehe *Paul Honigsheim*, Max Weber im amerikanischen Geistesleben, in: Kölner Zeitschrift für Soziologie und Sozialpsychologie 3 (1950), S. 408–419; *Guenther Roth/Reinhard Bendix*, Max Webers Einfluß auf die amerikanische Soziologie, ebd., 11 (1959), S. 38–53; *Irving Louis Horowitz*, Max Weber and the Spirit of American Sociology, in: Sociological Quarterly 5 (1964), S. 344–354; *Gottfried Eisermann*, Bedeutende Soziologen, Stuttgart 1968, S. 1–25; *Gisela Hinkle*, The Americanization of Max Weber, in: Current Perspectives in Sociological Theory 7 (1986), S. 87–104 sowie *Agnes Erdelyi*, Max Weber in Amerika. Wirkungsgeschichte und Rezeptionsgeschichte Webers in der anglo-amerikanischen Philosophie und Sozialwissenschaft, Wien 1992. Bezeichnenderweise trat denn auch erstmals Mitte der siebziger Jahre die Forderung nach einer „Entparsonisierung" Webers auf, die seither auch im deutschen Sprachraum zu beträchtlichen Spannungen und Konflikten innerhalb der akademischen Weber-Forschung führte. Vgl. *Jere Cohen/Lawrence E. Hazelrigg/Whitney Pope*, De-Parsonizing Weber: A Critique of Parsons' Interpretation of Weber's Sociology, in: American Sociological Review 40 (1975), S. 229–240 sowie *Parsons*' entsprechende Erwiderung, ebd., S. 666–669.

14 Vgl. insbesondere *Eugène Fleischmann*, De Weber à Nietzsche, in: Archives Européennes de Sociologie 5 (1964), S. 190–238; *W. Mommsen*, Max Weber. Gesellschaft, Politik und Geschichte, a.a.O., S. 100 ff. u. 253 ff.; *ders.*, Max Weber und die deutsche Politik 1890–1920. 2., überarb. u. erw. Aufl. 1974, S. 448 ff.; *Robert Eden*, Political Leadership and Nihilism. A Study of Weber and Nietzsche, Tampa 1983; *Wilhelm Hennis*, Max Webers Fragestellung. Studien zur Biographie des Werks, Tübingen 1987, S. 167 ff.; *Hartmann Tyrell*, Religion und „intellektuelle Redlichkeit". Zur Tragödie der Religion bei Max Weber und Friedrich Nietzsche, in: Sociologia Internationalis 29 (1991), S. 159–177 u. *Hubert Treiber*, Nietzsche's Monastery for Freer Spirits and Weber's Sect, in: *Lehmann/Roth* (Hg.), Weber's *Protestant Ethic*, a.a.O., S. 133–159.

15 Selbst Parsons hat sie in seinen letzten öffentlichen Vorträgen wiederholt angesprochen und in einem seiner posthum veröffentlichten Aufsätze zum Gegenstand einer ausführlichen Erörterung gemacht. Vor ihm hatte bereits Benjamin Nelson versucht, Grundbegriffe der Psychoanalyse und der Psychotherapie für eine Reinterpretation von Webers Protestantismusstudie sowie älterer, insbesondere mittelalterlicher und gegenreformatorischer asketischer Praktiken der Selbstbeherrschung und der Seelenführung fruchtbar zu machen. Vgl. *B. Nelson*, Self-Images and Systems of Spiritual Direction in

the History of European Civilization, in: *Samuel Z. Klausner* (Hg.), The Quest for Self-Control. Classical Philosophies and Scientific Research, New York 1965, S. 49–103; *T. Parsons*, The Articulation of the Personality and the Social-Action System: Sigmund Freud and Max Weber, in: *Mel Albin* (Hg.), New Directions in Psychohistory, Lexington, MA/Toronto 1980, S. 27–35; siehe ferner *Donald Levine*, The Flight from Ambiguity. Essays in Social and Cultural Theory, Chicago 1985, S. 179 ff.; *Tracy B. Strong*, Weber and Freud: Vocation and Self-Acknowledgement, in: Canadian Journal of Sociology 10 (1985), S. 391–409 sowie die vorzügliche Studie von *Howard L. Kaye*, Rationalization as Sublimation: On the Cultural Analyses of Weber and Freud, in: Theory, Culture & Society 9:4 (1992), S. 45–74.

16 Vgl. *Arthur Mitzman*, The Iron Cage: A Historical Interpretation of Max Weber, New York 1970 sowie *Nicolaus Sombart*, Nachdenken über Deutschland. Vom Historismus zur Psychoanalyse, München 1987, S. 22 ff.

17 Dies zeigt insbesondere der Briefwechsel mit *Willy Hellpach* aus den Jahren 1906–07, der jetzt erstmals in Abteilung II, Bd. 5 der *Max-Weber-Gesamtausgabe* (Tübingen 1990) veröffentlicht worden ist. Weber war ferner bereits zum Zeitpunkt der Niederschrift der *Protestantischen Ethik* durch entsprechende Publikationen von Hellpach zumindest indirekt mit den frühen Arbeiten Freuds vertraut gewesen, da er bereits in der ersten Auflage seiner Studie ausdrücklich auf die Bedeutung von Hellpachs Büchern „Nervosität und Kultur" (Berlin 1902) und „Grundlinien einer Psychologie der Hysterie" (Leipzig 1904) verwies und dieser insbesondere in der letzteren Veröffentlichung ausführlich auf die Arbeiten von Breuer und Freud einging (vgl. die Anmerkungen 149 u. 198 in dieser Ausgabe). Zu Hellpachs Rezeption des Freudschen Werkes vgl. auch *Horst Gundlach*, Freud schreibt an Hellpach. Ein Beitrag zur Rezeptionsgeschichte der Psychoanalyse in Deutschland, in: Psyche 31 (1977), S. 908–934. Zur entsprechenden inneren „Verwandtschaft" zwischen der *Protestantischen Ethik* und dem „Geist" der modernen Psychiatrie siehe ferner *Mordechai Rotenberg*, The Protestant Ethic against the spirit of psychiatry: the other side of Weber's thesis, in: British Journal of Sociology 26 (1975), S. 52–65.

18 Vgl. S. 47 dieser Ausgabe. Webers starkes Interesse an einer Klärung der *psychologischen* Voraussetzungen und Implikationen der „innerweltlichen Askese" sowie bestimmter *religionspathologischer* Erscheinungen wird auch anhand seiner Auseinandersetzung mit *H. Karl Fischer* deutlich, in der Weber selbst – allerdings ironisch – explizit den Ausdruck „historische Psychologie" verwendet hatte (vgl. PE II, S. 50). Wenn sich Weber gleichwohl wiederholt gegen bestimmte psychologische Ansätze seiner Zeit *kritisch* abzugrenzen bemühte, so betrifft dies in erster Linie den Versuch, die Psychologie zur „Grundlagenwissenschaft" der Geistes- und Kulturwissenschaften zu erheben und dabei unreflektiert bestimmte historisch *spezifische* Erscheinungen auf vermeintlich generelle „psychologische Gesetze" zurückzuführen. Diese Kritik richtet sich dabei sowohl gegen eine „Alltags-Psychologie", wie sie unter anderem von John Stuart Mill und Herbert Spencer vertreten wurde, als auch gegen den Versuch einer „psychologischen" Fundierung der „gesetzmäßigen" Abfolge verschiedener „Kulturzeitalter", wie er von Karl Lamprecht in seiner „Deutschen Geschichte" unter dem Einfluß von Wilhelm Wundt vorgenommen worden ist. Daß Weber gleichwohl selbst in erster Linie an einer historischen Klärung der *psychologischen* Prämissen der modernen Berufsethik interessiert gewesen ist, wird auch in folgender „antikritischen" Klarstellung aus dem Jahre 1910 deutlich, in der er noch

einmal das genuine Anliegen seiner Protestantismusstudie umschreibt: „Wen nun diese ganze ‚Psychologie' nicht interessiert, sondern nur die äußeren Formen der Wirtschafts*systeme*, den darf ich bitten, meine Versuche ungelesen zu lassen, ebenso aber auch, *mir* dann gefälligst anheimzustellen, ob ich meinerseits mich gerade für diese seelische Seite der modernen Wirtschaftsentwicklung interessieren will, welche im Puritanismus die großen inneren Spannungen und Konflikte zwischen ‚Beruf', ‚Leben' (wie wir uns heute gern ausdrücken), ‚Ethik', im Stadium eines eigentümlichen Ausgleichs zeigen, wie er in dieser Art weder vorher noch nachher bestanden hat" (PE II, S. 167). Zur wissenschaftsgeschichtlichen Stellung von Webers Protestantismusstudie innerhalb des übergreifenden Bezugsrahmens einer *historischen Psychologie* siehe auch *Alois Hahn*, Max Weber und die Historische Psychologie, in: *Gert Jüttemann* (Hg.), Wegbereiter der Historischen Psychologie, München/Weinheim 1988, S. 115–124.

19 Die an entsprechender Stelle verwendete Formulierung „Emanzipation der Frau" ist allerdings ein Zusatz aus dem Jahre 1920, der in der ursprünglichen Fassung der *Protestantischen Ethik* noch nicht enthalten war. Weber hat sie in eine längere Fußnote über die puritanische Sexualethik eingefügt, die jedoch auch in der ersten Fassung nichts an Deutlichkeit zu wünschen übrig läßt (vgl. Anm. 239 sowie Zusatz 363 in dieser Ausgabe). Vgl. hierzu ferner die wörtlich fast identische Interpretation der puritanischen Geschlechtsmoral in *Marianne Weber*, Ehefrau und Mutter in der Rechtsentwicklung, Tübingen 1907, S. 289 ff. Zu dieser engen „Wahlverwandtschaft" zwischen Webers Protestantismusstudie und der entsprechenden Untersuchung seiner Ehefrau sowie Webers Verhältnis zur „erotischen Bewegung" seiner Zeit siehe auch *Mitzman*, The Iron Cage, a.a.O., bes. S. 209 ff. u. 277 ff.; *Martin Green*, Elsa und Frieda. Die Richthofen-Schwestern, München 1976; *J.J.R. Thomas*, Rationalization and the Status of Gender Divisions, in: Sociology 19 (1985), S. 409–420; *Sombart*, Nachdenken über Deutschland, a.a.O., S. 22 ff.; *Wolfgang Schwentker*, Leidenschaft als Lebensform. Erotik und Moral bei Max Weber und im Kreis um Otto Gross, in: *W.J. Mommsen/W. Schwentker* (Hg.), Max Weber und seine Zeitgenossen, Göttingen/Zürich 1988; S. 661–681; *Ingrid Gilcher-Holthey*, Max Weber und die Frauen, in: *Gneuss/Kocka* (Hg.), Max Weber, a.a.O., S. 142–154; *G. Roth*, Marianne Weber und ihr Kreis, in: *Marianne Weber*, Max Weber. Ein Lebensbild, München/Zürich 1989, S. ix–lxxii u. *Klaus Lichtblau*, The Protestant Ethic versus the „New Ethic", in: *Lehmann/Roth* (Hg.), Weber's Protestant Ethic, a.a.O., S. 179–193.

20 Dies betrifft im übrigen auch den Versuch von Jeffrey Alexander, einen „instrumentalistischen Rückfall" von Webers späteren Schriften gegenüber dem „theoretischen Durchbruch" seiner Protestantismusstudie auf dem Wege hin zu einem „multidimensionalen Verständnis von Handlung und Ordnung" zu konstruieren. Offenbar bezieht Alexander hierbei sein eigenes Verständnis der Eigenart von Webers „Soziologie", deren Genese er in der Zeit unmittelbar nach Webers psycho-physischem Zusammenbruch, d.h. zum Zeitpunkt der Niederschrift der *Protestantischen Ethik* lokalisiert, ebenfalls nicht aus der ursprünglichen Fassung von Webers Protestantismusstudie, die sich ja wohl auch nur bei völliger Verkennung ihrer eigentlichen Absicht für eine „general and synthetic theory" im Sinne der zeitgenössischen Soziologie in Anspruch nehmen läßt. Vgl. *Alexander*, Theoretical Logic in Sociology, Vol. III, a.a.O. sowie *Johannes Weiß*, Max Webers Grundlegung der Soziologie. 2., überarb. u. erw. Aufl. München/London/New York/Paris 1992, S. 167 ff.

21 Vgl. hierzu den Gesamtplan der Edition sowie die Ausführungen von *Wolfgang Schluchter* im ersten Prospekt der *Max-Weber-Gesamtausgabe*, Tübingen 1981. Auf die grundsätzlichen Differenzen zwischen den beiden Fassungen von Webers Protestantismusstudie, die Eigenart der fast ausschließlich auf die spätere Ausgabe Bezug nehmenden internationalen Wirkungsgeschichte dieser Studie sowie die Notwendigkeit einer kritischen Edition der *Protestantischen Ethik* hatte insbesondere Friedrich Tenbruck zu Recht wiederholt hingewiesen. Vgl. *Tenbruck*, Das Werk Max Webers, in: Kölner Zeitschrift für Soziologie und Sozialpsycholgie 27 (1975), S. 663–702; *ders.*, Wie gut kennen wir Max Weber? Über Maßstäbe der Weber-Forschung im Spiegel der Maßstäbe der Weber-Ausgaben, in: Zeitschrift für die gesamte Staatswissenschaft 131 (1975), S. 719–742. Zum entwicklungsgeschichtlichen Verhältnis zwischen Webers Protestantismusstudie und seinen späteren religionssoziologischen Arbeiten siehe ferner *Schluchter*, Religion und Lebensführung, a.a.O., Bd. 1, S. 88 ff. u. Bd. 2, S. 557 ff. sowie *Helwig Schmidt-Glintzer*, The Economic Ethics of the World Religions, in: *Lehmann/Roth* (Hg.), Weber's Protestant Ethic, a.a.O., S. 347–355.

22 Vgl. *Max Weber*, Die protestantische Ethik und der „Geist" des Kapitalismus. Faksimile der zwei im „Archiv für Sozialwissenschaft und Sozialpolitik" 1905 erschienenen Aufsätze, Düsseldorf 1992. Diese Ausgabe ist zusätzlich mit einem Kommentarband versehen, welcher unter anderem wichtige Informationen über den Entstehungskontext der *Protestantischen Ethik* enthält (vgl. Anm. 10).

23 Vgl. Anm. 2. Zu diesen und weiteren Mängeln der von Winckelmann besorgten Ausgabe siehe die berechtigte Kritik von *Tenbruck*, Wie gut kennen wir Max Weber?, a.a.O., S. 721 ff.

24 Vgl. Webers entsprechende Bemerkungen in den Zusätzen 1, 11, 123, 145, 149, 328, 384, 425b u. 447 der vorliegenden Ausgabe. Zur grundsätzlichen Bedeutung der langjährigen „Wechselwirkungen" und inhaltlichen Bezüge zwischen den Arbeiten von Weber und Troeltsch siehe auch die informative Studie von *Friedrich Wilhelm Graf*, Fachmenschenfreundschaft. Bemerkungen zu ‚Max Weber und Ernst Troeltsch', in: *Mommsen/Schwentker* (Hg.), Max Weber und seine Zeitgenossen, a.a.O., S. 313–336.

25 Vgl. GARS I, S. 1–16, 207–236 u. 237–275 sowie die Zusätze 187, 221a, 243a, 281a, 306, 308, 329, 333, 344, 368, 372, 383, 387, 393, 404, 415 u. 447 in der vorliegenden Neuausgabe der *Protestantischen Ethik*.

26 Vgl. die Zusätze 55, 57, 63, 64 u. 409.

27 Vgl. die Zusätze 7, 58, 60 u. 28, 153, 234, 271 u. 272.

28 Vgl. die Zusätze 2, 36, 61, 135, 340, 350 u. 428.

29 Vgl. Zusatz 441 sowie GARS I, S.17. Zu Sombarts ursprünglicher Prägung und Verwendung dieses Begriffs vgl. *Sombart*, Der moderne Kapitalismus, a.a.O., Bd. 1, S. 378 ff. sowie *Erich Fechner*, Der Begriff des kapitalistischen Geistes und das Schelersche Gesetz vom Zusammenhang der historischen Wirkfaktoren, in: Archiv für Sozialwissenschaft und Sozialpolitik 63 (1930), S. 93–120.

30 Vgl. die Zusätze 72a, 83–108 u. 120.

31 Zu Webers Bezugnahme auf Petty vgl. die Zusätze 8, 11a, 17, 424 u. 434 der vorliegenden Neuausgabe sowie die Ausführungen in Anm. 3 dieser Einleitung, zu seinem fortgesetzten Dialog mit dem Werk von Troeltsch dagegen Anm. 24 dieser Einleitung.

32 Vgl. *Paul Honigsheim*, Die Staats- und Sozial-Lehren der französischen Jansenisten im 17. Jahrhundert, Heidelberg 1914 sowie die Zusätze 112, 115, 115a, 161, 165, 166, 200, 203, 214, 220 u. die entsprechenden Anknüpfungspunkte in den Anmerkungen 145, 257 u. 276 des vorliegenden Neudrucks der Erstfassung der *Protestantischen Ethik*.

33 Vgl. die Zusätze 198 u. 231. Zur entsprechenden moralphilosophischen Interpretation der Lehre von der „ewigen Wiederkehr" siehe *Georg Simmel*, Schopenhauer und Nietzsche. Ein Vortragszyklus, Leipzig 1907, S. 246 ff. sowie *Klaus Lichtblau*, Das „Pathos der Distanz". Präliminarien zur Nietzsche-Rezeption bei Georg Simmel, in: *Heinz-Jürgen Dahme/Otthein Rammstedt* (Hg.), Georg Simmel und die Moderne, Frankfurt/M. 1984, S. 231–281.

34 Vgl. hierzu insbesondere die Zusätze 13, 39, 42, 48, 56, 58–60, 67, 68, 80, 128, 356, 422, 423 u. 434.

35 Vgl. *W. Sombart*, Die Juden und das Wirtschaftsleben, Leipzig 1911; *ders.*, Der Bourgeois. Zur Geistesgeschichte des modernen Wirtschaftsmenschen, München/Leipzig 1913; *Lujo Brentano*, Die Anfänge des modernen Kapitalismus, München 1916, bes. S. 123 ff. sowie Zusatz 1 dieser Ausgabe. Im Unterschied zu den bereits genannten Arbeiten hat sich Weber dagegen auch in der zweiten Auflage der *Protestantischen Ethik* nicht mit jenen Thesen auseinandergesetzt, wie sie *Sombart* insbesondere in seinen ebenfalls 1913 erschienenen Studien über „Luxus und Kapitalismus" sowie „Krieg und Kapitalismus" vertreten hatte und die ebenfalls gegen zentrale Grundannahmen von Webers Protestantismusstudie gerichtet waren. Zur ausführlichen Diskussion dieser „Wechselwirkungen" zwischen Sombart und Weber, die sich bereits in der Erstfassung der *Protestantischen Ethik* entsprechend niedergeschlagen haben, vgl. auch *Talcott Parsons*, „Capitalism" in Recent German Literature: Sombart and Weber, in: The Journal of Political Economy 36 (1928), S. 641–661 u. 37 (1929), S. 31–51; *A. Bertolino*, Werner Sombart e Max Weber nel dissolvimento della scuola storica tedesca del pensiero economico, Florenz 1944; *Alessandro Cavalli*, La fondazione del metodo sociologico in Max Weber e Werner Sombart, Pavia 1969; *Hartmut Lehmann*, The Rise of Capitalism: Weber versus Sombart, in: *Lehmann/Roth* (Hg.), Weber's Protestant Ethic, a.a.O., S. 195–208 sowie Anm. 29 u. 44–46 dieser Einleitung.

36 Vgl. PE II, S. 27 ff., 44 ff., 149 ff. u. 283 ff. sowie Anm. 2 u. 18 dieser Einleitung.

37 Vgl. *Sombart*, Der Bourgeois, a.a.O., bes. S. 135 ff., 303 ff. u. 431 ff.; *Franz Keller*, Unternehmung und Mehrwert. Eine sozial-ethische Studie zur Geschäftsmoral, Paderborn 1912 sowie die Zusätze 18 u. 72a in dieser Ausgabe.

38 Vgl. Zusatz 72a.

39 Vgl. die Zusätze 42 u. 72a.

40 Vgl. die Zusätze 13, 39, 43 u. 356. Brentano hatte mit einem Verweis auf seine eigene familiäre Herkunft gegenüber Webers Hochschätzung der „calvinistischen Diaspora" insbesondere die wirtschaftliche Rolle der *katholischen* Emigranten hervorgehoben. Vgl. *Brentano*, Die Anfänge des modernen Kapitalismus, a.a.O., S. 133 f.

41 Vgl. die Zusätze 42, 85, 86, 98, 108 u. 258.

42 Vgl. die Zusätze 37, 39, 40 u. 353.

43 Vgl. die Zusätze 19, 21, 42, 112, 204, 210, 216 u. 280.

44 Vgl. *Sombart*, Die Juden und das Wirtschaftsleben, a.a.O.; *Brentano*, Die Anfänge des modernen Kapitalismus, S. 158 ff.; *Max Weber*, Das antike Judentum, in: GARS III (Tübingen 1921) sowie die Zusätze 1 u. 390. *Sombart* hatte seine „Thesen" über die Bedeutung des „jüdischen Rationalismus" für die Entstehung des modernen Kapitalismus später allerdings erheblich abgeschwächt (vgl. Der Bourgeois, a.a.O., bes. S. 299 ff., 337 ff. u. 355 ff.). Zur ausführlichen Diskussion des Verhältnisses zwischen Judaismus und Puritanismus sowie der entsprechenden Kontroverse zwischen Sombart und Weber siehe auch *Henri Sée*, Dans quelle mesure puritains et juifs ont-ils contribué aux progrès du capitalisme moderne?, in: Revue Historique 155 (1927), S. 57–68; *Toni Oelsner*, The Place of the Jews in Economic History as viewed by German Scholars, in: Yearbook of the Leo Baeck Institute 7 (1962), S. 183–212; Freddy *Raphaël*, Judaïsme et capitalisme. Essai sur la controverse entre Max Weber et Werner Sombart, Paris 1982; sowie *Samuel Z. Klausner*, Werner Sombart's *The Jews and Modern Capitalism*: A Methodological Introduction, in: *Werner Sombart*, The Jews and Modern Capitalism, New Brunswick/London 1982, S. xv–cxxv, sowie *Karl-Siegbert Rehberg*, Das Bild des Judentums in der frühen deutschen Soziologie. „Fremdheit" und „Rationalität" als Typusmerkmale bei Werner Sombart, Max Weber und Georg Simmel, in: *Carsten Klingemann* (Hg.), Rassenmythus und Sozialwissenschaften in Deutschland. Ein verdrängtes Kapitel sozialwissenschaftlicher Wirkungsgeschichte, Opladen 1987, S. 80–127.

45 Vgl. S. 83 ff. u. 134 ff. dieser Ausgabe.

46 Vgl. die Zusätze 48, 380, 386, 390 u. 434. Zu Webers recht problematischer Gleichsetzung der sozialen und politischen Stellung des Judentums mit der Lage eines „Pariavolkes" vgl. *E. Shmueli*, The „Paria-People" and Its „Charismatic Leadership". A Revaluation of Max Weber's *Ancient Judaism*, in: Proceedings of the American Academy of Jewish Research 36 (1968), S. 167–247; *Werner J. Cahnmann*, Der Pariah und der Fremde: Eine begriffliche Klärung, in: Archives Européennes de Sociologie 15 (1974), S. 166–177; *Arnaldo Momigliano*, A Note on Max Weber's Definition of Judaism as a Pariah-Religion, in: History and Theory 19 (1980), S. 313–318 sowie *Eugène Fleischmann*, Max Weber, die Juden und das Ressentiment, in: *Wolfgang Schluchter* (Hg.), Max Webers Studie über das antike Judentum, Frankfurt/M. 1981, S. 263–286.

47 Zum *Theodizee*-Problem vgl. den Zusatz 198, zur *Prophetie* die Zusätze 121 u. 163 sowie die entsprechenden Ausführungen in *Max Weber*, Wirtschaft und Gesellschaft. Grundriss der verstehenden Soziologie, 5. Aufl. Tübingen 1972, S. 273 ff., 314 ff. u. GARS I, S. 242 ff. u. 540 ff. Zur grundbegrifflichen Unterscheidung zwischen *Mystik* und *Askese* siehe die Zusätze 219, 221 u. 303, zwischen *Kirche* und *Sekte* dagegen die Zusätze 267, 327, 328 u. 447 sowie die entsprechenden Bezugsstellen in *Weber*, Wirtschaft und Gesellschaft, S. 328 ff., 692 ff. u. 721 ff., ferner GARS I, S. 207 ff., 257 ff. u. 538 f.

48 Vgl. GARS I, S. 207 ff. sowie Zusatz 447 in dieser Ausgabe. Webers bipolare Unterscheidung zwischen *Kirche* und *Sekte* einerseits sowie *Mystik* und *Askese* andererseits ist mit der von Troeltsch als Bezugsrahmen für dessen Analyse der Geschichte der Soziallehren des okzidentalen Christentums verwendeten dreigliedrigen Typologie von Kirche, Sekte und Mystik allerdings nicht identisch und verfolgt zum Teil auch anders gelagerte Motive. Siehe hierzu insbesondere *Gert H. Mueller*, Ascetism and Mysticism. A

Contribution toward the Sociology of Faith, in: Internationales Jahrbuch für Religionssoziologie 8 (1973), S. 68–132; *Theodore M. Steeman*, Church, Sect, Mysticism, Denomination. Periodical Aspects of Troeltsch's Types, in: Sociological Analysis 36:3 (1975), S. 181–204; *William R. Garrett*, Maligned Mysticism: The Maledicted Career of Troeltsch's Third Type, ebd., S. 205–223; *Paul M. Gustafson*, The Missing Member of Troeltsch's Trinity: Thoughts Generated by Weber's Comments, ebd., S. 224–226; *Benjamin Nelson*, Max Weber, Ernst Troeltsch, Georg Jellinek as Comparative Historical Sociologists, ebd., S. 229–240; *Roland Robertson*, On the Analysis of Mysticism: Pre-Weberian, Weberian and Post-Weberian Perspectives, ebd., S. 241–266; *ders.*, Meaning and Change. Explorations in the Cultural Sociology of Modern Societies, New York 1978, S. 103 ff. sowie *Caroline Walker Bynum*, Mystik und Askese im Leben mittelalterlicher Frauen. Einige Bemerkungen zu den Typologien von Max Weber und Ernst Troeltsch, in: *Wolfgang Schluchter* (Hg.), Max Webers Sicht des okzidentalen Christentums, Frankfurt/M. 1988, S. 355–382.

49 Auf diesen Tatbestand hat unseres Wissens erstmals Friedrich Tenbruck hingewiesen. Vgl. *Tenbruck*, Das Werk Max Webers, a.a.O., S. 667 ff. sowie die Zusätze 163, 243, 331 u. 337 der vorliegenden Neuausgabe.

50 Zur ausführlichen Diskussion des für Webers späteren universalgeschichtlichen Bezugsrahmen zentralen Begriffs der „Entzauberung der Welt“ siehe neben der bereits erwähnten Arbeit von Tenbruck auch *Johannes Winckelmann*, Die Herkunft von Max Webers „Entzauberungs“-Konzeption, in: Kölner Zeitschrift für Soziologie und Sozialpsychologie 32 (1980), S. 12–53.

# Die protestantische Ethik und der „Geist" des Kapitalismus [1].

Von

MAX WEBER.

## I. Das Problem.

*Inhalt*: 1. Konfession und soziale Schichtung. – 2. Der „Geist" des Kapitalismus. – 3. Luthers Berufsbegriff [2]. Aufgabe der Untersuchung

1.

Ein Blick in die Berufsstatistik eines konfessionell gemischten Landes pflegt, mit relativ geringen Abweichungen und Ausnahmen,[1] eine Erscheinung zu zeigen, welche in den letzten Jahren mehrfach in der katholischen Presse und Literatur[2] und auf den Katholikentagen Deutschlands lebhaft erörtert worden ist: den ganz vorwiegend *protestantischen* Charakter des Kapitalbesitzes und Unternehmertums sowohl, wie der oberen gelernten Schichten der Arbeiterschaft, und namentlich des höheren technisch oder kaufmännisch vorgebildeten Personals der modernen Unternehmungen.[3] Nicht nur da, wo die Differenz der Konfession mit einem Unterschied der Nationalität und damit des Grades der Kulturentwicklung zusammenfällt, wie im deutschen Osten zwischen Deutschen und Polen, sondern fast überall da, wo überhaupt die kapitalistische Entwicklung [4] freie Hand hatte, die

---

1 Diese erklären sich – nicht alle, aber überwiegend – daraus, daß natürlich die Konfessionalität der Arbeiterschaft einer Industrie in *erster* Linie von der Konfession ihres Standorts bzw. des Rekrutierungsgebiets ihrer Arbeiterschaft abhängt. Dieser Umstand verwirrt zuweilen auf den ersten Blick das Bild, welches manche Konfessionsstatistiken – etwa der Rheinprovinz – bieten. Überdies sind natürlich nur bei weitgehender Spezialisierung und Auszählung der einzelnen Berufe die Zahlen schlüssig. Sonst werden unter Umständen ganz große Unternehmer mit alleinarbeitenden „Meistern" in der Kategorie „Betriebsleiter" zusammengeworfen. [3]

2 Vgl. z. B. *Schell*, Der Katholizismus als Prinzip des Fortschrittes. Würzburg 1897 S. 31.
v. *Hertling*, Das Prinzip des Katholizismus und die Wissenschaft. Freiburg 1899 S. 58.

3 Einer meiner Schüler hat vor einigen Jahren das eingehendste statistische Material, welches wir über diese Dinge besitzen, die *badische* Konfessionsstatistik, durchgearbeitet. Vgl. *Martin Offenbacher*, Konfession und soziale Schichtung. Eine Studie über die wirtschaftliche Lage der Katholiken und Protestanten in Baden, Tübingen und Leipzig 1901 (Bd. IV, Heft 5 der volkswirtschaftlichen Abhandlungen der badischen Hochschulen). Die Thatsachen und Zahlen, die nachstehend zur Illustration vorgeführt werden, entstammen alle dieser Arbeit.

Bevölkerung nach ihren Bedürfnissen sozial umzuschichten und beruflich zu gliedern, – und je mehr dies der Fall war, desto deutlicher, – finden wir jene Erscheinung in den Zahlen der Konfessionsstatistik ausgeprägt. Nun ist freilich die relativ weit stärkere, d. h. ihren Prozentanteil an der Gesamtbevölkerung überragende Beteiligung der Protestanten am Kapitalbesitz,[4] an der Leitung und den oberen Stufen der Arbeit in den großen modernen gewerblichen und Handelsunternehmungen,[5] zum Teil auf *historische* Gründe zurückzuführen,[6] die weit in der Vergangenheit liegen und bei denen die konfessionelle Zugehörigkeit nicht als *Ursache* ökonomischer Erscheinungen, sondern, bis zu einem gewissen Grade, als *Folge* von solchen erscheint. Die Beteiligung an jenen ökonomischen Funktionen setzt teils Kapitalbesitz, teils kostspielige Erziehung, teils, und meist, beides voraus und ist also an den Besitz ererbten Reichtums oder doch einer gewissen Wohlhabenheit gebunden. Gerade eine große Zahl der reichsten, durch Natur oder Verkehrslage begünstigten und wirtschaftlich entwickeltsten Gebiete des Reiches, insbesondere aber die Mehrzahl der reichen *Städte*, hatten sich aber im 16. Jahrhundert dem Protestantismus zugewendet und die Nachwirkungen davon kommen den Protestanten *noch heute* im ökonomischen Kampf ums Dasein zugute. Es entsteht aber alsdann die *historische* Frage: welchen *Grund* hatte diese besonders starke Prädisposition der ökonomisch entwickeltsten Gebiete für eine kirchliche Revolution? Und da ist die Antwort *keineswegs* so einfach wie man zunächst glauben könnte. Gewiß erscheint die Abstreifung des ökonomischen Traditionalismus als ein Moment, welches die Neigung zum Zweifel auch an der religiösen Tradition und zur Auflehnung gegen die traditionellen Autoritäten überhaupt ganz wesentlich unterstützen mußte. Aber dabei ist zu berücksichtigen, was heute oft vergessen wird, daß die Reformation nicht sowohl die *Beseitigung* der kirchlichen Herrschaft über das Leben überhaupt, als vielmehr die Ersetzung der bisherigen Form derselben durch eine *andere* bedeutete, und zwar die Ersetzung einer höchst bequemen, praktisch damals

---

4 Es kam z. B. im Jahre 1895 in Baden
auf je 1000 Evangelische ein *Kapitalrenten*steuerkapital von 954 060 Mk.
auf je 1000 Katholiken ein *Kapitalrenten*steuerkapital von 589 000 Mk.
Die Juden mit über 4 Millionen auf 1000 marschieren freilich weit an der Spitze. (Die Zahlen nach Offenbacher a. a. O. S. 21.)

5 Hierüber sind die gesamten Ausführungen der Offenbacherschen Arbeit zu vergleichen.

6 Auch hierfür nähere Darlegungen für Baden in den beiden ersten Kapiteln der Offenbacherschen Arbeit.

wenig fühlbaren, vielfach fast nur noch formalen Herrschaft durch eine im denkbar weitgehendsten Maße in alle Sphären des häuslichen und öffentlichen Lebens eindringende, unendlich lästige und ernstgemeinte Reglementierung der ganzen Lebensführung. Die Herrschaft der katholischen Kirche, – „die Ketzer strafend, doch den Sündern mild", wie sie früher noch mehr als heute war, – ertragen in der Gegenwart auch Völker von durchaus moderner wirtschaftlicher Physiognomie [5], die Herrschaft des Calvinismus, so wie sie im 16. Jahrhundert in Genf und Schottland, um die Wende des 16. und 17. in großen Teilen der Niederlande, im 17. in Neuengland und zeitweise in England selbst in Kraft stand, wäre für uns die schlechthin unerträglichste Form der kirchlichen Kontrolle des einzelnen, die es geben könnte. [6] Nicht ein *Zuviel*, sondern ein *Zuwenig* von kirchlich-religiöser Beherrschung des Lebens war es ja, was *gerade diejenigen* Reformatoren, welche in den *ökonomisch entwickeltsten* Ländern erstanden, zu tadeln fanden. Wie kommt es nun, daß damals gerade diese ökonomisch entwickeltsten Länder, und, wie wir noch sehen werden, innerhalb ihrer gerade die ökonomisch aufsteigenden „bürgerlichen" Klassen jene [7] puritanische Tyrannei nicht etwa nur über sich ergehen ließen, sondern in ihrer Verteidigung ein Heldentum entwickelten, wie gerade *bürgerliche* Klassen *als solche* es selten vorher und niemals nachher gekannt haben: „the last of our heroisms", wie Carlyle nicht ohne Grund sagt?

Aber weiter und namentlich: mag, wie gesagt, die stärkere Beteiligung der Protestanten am Kapitalbesitz und den leitenden Stellungen innerhalb der modernen Wirtschaft heute zum Teil einfach als Folge ihrer geschichtlich überkommenen durchschnittlich besseren Vermögensausstattung zu verstehen sein, so zeigen sich andererseits Erscheinungen, bei welchen das Kausalverhältnis unzweifelhaft so *nicht* liegt. Dahin gehören, um nur einiges anzuführen, u. a. die folgenden: Zunächst der ganz allgemein, in Baden ebenso wie in Bayern und z. B. in Ungarn, nachweisbare Unterschied in der Art des höheren Unterrichts, den katholische Eltern im Gegensatz zu protestantischen ihren Kindern zuzuwenden pflegen. Daß der Prozentsatz der Katholiken unter den Schülern und Abiturienten der „höheren" Lehranstalten im ganzen hinter ihrem Gesamtanteil an der Bevölkerung beträchtlich zurückbleibt,[7] wird man zwar zum erheblichen Teile den erwähnten überkommenen Vermögensunterschieden zurechnen. Daß aber auch *innerhalb*

---

7 Von der Bevölkerung Badens waren 1895: 37,0 Proz. Protestanten, 61,3 Proz. Katholiken, 1,5 Proz. Juden. Die Konfessionalität der Schüler aber stellte sich 1885/91 auf den über die Volksschulen hinausgehenden und *nicht*

der katholischen Abiturienten der Prozentsatz derjenigen, welche aus den modernen, speziell für die Vorbereitung zu *technischen* Studien und *gewerblich-kaufmännischen* Berufen, überhaupt für ein bürgerliches Erwerbsleben bestimmten und geeigneten Anstalten: Realgymnasien, Realschulen, höheren Bürgerschulen usw. hervorgehen, wiederum auffallend *stärker* hinter dem der Protestanten zurückbleibt,8 während diejenige Vorbildung, welche die humanistischen Gymnasien bieten, von ihnen bevorzugt wird, – das ist eine Erscheinung, die damit *nicht* erklärt ist, die vielmehr umgekehrt *ihrerseits* zur Erklärung der geringen Anteilnahme der Katholiken am kapitalistischen Erwerb herangezogen werden muß. Noch auffallender aber ist eine Beobachtung, welche die geringere Anteilnahme der Katholiken an der gelernten *Arbeiterschaft* der modernen Großindustrie verstehen hilft. Die bekannte Erscheinung, daß die Fabrik ihre gelernten Arbeitskräfte in starkem Maße dem Nachwuchs des *Handwerks* entnimmt, diesem also die Vorbildung ihrer Arbeitskräfte überläßt und sie ihm nach vollendeter Vorbildung entzieht, zeigt sich in wesentlich stärkerem Maße bei den protestantischen als bei den katholischen Handwerksgesellen. Von den Handwerksgesellen zeigen m. a. W. die Katholiken die stärkere Neigung zum *Verbleiben* im Handwerk, werden also relativ häufiger Handwerks*meister*, während die Protestanten in relativ stärkerem Maße in die Fabriken abströmen, um hier die oberen Staffeln der gelernten Arbeiterschaft und des gewerblichen Beamtentums zu füllen.[9] In diesen Fällen

---

obligatorisch zu besuchenden Schulen wie folgt (nach Offenbacher a. a. O. S. 16):

| | Protestanten | Katholiken | Juden |
|---|---|---|---|
| Gymnasien | 43 % | 46 % | 9,5 % |
| Realgymnasien | **69** % | 31 % | 9 % |
| Oberrealschulen | **52** % | 41 % | 7 % |
| Realschulen | 49 % | 40 % | 11 % |
| höhere Bürgerschulen | 51 % | 37 % | 12 % |
| Durchschnitt | 48 % | 42 % | 10 % |

Genau die gleichen Erscheinungen in Preußen, Bayern, Württemberg, den Reichslanden, Ungarn (s. die Zahlen bei Offenbacher a. a. O. S. 18 f.).

8 S. die Ziffern in voriger Note, wonach die hinter der katholischen Bevölkerungsquote um ein Drittel zurückbleibende katholische Gesamtfrequenz der mittleren Lehranstalten *nur* in den Gymnasien (wesentlich behufs Vorbildung zum theologischen Studium) um einige Prozente überschritten wird. Als charakteristisch sei mit Rücksicht auf spätere Ausführungen noch herausgehoben, daß in Ungarn die *Reformierten* die typischen Erscheinungen der protestantischen Mittelschulfrequenz in noch gesteigertem Maß aufwiesen (Offenbacher a. a. O. S. 19 Anm. a. E.).

9 S. die Nachweise bei Offenbacher a. a. O. S. 54 und die Tabellen am Schluß der Arbeit.

liegt zweifellos das Kausalverhältnis so, daß die *anerzogene geistige* Eigenart, und zwar hier die durch die religiöse Atmosphäre der Heimat und des Elternhauses bedingte Richtung der Erziehung, die Berufswahl und die weiteren beruflichen Schicksale bestimmt hat.

Die geringere Beteiligung der Katholiken am modernen Erwerbsleben in Deutschland ist nun aber um so auffallender, als sie der sonst [8] in der Gegenwart so häufig gemachten Erfahrung zuwiderläuft, daß nationale oder religiöse Minderheiten, welche als „Beherrschte" einer anderen Gruppe als der „herrschenden" gegenüberstehen, *durch* ihren freiwilligen oder unfreiwilligen Ausschluß von politisch einflußreichen Stellungen gerade in besonders *starkem* Maße auf die Bahn des Erwerbes getrieben zu werden pflegen, daß ihre begabtesten Angehörigen hier den Ehrgeiz, der auf dem Boden des Staatsdienstes keine Verwertung finden kann, zu befriedigen suchen. So verhält es sich *heute* unverkennbar mit den in zweifellosem ökonomischen Fortschreiten begriffenen Polen in Rußland und [9] Preußen – im Gegensatz zu dem von ihnen beherrschten Galizien –, so früher mit den Hugenotten in Frankreich unter Ludwig XIV., den Nonkonformisten und Quäkern in England und – last not least – mit den Juden seit zwei Jahrtausenden. Aber bei den Katholiken in Deutschland sehen wir von einer solchen Wirkung nichts oder wenigstens nichts in die Augen Fallendes, und auch in der Vergangenheit haben sie [10] weder in Holland noch in England in den Zeiten, wo sie entweder verfolgt oder nur toleriert waren, irgendeine besonders hervortretende *ökonomische* Entwicklung aufzuweisen. [11] Der Grund des verschiedenen Verhaltens muß also der Hauptsache nach doch in der inneren Eigenart, *nicht* in der [12] äußeren historisch-politischen Lage der Konfessionen gesucht werden.[10]

Es würde also darauf ankommen zu untersuchen, *welches* diejenigen Elemente jener Eigenart der Konfessionen sind oder waren, die in der vorstehend geschilderten Richtung gewirkt haben und teilweise noch wirken. Man könnte nun bei oberfläch-

---

10 Das schließt natürlich nicht aus, daß auch die letztere höchst wichtige Konsequenzen gehabt hat und steht namentlich damit nicht im Widerspruch, daß es, wie späterhin zu erörtern, für die Entwicklung der ganzen Lebensatmosphäre mancher protestantischer Sekten von ausschlaggebender, auch auf ihre Beteiligung am Wirtschaftsleben zurückwirkender Bedeutung war, daß sie *kleine* und deshalb homogene *Minoritäten* repräsentierten, – wie dies z.B. bei den *strengen* Calvinisten außerhalb von Genf und Neu-England eigentlich überall, selbst da wo sie politisch herrschten, der Fall war. [13]

licher Betrachtung und aus gewissen modernen Eindrücken heraus versucht sein, den Gegensatz so zu formulieren, daß die größere „*Weltfremdheit*" des Katholizismus, die asketischen Züge, welche seine höchsten Ideale aufweisen, seine Bekenner zu einer größeren Indifferenz gegenüber den Gütern dieser Welt erziehen müßten. Diese Begründung entspricht denn auch in der Tat dem heute üblichen populären Schema der Beurteilung beider Konfessionen. Von protestantischer Seite benutzt man diese Auffassung zur Kritik jener (wirklichen oder angeblichen) asketischen Ideale der katholischen Lebensführung, von katholischer antwortet man mit dem Vorwurf des „Materialismus", welcher die Folge der Säkularisation aller Lebensinhalte durch den Protestantismus sei. Auch ein moderner Schriftsteller glaubte den Gegensatz, wie er in dem Verhalten beider Konfessionen gegenüber dem Erwerbsleben zutage tritt, dahin formulieren zu sollen: „Der Katholik ... ist ruhiger; mit geringerem Erwerbstrieb ausgestattet, gibt er auf einen möglichst gesicherten Lebenslauf, wenn auch mit kleinerem Einkommen, mehr, als auf ein gefährdetes, aufregendes, aber eventuell Ehren und Reichtümer bringendes Leben. Der Volksmund meint scherzhaft: entweder gut essen, oder ruhig schlafen. Im vorliegenden Fall ißt der Protestant gern gut, während der Katholik ruhig schlafen will."[11] In der Tat mag mit dem „gut essen wollen" die Motivation für den kirchlich indifferenteren Teil der Protestanten in *Deutschland* und *für die Gegenwart*, zwar unvollständig, aber doch wenigstens teilweise richtig charakterisiert sein. Aber nicht nur lagen die Dinge in der Vergangenheit sehr anders: für die englischen, holländischen und amerikanischen Puritaner war bekanntlich das gerade Gegenteil von „Weltfreude" charakteristisch, und zwar, wie wir noch sehen werden, sogar einer ihrer für uns *wichtigsten* Charakterzüge, – sondern z. B. der französische Protestantismus hat den Charakter, der den calvinistischen Kirchen überhaupt und zumal denen „unter dem Kreuz" in der Zeit der Glaubenskämpfe überall aufgeprägt wurde, in hohem Maße bis heute bewahrt. Er ist dennoch – oder, so werden wir weiterhin zu fragen haben: vielleicht gerade deshalb? – bekanntlich einer der wichtigsten Träger der gewerblichen und kapitalistischen Entwicklung Frankreichs gewesen und in dem kleinen Maßstabe, in welchem die Verfolgung es zuließ, geblieben. Wenn man diesen Ernst und das starke Vorwalten religiöser Interessen in der Lebensführung „Weltfremdheit" nennen will, *dann* waren und sind

11 Dr. *Offenbacher*, a. a. O. S. 68.

die französischen *Calvinisten* ebenso weltfremd wie (im allgemeinen) die deutschen oder doch mindestens die norddeutschen *Katholiken*, denen ihr Katholizismus unzweifelhaft in einem Maße Herzenssache ist, wie keinem anderen Volke der Erde, – und *beide* unterscheiden sich dann nach der gleichen Richtung von der vorherrschenden Religionspartei: den in ihren unteren Schichten höchst „lebensfrohen“, in ihren oberen direkt religionsfeindlichen Katholiken Frankreichs und den heute im weltlichen Erwerbsleben aufgehenden und in ihren oberen Schichten vorwiegend religiös indifferenten Protestanten Deutschlands.[12] Kaum etwas zeigt so deutlich, wie diese Parallele, daß mit so vagen Vorstellungen, wie der (angeblichen!) „Weltfremdheit“ des Katholizismus, der (angeblichen!) materialistischen „Weltfreude“ des Protestantismus und vielen ähnlichen hier nichts anzufangen ist, schon weil sie in dieser Allgemeinheit teils auch heute noch, teils wenigstens für die Vergangenheit gar nicht zutreffen. *Wollte* man aber mit ihnen operieren, *dann* müßten außer den schon gemachten Bemerkungen noch manche andere Beobachtungen, die sich ohne weiteres aufdrängen, sogar den Gedanken nahe legen, ob nicht der ganze Gegensatz zwischen „Weltfremdheit“, „Askese“ und kirchlicher Frömmigkeit auf der einen Seite, Beteiligung am kapitalistischen Erwerbsleben auf der anderen Seite geradezu in eine innere *Verwandtschaft* umzukehren sei.

In der Tat ist nun schon aufallend – um mit einigen ganz äußerlichen Momenten zu beginnen – wie groß die Zahl der Vertreter gerade der innerlichsten Formen christlicher Frömmigkeit ist, die aus kaufmännischen Kreisen stammen. Speziell der Pietismus verdankt eine auffallend große Zahl seiner ernstesten Bekenner dieser Abstammung. Man könnte da an eine Art Kontrastwirkung des „Mammonismus“ auf innerliche und dem Kaufmannsberuf nicht angepaßte Naturen denken, und sicherlich hat, wie bei Franz von Assisi, so auch bei vielen jener Pietisten, sich der Hergang der „Bekehrung“ subjektiv dem Bekehrten selbst sehr oft so dargestellt. Und ähnlich könnte man dann die gleichfalls – bis auf Cecil Rhodes herab – so auffallend häufige Erscheinung, daß aus Pfarrhäusern kapitalistische Unternehmer

---

12 Ungemein feine Bemerkungen über die charakteristische Eigenart der Konfessionen in Deutschland und Frankreich und die Kreuzung dieser Gegensätze mit den sonstigen Kulturelementen im elsässischen Nationalitätenkampf in der vortrefflichen Schrift von W. *Wittich*, Deutsche und französische Kultur im Elsaß (Illustrierte Elsäß. Rundschau, 1900, auch als Sonderabdruck erschienen).

größten Stils hervorgehen, als eine Reaktion gegen asketische Jugenderziehung zu erklären suchen. Indessen diese Erklärungsweise versagt da, wo ein virtuoser kapitalistischer Erwerbssinn [14] mit den intensivsten Formen einer das ganze Leben durchdringenden und regelnden Frömmigkeit in denselben Personen und Menschengruppen *zusammentrifft*, und diese Fälle sind nicht etwa vereinzelt, sondern sie sind geradezu bezeichnendes Merkmal für ganze Gruppen der historisch wichtigsten protestantischen Kirchen und Sekten. Speziell der Calvinismus zeigt, *wo immer er aufgetreten ist* [15], diese Kombination. So wenig er in der Zeit der Ausbreitung der Reformation in irgendeinem Lande (wie überhaupt irgend eine der protestantischen Konfessionen) an eine bestimmte *einzelne* Klasse gebunden war, so charakteristisch und in gewissem Sinn „typisch" ist es doch z. B., daß in den französischen Hugenottenkirchen alsbald *Mönche* und *Industrielle* (Kaufleute, Handwerker) numerisch besonders stark unter den Proselyten vertreten waren und, namentlich in den Zeiten der Verfolgung, vertreten blieben.[13] Und schon die Spanier wußten, daß „die Ketzerei" (d. h. der Calvinismus der Niederländer) „den Handelsgeist befördere" und [17] Gothein[14] bezeichnet die calvinistische Diaspora mit Recht als die „Pflanzschule der Kapitalwirtschaft".[15] Man könnte ja hier die Überlegenheit der französischen und holländischen wirtschaftlichen Kultur, welcher diese Diaspora überwiegend entstammte, für das Entscheidende ansehen, oder auch den gewaltigen Einfluß des Exils und der Herausreißung aus den traditionellen Lebensbeziehungen.[16]

---

13 S. darüber jetzt: Dupin de St. André, L'ancienne église réformée de Tours. Les membres de l'église (Bull. de la soc. de l'hist. du Protest. 4. s. t. 10). Man könnte auch hier wieder – und namentlich katholischen Beurteilern wird dieser Gedanke nahe liegen – die Sucht nach *Emanzipation* von der klösterlichen oder überhaupt kirchlichen Kontrolle als das treibende Motiv ansehen. Aber dem steht nicht nur das Urteil auch gegnerischer Zeitgenossen (einschließlich Rabelais) entgegen, sondern es zeigen z. B. die Gewissensbedenken der ersten Nationalsynoden der Hugenotten (z. B. 1. Synode, C. Partic., qu. 10 bei Aymon, Synod. Nat. p. 10), ob ein Bankier Ältester einer Kirche werden dürfe und die, trotz Calvins unzweideutiger Stellungnahme, auf den Nationalsynoden stets wiederkehrende Erörterung der Erlaubtheit des Zinsennehmens anläßlich der Anfrage bedenklicher Gemeindeglieder zwar die starke Beteiligung der hieran interessierten Kreise, *zugleich* aber doch wohl auch, daß der Wunsch, die „usuraria pravitas" ohne Beichtkontrolle ausüben zu können, nicht maßgebend gewesen sein kann. [16]

14 W.G. des Schwarzwalds I, 674.

15 Daran anschließend die kurzen Bemerkungen *Sombarts*, Der moderne Kapitalismus I S. 380. [18]

16 Denn daß die bloße Tatsache des Heimatwechsels zu den wichtigsten Mitteln ihrer Intensivierung gehört, steht durchaus fest. – Dasselbe polnische

Allein in Frankreich selbst stand, wie aus Colberts Kämpfen bekannt ist, im 17. Jahrhundert die Sache ganz ebenso. Selbst Österreich hat – von anderen Ländern zu schweigen – protestantische Fabrikanten gelegentlich direkt importiert. [22] Noch eklatanter ist, woran ebenfalls nur erinnert zu werden braucht, der Zusammenhang religiöser Lebensreglementierung mit intensivster Entwicklung des geschäftlichen Sinnes bei einer ganzen Anzahl gerade derjenigen Sekten, deren „Lebensfremdheit" ebenso sprichwörtlich geworden ist, wie ihr Reichtum: insbesondere den *Quäkern* und *Mennoniten*. Die Rolle, welche die ersteren in England und Nordamerika spielten, fiel den letzteren in den Niederlanden und Deutschland zu. Daß in Ostpreußen selbst Friedrich Wilhelm I. die Mennoniten trotz ihrer absoluten Weigerung, Militärdienst zu tun, als unentbehrliche Träger der Industrie gewähren ließ, ist nur eine, aber allerdings bei der Eigenart dieses Königs wohl eine der stärksten, von den zahlreichen wohlbekannten Tatsachen, die das illustrieren. Daß endlich für die *Pietisten* die Kombination von intensiver Frömmigkeit mit ebenso stark entwikkeltem geschäftlichen Sinn und Erfolg ebenfalls galt,[17] ist bekannt

Mädchen, welches in der Heimat durch keine noch so günstigen Verdienstchancen aus seiner traditionalistischen Trägheit herauszubringen ist, wandelt scheinbar seine ganze Natur und ist ungemessener Ausnutzung fähig, wenn es als Sachsengängerin in der Fremde arbeitet. Bei den italienischen Wanderarbeitern zeigt sich genau die gleiche Erscheinung. Und daß hier nicht *nur* der erziehende Einfluß des Eintrittes in ein höheres „Kulturmilieu" das Entscheidende ist – so sehr er natürlich mitspielt, – zeigt sich darin, daß die gleiche Erscheinung eintritt, auch wo – wie in der Landwirtschaft – die *Art* der Beschäftigung genau die gleiche ist wie in der Heimat und die Unterbringung in Wanderarbeiterkasernen usw. sogar ein temporäres *Herabsteigen* auf ein Niveau der Lebenshaltung bedingt, wie es in der Heimat *nie ertragen* werden würde. – Die bloße Tatsache des Arbeitens in ganz anderen Umgebungen als den gewohnten bricht hier den Traditionalismus und ist das „Erziehliche". Es braucht kaum angedeutet zu werden, wieviel von der amerikanischen ökonomischen Entwicklung auf solchen Wirkungen ruht. Für das Altertum ist die ganz ähnliche Bedeutung des babylonischen Exils für die Juden, man möchte sagen, mit Händen in den Inschriften zu greifen [19]. – Aber für die Calvinisten [20] spielt, wie schon der immerhin unverkennbare Unterschied in der ökonomischen Eigenart der puritanischen Neu-England-Kolonien gegenüber dem katholischen Maryland, dem episkopalistischen Süden und dem interkonfessionellen Rhode Island zeigt, der Einfluß ihrer religiösen Eigenart ganz unverkennbar als selbständiger Faktor eine Rolle [21].

17 Das schließt natürlich nicht aus, daß der [23] Pietismus, ebenso wie auch andere religiöse Richtungen, sich gewissen „Fortschritten" kapitalistischer Wirtschaftsverfassung – z.B. dem Übergang [24] zum Fabriksystem – aus patriarchalistischen Stimmungen heraus später widersetzt haben. Es ist das, was eine religiöse Richtung als Ideal *erstrebte* und das, was ihr Einfluß auf die Lebensführung ihrer Anhänger faktisch *bewirkte*, scharf zu scheiden, wie wir noch oft sehen werden. [25]

genug: – man braucht nur [26] an Calw zu erinnern –; es mögen daher in diesen ja nur ganz provisorischen Ausführungen die Beispiele nicht weiter gehäuft werden. Denn schon diese wenigen zeigen alle das eine: der „Geist der Arbeit", des „Fortschritts" oder wie er sonst bezeichnet wird, dessen Weckung man dem Protestantismus zuzuschreiben neigt, darf nicht, wie es heute zu geschehen pflegt, [27] im „aufklärerischen" Sinn verstanden werden. Der alte Protestantismus der Luther, Calvin, Knox, Voët hatte mit dem, was man heute „Fortschritt" nennt, wenig zu schaffen. Zu ganzen Seiten des modernen Lebens, die heute der extremste Konfessionelle nicht mehr entbehren möchte, stand er direkt feindlich. Soll also eine innere Verwandtschaft [28] altprotestantischen Geistes und moderner kapitalistischer Kultur gefunden werden, so müssen wir wohl oder übel versuchen, sie nicht in dessen (angeblicher) mehr oder minder materialistischer oder doch antiasketischer „Weltfreude", sondern vielmehr in seinen rein *religiösen* Zügen zu suchen. – Montesquieu sagt (Esprit des lois Buch XX cap. 7) von den Engländern, sie hätten es „in drei wichtigen Dingen von allen Völkern der Welt am weitesten gebracht: in der Frömmigkeit, im Handel und in der Freiheit". Sollte ihre Überlegenheit auf dem Gebiet des Erwerbs – und, was wir später in anderem Zusammenhang auch noch berühren werden, ihre Eignung für freiheitliche politische Institutionen – vielleicht mit jenem Frömmigkeitsrekord, den Montesquieu ihnen zuerkennt, zusammenhängen?

Eine ganze Anzahl möglicher Beziehungen steigen, dunkel empfunden, alsbald vor uns auf, wenn wir die Frage so stellen. Es wird nun eben die Aufgabe sein müssen, das, was uns hier undeutlich vorschwebt, so deutlich zu *formulieren*, als dies bei der unausschöpfbaren Mannigfaltigkeit, die in jeder historischen Erscheinung steckt, überhaupt möglich ist. Um dies aber zu können, muß das Gebiet der vagen Allgemeinvorstellungen, mit dem bisher operiert worden ist, notgedrungen verlassen und in die charakteristische Eigenart und die Unterschiede jener großen religiösen Gedankenwelten einzudringen versucht werden, die in den verschiedenen Ausprägungen der christlichen Religion uns geschichtlich gegeben sind.

Vorher aber sind noch einige Bemerkungen erforderlich, zunächst über die Eigenart des Objektes, um dessen geschichtliche Erklärung es sich handelt, dann über den Sinn, in welchem eine solche Erklärung überhaupt im Rahmen dieser Untersuchungen möglich ist.

## 2.

In der Überschrift dieser Studie ist der etwas anspruchsvoll klingende Begriff: „*Geist* des Kapitalismus" verwendet. Was soll darunter verstanden werden? [29]

Wenn überhaupt ein Objekt auffindbar ist, für welches der Verwendung jener Bezeichnung irgendein Sinn zukommen kann, so kann es nur ein „*historisches Individuum*" sein, d. h. ein Komplex von Zusammenhängen in der geschichtlichen Wirklichkeit, die wir unter dem Gesichtspunkte ihrer *Kulturbedeutung* begrifflich zu einem Ganzen zusammenschließen.

Ein solcher historischer Begriff aber kann, da er inhaltlich sich auf eine in ihrer individuellen *Eigenart* bedeutungsvolle Erscheinung bezieht, nicht nach dem Schema: „genus proximum, differentia specifica" definiert (zu deutsch: „abgegrenzt"), sondern er muß aus seinen einzelnen der geschichtlichen Wirklichkeit zu entnehmenden Bestandteilen *komponiert* werden. Die endgültige *begriffliche* Erfassung kann nicht am Anfang, sondern nur am *Schluß* der Untersuchung stehen: es wird sich m. a. W. erst im Lauf der Erörterung und als deren wesentliches Ergebnis zu zeigen haben, wie das, was wir hier unter dem „Geist" des Kapitalismus verstehen, am besten – d. h. für die *uns hier interessierenden* Gesichtspunkte adäquatesten – zu formulieren sei. Diese „Gesichtspunkte" wiederum (von denen noch zu reden sein wird) sind nun nicht etwa die einzig möglichen, unter denen die historischen Erscheinungen, die wir betrachten, analysiert werden können. *Andere* Gesichtspunkte der Betrachtung würden hier, wie bei *jeder* historischen Erscheinung, *andere* Züge als die „wesentlichen" ergeben: – woraus ohne weiteres folgt, daß man unter dem „Geist" des Kapitalismus durchaus nicht notwendig *nur* das verstehen könne oder müsse, was sich *uns* als das für unsere Auffassung „Wesentliche" daran darstellen wird. Das liegt eben im *Wesen* der „historischen Begriffsbildung", welche für ihre methodischen Zwecke die geschichtliche Wirklichkeit nicht in abstrakte Gattungsbegriffe einzuschachteln, sondern in konkrete [30] Zusammenhänge von stets und unvermeidlich *individueller* Färbung einzugliedern strebt.

Soll gleichwohl eine Feststellung des Objektes, um dessen Analyse und historische Erklärung es sich handelt, gegeben werden, – wie dies ja notgedrungen geschehen muß, – so kann es sich also nicht um eine begriffliche „Definition", sondern [31] nur um eine provisorische *Veranschaulichung* dessen handeln, was hier mit dem „Geist" des Kapitalismus gemeint ist. Eine solche ist nun in der Tat zum Zwecke einer Verständigung über den Gegenstand der Untersuchung unentbehrlich, und wir halten uns zu diesem Behufe an ein Dokument jenes „Geistes“, welches das, worauf es hier zunächst ankommt, in nahezu klassischer Reinheit enthält [32]:

„Bedenke, daß die *Zeit Geld* ist; wer täglich zehn Schillinge durch seine Arbeit erwerben könnte und den halben Tag spazieren geht, oder auf seinem Zimmer faulenzt, der darf, auch wenn er nur sechs Pence für sein Vergnügen ausgibt, nicht dies allein berechnen, er hat nebendem noch fünf Schillinge ausgegeben oder vielmehr weggeworfen.

Bedenke, daß *Kredit Geld* ist. Läßt jemand sein Geld, nachdem es zahlbar ist, bei mir stehen, so schenkt er mir die Interessen, oder so viel als ich während dieser Zeit damit anfangen kann. Dies beläuft sich auf eine beträchtliche Summe, wenn ein Mann guten und großen Kredit hat und guten Gebrauch davon macht.

Bedenke, daß Geld von einer zeugungskräftigen und fruchtbaren Natur ist. Geld kann Geld erzeugen und die Sprößlinge können noch mehr erzeugen und so fort. Fünf Schillinge umgeschlagen sind sechs, wieder umgetrieben sieben Schilling drei Pence und so fort bis es hundert Pfund Sterling sind. Je mehr davon vorhanden ist, desto mehr erzeugt das Geld beim Umschlag, so daß der Nutzen schneller und immer schneller steigt. Wer ein Mutterschwein tötet, vernichtet dessen ganze Nachkommenschaft bis ins tausendste Glied. Wer ein Fünfschillungsstück umbringt, mordet alles, was damit hätte produziert werden können, ganze Kolonnen von Pfunden Sterling.

Bedenke, daß – nach dem Sprichwort – ein guter Zahler der Herr von jedermanns Beutel ist. Wer dafür bekannt ist, pünktlich zur versprochenen Zeit zu zahlen, der kann zu jeder Zeit alles Geld entlehnen, was seine Freunde gerade nicht brauchen.

Dies ist bisweilen von großem Nutzen. Neben Fleiß und Mäßigkeit trägt nichts so sehr dazu bei, einen jungen Mann in der Welt vorwärts zu bringen, als Pünktlichkeit und Gerechtigkeit bei allen seinen Geschäften. Deshalb behalte niemals erborgtes Geld eine Stunde länger als du versprachst, damit nicht der Ärger darüber deines Freundes Börse dir auf immer verschließe.

Die unbedeutendsten Handlungen, die den Kredit eines Mannes beeinflussen, müssen von ihm beachtet werden. Der Schlag deines Hammers, den dein Gläubiger um 5 Uhr morgens oder um 8 Uhr abends vernimmt, stellt ihn auf sechs Monate zufrieden; sieht er dich aber am Billardtisch oder hört er deine Stimme im Wirtshause, wenn du bei der Arbeit sein solltest, so läßt er dich am nächsten Morgen um die Zahlung mahnen, und fordert sein Geld, bevor du es zur Verfügung hast.

Außerdem zeigt dies, daß du ein Gedächtnis für deine Schulden hast, es läßt dich als einen ebenso sorgfältigen wie ehrlichen Mann erscheinen und das vermehrt deinen Kredit.

Hüte dich, daß du alles was du besitzest für dein Eigentum hältst und demgemäß lebst. In diese Täuschung geraten viele Leute, die Kredit haben. Um dies zu verhüten, halte eine genaue Rechnung über deine Ausgaben und dein Einkommen. Machst du dir die Mühe, einmal auf die Einzelheiten zu achten, so hat das folgende gute Wirkung: Du entdeckst, was für wunderbar kleine Ausgaben zu großen Summen anschwellen und du wirst bemerken, was hätte gespart werden können und was in Zukunft gespart werden kann. ...

Für 6 £ jährlich kannst du den Gebrauch von 100 £ haben, vorausgesetzt, daß du ein Mann von bekannter Klugheit und Ehrlichkeit bist. Wer täglich einen Groschen nutzlos ausgibt, gibt an 6 £ jährlich nutzlos aus, und das ist der Preis für den Gebrauch von 100 £. Wer täglich einen Teil seiner Zeit zum

Werte eines Groschen verschwendet (und das mögen nur ein paar Minuten sein), verliert, einen Tag in den andern gerechnet, das Vorrecht 100 £ jährlich zu gebrauchen. Wer nutzlos Zeit im Wert von 5 Schillingen vergeudet, verliert 5 Schillinge und könnte ebenso gut 5 Schillinge ins Meer werfen. Wer 5 Schillinge verliert, verliert nicht nur die Summe, sondern alles, was damit bei Verwendung im Gewerbe hätte verdient werden können, – was, wenn ein junger Mann ein höheres Alter erreicht, zu einer ganz bedeutenden Summe aufläuft."

Es ist *Benjamin Franklin*,[18] der in diesen Sätzen – den gleichen, die[19] Ferdinand Kürnberger in seinem geist- und giftsprühenden „amerikanischen Kulturbilde"[20] als [33] Glaubensbekenntnis des Yankeetums verhöhnt – zu uns predigt. Daß es der „Geist des Kapitalismus" ist, der aus ihm in charakteristischer Weise redet, wird niemand bezweifeln, so wenig etwa behauptet werden soll, daß nun alles, was man unter diesem „Geist" verstehen kann, darin enthalten sei. Verweilen wir noch etwas bei dieser Stelle, deren Lebensweisheit Kürnbergers „Amerikamüder" dahin zusammenfaßt: „Aus Rindern macht man Talg, aus Menschen Geld", so fällt als das Eigentümliche in dieser „Philosophie des Geizes" [35] der Gedanke der *Verpflichtung* des einzelnen gegenüber dem als Selbstzweck vorausgesetzten Interesse an der Vergrößerung seines Vermögens auf. [36]

Wenn Jakob Fugger einem Geschäftskollegen, der sich zur Ruhe gesetzt hat und ihm zuredet, das gleiche zu tun, da er nun „lang genug gewonnen" habe und andere auch gewinnen lassen solle, dies als „*Kleinmut*" verweist und antwortet: „er (Fugger) hätte viel einen andern Sinn, wollte gewinnen dieweil er könnte",[21] so *unterscheidet* sich der „Geist" dieser Äußerung offensichtlich von Franklin: was dort als Ausfluß kaufmännischen Wagemuts und einer persönlichen sittlich indifferenten Neigung geäußert wird [37], nimmt hier den Charakter einer *ethisch* ge-

18 Der Schlußpassus aus: Necessary hints to those that would be rich (geschrieben 1736), das übrige aus: Advice to a young tradesman (1748), Works ed. Sparks Vol. II p. 87.

19 In etwas freierer Übertragung, die hier nach dem Original korrigiert ist.

20 „Der Amerikamüde" (Frankfurt 1855), bekanntlich eine dichterische Paraphrase der amerikanischen Eindrücke *Lenau*s. Das Buch wäre als Kunstwerk heute etwas schwer genießbar, aber es ist als Dokument der (heute längst verblaßten) Gegensätze deutschen und amerikanischen Empfindens, man kann auch sagen: jenes Innenlebens, wie es seit der deutschen Mystik des Mittelalters den deutschen Katholiken (K. war liberaler Katholik) und Protestanten trotz alledem *gemeinsam* geblieben ist, gegen puritanisch-kapitalistische Tatkraft schlechthin unübertroffen. [34]

21 Sombart hat dies Zitat aus einem Fuggerschen Promemoria dem Abschnitt über die „Genesis des Kapitalismus" (Der moderne Kapitalismus Band I. S. 193 cf. das. S. 390) als Motto vorgesetzt.

färbten Maxime der Lebensführung an. *In diesem spezifischen Sinne wird hier der Begriff „Geist des Kapitalismus" gebraucht.*[22]

Allerdings sind nun alle moralischen Vorhaltungen Franklins utilitarisch gewendet: die Ehrlichkeit ist *nützlich*, weil sie Kredit bringt, die Pünktlichkeit, der Fleiß, die Mäßigkeit ebenso, und nur *deshalb* sind sie Tugenden: – woraus u. a. folgen würde, daß, wo z. B. der *Schein* der Ehrlichkeit den gleichen Dienst tut, dieser genügen und ein unnötiges Surplus an dieser Tugend als unproduktive Verschwendung in den Augen Franklins verwerflich erscheinen müßte. Und in der Tat: wer in seiner Selbstbiographie die Erzählung von seiner „Bekehrung" zu jenen Tugenden[23] oder vollends die Ausführungen über den Nutzen, den die strikte Aufrechterhaltung des *Scheines* der Bescheidenheit, des geflissentlichen Zurückstellens der eigenen Verdienste für die Erreichung allgemeiner Anerkennung[24] habe, liest, muß notwendig zu dem Schluß kommen, daß nach Franklin jene wie alle Tugenden auch nur soweit Tugenden sind, als sie in concreto dem einzelnen „nützlich" sind und das Surrogat des bloßen Scheins überall da

---

22 Darauf beruht die gegenüber Sombart etwas andere Problemstellung hier. Die sehr erhebliche praktische Bedeutung des Unterschieds wird später hervortreten. Übrigens sei schon hier bemerkt, daß Sombart diese ethische Seite des kapitalistischen Unternehmens keineswegs unbeachtet gelassen hat. Nur erscheint sie in seinem Gedankenzusammenhang naturgemäß als das vom Kapitalismus Bewirkte, während wir für unsere Zwecke hier die umgekehrte Hypothese als heuristisches Mittel in Betracht ziehen müssen. Endgültig kann erst am Abschluß der Untersuchung Stellung genonmen werden. Für Sombarts Auffassung cf. a. a. O. I S. 357, 380 usw. Seine Gedankengänge knüpfen hier an die glänzenden Bilder in Simmels „Philosophie des Geldes" (letztes Kapitel) an. [38] An dieser Stelle muß zunächst jede eingehende Auseinandersetzung zurückgestellt werden.

23 In deutscher Übersetzung: „Ich überzeugte mich endlich, daß *Wahrheit*, *Ehrlichkeit* und *Aufrichtigkeit* im Verkehr zwischen Mensch und Mensch von höchster Wichtigkeit *für unser Lebensglück* seien, und entschloß mich von jenem Augenblick an und *schrieb auch den Entschluß in mein Tagebuch*, sie mein Lebenlang zu üben. Die Offenbarung als solche hatte jedoch in der Tat kein Gewicht bei mir, sondern ich war der Meinung, daß, obschon gewisse Handlungen nicht schlecht, bloß *weil* die offenbarte Lehre sie verbietet, oder gut deshalb seien, *weil* sie selbige vorschreibt, doch – in Anbetracht aller Umstände – jene Handlungen uns wahrscheinlich nur, *weil* sie ihrer Natur nach schädlich sind, verboten, oder *weil* sie wohltätig sind, uns anbefohlen worden seien."

24 „Ich rückte mich soviel wie möglich aus den Augen und gab es" – nämlich die von ihm angeregte Schöpfung einer Bibliothek – „für ein Unternehmen einer „Anzahl von Freunden" aus, welche mich gebeten hätten, herumzugehen und es denjenigen Leuten vorzuschlagen, welche sie für Freunde des Lesens hielten. Auf diese Weise ging mein Geschäft glatter von

genügt, wo es den gleichen Dienst leistet – eine für den strikten Utilitarismus in der Tat unentrinnbare Konsequenz. Das, was Deutsche an den Tugenden des Amerikanismus als „Heuchelei" zu empfinden gewohnt sind, scheint hier in flagranti zu ertappen. – Allein so einfach liegen die Dinge in Wahrheit keineswegs. Nicht nur Benjamin Franklins eigener Charakter, wie er gerade in der immerhin seltenen Ehrlichkeit seiner Selbstbiographie zutage tritt, und der Umstand, daß er die Tatsache selbst, *daß* ihm die „Nützlichkeit" der Tugend aufgegangen sei, auf eine Offenbarung Gottes zurückführt, der ihn *dadurch* zur Tugend bestimmen wollte, zeigen, daß hier doch noch etwas anderes als eine Verbrämung rein egozentrischer Maximen vorliegt. Sondern vor allem ist das „summum bonum" dieser „Ethik", der *Erwerb* von *Geld* und immer mehr Geld, unter strengster Vermeidung alles unbefangenen Genießens, so gänzlich aller eudämonistischen oder gar hedonistischen Gesichtspunkte entkleidet, so rein als *Selbstzweck* gedacht, daß es als etwas gegenüber dem „Glück" oder dem „Nutzen" des einzelnen *Individuums* jedenfalls gänzlich Transzendentes und schlechthin Irrationales [39] erscheint. Der Mensch ist auf das Erwerben als Zweck seines Lebens, nicht mehr das Erwerben auf den Menschen als Mittel zum Zweck der Befriedigung seiner materiellen Lebensbedürfnisse bezogen. Diese für das unbefangene Empfinden schlechthin sinnlose Umkehrung des, wie wir sagen würden, „natürlichen" Sachverhalts ist nun ganz offenbar ebenso unbedingt ein Leitmotiv des Kapitalismus, wie sie dem von seinem Hauche nicht berührten Menschen fremd ist. Aber sie enthält zugleich eine Empfindungsreihe, welche sich mit gewissen *religiösen* Vorstellungen eng berührt. Fragt man nämlich: *warum* denn „aus Menschen Geld gemacht" werden soll, so antwortet Benjamin Franklin, obwohl selbst konfessionell farbloser Deist, in seiner Autobiographie darauf mit einem Bibelspruch, den, wie er sagt, sein streng calvinistischer Vater ihm in der Jugend immer wieder eingeprägt habe: „Siehst du einen Mann rüstig *in seinem* Beruf, so soll er

---

statten, und ich bediente mich dieses Verfahrens hernach immer bei derartigen Gelegenheiten und kann es nach meinen häufigen Erfolgen aufrichtig empfehlen. Das augenblickliche kleine Opfer der Eigenliebe, welches man dabei bringt, wird später reichlich vergolten werden. Wenn es *eine Zeitlang* unbekannt bleibt, wem das eigentliche Verdienst gebührt, wird irgend jemand, der eitler als der betreffende ist, ermutigt werden, das Verdienst zu beanspruchen, und dann wird der Neid selbst geneigt sein, dem erstern Gerechtigkeit widerfahren zu lassen, indem er jene angemaßten Federn ausreißt und sie ihrem rechtmäßigen Eigentümer zurückgibt."

vor Königen stehen."[25] Der Gelderwerb ist – sofern er in legaler Weise erfolgt – innerhalb der modernen Wirtschaftsordnung das Resultat und der Ausdruck der Tüchtigkeit im *Beruf* und *diese Tüchtigkeit* ist, wie nun unschwer zu erkennen ist, das wirkliche A und O der Moral Franklins, wie sie in der zitierten Stelle ebenso wie in allen seinen Schriften ohne Ausnahme uns entgegentritt. [40]

In der Tat: jener eigentümliche, uns heute so geläufige und in Wahrheit doch so wenig selbstverständliche Gedanke der *Berufspflicht*, einer Verpflichtung, die der Einzelne empfinden soll und empfindet gegenüber dem Inhalt seiner „beruflichen" Tätigkeit, gleichviel worin sie besteht, gleichviel insbesondere ob sie dem unbefangenen Empfinden als reine Verwertung seiner Arbeitskraft oder gar nur seines Sachgüterbesitzes (als „Kapital") erscheinen muß, – dieser Gedanke ist es, welcher der „Sozialethik" der kapitalistischen Kultur charakteristisch, ja in gewissem Sinne für sie von konstitutiver Bedeutung ist. Nicht als ob er *nur* auf dem Boden des Kapitalismus gewachsen wäre: wir werden ihn vielmehr später in die Vergangenheit zurück zu verfolgen suchen. Und noch weniger soll natürlich behauptet werden, daß für den *heutigen* Kapitalismus die *subjektive* Aneignung dieser ethischen Maxime durch seine einzelnen Träger, etwa die Unternehmer oder die Arbeiter der modernen kapitalistischen Betriebe, Bedingung der Fortexistenz sei. Die *heutige* kapitalistische Wirtschaftsordnung ist ein ungeheurer Kosmos, in den der einzelne hineingeboren wird und der für ihn, wenigstens als einzelnen, als faktisch unabänderliches Gehäuse, in dem er zu leben hat, gegeben ist. Er zwingt dem Einzelnen, soweit er in den Zusammenhang des „Marktes" verflochten ist, die Normen seines wirtschaftlichen Handelns auf. Der Fabrikant, welcher diesen Normen dauernd entgegenhandelt, wird ökonomisch ebenso unfehlbar eliminiert, wie der Arbeiter, der sich ihnen nicht anpassen kann oder will, als Arbeitsloser auf die Straße gesetzt wird.[26]

Der heutige, zur Herrschaft im Wirtschaftsleben gelangte

---

25 Spr. Sal. c. 22 v. 29. Luther übersetzt: „in seinem Geschäft", die älteren englischen Bibelübersetzungen „business". S. darüber weiter unten.

26 Wenn man den auf sozialdemokratischen Parteitagen gefallenen Satz: „wer nicht pariert, fliegt hinaus", als „Kasernenton" bezeichnet hat, so ist das ein arges Mißverständnis: aus der Kaserne fliegt der Renitente keineswegs „hinaus", sondern erst recht „hinein" – in die Arrestzelle nämlich. Sondern es ist das ökonomische Lebensschicksal des modernen Arbeiters, wie er es auf Schritt und Tritt erlebt, welches er in der Partei wiederfindet und erträgt: die Disziplin in der Partei ist Widerspiegelung der Disziplin in der Fabrik.

Kapitalismus also erzieht und schafft sich im Wege der „ökonomischen *Auslese*“ die Wirtschaftssubjekte – Unternehmer und Arbeiter – deren er bedarf. Allein gerade hier kann man die Schranken des „Auslese“-Begriffes als Mittel der Erklärung historischer Erscheinungen mit Händen greifen. Damit jene der Eigenart des Kapitalismus „angepaßte“ Art der Lebensführung und „Berufs“-Auffassung „ausgelesen“ werden, über andere den Sieg davontragen konnte, mußte sie offenbar zunächst *entstanden* sein, und zwar nicht in einzelnen isolierten Individuen, sondern als eine Anschauungsweise, die von Menschen*gruppen* getragen wurde. Diese Entstehung ist also das eigentlich zu Erklärende. Auf die Vorstellung des naiven Geschichtsmaterialismus, daß derartige „Ideen“ als „Widerspiegelung“ oder „Überbau“ ökonomischer Situationen ins Leben treten, werden wir eingehender erst später zu sprechen kommen. An dieser Stelle genügt es für unseren Zweck wohl, darauf hinzuweisen, daß jedenfalls ohne Zweifel im Geburtslande Benjamin Franklins (Massachusetts) der „kapitalistische Geist“ (in unserem hier angenommenen Sinn) vor der „kapitalistischen Entwicklung“ da war [41], daß er z. B. in den Nachbarkolonien – den späteren Südstaaten der Union – ungleich unentwickelter geblieben war und zwar trotzdem diese letzteren von großen Kapitalisten zu *Geschäfts*zwecken, die Neuengland-Kolonien aber von Predigern und „Graduates“ in Verbindung mit Kleinbürgern, Handwerkern und Yeomen aus *religiösen* Gründen ins Leben gerufen wurden. In diesem Falle liegt also das Kausalverhältnis jedenfalls umgekehrt als vom „materialistischen“ Standpunkt aus zu postulieren wäre. Aber die Jugend solcher „Ideen“ ist überhaupt dornenvoller, als die Theoretiker des „Überbaues“ annehmen, und ihre „Entwicklung“ vollzieht sich nicht wie die einer Blume. Der kapitalistische Geist in dem Sinne, den wir für diesen Begriff bisher gewonnen haben, hat sich in schwerem Kampf gegen eine Welt feindlicher Mächte durchzusetzen gehabt. Eine Gesinnung wie sie in den zitierten Ausrühungen Benjamin Franklins zum Ausdruck kam und den Beifall eines ganzen Volkes fand, wäre im Altertum wie im Mittelalter [42] ebenso als Ausdruck des schmutzigsten Geizes und einer schlechthin würdelosen Gesinnung proskribiert worden, wie dies noch heute von allen denjenigen sozialen Gruppen regelmäßig geschieht, welche in die spezifisch moderne kapitalistische Wirtschaft am wenigsten verflochten oder ihr am wenigsten angepaßt sind. *Nicht* etwa deshalb, weil „der Erwerbstrieb“ in den „präkapitalistischen“ Epochen noch etwas Unbekanntes oder Unentwickeltes gewesen wäre – wie man so oft gesagt hat – oder weil die „auri sacra fames", die Geldgier, damals – oder auch heute – außerhalb des bürgerlichen Kapitalismus *geringer* wäre als innerhalb der spezifisch kapitalistischen Sphäre, wie die Illusion moderner Romantiker sich die Sache vorstellt. An *diesem* Punkt liegt der Unterschied kapitalistischen und präkapitalistischen „Geistes" nicht: Die *Habgier* des chinesischen Mandarinen, des altrömischen Aristokraten, des rückständigsten modernen Agrariers hält jeden Vergleich aus. Und die „auri sacra fames" des neapolitanischen Kutschers oder Barcajuolo oder vollends des asiatischen Vertreters ähnlicher Gewerbe, ebenso aber auch des *Handwerkers* südeuropäischer oder asiatischer Länder äußert sich, wie jeder an sich erfahren kann, sogar außerordentlich viel *penetranter* und insbesondere skrupelloser als etwa diejenige des Engländers im gleichen Falle [43]. Die *absolute* Skrupellosigkeit der Geltendmachung des Eigeninteresses ist gerade ein ganz spezifisches Charakteristikum solcher Länder, deren bürgerlich-kapitalistische Entwicklung [44] *„rückständig"* geblieben ist. Wie jeder Fabrikant weiß, ist die mangelnde „coscienziosità" der Arbeiter[27] solcher Länder, etwa Italiens im Gegensatz zu Deutschland, eines der *Haupthemmnisse* ihrer kapitalistischen Entfaltung gewesen und in gewissem Maße noch immer. Der Kapitalismus kann den praktischen Vertreter des undisziplinierten „liberum arbitrium" als Arbeiter nicht brauchen, so wenig er, wie wir schon von Franklin lernen konnten, den in seiner äußern Gebarung schlechthin skrupellosen Geschäftsmann brauchen kann. In der verschiedenen Entwicklung irgend eines „Triebes" nach dem Gelde also liegt der Unterschied nicht. Die auri sacra fames ist so alt wie die uns bekannte Geschichte der Menschheit, wir werden aber sehen, daß diejenigen, die ihr als *Trieb* sich

---

27 Vgl. die in jeder Hinsicht treffenden Bemerkungen Sombarts, Die deutsche Volkswirtschaft im neunzehnten Jahrhundert, S. 123 oben. Überhaupt brauche ich – obwohl die nachfolgenden Studien in ihren [45] Gesichtspunkten auf viel ältere Arbeiten zurückgehen – wohl nicht besonders zu betonen, wieviel sie [46] der bloßen Tatsache, daß Sombarts große Arbeiten mit ihren scharfen Formulierungen vorliegen, verdanken, auch – *und gerade* – da, wo sie andere Wege gehen. Auch wer durch Sombarts Formulierungen sich immer wieder zu entschiedenstem Widerspruch angeregt fühlt und manche Thesen direkt ablehnt, hat die Pflicht, sich dessen bewußt zu sein. Als *geradezu blamabel* muß das Verhalten der deutschen nationalökonomischen Kritik gegenüber diesen Arbeiten bezeichnet werden. Der erste und lange Zeit einzige, der eine eingehende *sachliche* Auseinandersetzung mit gewissen *historischen* Thesen Sombarts unternommen hat, war ein Historiker (v. Below in der Histor. Zeitschr. 1903). – Was aber gegenüber den eigentlich nationalökonomischen Teilen von Sombarts Arbeiten an Kritik „geleistet" worden ist, wäre mit dem Ausdruck „platt" wohl noch zu höflich bezeichnet.

vorbehaltlos hingeben – wie etwa jener holländische Kapitän, der „Gewinnes halber durch die Hölle fahren wollte, und wenn er sich die Segel ansengte" – *keineswegs* die Vertreter derjenigen Gesinnung waren, aus welcher der [47] kapitalistische „Geist" als *Massenerscheinung* – und darauf kommt es an – hervorbrach. [48]

Vielmehr ist der Gegner, mit welchem der „Geist" des Kapitalismus in erster Linie zu ringen hatte, jene Art des Empfindens und der Gebarung, die man als „*Traditionalismus*" zu bezeichnen pflegt [49]. Auch hier muß jeder Versuch einer abschließenden „Definition" suspendiert werden, vielmehr machen wir uns – natürlich auch hier lediglich provisorisch – an einigen Spezialfällen deutlich, was damit gemeint ist, dabei von „unten", bei den Arbeitern, beginnend.

Eins der technischen Mittel, welches der moderne Unternehmer anzuwenden pflegt, um von „seinen" Arbeitern ein möglichstes Maximum von Arbeitsleistung zu erlangen, die „Intensität" der Arbeit zu steigern, ist der *Akkord*lohn. In der Landwirtschaft z. B. pflegt ein Fall, der die möglichste Steigerung der Arbeitsintensität gebieterisch fordert, die Einbringung der *Ernte* zu sein, da, zumal bei unsicherem Wetter, an der denkbar größten Beschleunigung derselben oft ganz außerordentlich hohe Gewinn- oder Verlustchancen hängen. Demgemäß pflegt hier durchweg das Akkordlohnsystem verwendet zu werden. Und da mit Steigerung der Erträge und der Betriebsintensität das Interesse des Unternehmers an Beschleunigung der Ernte im allgemeinen immer größer zu werden pflegt, so hat man natürlich immer wieder versucht, durch *Erhöhung* der Akkordsätze die Arbeiter, denen so sich Gelegenheit bot, innerhalb einer kurzen Zeitspanne einen für sie außergewöhnlich hohen Verdienst zu machen, an der Steigerung ihrer Arbeitsleistung zu interessieren. Allein hier zeigten sich nun eigentümliche Schwierigkeiten: Die Heraufsetzung der Akkordsätze bewirkte auffallend oft nicht etwa, daß *mehr*, sondern daß *weniger* an Arbeitsleistung in der gleichen Zeitspanne erzielt wurde, weil die Arbeiter die Akkorderhöhung nicht mit *Herauf*-, sondern mit *Herab*setzung der Tagesleistung beantworteten. Der Mann, der z. B. bei 1 Mark pro Morgen Getreidemähen bisher 2½ Morgen täglich gemäht und so 2½ Mk. pro Tag verdient hatte, mähte nach Erhöhung des Akkordsatzes pro Morgen um 25 Pfg. *nicht*, wie gehofft wurde, angesichts der hohen Verdienstgelegenheit etwa 3 Morgen, um so 3 Mk. 75 Pfg. zu verdienen – wie dies sehr wohl möglich gewesen wäre – *sondern* nur noch 2 Morgen pro Tag, weil er so ebenfalls 2½ Mk. wie bisher verdiente und damit, nach biblischem Wort, „ihm genügen" ließ. Der Mehrverdienst reizte ihn weniger als die

Minderarbeit; er fragte nicht: wieviel kann ich pro Tag verdienen, wenn ich das mögliche Maximum an Arbeit leiste, sondern: wieviel muß ich arbeiten, um denjenigen Betrag – 2½ Mk. – zu verdienen, den ich bisher einnahm und der meine *traditionellen* Bedürfnisse deckt? Dies ist nun dasjenige Verhalten, welches – im Anschluß an den üblichen Sprachgebrauch – als „Traditionalismus" bezeichnet werden soll: der Mensch will „von Natur" nicht Geld und mehr Geld verdienen, sondern einfach leben, so leben wie er zu leben gewohnt ist und soviel erwerben, wie dazu erforderlich ist. Überall, wo der [50] Kapitalismus sein Werk der Steigerung der „Produktivität" der menschlichen Arbeit durch Steigerung ihrer Intensität begann, stieß er auf den unendlich zähen Widerstand dieses Leitmotivs präkapitalistischer wirtschaftlicher Arbeit, und er stößt noch heute überall um so mehr darauf, je „rückständiger" (vom kapitalistischen Standpunkt aus) die Arbeiterschaft ist, auf die er sich angewiesen sieht. Es lag nun – um wieder zu unserem Beispiel zurückzukehren – sehr nahe, da der Appell an den „Erwerbssinn" durch *höhere* Lohnsätze versagte, es mit dem gerade umgekehrten Mittel zu versuchen: durch *Herabsetzung* der Lohnsätze den Arbeiter zu zwingen, zur Erhaltung seines *bisherigen* Verdienstes *mehr* zu leisten als bisher. Ohnehin schien ja und scheint noch heute der unbefangenen Betrachtung niederer Lohn und hoher Profit in Korrelation zu stehen, alles, was an Lohn *mehr* gezahlt wurde, eine entsprechende Minderung des Profits bedeuten zu müssen. Jenen Weg hat denn auch der Kapitalismus von Anfang an wieder und immer wieder beschritten, und Jahrhunderte lang galt es als Glaubenssatz, daß niedere Löhne „produktiv" seien, d. h. da sie die Arbeitsleistung steigerten, daß, wie schon Pieter de la Cour – in diesem Punkte, wie wir sehen werden, ganz im Geist des alten Calvinismus denkend – gesagt hatte, das Volk nur arbeitet, weil und so lange es arm ist.

Allein die Wirksamkeit dieses anscheinend so probaten Mittels hat Schranken.[28] Gewiß verlangt der Kapitalismus zu seiner Entfaltung das Vorhandensein von Bevölkerungsüberschüssen, die er zu billigem Preis auf dem „Arbeitsmarkt" mieten kann. Allein ein Zuviel von „Reservearmee" begünstigt zwar unter

---

28 Auf die Frage, wo diese Schranken liegen, gehen wir hier natürlich so wenig ein wie auf eine Stellungnahme zu der bekannten von Brassey zuerst aufgestellten, von Brentano theoretisch, von Schulze-Gävernitz historisch und konstruktiv zugleich formulierten und vertretenen Theorie vom Zusammenhang zwischen hohem Lohn und hoher Arbeitsleistung. Die Diskussion ist durch Hasbachs eindringende Studien (Schmollers Jahrbuch

Umständen sein quantitatives Umsichgreifen, *hemmt* aber seine *qualitative* Entwicklung, namentlich den Übergang zu Betriebsformen, welche die Arbeit intensiv ausnützen. Niederer Lohn ist mit billiger Arbeit keineswegs identisch. Schon rein quantitativ betrachtet, sinkt die Arbeitsleistung unter allen Umständen mit *physiologisch* ungenügendem Lohn und bedeutet ein solcher auf die Dauer oft geradezu eine „Auslese der Untauglichsten". Der heutige durchschnittliche Schlesier mäht bei voller Anstrengung wenig mehr als zwei Drittel soviel Land in der gleichen Zeit wie der besser gelohnte und genährte Pommer oder Mecklenburger, der Pole leistet physisch, je weiter östlich er her ist, destoweniger im Vergleich zum Deutschen. Und auch rein geschäftlich versagt der niedere Lohn als Stütze kapitalistischer Entwicklung überall da, wo es sich um die Herstellung von Produkten handelt, welche irgendwelche *qualifizierte* (gelernte) Arbeit oder etwa die Bedienung kostspieliger und leicht zu beschädigender Maschinen oder überhaupt ein irgend erhebliches Maß scharfer Aufmerksamkeit und Initiative erfordern. Hier rentiert der niedere Lohn nicht und schlägt in seiner Wirkung in das Gegenteil des Beabsichtigten um. Denn hier ist nicht nur ein entwickeltes Verantwortlichkeitsgefühl schlechthin unentbehrlich, sondern überhaupt eine Gesinnung, welche mindestens *während* der Arbeit von der steten Frage: wie bei einem Maximum von Bequemlichkeit und einem Minimum von Leistung dennoch der gewohnte Lohn zu gewinnen sei, sich loslöst und die Arbeit so betreibt, als ob sie absoluter *Selbstzweck* – „Beruf" – wäre. Eine solche Gesinnung aber ist nichts Naturgegebenes. Sie kann auch weder durch hohe noch durch niedere Löhne unmittelbar hervorgebracht werden, sondern nur das Produkt eines lang andauernden „Erziehungsprozesses" sein. *Heute* gelingt dem einmal im Sattel sitzenden Kapitalismus die Rekrutierung seiner Arbeiter in allen Industrieländern und innerhalb der einzelnen Länder in allen Industriegebieten verhältnismäßig leicht. In der Vergangenheit war sie in jedem einzelnen Fall ein äußerst schwieriges Problem.[29] Und selbst heute kommt er nicht immer ohne die Unterstützung eines mäch-

---

1903 S. 385–391 und 417 f.) wieder eröffnet [51]. Für uns genügt hier die von niemand bezweifelte und auch nicht bezweifelbare Tatsache, daß niederer Lohn und hoher Profit, niederer Lohn und günstige Chancen industrieller Entwicklung jedenfalls *nicht* einfach zu*sammenfallen*, – daß überhaupt nicht einfach mechanische Geldoperationen die „Erziehung" zur kapitalistischen Kultur, und damit die Möglichkeit kapitalistischer Wirtschaft herbeiführen. Alle gewählten Beispiele sind rein *illustrativ*.

29 Die Einbürgerung *auch kapitalistischer* Gewerbe ist deshalb oft nicht ohne umfassende Zuwanderungsbewegungen aus Gebieten älterer Kultur

tigen Helfers zum Ziele, der, wie wir weiter sehen werden, ihm in der Zeit seines Werdens zur Seite stand. Was gemeint ist, kann man sich wieder an einem Beispiel klar machen. Ein Bild rückständiger traditionalistischer Form der Arbeit bieten heute besonders oft die Arbeiter*innen*, besonders die unverheirateten. Insbesondere ihr absoluter Mangel an Fähigkeit und Willigkeit, überkommene und einmal erlernte Arten des Arbeitens zugunsten anderer, praktischerer, aufzugeben, sich neuen Arbeitsformen anzupassen, zu lernen und den Verstand zu konzentrieren oder nur überhaupt zu brauchen, ist eine fast allgemeine Klage von Arbeitgebern, die Mädchen, zumal *deutsche* Mädchen, beschäftigen. Auseinandersetzungen über die Möglichkeit, sich die Arbeit leichter, vor allem einträglicher, zu gestalten, pflegen bei ihnen auf völliges Unverständnis zu stoßen, Erhöhung der Akkordsätze prallt wirkungslos an der Mauer der Gewöhnung ab. *Anders* – und das ist ein für unsere Betrachtung nicht unwichtiger Punkt – pflegt es regelmäßig nur mit spezifisch *religiös* erzogenen, namentlich mit Mädchen *pietistischer* Provenienz zu stehen. Man kann es oft hören, und mir wurde es noch kürzlich durch einen Verwandten für die Leinenindustrie bestätigt [52], daß weitaus die günstigsten Chancen wirtschaftlicher Erziehung sich bei dieser Kategorie eröffnet. Die Fähigkeit der Konzentration der Gedanken sowohl als die absolut zentrale Fähigkeit, sich *der Arbeit gegenüber verpflichtet* zu fühlen, finden sich hier besonders oft vereinigt mit strenger Wirtschaftlichkeit, die mit dem Verdienst und seiner Höhe überhaupt *rechnet* und mit einer nüchternen Selbstbeherrschung und Mäßigkeit, welche die Leistungsfähigkeit ungemein steigert. Der Boden für jene Auffassung der Arbeit als Selbstzweck, als „*Beruf*", wie sie der Kapitalismus fordert, ist hier am günstigsten, die Chance, den traditio-

---

möglich gewesen. So richtig *Sombarts* Bemerkungen über den Gegensatz der an die Person gebundenen „Fertigkeiten" und Gewerbegeheimnisse des Handwerkers gegenüber der wissenschaftlich objektivierten modernen Technik sind: für die Zeit der Entstehung des Kapitalismus ist der Unterschied kaum vorhanden, – ja, die (so zu sagen) *ethischen* Qualitäten des kapitalistischen Arbeiters (und in gewissem Umfang auch: Unternehmers) standen an „Seltenheitswert" oft höher als die in jahrhundertelangem Traditionalismus erstarrten Fertigkeiten des Handwerkers. Und selbst die heutige Industrie ist von solchen durch lange Tradition und Erziehung zur intensiven Arbeit erworbenen Eigenschaften der Bevölkerung in der Wahl ihrer Standorte durchaus nicht schlechthin unabhängig. Es entspricht dem heutigen wissenschaftlichen Gesamtvorstellungskreis, daß, wo diese Abhängigkeit einmal beobachtet wird, man sie auf ererbte Rassenqualität, statt auf die Tradition und Erziehung schiebt, m. E. mit sehr zweifelhaftem Recht. Auch davon wird wohl später gelegentlich noch zu reden sein.

nalistischen Schlendrian zu überwinden, *infolge* der religiösen Erziehung am größten. Schon diese Betrachtung aus der Gegenwart des Kapitalismus[30] zeigt uns wieder, daß es sich jedenfalls verlohnt, einmal zu *fragen*, wie diese Zusammenhänge kapitalistischer Anpassungsfähigkeit mit religiösen Momenten sich denn in der Zeit seiner Jugend gestaltet haben mögen. Denn daß sie auch damals in ähnlicher Art bestanden, ist aus vielen Einzelerscheinungen zu schließen. Der Abscheu und die Verfolgung, welchen z. B. die methodistischen Arbeiter im 18. Jahrhundert von seiten ihrer Arbeitsgenossen begegneten, bezog sich, wie schon die in den Berichten so oft wiederkehrende Zerstörung ihres *Handwerkszeuges* andeutet, keineswegs nur oder vorwiegend auf ihre religiösen Exzentrizitäten – davon hatte England viel und Auffallenderes gesehen –, sondern auf ihre spezifische „Arbeitswilligkeit", wie man heute sagen würde.

Doch wenden wir uns zunächst wieder der Gegenwart und zwar nunmehr den Unternehmern zu, um auch hier die Bedeutung des „Traditionalismus" uns zu verdeutlichen.

Sombart hat in seinen Erörterungen über die Genesis des Kapitalismus[31], als die beiden großen „Leitmotive", zwischen denen sich die ökonomische Geschichte bewegt habe, „Bedarfsdeckung" und „Erwerb" geschieden, je nachdem das Ausmaß des persönlichen *Bedarfs* oder das von den Schranken des letzteren unabhängige Streben nach *Gewinn* und die *Möglichkeit* der Gewinnerzielung für die Art und Richtung der wirtschaftlichen Tätigkeit maßgebend werden. Was er als „System der Bedarfsdeckungswirtschaft" bezeichnet, scheint sich auf den ersten Blick, mit dem, was hier als „ökonomischer Traditionalismus" umschrieben wurde, zu decken. Das ist *dann* in der Tat der Fall, wenn man den Begriff „Bedarf" mit „*traditionellem* Bedarf" gleichsetzt. Wenn aber nicht, dann fallen breite Massen von Wirtschaften, welche nach der *Form* ihrer Organisation als „ka-

---

30 Die vorstehenden Bemerkungen könnten mißverstanden werden. Die Neigung eines sattsam bekannten Typus modernster Geschäftsleute, den Satz: „Dem Volke muß die Religion erhalten bleiben" in ihrer Weise zu fruktifizieren und die Beflissenheit [53] breiter Kreise speziell der lutherischen Geistlichkeit, aus einer allgemeinen Sympathie für das „Autoritäre" heraus sich ihnen als „schwarze Polizei" zur Verfügung zu stellen, wo es gilt, den Streik als Sünde, die Gewerkvereine als Förderer der „Begehrlichkeit" zu brandmarken usw., – das sind Dinge, womit die Erscheinungen, von denen hier die Rede ist, nichts zu tun haben. Es handelt sich bei den im Text berührten Momenten um nicht vereinzelte, sondern sehr häufige, und wie wir sehen werden, in typischer Art wiederkehrende Tatsachen.

31 Der moderne Kapitalismus Band I S. 62.

pitalistische“ auch im Sinne der von Sombart an einer anderen Stelle seines Werkes[32] gegebenen Definition des „Kapitals“ zu betrachten sind, aus dem Bereich der „Erwerbs“-Wirtschaften heraus und gehören zum Bereich der „Bedarfsdeckungswirtschaften“. Auch Wirtschaften nämlich, die von privaten Unternehmern in der Form eines Umschlags von Kapital (= Geld oder geldwerten Gütern) zu Gewinnzwecken durch Ankauf von Produktionsmitteln und Verkauf der Produkte, also zweifellos als „kapitalistische Unternehmungen“ geleitet werden, können gleichwohl *traditionalistischen* Charakter an sich tragen und dies ist im Lauf auch der neueren Wirtschaftsgeschichte nicht nur ausnahmsweise, sondern – mit stets wiederkehrenden Unterbrechungen durch immer neue und immer gewaltigere Einbrüche des „kapitalistischen Geistes“ – geradezu *regelmäßig* der Fall gewesen. Die „kapitalistische“ Form einer Wirtschaft und der Geist, in dem sie geführt wird, stehen zwar generell im Verhältnis *adäquater* Beziehung, nicht aber in dem einer „gesetzlichen“ Abhängigkeit voneinander; und wenn wir trotzdem für diejenige Gesinnung, welche *berufsmäßig* und systematisch Gewinn um des Gewinnes willen [54] in der Art, wie dies an dem Beispiel Benjamin Franklins verdeutlicht wurde, erstrebt, hier provisorisch den Ausdruck „Geist des [55] Kapitalismus“ [56] gebrauchen, so geschieht dies aus dem *historischen* Grunde, weil jene Gesinnung in der [57] kapitalistischen Unternehmung ihre adäquateste Form, die kapitalistische Unternehmung andererseits in ihr die adäquateste *geistige Triebkraft* gefunden hat.

Aber an sich kann beides sehr wohl auseinanderfallen. Benjamin Franklin war mit „kapitalistischem Geist“ erfüllt zu einer Zeit, wo sein Buchdruckereibetrieb der *Form* nach sich in nichts von irgendeinem Handwerkerbetrieb unterschied. Und wir werden sehen, daß überhaupt an der Schwelle der Neuzeit keineswegs allein oder vorwiegend die „kapitalistischen“ Unternehmer des Handelspatriziates, sondern auch und sogar ganz besonders die aufstrebenden Schichten des Mittelstandes die Träger derjenigen Gesinnung waren, die wir hier als „Geist des Kapitalismus“ bezeichnet haben.[33] Auch im 19. Jahrhundert sind nicht die vornehmen Gentlemen von Liverpool und Ham-

---

32 S. 195 a. a. O.

33 Es ist eben – nur das soll hier hervorgehoben werden – a priori durchaus nicht die Annahme geboten, daß die *Technik* des kapitalistischen Unternehmens und der Geist der „Berufsarbeit“, der dem Kapitalismus seine expansive Energie zu verleihen pflegt, in denselben sozialen Schichten ihren *ursprünglichen* Nährboden finden. Entsprechend liegt es mit den sozialen Beziehungen

burg mit ihrem altererbten Kaufmannsvermögen, sondern die aus oft recht kleinen Verhältnissen aufsteigenden Parvenüs von Manchester oder Rheinland-Westfalen ihre klassischen Repräsentanten. [60]

Der Betrieb etwa einer Bank, oder des Exportgroßhandels, oder auch eines größeren Detailgeschäfts, oder endlich eines großen Verlegers hausindustriell hergestellter Waren sind zwar sicherlich nur in der Form der kapitalistischen Unternehmung möglich. Gleichwohl können sie alle in streng traditionalistischem Geiste geführt werden: die Geschäfte der großen Notenbanken *dürfen* gar nicht anders betrieben werden, der überseeische Handel ganzer Epochen hat auf der Basis von Monopolen und Reglements streng traditionellen Charakter gehabt, im Detailhandel – und es ist hier nicht nur von den kleinen kapitallosen Tagedieben die Rede, welche heute nach Staatshilfe schreien – ist die Revolutionierung, welche dem alten Traditionalismus ein Ende macht, noch in vollem Gange – dieselbe Umwälzung, welche die alten Formen des Verlagssystems gesprengt hat, mit dem ja die moderne Heimarbeit nur der Form nach Verwandtschaft besitzt. Wie sie verläuft und was sie bedeutet, mag – so bekannt ja diese Dinge sind – wiederum an einem Spezialfall veranschaulicht werden.

Bis gegen die Mitte des vorigen Jahrhunderts war das Leben eines Verlegers wenigstens in manchen Branchen der kontinentalen Textilindustrie[34] ein für unsere heutigen Begriffe ziemlich gemächliches. Man mag sich seinen Verlauf etwa so vorstellen: Die Bauern kamen mit ihren Geweben – oft (bei Leinen) noch vorwiegend oder ganz aus selbstproduziertem Rohstoffe hergestellt – in die Stadt, in der die Verleger wohnten und erhielten nach sorgsamer – oft amtlicher – Prüfung der Qualität die üblichen Preise dafür gezahlt. Die Kunden der Verleger waren für den Absatz auf alle weiteren Entfernungen Zwischenhändler, die

---

religiöser Bewußtseinsinhalte. Der Calvinismus ist historisch einer der zweifellosen Träger der Erziehung zum „kapitalistischen Geist". Aber die großen Geldbesitzer waren, in den Niederlanden z. B., aus Gründen, die später zu erörtern sein werden, überwiegend *nicht* Anhänger des Calvinismus strengster Observanz, sondern Arminianer. Das aufsteigende *Klein*bürgertum [58] war hier und sonst „typischer" Träger kapitalistischer Ethik und calvinistischen Kirchentums. [59]

34 Das nachstehende Bild ist aus den Verhältnissen verschiedener Einzelbranchen an verschiedenen Orten „idealtypisch" kompiliert; es ist für den illustrativen Zweck, dem es hier dient, natürlich gleichgültig, daß der Vorgang in keinem der Beispiele, an die gedacht ist, sich gerade ganz genau in der geschilderten Art abgespielt hat.

ebenfalls hergereist kamen, nach Mustern oder herkömmlichen Qualitäten vom Lager kauften oder, und dann lange vorher, bestellten – woraufhin dann eventuell weiter bei den Bauern bestellt wurde. Eigenes Bereisen der Kundschaft geschah, wenn überhaupt, dann selten einmal in großen Perioden, sonst genügte Korrespondenz und Musterversendung. Mäßiger Umfang der Comptoirstunden – vielleicht 5–6 am Tage, zeitweise erheblich weniger, in der Campagnezeit, wo es eine solche gab, mehr, – leidlicher, zur anständigen Lebensführung und in guten Zeiten zur Rücklage eines kleinen Vermögens ausreichender Verdienst, im ganzen relativ große Verträglichkeit der Konkurrenten untereinander bei großer Übereinstimmung der „Geschäftsgrundsätze", ausgiebiger täglicher Besuch der „Ressource", daneben je nachdem noch Dämmerschoppen, Kränzchen und gemächliches Lebenstempo überhaupt.

Es war eine in jeder Hinsicht „kapitalistische" *Form* der Organisation, wenn man auf den rein kaufmännisch-geschäftlichen Charakter der Unternehmer, ebenso wenn man auf die Tatsache der Unentbehrlichkeit des Dazwischentretens von Kapitalvorräten, welche in einem Geschäft umgeschlagen wurden, ebenso endlich, wenn man auf die objektive Seite des ökonomischen Hergangs sieht. Aber es war *traditionalistische* Wirtschaft, wenn man auf den *Geist* sieht, der die Unternehmer beseelte: die traditionelle Lebenshaltung, die traditionelle Höhe des Profits, das traditionelle Maß von Arbeit, die traditionelle Art der Geschäftsführung und der Beziehungen zu den Arbeitern und dem wesentlich traditionellen Kundenkreise, der Art der Kundengewinnung und des Absatzes beherrschten den Geschäftsbetrieb, lagen – so kann man geradezu sagen – der „Ethik" [61] dieses Kreises von Unternehmern zugrunde.

Irgendwann nun wurde diese Behaglichkeit plötzlich gestört, und zwar oft ganz ohne daß dabei irgend eine prinzipielle Änderung der Organisations*form* – etwa Übergang zum geschlossenen Betrieb, zum Maschinenstuhl und dgl. – stattgefunden hätte. Was geschah, war vielmehr oft lediglich dies: daß irgend ein junger Mann aus einer der beteiligten Verlegerfamilien aus der Stadt auf das Land zog, die Weber für seinen Bedarf sorgfältig auswählte, ihre Abhängigkeit und Kontrolle verschärfte, sie so aus Bauern zu Arbeitern erzog, andererseits aber den Absatz durch möglichst direktes Herangehen an die letzten Abnehmer: die Detailgeschäfte, ganz in die eigene Hand nahm, Kunden persönlich warb, sie regelmäßig jährlich bereiste, vor allem aber die Qualität der Produkte ausschließlich ihren Bedürfnissen und Wünschen anzupassen, ihnen „mundgerecht" zu machen wußte und zugleich den

Grundsatz „billiger Preis, großer Umsatz" durchzuführen begann. Alsdann nun wiederholte sich, was immer und überall die Folge eines solchen „Rationalisierungs"-Prozesses ist: wer nicht hinaufstieg, mußte hinabsteigen. Die Idylle brach unter dem beginnenden erbitterten Konkurrenzkampf zusammen, ansehnliche Vermögen wurden gewonnen und nicht auf Zinsen gelegt, sondern immer wieder im Geschäft investiert, die alte behäbige und behagliche Lebenshaltung wich harter Nüchternheit bei denen, die mitmachten und hochkamen, weil sie nicht verbrauchen, sondern erwerben *wollten*, bei denen, die bei der alten Art blieben, weil sie sich einschränken *mußten* [62]. Und – worauf es hier vor allem ankommt – es war in solchen Fällen in der Regel *nicht* etwa ein Zustrom neuen *Geldes*, welcher diese Umwälzung hervorbrachte – mit wenigen Tausenden von Verwandten hergeliehenen Kapitals wurde in manchen mir bekannten Fällen der ganze „Revolutionierungs-Prozeß" ins Werk gesetzt –, sondern der neue *Geist*, eben der „Geist des [63] Kapitalismus", der eingezogen war. Die Frage nach den Triebkräften der Entwicklung des Kapitalismus [64] ist nicht in erster Linie eine Frage nach der Herkunft der kapitalistisch verwertbaren *Geld*vorräte, sondern [65] nach der Entwicklung des kapitalistischen Geistes. Wo er auflebt und sich auszuwirken vermag, da *schaffte* er sich die Geldvorräte als Mittel seines Wirkens, nicht aber umgekehrt [66]. Aber sein Einzug pflegt kein friedlicher zu sein. Eine Flut von Mißtrauen, gelegentlich von Haß, vor allem von moralischer Entrüstung stemmt sich regelmäßig dem ersten Neuerer entgegen, oft – mir sind mehrere Fälle derart bekannt – beginnt eine förmliche Legendenbildung über geheimnisvolle Schatten in seinem Vorleben. Es ist so leicht niemand unbefangen genug zu bemerken, daß gerade einen solchen Unternehmer „neuen Stils" nur ein ungewöhnlich fester Charakter vor dem Verlust der nüchternen Selbstbeherrschung und vor moralischem wie ökonomischem Schiffbruch bewahren können, daß neben Klarheit des Blickes und Tatkraft, vor allem doch auch ganz bestimmte und sehr ausgeprägte *„ethische"* Qualitäten es sind, welche bei solchen Neuerungen ihm das schlechthin unentbehrliche Vertrauen der Kunden und der Arbeiter gewinnen und ihm die Spannkraft zur Überwindung der ungezählten Widerstände erhalten, vor allem aber die so unendlich viel intensivere Arbeitsleistung, welche nunmehr von dem Unternehmer gefordert wird und die mit bequemem Lebensgenuß unvereinbar ist, überhaupt ermöglicht haben: – nur eben ethische Qualitäten spezifisch anderer *Art* als die dem Traditionalismus der Vergangenheit adäquaten. [67]

Nun wird man freilich zu bemerken geneigt sein, daß diese *persönlichen* moralischen Qualitäten mit irgend welchen ethischen Maximen oder gar religiösen Gedanken an sich nicht das geringste zu schaffen haben, daß nach dieser Richtung wesentlich etwas Negatives: die Fähigkeit, sich der überkommenen Tradition zu *entziehen*, also am ehesten liberale *Aufklärung* die adäquate Grundlage jener Lebensführung sei. Und in der Tat ist dies heute im allgemeinen durchaus der Fall. Nicht nur fehlt regelmäßig eine Beziehung der Lebensführung auf religiöse Ausgangspunkte, sondern wo eine Beziehung besteht, pflegt sie wenigstens in Deutschland negativer Art zu sein. Solche vom „kapitalistischen Geist" erfüllte Naturen pflegen *heute*, wenn nicht gerade kirchenfeindlich, so doch indifferent zu sein. Der Gedanke an die „fromme Langeweile" des Paradieses hat für ihre tatenfrohe Natur wenig Verlockendes, die Religion erscheint ihnen als ein Mittel, die Menschen vom Arbeiten auf dem Boden dieser Erde abzuziehen. Würde man sie selbst nach dem *Sinn* ihres rastlosen Jagens fragen, welches des eigenen Besitzes niemals froh wird, und deshalb gerade bei rein *diesseitiger* Orientierung des Lebens so sinnlos erscheinen muß, so würden sie, falls sie überhaupt eine Antwort wissen, zuweilen antworten: „die Sorge für Kinder und Enkel", – häufiger aber und – da jenes Motiv ja offenbar kein ihnen eigentümliches ist, sondern bei dem „traditionalistischen Menschen" ganz ebenso wirkte, – richtiger ganz einfach: daß ihnen das Geschäft mit seiner steten Arbeit „zum Leben unentbehrlich" geworden sei. Das ist in der Tat die einzig zutreffende Motivierung und sie bringt zugleich das *Irrationale* [68] dieser Lebensführung, bei welcher der Mensch für sein Geschäft da ist, nicht umgekehrt, zum Ausdruck. Selbstverständlich spielt die Empfindung für die Macht und das Ansehen, welches die bloße Tatsache des Besitzes gewährt, dabei ihre Rolle: wo einmal die Phantasie eines ganzen Volkes in der Richtung auf das *quantitativ* „Große" gelenkt ist, wie in den Vereinigten Staaten, da wirkt diese Zahlenromantik mit unwiderstehlichem Zauber auf die „Dichter" unter den Kaufleuten, – aber sonst sind es im ganzen nicht die eigentlich führenden und namentlich nicht die dauernd erfolgreichen Unternehmer, die sich davon einnehmen lassen. Und vollends das Einlaufen in den Hafen des Fideikommißbesitzes und Briefadels mit Söhnen, deren Gebarung auf der Universität und im Offizierkorps ihre Abstammung vergessen zu machen sucht, wie es der übliche Lebenslauf deutscher kapitalistischer Parvenü-Familien ist, stellt ein epigonenhaftes Décadenceprodukt dar. Der „Idealtypus" des kapitalistischen Unternehmers,[35] wie er auch bei uns in einzelnen hervorragenden Beispielen vertreten war, hat mit solchem gröberen oder feinerem Protzentum nichts Verwandtes. Er scheut die Ostentation und den unnötigen Aufwand ebenso wie den bewußten Genuß seiner Macht und die ihm eher unbequeme Entgegennahme von äußeren Zeichen der gesellschaftlichen Achtung, die er genießt. Seine Lebensführung trägt m. a. W. oft – und es wird auf die geschichtliche Bedeutung dieser für uns nicht unwichtigen Erscheinung einzugehen sein – einen gewissen *asketischen* Zug an sich, wie er ja in der früher zitierten „Predigt" Franklins deutlich zutage tritt. Es ist namentlich keineswegs selten, sondern recht häufig bei ihm ein Maß von kühler Bescheidenheit zu finden, welches wesentlich aufrichtiger ist als jene Reserve, die Benjamin Franklin so klug zu empfehlen weiß. Er „hat nichts" von seinem Reichtum für seine Person, – außer der irrationalen Empfindung der „Berufserfüllung".[36]

*Das* aber ist es eben, was dem präkapitalistischen Menschen so unfaßlich und rätselhaft, so schmutzig und verächtlich erscheint. Daß jemand zum Zweck seiner Lebensarbeit ausschließlich den Gedanken machen könne, dereinst mit hohem materiellen Gewicht an Geld und Gut belastet ins Grab zu sinken, scheint ihm nur als Produkt perverser Triebe: der „auri sacra fames" erklärlich.

In der Gegenwart, unter unseren politischen, privatrechtlichen und Verkehrsinstitutionen, bei den Betriebsformen und der Struktur, die unserer Wirtschaft eigen ist, könnte nun dieser „Geist" des Kapitalismus, wie gesagt, als ein reines *Anpassungs*produkt verständlich sein. Die kapitalistische Wirtschaftsordnung *braucht* diese rücksichtslose Hingabe an den „Beruf" des Geldverdienens: sie ist eine Art des Sichverhaltens zu den äußeren Gütern, welche jener Struktur so sehr adäquat, so sehr mit den Bedingungen des Sieges im ökonomischen Daseinskampfe verknüpft ist, daß von einem *notwendigen* Zusammenhange jener „chrematistischen" *Lebensführung* mit irgend einer einheitlichen *Weltanschauung* heute keine Rede mehr sein kann. Sie hat es

35 Das soll nur heißen: derjenige Unternehmertypus, den wir hier zum Gegenstand unserer Betrachtung machen, nicht irgend ein empirischer Durchschnitt (über den Begriff „Idealtypus" s. m. Ausf. in dieser Zeitschrift [69] Bd. XIX Heft 1).

36 Daß dieser „asketische" Zug für die Entwicklung des Kapitalismus nichts Peripherisches, sondern von hervorragender Bedeutung war, kann erst die weitere Darstellung lehren. Nur sie kann überhaupt erweisen, daß es sich *nicht* um *willkürlich* herausgegriffene Züge handelt.

namentlich nicht mehr nötig, sich von der Billigung irgendwelcher religiöser Potenzen tragen zu lassen und empfindet die Beeinflussung des Wirtschaftslebens durch die kirchlichen Normen, soweit sie überhaupt noch fühlbar ist, ebenso als Hemmnis, wie die staatliche Reglementierung desselben. Die handelspolitische und sozialpolitische Interessenlage pflegen dann die „Weltanschauung" zu bestimmen. [70] Aber das sind Erscheinungen einer Zeit, in welcher der [71] Kapitalismus, zum Siege gelangt, sich von den alten Stützen emanzipiert hat: wie er dereinst nur im Bunde mit der werdenden modernen Staatsgewalt die alten Formen mittelalterlicher Wirtschaftsregulierung sprengte, so *könnte* – wollen wir vorläufig sagen – das gleiche auch für seine Beziehungen zu den religiösen Mächten der Fall gewesen sein. Ob und in welchem Sinne es etwa der Fall gewesen ist, das eben soll hier untersucht werden. Denn daß jene Auffassung des Gelderwerbs als eines den Menschen sich verpflichtenden *Selbst*zweckes, als „Beruf", dem sittlichen Empfinden ganzer Epochen zuwiderlief, bedarf kaum des Beweises. In dem Satz „Deo placere non potest", der von der Tätigkeit des Kaufmanns gebraucht wurde [72], lag, gegenüber den radikal antichrematistischen Ansichten breitester Kreise, schon ein hoher Grad von *Entgegenkommen* der katholischen Doktrin gegenüber den Interessen der mit der Kirche politisch so eng liierten Geldmächte der italienischen Städte [73]. Und auch wo die Doktrin noch mehr sich akkommodierte, wie etwa bei Antonin von Florenz, schwand doch die Empfindung niemals ganz, daß es sich bei der auf Erwerb als Selbstzweck gerichteten Tätigkeit im Grunde um ein pudendum handle, welches nur die einmal vorhandenen Ordnungen des Lebens zu tolerieren nötigten. [74] Eine „sittliche" Anschauung wie die Benjamin Franklins wäre einfach undenkbar gewesen. Dies war vor allem die Auffassung der beteiligten [75] Kreise selbst: ihre Lebensarbeit war, [76] günstigenfalls, etwas sittlich Indifferentes, Toleriertes, aber immerhin schon wegen der steten Gefahr, mit dem kirchlichen Wucherverbot zu kollidieren, für die Seligkeit Bedenkliches: ganz erhebliche Summen flossen, wie die Quellen zeigen, beim Tode reicher Leute als „Gewissensgelder" an kirchliche Institute, unter Umständen auch zurück an frühere Schuldner als zu Unrecht ihnen abgenommene „usura". [77] Auch skeptische und unkirchliche Naturen pflegten, weil es zur Versicherung gegen die Ungewißheiten des Zustandes nach dem Tode immerhin besser so war und weil ja (wenigstens nach der sehr verbreiteten laxeren Auffassung) die äußere Unterwerfung unter die Gebote der Kirche zur Seligkeit genügte, sich durch solche Pauschsummen mit ihr für alle Fälle abzufinden.[37] Gerade hierin tritt das *Außer*sittliche und teilweise [78] *Wider*sittliche, welches nach der eigenen Auffassung der Beteiligten ihrem Tun anhaftete, deutlich zutage. Wie ist nun aus diesem, im günstigen Fall, sittlich tolerierten Gebahren ein „Beruf" im Sinne Benjamin Franklins geworden? Wie ist es historisch erklärlich, daß im Zentrum der „kapitalistischen" Entwicklung der damaligen Welt, in Florenz im 14. und 15. Jahrhundert, dem Geld- und Kapitalmarkt aller politischen Großmächte, als sittlich bedenklich [79] galt, was in den hinterwälderisch-kleinbürgerlichen Verhältnissen von Pennsylvanien im 18. Jahrhundert, wo die Wirtschaft aus purem Geldmangel stets in Naturaltausch zu kollabieren drohte, von größeren gewerblichen Unternehmungen kaum eine Spur, von Banken nur die vorsintflutlichen Anfänge zu bemerken waren, als Inhalt einer sittlich löblichen, ja gebotenen Lebensführung gelten konnte? – Hier von einer „Widerspiegelung" der „materiellen" Verhältnisse in dem „ideellen Überbau" reden zu wollen, wäre ja barer Unsinn. – Welchem Gedankenkreise entstammt also die Einordnung einer äußerlich rein auf *Gewinn* gerichteten Tätigkeit unter die Kategorie des „Berufs", dem gegenüber sich der einzelne *verpflichtet* fühlt? Denn dieser Gedanke ist es ja auch hier, welcher der Lebensführung des Unternehmers „neuen Stils" den ethischen Unterbau und Halt gewährt.

Man hat – so namentlich Sombart in höchst glücklichen und wirkungsvollen Ausführungen – als das Grundmotiv der modernen Wirtschaft überhaupt den „ökonomischen Rationalismus" bezeichnet. Mit unzweifelhaftem Recht, wenn darunter jene Ausweitung der Produktivität der Arbeit verstanden wird, welche durch die Gliederung des Produktionsprozesses unter *wissenschaftlichen* Gesichtspunkten dessen Gebundenheit an die natürlich gegebenen „organischen" Schranken der menschlichen Per-

37 Wie man sich dabei mit dem Wucherverbot abfand, lehrt z. B. Buch I c. 65 des Statuts der Arte di Calimala (mir liegt augenblicklich nur die italienische Redaktion bei Emiliani-Giudici, Stor. dei Com. Ital. Bd. III S. 246 vor): Procurino i consoli con *quelli frati che parrà loro*, che perdono si faccia e come fare si possa il meglio per l'amore di ciascuno, del dono, merito o guiderdono, ovvero interesse per l'anno presente e secondo che altra volta fatto fue. Also eine Art Beschaffung des Ablasses von seiten der Zunft für ihre Mitglieder von Amtswegen und im Submissionswege. Höchst charakteristisch für den außersittlichen Charakter des Kapitalgewinns sind auch die weiter folgenden Anweisungen, ebenso z. B. das unmittelbar vorhergehende Gebot (c. 63), alle Zinsen und Profite als „Geschenk" zu buchen. Den heutigen schwarzen Listen der Börse gegen solche, die den Differenzeinwand erheben, entsprach oft der Verruf gegen solche, die das geistliche Gericht mit der exceptio usurariae pravitatis angingen.

son beseitigt hat. Dieser Rationalisierungsprozeß auf dem Gebiete der Technik und Ökonomik bedingt nun unzweifelhaft auch einen wichtigen Teil der „Lebensideale" der modernen bürgerlichen Gesellschaft: die Arbeit im Dienste einer *rationalen* Gestaltung der materiellen Güterversorgung der Menschheit hat den Vertretern des „kapitalistischen Geistes" zweifellos immer auch als einer der richtungweisenden Zwecke ihrer Lebensarbeit vorgeschwebt. Man braucht z. B. Franklins Schilderung seiner Bestrebungen im Dienst der kommunalen improvements von Philadelphia nur zu lesen, um diese sehr selbstverständliche Wahrheit mit Händen zu greifen. Und die Freude und der Stolz, zahlreichen Menschen „Arbeit gegeben", mitgeschaffen zu haben am ökonomischen „Aufblühen" der Heimatsstadt in jenem, an Volks- und Handelszahlen orientierten, Sinn des Worts, den der Kapitalismus nun einmal damit verbindet, – dies alles gehört selbstverständlich zu der spezifischen und unzweifelhaft „idealistisch" gemeinten Lebensfreude des modernen Unternehmertums. Und ebenso ist es natürlich eine der fundamentalen Eigenschaften der kapitalistischen Privatwirtschaft, daß sie auf der Basis streng *rechnerischen* Kalküls rationalisiert, – wie Sombart sich ausdrückt: „rechenhaft" gestaltet, – planvoll und nüchtern auf den erstrebten wirtschaftlichen Erfolg ausgerichtet ist, im Gegensatz zu dem von der Hand in den Mund Leben des Bauern und dem privilegierten Schlendrian des Zunfthandwerkers [80].

Es scheint also, als sei die Entwicklung des „kapitalistischen Geistes" am einfachsten als Teilerscheinung in der Gesamtentwicklung des Rationalismus zu verstehen und müsse aus dessen prinzipieller Stellung zu den letzten Lebensproblemen ableitbar sein. Dabei käme also der Protestantismus nur insoweit historisch in Betracht, als er etwa als „Vorfrucht" rein rationalistischer Lebensanschauungen eine Rolle gespielt hätte. Allein sobald man ernstlich den Versuch macht, zeigt sich, daß eine so einfache Problemstellung schon um deswillen nicht angeht, weil die Geschichte des Rationalismus *keineswegs* eine auf den einzelnen Lebensgebieten *parallel* fortschreitende Entwicklung zeigt. Die Rationalisierung des Privatrechts z. B. ist, wenn man sie als *begriffliche* Vereinfachung und Gliederung des Rechtsstoffes auffaßt, in ihrer bisher höchsten Form im römischen Recht des späteren Altertums erreicht, sie ist am rückständigsten in einigen der ökonomisch am meisten rationalisierten Länder, speziell in England, wo die Renaissance des römischen Rechts seinerzeit an der Macht der großen Juristenzünfte scheiterte, während seine Herrschaft in den katholischen Gebieten Südeuropas stets fortbestanden hat. Die rein diesseitige rationale Philosophie hat im

18. Jahrhundert ihre Stätte durchaus nicht allein oder auch nur vorzugsweise in den kapitalistisch höchstentwickelten Ländern gefunden. Der Voltairianismus ist noch heute Gemeingut breiter oberer und – was praktisch wichtiger ist – mittlerer Schichten gerade in den romanisch-katholischen Ländern. Versteht man vollends unter *praktischem* „Rationalismus" jene Art Lebensführung, welche die Welt bewußt auf die diesseitigen Interessen des *einzelnen Ich* bezieht und von hier aus beurteilt, so war und ist noch heute dieser Lebensstil erst recht „typische" Eigenart der Völker des „liberum arbitrium", wie es dem Italiener und Franzosen in Fleisch und Blut steckt, und wir konnten uns bereits überzeugen, daß dies keineswegs der Boden ist, auf welchem jene Beziehung des Menschen auf seinen „Beruf" als Aufgabe, wie sie der Kapitalismus braucht, vorzugsweise gedeiht. Man kann eben [81] das Leben unter höchst verschiedenen letzten Gesichtspunkten und nach sehr verschiedenen Richtungen hin „rationalisieren", der „Rationalismus" ist ein historischer Begriff, der eine Welt von Gegensätzen in sich schließt, und wir werden gerade zu untersuchen haben, wes Geistes Kind *diejenige* konkrete Form „rationalen" Denkens und Lebens war, aus welcher jener „Berufs"-Gedanke und jenes, – wie wir sahen, vom Standpunkt der rein eudämonistischen Eigeninteressen aus so *irrationale* – Sichhingeben an die Berufs*arbeit* erwachsen ist, welches einer der charakteristischsten Bestandteile unserer kapitalistischen Kultur war und noch immer ist. *Uns* interessiert hier gerade die Herkunft jenes *irrationalen* Elements, welches in diesem wie in jedem „Berufs"-Begriff liegt.

3.

Nun ist unverkennbar, daß schon in dem deutschen *Worte* „Beruf“ ebenso wie in vielleicht noch deutlicherer Weise in dem englischen „calling“, eine religiöse Vorstellung – die einer von *Gott* gestellten *Aufgabe* – wenigstens *mit*klingt und, je nachdrücklicher wir auf das Wort im konkreten Fall den Ton legen, desto fühlbarer wird. Und verfolgen wir nun das Wort geschichtlich und durch die Kultursprachen hindurch, so zeigt sich zunächst, daß die lateinisch-katholischen [82] Völker für das, was wir „Beruf“ (im Sinne von Lebensstellung, umgrenztes Arbeitsgebiet) nennen, einen Ausdruck ähnlicher Färbung ebensowenig kennen wie das klassische Altertum,[38] während es bei *allen* protestantischen Völkern existiert. Und es zeigt sich ferner, daß nicht irgend eine ethnisch bedingte Eigenart der germanischen [89] Sprachen, etwa der Ausdruck eines „germanischen Volksgeistes“ dabei beteiligt ist, sondern daß das Wort in seinem

---

38 [83] Im Griechischen fehlt eine dem deutschen Wort in der ethischen Färbung entsprechende Bezeichnung überhaupt. Wo Luther unserem heutigen Sprachgebrauch schon ganz entsprechend (s. u.) bei Jesus Sirach XI, 20 u. 21: „bleibe in deinem Beruf“ übersetzt, hat die LXX das eine Mal: ἔργον, das andere Mal [84]: πόνος. Sonst wird im Altertum τὰ προσήκοντα in dem allgemeinen Sinn von „Pflichten“ verwendet. In der Sprache der Stoa trägt gelegentlich κάματος (auf welches mich Herr Kollege Dieterich aufmerksam machte) eine ähnliche gedankliche Färbung bei *sprachlich* indifferenter Provenienz. – Im Lateinischen drückt man das, was wir mit „Beruf“ übersetzen, die arbeitsteilige dauernde Tätigkeit eines Menschen, welche (normalerweise) zugleich für ihn Einkommensquelle und damit dauernde ökonomische Existenzgrundlage ist, neben dem farblosen „opus“, mit einer dem ethischen Gehalt des deutschen Wortes wenigstens verwandten Färbung entweder durch officium (aus opificium, also ursprünglich ethisch farblos, später, so besonders bei Seneca de benef. IV, 18 = Beruf) oder durch munus – von den Frohnden der alten Bürgergemeinde abgeleitet, – oder endlich durch professio aus, welch letzteres Wort in dieser Bedeutung charakteristischerweise ebenfalls von *öffentlichrechtlichen* Pflichten, nämlich den alten *Steuer*deklarationen der Bürger abstammen dürfte, später speziell für die im modernen Sinn „liberalen Berufe“ (so: professio bene dicendi) verwendet wird und auf *diesem* engeren Gebiete eine unserem Wort „Beruf“ in jeder Hinsicht ziemlich ähnliche Gesamtbedeutung annimmt (auch im mehr innerlichen Sinn des Wortes; so wenn es bei Cicero von Jemand heißt: non intelligit quid profiteatur, in dem Sinn von: „er erkennt seinen eigentlichen Beruf nicht“), – nur daß es eben natürlich durchaus diesseitig, ohne jede *religiöse* Färbung gedacht ist. Dies ist bei „ars“, welches in der Kaiserzeit für „Handwerk“ verwendet wird, natürlich erst recht der Fall. – Die *Vulgata* übersetzt die obigen Stellen bei Jesus Sirach das eine Mal mit „opus“, das andere Mal (v. 21) mit „locus“, was in diesem Fall etwa „soziale Stellung“ bedeuten würde. [85] – In den romanischen Sprachen hat nur das spanische „vocacion“ im Sinne des *inneren* „Berufes“ zu etwas, vom geistlichen Amt übertragen, eine dem deutschen Wortsinn teilweise entsprechende Färbung,

heutigen Sinn aus den *Bibelübersetzungen* stammt und zwar aus dem Geist der Übersetzer, nicht aus dem Geist des Originals.[39] Es scheint in der lutherischen Bibelübersetzung zuerst an einer Stelle des Jesus Sirach (XI, 20 u. 21) ganz in unserem heutigen Sinn verwendet zu sein.[40] Es hat dann sehr bald in der Profan-

---

wird aber nie vom „Beruf" im äußerlichen Sinn gebraucht. In den romanischen Bibelübersetzungen wird das spanische vocacion, das italienische vocazione und chiamamento sonst in einer dem gleich zu erörternden lutherischen und calvinistischen Sprachgebrauch teilweise entsprechenden Bedeutung *nur* zur Übersetzung des neutestamentlichen „κλῆσις", der Berufung durch das Evangelium zum ewigen Heil, verwendet, wo die Vulgata „vocatio" hat.[86] „Chiamamento" verwendet in dieser Art z. B. die italienische Bibelübersetzung aus dem 15. Jahrhundert, die in der Collezione di opere inedite e rare, Bologna 1887 abgedruckt ist, neben „vocazione", welches die modernen italienischen Bibelübersetzungen benutzen. Die für „Beruf" im *äußerlichen* [87] Sinn von regelmäßiger Erwerbstätigkeit verwendeten Worte in den romanischen Sprachen tragen dagegen, wie aus dem lexikalischen Material und aus einer freundlichen eingehenden Darlegung meines verehrten Freundes Professor Baist (Freiburg) hervorgeht, durchweg keinerlei religiöse Prägung an sich, mögen sie nun, wie die von ministerium oder officium abgeleiteten ursprünglich eine gewisse ethische Färbung gehabt haben oder wie die von ars, professio und implicare (impiego) abgeleiteten auch dieser von Anfang an völlig entbehren. Die eingangs erwähnten Stellen bei Jesus Sirach, wo Luther „Beruf" hat, werden übersetzt: französisch v. 20 office, v. 21 labeur (calvinistische Übersetzung), spanisch v. 20 obra, v. 21 lugar (nach der Vulgata), italienisch: ältere Übersetzungen: luogo (nach der Vulgata), neue Übersetzungen : „posto" (protestantisch). [88]

39 Dagegen enthält die *Augsburger Konfession* den Begriff nur teilweise entwickelt und implicite. Wenn Art. XVI (s. die Ausg. v. Kolde S. 43) lehrt „Denn das Evangelium ... stößt nicht um weltlich Regiment, Polizei und Ehestand, sondern will, daß man solches alles halte als Gottes Ordnung und in solchen Ständen christliche Liebe und rechte gute Werke, ein jeder *nach seinem Beruf* beweise" (lateinisch heißt es nur: „et in talibus ordinationibus exercere caritatem" ebd. S. 42), so zeigt die daraus gezogene Konsequenz, daß man der Obrigkeit gehorchen müsse, daß hier, wenigstens in *erster* Linie, an „Beruf" als *objektive* Ordnung im Sinn von κλῆσις 1. Kor. 7,20 gedacht ist. Und Art. XXVII spricht (bei Kolde S. 83 unten) von „Beruf" (lateinisch in vocatione sua) nur in Verbindung mit den von Gott geordneten Ständen: Pfarrer, Obrigkeit, Fürsten- und Herrenstand u. dgl., und auch dies im Deutschen nur in der Fassung des Konkordienbuches, während in der deutschen Ed. princeps der betreffende Satz fehlt.
Nur Art. XXVI (Kolde S. 81) wird in der Wendung: . . . „daß Kasteiung dienen soll nicht damit Gnade zu verdienen, sondern den Leib geschickt zu halten, daß er nicht verhindere, was einem nach seinem Beruf (lateinisch: juxta vocationem suam) zu schaffen befohlen ist," – das Wort in einem unseren heutigen Begriff wenigstens *mit* umfassenden Sinn gebraucht.

40 Vor den lutherischen Bibelübersetzungen kommt, wie die Lexika ergeben und die Herren Kollegen Braune und Hoops mir freundlichst bestätigten, das Wort „Beruf", holländisch: „beroep", englisch: „calling", dänisch: „kald", schwedisch: kallelse" in *keiner* der Sprachen, die es jetzt enthalten,

sprache aller protestantischen Völker seine heutige Bedeutung angenommen, während vorher in der profanen Literatur *keines* derselben irgend ein Ansatz zu einem derartigen Wortsinn zu

---

in seinem heutigen *weltlich* gemeinten Sinn vor. Die mit „Beruf“ gleich*lautenden* mittelhochdeutschen, mittelniederdeutschen und mittelniederländischen Worte *bedeuten* sämtlich „Ruf“ in dessen heutiger deutscher Bedeutung, einschließlich *insbesondere* auch – in spätmittelalterlicher Zeit – der „Berufung“ (= Vokation) eines Kandidaten zu einer *geistlichen Pfründe* durch den Anstellungsberechtigten – ein Spezialfall, der auch bei den skandinavischen Sprachen in den Wörterbüchern hervorgehoben zu werden pflegt. In dieser letzteren Bedeutung braucht auch Luther das Wort gelegentlich. Allein, mag später diese Spezialverwendung des Wortes seiner Umdeutung ebenfalls zugute gekommen sein, so geht doch die Schöpfung des modernen „Berufs“-Begriffs auch sprachlich auf die Bibelübersetzungen, und zwar die *protestantischen*, zurück und nur bei *Tauler* (†1361) finden sich später zu erwähnende Ansätze dazu. [90]

*Luther* übersetzt zweierlei zunächst ganz verschiedene Begriffe mit „Beruf“. *Einmal* die paulinische „κλῆσις“ im Sinne der Berufung zum ewigen Heil durch Gott. Dahin gehören: 1. Cor. 1, 26; Eph. 1, 18; 4, 1.4; 2. Thess. 1, 11; Hebr. 3, 1; 2. Petri 1, 10. In allen diesen Fällen handelt es sich um den *rein* religiösen Begriff jener Berufung, die durch Gott vermittels des durch den Apostel verkündeten Evangeliums erfolgt ist und hat der Begriff κλῆσις nicht das Mindeste mit weltlichen „Berufen“ im heutigen Sinne zu tun. Die deutschen Bibeln vor Luther schreiben in diesem Fall: „ruffunge“ (so sämtliche Inkunabeln der Heidelberger Bibliothek), brauchen auch wohl statt „von Gott geruffet“: „von Gott gefordert“. – *Zweitens* aber übersetzt er – wie schon früher erwähnt – die in der vorigen Note wiedergegebenen Worte Jesus Sirachs: [91] ἐν τῷ ἔργῳ σου παλαιώθητι und καὶ ἔμμενε τῷ πόνεῳ σου mit: beharre in deinem Beruf und bleibe in deinem *Beruf*, statt: bleibe bei deiner *Arbeit*, und die späteren (autorisierten) katholischen Bibelübersetzungen (z. B. die von Fleischütz, Fulda 1781) haben sich hier (wie in den neutestamentlichen Stellen) ihm einfach angeschlossen. Die lutherische Übersetzung bei dieser Sirachstelle ist, soviel ich sehe, *der erste* Fall, in welchem das [92] Wort „Beruf“ ganz in seinem heutigen *rein* weltlichen Sinn gebraucht wird. [93] In diesem Sinne existierte es vorher [94], wie oben erwähnt, in der deutschen Sprache nicht, auch – soviel ich sehe – nicht im Munde der älteren Bibelübersetzer oder Prediger. Die deutschen Bibeln vor Luther übersetzen in der Sirachstelle „Werk“. Berthold von Regensburg gebraucht in Predigten da, wo wir von „Beruf“ sprechen würden, das Wort „Arbeit“. Der Sprachgebrauch ist hier also derselbe wie derjenige der Antike. Die erste mir bisher bekannte Stelle, wo zwar nicht „Beruf“, aber *„Ruf“* (als Übersetzung von κλῆσις) auf rein weltliche Arbeit angewendet wird, findet sich in der schönen Predigt Taulers über Ephes. 4 (Basler Ausg. f. 117 v): von Bauern die „misten“ gehen: sie fahren oft besser, „so sie folgen einfeltiglich irem Ruff denn die geistlichen Menschen, die auf ihren Ruf nicht Acht haben“. Dies Wort ist in diesem Sinne in die Profansprache nicht eingedrungen. Und trotzdem Luthers Sprachgebrauch anfangs (s. Werke, Erl. Ausg. 51, S. 51) zwischen „Ruf“ und „Beruf“ schwankt, ist eine direkte Beeinflussung durch Tauler durchaus nicht sicher, obwohl manche Anklänge gerade an diese Predigt Taulers sich z. B. in der „Freiheit eines Christenmenschen“ finden.

bemerken war und auch in der Predigtliteratur, soviel ersichtlich, nur bei einem deutschen Mystiker, deren Einfluß auf Luther bekannt ist.

Und wie die Wortbedeutung so ist auch – das dürfte im ganzen ja bekannt sein – der *Gedanke* neu und ein Produkt der Reforma-

---

Denn in dem rein *weltlichen* Sinn wie Tauler l.c. hat Luther das Wort zunächst *nicht* verwendet (dies gegen Denifle, Luther, S. 163).

Offenbar nun enthält der Ratschlag bei Sirach, von der allgemeinen Mahnung zum Gottvertrauen abgesehen, nicht die geringste Beziehung auf eine spezifische religiöse *Wertung* der„Berufs“-Arbeit und der Ausdruck πόνος (Mühsal) wohl eher das Gegenteil einer solchen [95]. Was Jesus Sirach sagt, entspricht einfach der Mahnung des Psalmisten (Ps. 37, 3): bleibe im Lande und *nähre dich redlich*, wie auch die Zusammenstellung mit der Mahnung (v. 20), sich nicht die Weise der Gottlosen, nach Gut zu trachten, zum Muster zu nehmen, auf das deutlichste ergibt [96]. Die Brücke zwischen jenen beiden anscheinend ganz heterogenen Verwendungen des Wortes Beruf bei Luther schlägt eine [97] Stelle im ersten Korintherbrief und ihre Übersetzung.

Bei Luther (in den üblichen modernen Ausgaben) lautet der ganze Zusammenhang, in dem diese Stelle steht, wie folgt: I. Kor.7, v. 17: „... ein jeglicher, wie ihn der Herr berufen hat, also wandle er ... (18) Ist jemand beschnitten berufen, der zeuge keine Vorhaut. Ist jemand berufen in der Vorhaut, der lasse sich nicht beschneiden. (19) Die Beschneidung ist nichts und die Vorhaut ist nichts; sondern Gottes Gebot halten. (20) Ein jeglicher bleibe in dem Beruf, in dem er berufen ist (ἐν τῇ κλήσει ᾗ ἐκλήθη, – wie Geheimrat A. Merx mir sagt, ein zweifelloser Hebraismus, – Vulgata: in qua vocatione vocatus est). (21) Bist du ein Knecht berufen, sorge des nicht; doch kannst du frei werden, so brauche des viel lieber. (22) Denn wer ein Knecht berufen ist, der ist ein Gefreiter des Herrn; desgleichen wer ein Freier berufen ist, der ist ein Knecht Christi. (23) Ihr seid teuer erkauft; werdet nicht der Menschen Knechte. (24) Ein jeglicher, lieben Brüder, worinnen er berufen ist, darinnen bleibe er bei Gott.“ V. 29 folgt dann der Hinweis darauf, daß „die Zeit kurz“ sei, worauf die bekannten, durch eschatologische Erwartungen (v. 31) motivierten Anweisungen folgen, die Weiber zu haben, als hätte man sie nicht, zu kaufen, als besitze man das Gekaufte nicht usw. In v. 20 hatte Luther im Anschluß an die älteren deutschen Übertragungen noch 1523 in seiner Exegese dieses Kapitels κλῆσις mit „Ruf“ übersetzt (Erl. Ausgabe, Bd. 51 S. 51) und damals mit „*Stand*“ interpretiert.

In der Tat ist offenbar, daß das Wort κλῆσις an dieser – und *nur* an dieser – Stelle so ziemlich dem lateinischen „status“ und unserem „Stand“ (Ehestand, Stand des Knechtes, usw.) wenigstens annähernd entspricht. [98] In einer wenigstens daran erinnernden Bedeutung findet sich dieses Wort – der Wurzel nach mit ἔκκλησια, „berufene Versammlung“, verwandt, – in der griechischen Literatur, soweit das lexikalische Material reicht, nur einmal in einer Stelle des Dionysius von Halikarnaß, wo es dem lateinischen classis – einem griechischen Lehnworte = die „einberufene“, aufgebotene Bürgerabteilung – entspricht. Theophylaktos (11./12. Jahrh.) interpretiert 1. Kor. 7, 20: ἐν οἵῳ βίῳ καὶ ἐν οἵῳ τάγματι καί πολιτεύματι ὢν ἐπιστευσεν(Herr Kollege Deißmann machte mich auf die Stelle aufmerksam). – Unserem heutigen „Beruf“ entsprichtκλῆσις auch in unserer Stelle jedenfalls *nicht*.

tion. Nicht als ob gewisse Ansätze zu jener Schätzung der weltlichen Alltagsarbeit, welche in diesem Berufsbegriff vorliegt, nicht schon im Mittelalter [109] vorhanden gewesen wären –

---

Aber Luther, der in der eschatologisch motivierten Mahnung, daß jeder in seinem gegenwärtigen Stande bleiben sollte, κλῆσις mit „Beruf“ übersetzt hatte, hat dann, als er später die Apokryphen übersetzte, in dem traditionalistisch und antichrematistisch motivierten Rat des Jesus Sirach, daß jeder bei seiner Hantierung bleiben möge, schon wegen der *sachlichen Ähnlichkeit* des Ratschlages πόνος ebenfalls mit „Beruf“ übersetzt. [99] Inzwischen (oder etwa gleichzeitig) war 1530 in der Augsburger Konfession das protestantische Dogma über die Nutzlosigkeit der katholischen Überbietung der innerweltlichen Sittlichkeit festgelegt und dabei die Wendung „einem jeglichen nach seinem Beruf“ gebraucht worden (s. vor. Anm.). Dies und jene gerade Anfang der 30er Jahre sich wesentlich steigernde Schätzung der *Heiligkeit* der Ordnung, in die der einzelne gestellt ist, die ein Ausfluß seines immer schärfer präzisierten Glaubens an die ganz spezielle göttliche Fügung auch in den Einzelheiten des Lebens war, zugleich aber seine sich steigernde Neigung zur Hinnahme der weltlichen Ordnungen als von Gott unabänderlich gewollt, treten hier in Luthers Übersetzung hervor. [100] Denn während er jetzt πόνος und ἔργον bei Jesus Sirach mit „Beruf“ übersetzt, [101] hatte er einige Jahre vorher noch in Sprüche Salomon. 22, 29 das hebräische מְלָאכָה, welches den πόνος und ἔργον des griechischen Textes von Jesus Sirach zweifellos zugrunde lag und vom Stamm לאך = senden, schicken, also von dem Begriff „Sendung“ abgeleitet ist, und – ganz wie das deutsche Beruf, und das nordische kald, kallelse, – insbesondere vom *geistlichen* „Beruf“ ausgeht, [102] mit *„Geschäft“* übertragen (LXX: ἔργον, Vulg.: opus, englische Bibeln: business, entsprechend auch die nordischen und alle sonstigen Übersetzungen). Gedanklich war freilich bei מְלָאכָה der Zusammenhang mit dem Stammbegriff, wie Herr Geh.-Rat Merx mich belehrt, schon im Altertum ebenso völlig verloren gegangen, wie für unser „Beruf“ etwa in dem Wort „Berufsstatistik“. [103]

Schon im 16. Jahrhundert ist dann der Begriff „Beruf“ in der außerkirchlichen Literatur im heutigen Sinne eingebürgert. Die Bibelübersetzer *vor* Luther hatten für κλῆσις das Wort „Berufung“ gebraucht (so z. B. in den Heidelberger Inkunabeln von 1462/66, 1485), die Ecksche Ingolstädter Übersetzung von 1537 sagt: „in dem Ruf, worin er beruft ist“. Die späteren katholischen Übersetzungen folgen meist direkt Luther. In England hat [104] die Wiclefsche Bibelübersetzung (1382) hier „cleping“ (das altenglische Wort, welches später durch das Lehnwort „calling“ ersetzt wurde), [105] die Tindalsche von 1534 wendet den Gedanken weltlich [106]: „in the same state wherein he was called“, ebenso die Geneva von 1557. Die offizielle *Cranmer*sche Übersetzung von 1539 ersetzte „state“ durch „calling“, während die (katholische) Rheimser Bibel von 1582 ebenso wie die höfischen anglikanischen Bibeln der elisabethanischen Zeit charakteristischerweise wieder zu „vocation“ in Anlehnung an die Vulgata zurückkehren. Daß [107] die Cranmersche Bibelübersetzung die Quelle des puritanischen Begriffes „calling“ im Sinn von Beruf = trade ist, hat schon Murray s. v. calling zutreffend erkannt. Schon Mitte des 16. Jahrh. findet sich calling in jenem Sinn gebraucht, schon 1588 sprach man von „unlawful callings“, 1603 von „greater callings“ im Sinne von „höhere“ Berufe usw. (s. Murray a. a. O.). [108]

davon wird später zu reden sein –, aber unbedingt neu war jedenfalls zunächst eins: die Schätzung der Pflichterfüllung innerhalb der weltlichen Berufe als des *höchsten* Inhaltes, den die sittliche Selbstbetätigung überhaupt annehmen könne. Dies war es, was die Vorstellung von der *religiösen* Bedeutung der weltlichen Alltagsarbeit zur unvermeidlichen Folge hatte und den Berufsbegriff [110] erzeugte. Es kommt also in dem Begriffe „Beruf" jenes Zentraldogma aller protestantischen Denominationen zum Ausdruck, welches die katholische Unterscheidung der christlichen Sittlichkeitsgebote in „praecepta" und „consilia" verwirft und als das *einzige* Mittel Gott wohlgefällig zu leben, *nicht* eine Überbietung der innerweltlichen Sittlichkeit durch mönchische Askese, sondern ausschließlich die Erfüllung der innerweltlichen Pfichten kennt, wie sie sich aus der Lebensstellung des einzelnen ergeben, die dadurch eben sein „Beruf" wird.

Bei Luther[41] entwickelt dieser Gedanke sich im Laufe des ersten Jahrzehntes seiner reformatorischen Tätigkeit. Anfangs gehört ihm, durchaus im Sinne der vorwiegenden mittelalterlichen Tradition, wie sie z. B. Thomas von Aquino repräsentiert,[42] die weltliche Arbeit, obwohl von Gott gewollt, zum Kreatürli-

---

41 Vgl. zum folgenden die lehrreiche Darstellung *bei K. Eger*, „Die Anschauung Luthers vom Beruf" (Gießen 1900), deren vielleicht einzige Lücke in der bei ihm, wie bei fast allen anderen theologischen Schriftstellern, noch nicht genügend klaren Analyse des Begriffes der „lex naturae" bestehen dürfte (s. dazu E. Troeltsch in der Besprechung von Seebergs Dogmengeschichte, Gött. Gel. Anz. 1902 [111]).

42 Denn wenn Thomas von Aquin die ständische und berufliche Gliederung der Menschen als Werk der göttlichen *Vorsehung* hinstellt, so ist damit der objektive *Kosmos* der Gesellschaft gemeint. Daß der *einzelne* aber sich einem bestimmten konkreten „Beruf" (wie wir sagen würden, Thomas sagt: ministerium oder officium) zuwendet, hat seinen Grund in „causae naturales". Quaest. quodlibetal. VII art. 17 c: „Haec autem diversificatio hominum in diversis officiis contingit primo ex divina providentia, quae ita hominum *status distribuit,* .... secundo etiam ex *causis naturalibus*, ex quibus *contingit*, quod in diversis hominibus sunt diversae *inclinationes ad diversa officia* ..." [112] Der Gegensatz [113] gegen den protestantischen (auch den sonst, namentlich in der Betonung des Providentiellen, nahe verwandten späteren lutherischen) Berufsbegriff liegt so klar zutage, daß es vorläufig bei diesem Zitat bewenden kann, da auf die Würdigung der katholischen Anschauungsweise später zurückzukommen ist. S. über Thomas: *Maurenbrecher*, Th. v. Aquinos Stellung zum Wirtschaftsleben seiner Zeit, 1898. Wo übrigens in Einzelheiten Luther mit Thomas übereinzustimmen scheint, ist es wohl mehr die allgemeine Lehre der Scholastik überhaupt, als Thomas speziell, was ihn beeinflußt hat. Denn Thomas scheint er, nach Denifles Nachweisungen, tatsächlich nur unzulänglich gekannt zu haben (s. *Denifle*, Luther und Luthertum, 1903, S. 501 und dazu *Köhler*, Ein Wort zu Denifles Luther, 1904, S. 25 f).

chen, sie ist die unentbehrliche *Naturgrundlage* des Glaubenslebens,[43] sittlich an sich indifferent wie Essen und Trinken. Aber mit der klareren Durchführung des „sola-fide"-Gedankens in seinen Konsequenzen und mit dem dadurch gegebenen, mit steigender Schärfe betonten Gegensatz gegen die „vom Teufel diktierten" katholischen „evangelischen Ratschläge" des Mönchtums steigt die Bedeutung des Berufs. Die mönchische Lebensführung ist nun nicht nur zur Rechtfertigung vor Gott selbstverständlich gänzlich wertlos, sondern sie gilt ihm auch als Produkt egoistischer, den Weltpflichten sich entziehender *Lieblosigkeit*. Im Kontrast dazu erscheint die weltliche Berufsarbeit als äußerer Ausdruck der Nächstenliebe und dies wird in allerdings höchst weltfremder Art und in einem fast grotesken Gegensatz zu Adam Smiths bekannten Sätzen[44] insbesondere durch den Hinweis darauf begründet, daß die Arbeitsteilung jeden einzelnen zwinge, für *andere* zu arbeiten. Indessen diese, wie man sieht, wesentlich scholastische Begründung verschwindet bald wieder und es bleibt, mit steigendem Nachdruck betont, der Hinweis darauf, daß die Erfüllung der innerweltlichen Pflichten unter allen Umständen der *einzige* Weg sei, Gott wohlzugefallen, daß sie und

---

43 In „Von der Freiheit eines Christenmenschen" wird zunächst 1. die „zweierlei Natur" des Menschen für die Konstruktion der innerweltlichen Pflichten im Sinne der lex naturae (hier = natürliche Ordnung der Welt) verwendet, die daraus folgt, daß (Erl. Ausg. 27 S. 188) der Mensch *faktisch* an seinen Leib und die soziale Gemeinschaft gebunden ist. – 2. In dieser Situation wird er (S. 196), – das ist eine daran angeknüpfte *zweite* Begründung, – *wenn* er ein gläubiger Christ ist, den Entschluß fassen, Gottes aus reiner Liebe gefaßten Gnadenentschluß durch Nächstenliebe zu *vergelten*. Mit dieser sehr lockeren Verknüpfung von „Glaube" und „Liebe" kreuzt sich 3. (S. 190) die alte asketische Begründung der Arbeit als eines Mittels, dem „inneren" Menschen die Herrschaft über den Leib zu verleihen. – 4. Das Arbeiten sei daher, – so heißt es in Verbindung damit weiter und hier kommt wieder der Gedanke der „lex naturae" (hier = natürliche Sittlichkeit) in anderer Wendung zur Geltung, – ein schon dem *Adam* (vor dem Fall) eigener, von Gott ihm eingepflanzter *Trieb* gewesen, dem er „allein Gott zu gefallen" nachgegangen sei. – Endlich 5. (S. 161 und 199) erscheint im Anschluß an Matth. 7, 18 f. der Gedanke, daß tüchtige Arbeit im Beruf Folge des durch den Glauben gewirkten neuen Lebens sei und sein müsse, ohne daß jedoch daraus der calvinistische Gedanke der „Bewährung" entwickelt würde. – Die mächtige Stimmung, von welcher die Schrift getragen ist, erklärt die Verwertung heterogener begrifflicher Elemente.

44 „Nicht vom Wohlwollen des Fleischers, Bäckers oder Brauers erwarten wir uns unser Mittagessen, sondern von ihrer Rücksicht auf ihren eigenen Vorteil; wir wenden uns nicht an ihre Nächstenliebe, sondern an ihre Selbstsucht, und sprechen ihnen nie von unseren Bedürfnissen, sondern stets nur von ihrem Vorteil." (W. of. N. I, 2).

*nur* sie Gottes Wille sei und daß deshalb jeder erlaubte Beruf vor Gott schlechterdings gleich viel gelte.[45]

Daß diese sittliche Qualifizierung des weltlichen Berufslebens eine der folgenschwersten Leistungen der Reformation und also speziell Luthers war, ist in der Tat zweifellos und darf nachgerade als ein Gemeinplatz gelten [114]. [115] Aber wie nun im einzelnen die praktische Bedeutung jener Leistung [116] vorzustellen sei, das wird im allgemeinen wohl mehr dunkel empfunden, als klar erkannt.

Zunächst ist kaum nötig zu konstatieren, daß nicht etwa Luther als mit dem „kapitalistischen Geist" in dem Sinne, den wir hier bisher mit diesem Wort verbunden haben, [117] innerlich verwandt angesprochen werden darf. Schon diejenigen kirchlichen Kreise, welche jene „Tat" der Reformation am eifrigsten zu rühmen pflegen, sind im ganzen heute keineswegs Freunde des Kapitalismus in irgendeinem Sinne. Erst recht aber würde Luther selbst ohne allen Zweifel jede Verwandtschaft mit einer Gesinnung, wie sie bei Franklin zutage tritt, abgelehnt haben. Zwar darf man hier nicht seine Klagen über die großen Kaufleute, die Fugger[46] u. dgl. als Symptom heranziehen. Denn der Kampf gegen die rechtlich oder faktisch *privilegierte* Stellung einzelner

45 Omnia enim per te operabitur (Deus), mulgebit per te vaccam et servilissima quaeque opera faciet, ac maxima pariter et minima ipsi grata erunt. (Exegese der Genesis, Op. lat exeg. ed. Elsperger VII, 213.) Der Gedanke findet sich vor Luther bei Tauler, der geistlichen und weltlichen „Ruf" dem Wert nach prinzipiell gleichstellt. Der Gegensatz gegen den Thomismus ist der deutschen Mystik und Luther gemeinsam. In den Formulierungen kommt er darin zum Ausdruck, daß Thomas – namentlich um den sittlichen Wert der Kontemplation festhalten zu können, aber auch vom Standpunkt des *Bettel*mönches aus – sich genötigt fand, den paulinischen Satz: „wer nicht arbeitet, soll nicht essen" so zu deuten, daß den Menschen als *Gattung*, nicht aber allen einzelnen die Arbeit, die ja lege naturae unentbehrlich ist, auferlegt sei. Die Gradation in der *Schätzung* der Arbeit, von den „opera servilia" der *Bauern* aufwärts, ist etwas, was mit dem spezifischen Charakter des aus materiellen Gründen an die *Stadt* als Domizil gebundenen Bettelmönchstums zusammenhängt und den deutschen Mystikern wie dem Bauernsohn Luther, welche bei *gleicher* Schätzung der Berufe die *ständische Gliederung* als gottgewollt betonten, gleich fern lag. – Die entscheidenden Stellen des Thomas s. bei Maurenbrecher, Th. v. Aquinos Stellung zum Wirtschaftsleben seiner Zeit (Leipzig 1898, S. 65 f).

46 Bezüglich der Fugger meint er: es könne „nicht recht und göttlich zugehen, wenn bei eines Menschen Leben sollte so großes und königliches Gut auf einen Haufen gebracht werden". Das ist also wesentlich Bauernmißtrauen gegen das Kapital. Ebenso ist ihm (Gr. Sermon v. Wucher, Erl. Ausg. 20 S. 109) der Rentenkauf sittlich bedenklich, weil er „ein neues, behendes erfunden Ding ist", – also weil er ihm ökonomisch *undurchsichtig* ist, ähnlich wie dem modernen Geistlichen etwa der Terminhandel.

großer Handelskompagnien im 16. und 17. Jahrhundert kann am ehesten dem modernen Feldzug gegen die Trusts verglichen werden und ist ebensowenig wie dieser schon an sich Ausdruck traditionalistischer Gesinnung. [118] Auch Cromwell schrieb nach der Schlacht von Dunbar (Sept. 1650) an das Lange Parlament: „Bitte stellt die Mißbräuche aller Berufe ab, und gibt es einen, der viele arm macht, um wenige reich zu machen: das frommt einem Gemeinwesen nicht,“ – und doch werden wir ihn andererseits von ganz spezifisch „kapitalistischer“ Denkweise erfüllt finden.[47] Unzweideutiger schon tritt in Luthers zahlreichen Äußerungen gegen den Wucher und das Zinsnehmen überhaupt seine, gegenüber der Spätscholastik, direkt (vom kapitalistischen Standpunkt aus) „rückständige“ Vorstellungsweise vom Wesen des kapitalistischen Erwerbes hervor.[48] Speziell das z. B. bei Antonin von Florenz bereits überwundene Argument von der Unproduktivität des Geldes gehört natürlich dahin. Doch brauchen wir hier in Einzelheiten gar nicht einzugehen, – denn vor allem: der Gedanke des *„Berufes“* im *religiösen* Sinn war in seinen Konsequenzen für die innerweltliche Lebensführung sehr verschiedener Gestaltungen fähig. [120] Die Autorität der Bibel,

---

47 Was hier darunter verstanden wird, mag vorläufig an dem Beispiel des Manifestes an die Iren erläutert werden, mit dem Cromwell im Januar 1650 seinen Vernichtungskrieg gegen sie eröffnete und welches die Entgegnung auf die Manifeste des irischen (katholischen) Klerus von Clonmacnoise vom 4. u. 13. Dezember 1649 darstellte. Die Kernsätze lauten: „Englishmen had good inheritances (in Irland nämlich) which many of them *purchased with their money* ... they had good leases from Irishmen for long time to come, *great stocks thereupon*, houses and plantations erected *at their cost and charge* ... You broke the union ... at a time when Ireland was in perfect peace and when trough the *example of English industry, through commerce and traffic*, that which was in the nations' hands was better to them than if all Ireland had been in their possession ... *Is God, will God be with you*? I am confident he will not.“ Dies, an englische Leitartikel zur Zeit des Burenkrieges erinnernde, Manifest ist nicht deshalb charakteristisch, weil hier das kapitalistische „Interesse“ der Engländer als Rechtsgrund des Krieges hingestellt wird, – das hätte, bei einer Verhandlung etwa zwischen Venedig und Genua über den Umfang ihrer Interessensphäre im Orient, als Argument sehr wohl ebenfalls gebraucht werden können [119]. Sondern das Spezifische des Schriftstücks liegt darin, daß Cromwell – wie jeder, der seinen Charakter kennt, weiß, mit tiefster subjektiver Überzeugtheit – den Iren selbst gegenüber die *sittliche* Berechtigung ihrer Unterjochung unter Anrufung Gottes auf den Umstand gründet, daß englisches Kapital die Iren zur Arbeit erzogen habe. – (Das Manifest ist, außer bei Carlyle, im Auszug in Gardiners Hist. of the Commonw. I, S. 163 f. abgedruckt und analysiert, und in deutscher Übersetzung auch in Hönigs Cromwell zu finden.)

48 Dies näher auszuführen ist hier noch nicht der Ort. Vgl. die in der zweitfolgenden Note zit. Schriftsteller.

aus der Luther ihn zu entnehmen glaubte, war im ganzen einer *traditionalistischen* Wendung günstiger. Speziell das Alte Testament, welches eine *Überbietung* der innerweltlichen Sittlichkeit nur in einzelnen asketischen Ansätzen [121] kannte, hat einen ähnlichen religiösen Gedanken streng traditionalistisch gestaltet: ein jeder bleibe bei seiner „Nahrung" und lasse die Gottlosen nach Gewinn streben: das ist der Sinn aller der Stellen, welche direkt von weltlicher Hantierung handeln. Erst der Talmud steht darin teilweise – aber auch nicht grundsätzlich – auf anderem Boden. Die persönliche Stellung von *Jesus* ist mit dem [122] „Unser täglich Brot gib uns *heute*" in klassischer Reinheit gekennzeichnet und der Einschlag von radikaler Welt-Ablehnung, wie er in dem „μαμωνᾶς τῆς ἀδικίασ" zum Ausdruck gelangt, schloß jede *direkte* Anknüpfung des modernen Berufsgedankens an ihn persönlich aus.[49] Das im Neuen Testament zum Wort gelangende „apostolische Zeitalter" des Christentums, speziell auch Paulus, steht dem weltlichen Berufsleben, infolge der eschatologischen Erwartungen, die jene ersten Generationen von Christen erfüllten, entweder indifferent oder ebenfalls wesentlich traditionalistisch gegenüber: da alles auf das Kommen des Herrn wartet, so mag jeder in dem Stande und in der weltlichen Hantierung bleiben, in der ihn der „Ruf" des Herrn gefunden hat und arbeiten, wie bisher: so fällt er den Brüdern nicht als Armer lästig und es ist ja nur noch eine kurze Weile. Luther las die Bibel durch die Brille seiner jeweiligen Gesamtstimmung und diese ist im Lauf seiner Entwicklung zwischen etwa 1518 und etwa 1530 nicht nur traditionalistisch geblieben, sondern immer traditionalistischer *geworden*.[50]

---

49 S. die Bemerkungen in Jülichers schönem Buch über die „Gleichnisreden Jesu" Band II S. 636. S. 108 f.

50 Zum folgenden vgl. wiederum vor allem die Darstellung bei *Eger* a. a. O. Schon hier mag auch auf *Schneckenburgers* noch heute nicht veraltetes schönes Werk (Vergleichende Darstellung des lutherischen und reformierten Lehrbegriffs, herausgegeben von Güder, Stuttgart 1855) verwiesen werden. (*Luthards* Ethik Luthers, S. 84 der ersten Auflage, die mir allein vorlag, gibt keine wirkliche Darstellung der *Entwicklung*.) Vgl. ferner *Seebergs* Dogmengeschichte Bd. II, S. 262 unten. – Wertlos ist der Artikel „Neruf" in der Realencyklopädie f. prot. Theol. u. Kirche, der statt einer wissenschaftlichen Analyse des Begriffes und seiner Genesis allerhand ziemlich seichte Bemerkungen über alles mögliche, Frauenfragen u. dgl. enthält. – Aus der nationalökonomischen Literatur über Luther seien nur die Arbeiten Schmollers (Gesch. der nationalökon. Ansichten in Deutschland während der Reformationszeit, Z. f. Staatswiss. XVI, 1860), Wiskemanns Preisschrift (1861) und die Arbeit von Frank G. Ward (Darstellung und Würdigung von Luthers Ansichten vom Staat und seinen wirtschaftlichen Aufgaben, Conrads Abh. XXI, Jena 1898) genannt. [123]

In den ersten Jahren seiner reformatorischen Tätigkeit herrscht bei ihm infolge der wesentlich kreatürlichen Schätzung des Berufes, in bezug auf die *Art* der innerweltlichen Tätigkeit eine der paulinischen eschatologischen *Indifferenz*, wie sie 1. Kor. 7 zum Ausdruck kommt,[51] entsprechende [124] Anschauung vor: man kann in jedem Stande selig werden, es ist auf der kurzen Pilgerfahrt des Lebens sinnlos, auf die *Art* des Berufes Gewicht zu legen. Und das Streben nach materiellem Gewinn, der den eigenen Bedarf übersteigt und also [125] nur auf Kosten anderer möglich erscheint, muß deshalb direkt als verwerflich gelten.[52] Mit steigender Verflechtung in die Händel der Welt geht steigende Schätzung der Bedeutung der Berufsarbeit Hand in Hand. Damit zugleich wird ihm nun der konkrete Beruf des einzelnen zunehmend zu einem speziellen *Befehl* Gottes an ihn, *diese* konkrete Stellung, in die ihn göttliche Fügung gewiesen hat, zu erfüllen. Und als nach den Kämpfen mit den „Schwarmgeistern" und den Bauernunruhen die *objektive* historische Ordnung, in die der einzelne von Gott hineingestellt ist, für Luther immer mehr zum direkten Ausfluß göttlichen Willens wird,[53] führt die nunmehr immer stärkere Betonung des Providentiellen auch in den Einzelvorgängen des Lebens zunehmend zu einer dem „Schikkungs"-Gedanken entsprechenden traditionalistischen Färbung: der einzelne soll grundsätzlich in dem Beruf und Stand *bleiben*, in den ihn Gott einmal gestellt hat, und sein irdisches Streben in

---

51 Auslegung des 7. Kap. des ersten Korintherbriefes 1523 Erl. Ausg. 51 S. 1 f. Hier wendet Luther den Gedanken der „Freiheit allen Berufs" vor Gott im Sinn dieser Stelle noch so, daß damit 1. *Menschen-Satzung* habe verworfen werden sollen (Mönchsgelübde, Verbot der gemischten Ehen usw.), 2. die (vor Gott an sich *indifferente*) Erfüllung der übernommenen innerweltlichen Verpflichtungen gegen den Nächsten als Gebot *der Nächstenliebe* eingeschärft werde. In Wahrheit handelt es sich freilich bei den charakteristischen Ausführungen z. B. S. 55, 56 um den Dualismus der lex *naturae* gegenüber der Gerechtigkeit vor Gott.

52 Vgl. die von Sombart mit Recht als Motto vor seine Darstellung des „Handwerksgeistes" (= Traditionalismus) gesetzte Stelle aus: „Von Kaufhandlung und Wucher" (1524): „Darum mußt du dir fürsetzen, nichts denn deine ziemliche Nahrung zu suchen in solchem Handel, danach Kost, Mühe, Arbeit und Gefahr rechnen und überschlagen und also dann die Ware selbst setzen, steigern oder niedern, daß du solcher Arbeit und Mühe Lohn davon habst." Der Grundsatz ist durchaus in thomistischem Sinn formuliert.

53 Schon in dem Brief an H. v. Sternberg, mit dem er ihm 1530 die Exegese des 117. Psalms dediziert, gilt der „Stand" des (niederen) Adels trotz seiner sittlichen Verkommenheit als von Gott gestiftet (Erl. Ausg. 40 S. 282 unten). Die endscheidende Bedeutung, welche die Münzerschen Unruhen für die Entwicklung dieser Auffassung gehabt hatten, geht aus dem Brief (S. 282 oben) deutlich hervor. Vgl. auch Eger a. a. O. S. 15O.

den Schranken dieser seiner gegebenen Lebensstellung halten. War der ökonomische Traditionalismus anfangs Ergebnis paulinischer Indifferenz, so ist er also später Ausfluß des immer intensiver gewordenen Vorsehungsglaubens,[54] der den bedingungslosen Gehorsam gegen Gott[55] mit der bedingungslosen Fügung in die gegebene Lage identifiziert. Zu einer auf grundsätzlich neuer oder überhaupt prinzipieller Grundlage ruhenden Verknüpfung der Berufsarbeit mit *religiösen* Prinzipien ist Luther auf diese Art überhaupt nicht gelangt,[56] die Reinheit der *Lehre* als einzig unfehlbares Kriterium der Kirche, wie sie nach den Kämpfen der 20er Jahre bei ihm immer unverrückbarer feststand, hemmte an sich schon die Entwicklung neuer Gesichtspunkte auf dem ethischen Gebiet.

So blieb also bei Luther der Berufsbegriff traditionalistisch gebunden.[57] Der Beruf ist das, was der Mensch als göttliche Fügung *hinzunehmen*, worin er sich „zu schicken" hat, – diese Färbung *übertönt* den auch vorhandenen anderen Gedanken, daß

---

54 Auch in der Auslegung des 111. Psalms v. 5 u. 6 (Erl. Ausg. 40 S. 215 u. 216) wird 1530 von der Polemik gegen die Überbietung der weltlichen Ordnung durch Klöster usw. ausgegangen. Aber jetzt ist die lex naturae (im Gegensatz zum positiven Recht, wie es die Kaiser und Juristen fabrizieren) direkt mit „Gottes Gerechtigkeit" *identisch*: sie ist Stiftung Gottes, und umfaßt insbesondere die *ständische* Gliederung des Volks (S. 215 Abs. 2 a. E.), wobei nur die Gleichwertigkeit der Stände vor Gott scharf betont wird.

55 Wie er insbesondere in den Schriften „Von Konzilien und Kirchen" (1539) und „Kurzes Bekenntnis vom heiligen Sakrament" (1545) gelehrt wird.

56 Wie sehr namentlich der für uns so wichtige, den Calvinismus beherrschende Gedanke der *Bewährung* des Christen in seiner Berufsarbeit und Lebensführung bei Luther im Hintergrunde bleibt, zeigt die Stelle in „Von Konzilien und Kirchen" (1539. Erl. Ausg. 25 S. 376 unten): „Über diese sieben Hauptstücke" (an denen man die rechte Kirche erkennt) „sind nun *mehr äußerliche Zeichen*, dabei man die heilige christliche Kirche erkennt, ... wenn wir nicht unzüchtig und Säufer, stolz, hoffärtig, prächtig; sondern keusch, züchtig, nüchtern ... sind." Diese Zeichen sind nach L. deshalb nicht so gewiß als „die droben" (reine Lehre, Gebet usw.) „weil auch etliche Heiden sich in solchen Werken geübt und wohl zuweilen heiliger scheinen als Christen". – Calvin persönlich stand, wie weiterhin zu erörtern sein wird, nicht wesentlich anders, wohl aber der Puritanismus. Jedenfalls dient der Christ bei Luther Gott nur „*in* vocatione", nicht „*per* vocationem" (Eger S. 117 ff.). – Gerade für den *Bewährungs*gedanken (allerdings mehr in seiner pietistischen als in calvinistischer Wendung) finden sich dagegen bei den deutschen Mystikern wenigstens einzelne Ansätze (s. z. B. die bei Seeberg, Dogmengesch. S. 195 oben zitierte Stelle aus Suso, ebenso die früher zit. Äußerungen Taulers), wenn schon rein psychologisch gewendet.

57 Sein endgültiger Standpunkt ist dann wohl in einigen Ausführungen der Genesisexegese (in den Op. lat. exeget. ed. Elsperger) niedergelegt:

die Berufsarbeit eine oder vielmehr *die* von Gott gestellte *Aufgabe* sei.[58] Und die Entwicklung des orthodoxen Luthertums unterstrich diesen Zug noch weiter. Etwas Negatives: Wegfall der Überbietung der innerweltlichen durch asketische Pflichten, verbunden aber mit Predigt des Gehorsams gegen die Obrigkeit und der Schickung in die gegebene Lebenslage, war hier also zunächst der einzige ethische Ertrag.[59] – Es war, wie

---

Vol. IV p. 109: Neque haec fuit levis *tentatio*, intentum esse suae vocationi et de aliis non esse curiosum ... Paucissimi sunt, qui sua sorte vivant contenti ... (p. 111 ebd.) Nostrum autem est, ut vocanti *Deo pareamus* ... (p. 112) Regula igitur haec servanda est, ut unusquisque *maneat in sua vocatione et suo dono contentus vivat*, de aliis autem non sit curiosus. Das entspricht im *Ergebnis* durchaus der Formulierung des Traditionalismus bei Thomas v. Aquin (th. V, 2 gen. 118 art Ic): Unde necesse est, quod bonum hominis circa ea consistat in quadam mensura, dum scilicet homo ... quaerit habere exteriores divitias, prout sunt *necessariae ad vitam ejus secundum suam conditionem*. Et ideo in excessu hujus mensurae consistit *peccatum*, dum scilicet aliquis supra debitum modum vult eas vel acquirere vel retinere, quod pertinet ad avaritiam. Das Sündliche der Überschreitung des durch den eigenen standesgemäßen Bedarf gegebenen Ausmaßes im Erwerbstrieb begründet Thomas aus der lex naturae, wie sie im *Zweck* (ratio) der äußeren Güter zutage trete, Luther aus Gottes Fügung. Über die Beziehung von Glaube und Beruf bei Luther s. noch vol. VII p. 225: ... quando es fidelis, tum placent Deo etiam physica, carnalia, animalia officia, sive edas, sive bibas, sive vigiles, sive dormias, quae mere corporalia et animalia sunt. *Tanta res est fides* ... Verum est quidem, placere Dei *etiam in impiis sedulitatem et industriam in officio* (diese *Aktivität* im Berufsleben ist eine Tugend *lege naturae*). Sed obstat incredulitas et vana gloria, ne possint opera sua referre ad gloriam Dei (an calvinistische Wendungen anklingend) ... *Merentur* igitur etiam impiorum bona opera in hac quidem vita praemia sua (Gegensatz gegen Augustins „vitia specie virtutum palliata“) sed non numerantur, non colliguntur in altro.

58 In der Kirchenpostille (Erl. A. 10, S. 233, 235/6 heißt es:„*Jeder* ist in irgend einen Beruf berufen.“ *Dieses* Berufes (S. 236 heißt es geradezu „Befehl“) soll er warten und darin Gott dienen. Nicht an der Leistung, sondern an dem darin liegenden *Gehorsam* hat Gott Freude.

59 Dem entspricht es, wenn – ein Gegenbild *gegen* das, was oben über die Wirkung des Pietismus auf die Wirtschaftlichkeit der Arbeiterinnen gesagt wurde – von modernen Unternehmern zuweilen behauptet wird, daß z. B. streng lutherisch-kirchliche Hausindustrielle *heute* nicht selten, z. B. in Westfalen, in besonders hohem Maß traditionalistisch denken, Umgestaltungen der Arbeitsweise – auch ohne Übergang zum Fabriksystem – trotz des winkenden Mehrverdienstes abgeneigt seien und zur Begründung auf das Jenseits verwiesen, wo ja doch alles sich ausgleichen werde. Es zeigt sich, daß die bloße Tatsache der *Kirchlichkeit* und Gläubigkeit für die Gesamtlebensführung noch nicht von irgend wesentlicher Bedeutung ist: es sind viel *konkretere* religiöse Lebensinhalte, deren Wirkung in der Zeit des Werdens des Kapitalismus ihre Rolle gespielt haben und – in beschränkterem Maße – noch spielen.

später[60] [126] noch zu erörtern sein wird, dem Berufsgedanken in dieser lutherischen Prägung bei den deutschen Mystikern schon weitgehend vorgearbeitet, namentlich durch die prinzipielle *Gleich*wertung geistlicher und weltlicher Berufe bei Tauler und die geringere Bewertung der überlieferten Formen asketischen Werkverdienstes[61] infolge der allein entscheidenden Bedeutung der ekstatisch-kontemplativen Aufnahme des göttlichen Geistes durch die Seele. Das Luthertum bedeutet sogar in einem bestimmten Sinne gegenüber den Mystikern einen Rückschritt, insofern bei Luther – und mehr noch bei seiner Kirche – die *psychologischen* Unterlagen für eine rationale Berufsethik gegenüber den Mystikern – deren Anschauungen über diesen Punkt mehrfach teils an die pietistische, teils an die quäkerische Glaubenspsychologie erinnern,[62] ziemlich unsichere geworden sind und zwar, wie noch zu zeigen sein wird, gerade *weil* der Zug zur *asketischen Selbstdisziplinierung* ihm als Werkheiligkeit verdächtig war und daher in seiner Kirche immer mehr in den Hintergrund treten mußte.

Der bloße Gedanke des „Berufes" im lutherischen Sinn also – das allein sollte schon hier festgestellt werden [127] – war, soviel wir bisher sehen können, von jedenfalls nur problematischer Tragweite für das, was *wir* suchen. Damit ist nun nicht im mindesten gesagt, daß eine praktische Bedeutung auch der lutherischen Form der Neuordnung des religiösen Lebens für die Gegenstände unserer Betrachtung nicht bestanden hätte. Nur ist sie offenbar nicht *unmittelbar* aus der Stellung *Luthers* und seiner Kirche zum weltlichen Beruf ableitbar und überhaupt nicht so leicht greifbar wie dies vielleicht bei anderen Ausprägungen des Protestantismus der Fall sein könnte. Es empfiehlt sich daher für uns, zunächst solche Formen desselben zu betrachten, bei denen ein Zusammenhang der Lebenspraxis mit dem religiösen Ausgangspunkt leichter als beim Luthertum zu ermitteln ist. Schon früher wurde nun die auffällige Rolle des *Calvinismus* und der protestantischen *Sekten* in der Geschichte der kapitalistischen Entwicklung erwähnt. Wie Luther in Zwingli einen „anderen Geist" lebendig fand als bei sich selbst, so seine geistigen Nachfahren speziell im Calvinismus. Und erst recht hat der Katholizismus von jeher, und bis in die Gegenwart, den

---

60 „Später" heißt in diesem ganzen Abschnitt: bei der geschichtlichen Zurückverfolgung des puritanischen Berufsbegriffes nach dessen Darstellung.

61 Vgl. Tauler, Basler Ausg. Bl. 161 f.

62 Vgl. die eigentümlich stimmungsvolle Predigt Taulers a. a. O. und Fol. 17. 18 v. 20

Calvinismus als den eigentlichen Gegner betrachtet. Zunächst hat das ja nun *politische* Gründe: wenn die Reformation ohne Luthers ganz persönliche religiöse Entwicklung nicht vorstellbar und geistig dauernd von seiner Persönlichkeit bestimmt worden ist, so wäre ohne den Calvinismus sein Werk nicht von äußerer Dauer gewesen. – Aber der Grund des, Katholiken und Lutheranern *gemeinsamen*, Abscheues liegt doch auch in der *ethischen* Eigenart des Calvinismus begründet. Schon der oberflächlichste Blick lehrt, daß hier eine ganz andersartige Beziehung zwischen religiösem Leben und irdischem Handeln hergestellt ist, als sowohl im Katholizismus wie im Luthertum. Selbst in der spezifisch religiöse *Motive* verwendenden Literatur tritt das hervor. Man nehme etwa den Schluß der Divina Commedia, wo dem Dichter im Paradiese im wunschlosen Schauen der Geheimnisse Gottes die Sprache versagt, und halte daneben den Schluß jenes Gedichtes, welches man die „Göttliche Komödie des Puritanismus" zu nennen sich gewöhnt hat. Milton schließt den letzten Gesang des „Paradise lost" nach der Schilderung der *Ausstoßung* aus dem Paradiese wie folgt:

„Sie wandten sich und sah'n des Paradieses
Östlichen Teil, – noch jüngst ihr sel'ger Sitz, –
Von Flammengluten furchtbar überwallt,
Die Pforte selbst von riesigen Gestalten,
Mit Feuerwaffen in der Hand, umschart.
Sie fühlten langsam Tränen niederperlen, –
Jedoch sie trockneten die Wangen bald:
Vor ihnen lag die große weite Welt,
Wo sie den Ruheplatz sich wählen konnten
Die Vorsehung des Herrn als Führerin.
Sie wanderten mit langsam zagem Schritt
Und Hand in Hand aus Eden ihres Weges."

Und wenig vorher hatte Michael zu Adam gesagt:

„... Nur füge zu dem Wissen auch die Tat;
Dann füge Glauben, Tugend und Geduld
Und Mäßigkeit hinzu und jene Liebe,
Die einst als christliche gepriesen wird,
Und Seele wird von allen Tugenden.
Dann läßt du ungern nicht dies Paradies,
Du trägst in dir ja ein viel sel'geres."

Jeder *empfindet* sofort, daß dieser mächtigste Ausdruck der ernsten puritanischen *Weltfreudigkeit*, das heißt: Wertung des Lebens als *Aufgabe*, im Munde eines mittelalterlichen Schriftstellers unmöglich gewesen wäre. Aber auch dem Luthertum, wie es etwa in Luthers und Paul Gerhards Chorälen sich gibt, ist er ganz ebenso wenig kongenial. An die Stelle dieser unbestimmten Empfindung gilt es nun hier eine etwas genauere gedankliche *Formulierung* zu setzen und nach den inneren Gründen dieser Unterschiede zu fragen. Die Berufung auf den „Volkscharakter" ist nicht nur überhaupt lediglich das Bekenntnis des *Nichtwissens*, sondern in unserem Fall auch gänzlich hinfällig. Den Engländern des 17. Jahrhunderts einen einheitlichen „Volkscharakter" zuzuschreiben wäre einfach historisch unrichtig. „Kavaliere" und „Rundköpfe" empfanden sich nicht einfach als zwei Parteien, sondern als radikal verschiedene Menschengattungen, und wer aufmerksam zusieht, muß ihnen darin recht geben.[63] Und ein charakterologischer Gegensatz der englischen merchant adventurers gegen die alten Hanseaten ist ebensowenig auffindbar, wie überhaupt ein anderer Unterschied englischer von deutscher Eigenart am Ende des Mittelalters zu konstatieren ist, als er sich durch die verschiedenen *politischen* Schicksale unmittelbar erklären läßt [129]. Erst die Macht *religiöser* Bewegungen – nicht sie allein, aber sie zuerst – hat hier jene Unterschiede geschaffen, die wir heute empfinden. [130]

Wenn wir demgemäß bei der Untersuchung der Beziehungen zwischen der altprotestantischen Ethik und der Entwicklung des kapitalistischen Geistes von den Schöpfungen Calvins, des Calvinismus und der puritanischen Sekten ausgehen, so darf das nun aber nicht dahin verstanden werden, als erwarteten wir, daß bei einem der Gründer oder Vertreter dieser Religionsgemeinschaften die Erweckung dessen, was wir hier „kapitalistischen Geist" nennen, in irgend einem Sinn als Ziel seiner Lebensarbeit vorzufinden. Daß das Streben nach weltlichen Gütern als *Selbstzweck* gedacht, irgend einem von ihnen geradezu als *ethischer Wert* gegolten hätte, werden wir nicht wohl vermuten können. Aber es ist überhaupt vor allem eins ein für allemal festzuhalten: *ethische* Reformprogramme sind bei keinem der „Reformatoren" – zu denen wir für unsere Betrachtung auch Männer wie Menno, George Fox, Wesley zu rechnen haben – jemals der *zentrale* Gesichtspunkt gewesen. Sie sind keine Gründer von Gesellschaften für „ethische Kultur" oder Vertreter humanitärer sozialer Reformprogramme oder Kulturideale. Das *Seelenheil* und dies allein ist der Angelpunkt ihres Lebens und Wirkens. Ihre ethischen Ziele und die praktischen Wirkungen ihrer Lehre sind alle

---

63 Wer freilich die Geschichtskonstruktion der Leveller teilte, wäre in der glücklichen Lage, auch dies wieder auf Rassendifferenzen zu reduzieren: sie glaubten als Vertreter der Angelsachsen ihr „birthright" gegen die Nachfahren Wilhelms des Eroberers und der Normannen zu verfechten. [128]

hier verankert und *Konsequenzen* rein religiöser Motive. Und wir werden deshalb darauf gefaßt sein müssen, daß die Kulturwirkungen der Reformation zum guten Teil – vielleicht sogar für unsere speziellen Gesichtspunkte überwiegend – unvorhergesehene und geradezu *ungewollte* Konsequenzen der Arbeit der Reformatoren waren, oft weit abliegend oder geradezu im Gegensatz stehend zu Allem, was ihnen selbst vorschwebte.

So könnten die nachfolgenden Studien an ihrem freilich bescheidenen Teil vielleicht auch einen Beitrag bilden zur Veranschaulichung der Art, in der überhaupt die „Ideen" in der Geschichte wirksam werden. Gerade aus diesem Zweck wird das Recht abgeleitet, sie in diese Zeitschrift, welche ihrem Programm gemäß an rein historischer Arbeit sich im allgemeinen *nicht* selbst beteiligt, aufzunehmen. Damit aber nicht schon von vornherein Mißverständnisse über den Sinn, in dem hier ein solches Wirksamwerden rein ideeller Motive überhaupt behauptet wird, entstehen, mögen darüber als Abschluß dieser langwierigen Erörterungen noch einige wenige Andeutungen gestattet sein.

Es handelt sich bei solchen Studien – wie vor allem ausdrücklich bemerkt sein mag – in keiner Weise um den Versuch, den Gedankengehalt der Reformation in irgend einem Sinn, sei es sozialpolitisch, sei es religiös zu *werten*. Wir haben es für unsere Zwecke stets mit Seiten der Reformation zu tun, welche dem *religiösen* Bewußtsein als peripherisch und geradezu äußerlich erscheinen müssen. Denn es soll ja lediglich unternommen werden, den Einschlag, welchen religiöse Motive in das Gewebe der Entwicklung unserer aus zahllosen historischen Einzelmotiven erwachsenen modernen *materiellen* [131] Kultur geliefert haben, etwas deutlicher zu machen. Wir fragen lediglich, was von gewissen charakteristischen Inhalten dieser Kultur dem Einfluß der Reformation als historischer Ursache etwa *zuzurechnen* sein möchte. Dabei müssen wir uns freilich von der Ansicht emanzipieren, man könne aus ökonomischen Verschiebungen die Reformation als „entwicklungsgeschichtlich notwendig" deduzieren. Ungezählte historische Konstellationen, die nicht nur in kein ökonomisches „Gesetz", sondern überhaupt in keinen ökonomischen Gesichtspunkt irgend welcher Art sich einfügen, namentlich rein politische Vorgänge, mußten zusammenwirken, damit die neu geschaffenen Kirchen überhaupt fortzubestehen vermochten. Aber andererseits soll ganz und gar nicht eine so töricht doktrinäre These [132] verfochten werden wie etwa die: daß der „kapitalistische Geist" (immer in dem provisorisch hier verwendeten Sinn dieses Wortes) oder wohl gar: der Kapitalismus überhaupt, nur als Ausfluß bestimmter Einflüsse der Reformation habe entstehen *können* [133]. Schon daß gewisse wichtige *Formen* kapitalistischen Geschäftsbetriebs erheblich *älter* sind als die Reformation, stände einer solchen These im Wege. Sondern es soll nur festgestellt werden, ob und wieweit hier *tatsächlich* religiöse Einflüsse bei der qualitativen Prägung und quantitativen Expansion jenes „Geistes" über die Welt hin *mit*beteiligt gewesen *sind* und welche konkreten *Seiten* der kapitalistischen Kultur auf sie zurückgehen. Dabei kann nun angesichts des ungeheuren Gewirrs gegenseitiger Beeinflussungen zwischen den materiellen Unterlagen, den sozialen und politischen Organisationsformen und dem geistigen Gehalte der reformatorischen Kulturepochen nur so verfahren werden, daß zunächst untersucht wird, ob und in welchen Punkten bestimmte *Wahlverwandtschaften* zwischen *gewissen* Formen des religiösen Glaubens und der Berufsethik erkennbar sind. Damit wird zugleich die Art und allgemeine *Richtung*, in welcher infolge solcher Wahlverwandtschaften die religiöse Bewegung auf die Entwicklung der materiellen Kultur einwirkte, nach Möglichkeit verdeutlicht. *Alsdann* erst [134] kann der Versuch gemacht werden, abzuschätzen, in welchem Maße moderne Kulturinhalte in ihrer geschichtlichen Entstehung jenen religiösen Motiven und inwieweit anderen zuzurechnen sind.

## II. Die Berufsidee [135] des asketischen Protestantismus.

*Inhalt*: 1. Die religiösen Grundlagen der innerweltlichen Askese. – 2. Askese und Kapitalismus [136].

1.

Die geschichtlichen Träger des asketischen Protestantismus (im hier gebrauchten Sinn des Ausdrucks) sind in der Hauptsache viererlei: 1. der Calvinismus *in der Gestalt*, welche er in den [137] Hauptgebieten seiner Herrschaft im Lauf insbesondere des 17. Jahrhunderts annahm; 2. der Pietismus; 3. der Methodismus; 4. die aus der täuferischen Bewegung hervorgewachsenen Sekten[64]. Keine dieser Bewegungen stand der anderen absolut gesondert gegenüber und auch die Absonderung von den nicht asketischen Reformationskirchen ist keine streng durchgeführte. Der Methodismus ist erst in der Mitte des 18. Jahrhunderts innerhalb der englischen Staatskirche entstanden, wollte nach der Absicht seiner Begründer nicht sowohl eine neue Kirche, als eine Neuerweckung des asketischen Geistes innerhalb der alten sein, und wurde erst im Lauf seiner Entwicklung, insbesondere beim Übergreifen nach Amerika, von der anglikanischen Kirche getrennt. Der Pietismus ist auf dem Boden des Calvinismus in England und besonders Holland zuerst erwachsen, blieb durch ganz unmerkliche Übergänge mit der Orthodoxie verknüpft, und vollzog dann gegen Ende des 17. Jahrhunderts in der Wirksamkeit Speners seinen Eintritt in das Luthertum, teilweise dogmatisch umfundamentiert. Er blieb eine Bewegung *innerhalb der* Kirche und nur die an Zinzendorf anknüpfende, durch Nachklänge hussitischer und calvinistischer Einflüsse in der mährischen Brüdergemeinde mitbestimmte Richtung („Herrnhuter") wurde, wie der Methodismus, gegen ihren Willen zu einer eigentümlichen Art von Sektenbildung gedrängt. Calvinismus und Täufertum standen im Anfang ihrer Entwicklung sich schroff getrennt gegenüber, aber im Baptismus des späteren 17. Jahrhunderts berührten sie

64 Den Zwinglianismus behandeln wir nicht gesondert, da er nach kurzer großer Machtstellung schnell an Bedeutung zurückging. – Der „Arminianismus", dessen *dogmatische* Eigenart in der Ablehnung des Prädestinationsdogmas in seiner schroffen Formulierung bestand [138], ist als Sekte nur in Holland (und den Ver. Staaten) konstituiert und in diesem Kapitel für uns ohne Interesse [139]. Seine Dogmatik galt in der anglikanischen Kirche und in den meisten methodistischen Denominationen. [140]

einander dicht, und schon in den independentischen Sekten Englands und Hollands zu Anfang desselben war der Übergang ein stufenweiser. Wie der Pietismus zeigt, ist auch der Übergang zum Luthertum ein allmählicher, und ebenso steht es zwischen dem Calvinismus und der in ihrem äußeren Charakter und dem Geist ihrer konsequentesten Bekenner dem Katholizismus verwandten anglikanischen Kirche. Jene asketische Bewegung, welche im weitesten Sinn dieses vieldeutigen Wortes als „Puritanismus“ bezeichnet wurde,[65] griff zwar in der Masse ihrer Anhänger und namentlich in ihren konsequenten Verfechtern die Grundlagen des Anglikanismus an, aber auch hier verschärften sich die Gegensätze erst allmählich im Kampf. Und auch wenn wir die hier noch nicht interessierenden Fragen der Verfassung und Organisation vorerst gänzlich beiseite lassen – ja dann erst recht – bleibt der Sachverhalt der gleiche. Die dogmatischen Differenzen, selbst die wichtigsten, wie die über die Prädestinations- und Rechtfertigungslehre, gehen in den mannigfaltigsten Kombinationen ineinander über und hinderten schon zu Anfang des 17. Jahrhunderts die Aufrechterhaltung kirchlicher Gemeinschaft zwar regelmäßig, aber doch nicht ausnahmslos. Und vor allem: die für uns wichtigen Erscheinungen der *sittlichen* Lebensführung finden sich bei den Anhängern der verschiedensten, aus einer der oben verzeichneten vier Quellen oder einer Kombination mehrerer von ihnen hervorgegangenen Denominationen in gleichartiger Weise. Wir werden sehen, daß ähnliche ethische Maximen mit verschiedenen dogmatischen Unterlagen verknüpft sein konnten. Und auch die ethischen Kompendien der verschiedenen Konfessionen beeinflußten sich gegenseitig [141], und man findet in ihnen große Ähnlichkeiten trotz notorisch sehr verschiedener Praxis der Lebensführung. Es könnte also fast scheinen, als täten wir am besten, die dogmatischen Unterlagen ebenso wie die ethische Theorie zu ignorieren und uns rein an die sittliche Praxis zu halten, soweit sie feststellbar ist. – Allein dem ist nicht so. Die [142] dogmatischen Wurzeln der asketischen Sittlichkeit starben freilich, nach fürchterlichen Kämpfen, ab. Aber die ursprüngliche

---

65 Über die Entwicklung des Begriffs „Puritanismus“ s. statt Andrer Sanford in den „Studies and Reflections of the Great Rebellion“ S. 65 f. Wir brauchen hier den Ausdruck, wo wir ihn überhaupt anwenden, stets in dem Sinn, den er in der populären Sprache des 17. Jahrhunderts angenommen hatte; die asketisch gerichteten religiösen Bewegungen in Holland und England, ohne Unterschied der Kirchenerfassungsprogramme und Dogmen, also mit Einschluß der „Independenten“, Kongregationalisten, Baptisten, Mennoniten und Quäker.

Verankerung an jenen Dogmen hat nicht nur in der „undogmatischen“ späteren Ethik mächtige Spuren hinterlassen, sondern *nur* die Kenntnis des ursprünglichen Gedankengehalts lehrt verstehen, wie jene Sittlichkeit mit dem die innerlichsten Menschen jener Zeit absolut beherrschenden Gedanken an das *Jenseits* verknüpft war, ohne dessen alles überragende Macht damals *keinerlei* die Lebenspraxis ernstlich beeinflussende sittliche Erneuerung ins Werk gesetzt worden ist. Denn nicht auf das, was etwa in ethischen Kompendien der Zeit theoretisch gelehrt wurde, – so gewiß auch dies durch den Einfluß von Kirchenzucht, Seelsorge und Predigt praktische Bedeutung hatte, – kommt es in erster Linie für uns an [143]; sondern zunächst auf die Ermittelung der psychologischen *Antriebe* [144], welche der Lebensführung die Richtung wiesen und das Individuum in ihr festhielten. Diese Antriebe aber entsprangen eben vorwiegend rein religiösen Glaubensvorstellungen. Der damalige Mensch grübelte über scheinbar abstrakte Dogmen in einer Art, die ihrerseits wieder nur verständlich wird, wenn wir ihren Zusammenhang mit praktisch-religiösen Interessen durchschauen. Der Weg durch einige dogmatische Betrachtungen,[66] welcher dem nicht theologischen Leser ebenso mühsam wie dem theologisch Gebildeten hastig und oberflächlich erscheinen muß, ist unvermeidlich. Dabei können wir freilich nur so verfahren, daß wir die religiösen Gedanken in einer „idealtypisch“ kompilierten Konsequenz vorführen, wie sie in der historischen Realität nur selten anzutreffen war. Denn gerade *wegen* der Unmöglichkeit, in der historischen Wirklichkeit scharfe Grenzen zu ziehen, können wir nur bei Untersuchung ihrer *konsequentesten* Formen hoffen, auf ihre spezifischen Wirkungen zu stoßen. –

---

66 Ich brauche kaum besonders zu betonen, daß diese Skizze, soweit sie sich auf rein dogmatischem Gebiet bewegt, überall an die Formulierungen der kirchen- und dogmengeschichtlichen Literatur, also an die „zweite Hand“ angelehnt ist und insoweit schlechterdings keinerlei „Originalität“ beansprucht. Selbstverständlich habe ich mich nach Vermögen in die Quellen der Reformationsgeschichte zu vertiefen gesucht. Aber dabei die intensive und feinsinnige theologische Arbeit vieler Jahrzehnte ignorieren zu wollen, statt sich – wie das ganz unvermeidlich ist – von ihr zum Verständnis der Quellen *leiten* zu lassen, wäre eine starke Anmaßung gewesen. Ich kann nur hoffen, daß die notgedrungene Kürze der Skizze nicht zu inkorrekten Formulierungen geführt hat und daß ich wenigstens sachlich erhebliche Mißverständnisse vermieden habe. „*Neues*“ enthält die Darstellung für jeden mit der wichtigsten theologischen Literatur Vertrauten sicherlich nur insofern, als natürlich Alles auf die für uns wichtigen Gesichtspunkte abgestellt ist, von denen manche für uns entscheidend bedeutsame, – wie z. B. der *rationale Charakter der Askese* und ihre Bedeutung für den modernen „Lebensstil“, – theologischen Darstellern naturgemäß ferner lagen. Manche andere Gesichtspunkte

Der Glaube[67] nun, um welchen in den kapitalistisch höchst entwickelten Kulturländern: den Niederlanden, England, Frankreich im 16. und 17. Jahrhundert die großen politischen und Kulturkämpfe geführt worden sind, war der *Calvinismus.*[68] Als sein am meisten charakteristisches Dogma galt damals und gilt

---

– z. B. die S. 15 f. gestreiften – sind hier auch um deswillen nur andeutungsweise behandelt, weil hoffentlich E. Troeltsch in seinem Beitrag zu dem Hinnebergschen Sammelwerke auf diese Dinge (lex naturae etc.), denen er, wie außer seinem „Gerhard und Melanchthon" besonders auch seine zahlreichen Rezensionen in den Gött. Gel. Anzeigen beweisen, seit Jahren nachgeht, eingehen und sie dann, als Fachmann, natürlich besser erledigen wird als ich beim besten Willen könnte [145]. Zitiert ist, schon aus Raumgründen, nicht alles Mitbenutzte, sondern jeweils *nur* diejenigen Arbeiten, denen der betreffende Teil des Textes folgt oder an die er anknüpft. Dies sind nicht selten gerade ältere Autoren, wenn ihnen die hier interessierenden Gesichtspunkte näher lagen. Die ganz ungenügende pekuniäre Ausstattung der deutschen Bibliotheken bringt es mit sich, daß man in der „Provinz" die allerwichtigsten Quellenschriften und Arbeiten nur auf kurze Wochen leihweise von Berlin oder anderen großen Bibliotheken erhalten kann. So etwa Voët, Baxter, Tyermans Wesley, alle methodistischen, baptistischen und Quäker-Schriftsteller und viele nicht im Corpus Reformatorum enthaltenen Schriftsteller der ersten Zeit überhaupt. Für Vieles ist der Besuch englischer und amerikanischer Bibliotheken für jedes *eingehende* Studium unerläßlich. Für die nachstehende Skizze mußte (und konnte auch) natürlich im allgemeinen genügen, was in Deutschland erhältlich war. – In Amerika führt leider jetzt die charakteristische geflissentliche Verleugnung der „sektiererischen" Vergangenheit durch die Universitäten dazu, daß die Bibliotheken wenig oder oft geradezu nichts Neues an derartiger Literatur anschaffen, – ein Einzelzug aus jener allgemeinen Tendenz zur „Säkularisation" des amerikanisehen Lebens, welche in nicht langer Zeit den historisch überkommenen „Volkscharakter" aufgelöst und den Sinn mancher grundlegenden Institutionen des Landes völlig und endgültig verändert haben wird. Man muß zu den orthodoxen kleinen Sekten-Colleges auf das Land gehen.

67 Wir interessieren uns nachstehend *zunächst* in keiner Weise für Herkunft, Antezedentien und Entwicklungsgeschichte der asketischen Richtungen, sondern nehmen ihren Gedankengehalt so, wie er, voll entwickelt, war, als gegebene Größe hin.

68 Über Calvin und den Calvinismus im allgemeinen unterrichtet neben der grundlegenden Arbeit von Kampschulte wohl am besten die Darstellung von Erich Marcks (in seinem „Coligny"). Nicht überall kritisch und tendenzfrei ist Campbell, The Puritans in Holland, England and America (2 Bde). Eine reine anticalvinistische Parteischrift sind Pierson's Studien over Johan Calvijn. Für die holländische Entwicklung sind neben Motley die niederländischen Klassiker, speziell [146] *Fruins* Tien jaren uit den tachtigjarigen oorlog und jetzt besonders *Nabers* Calvinist of Libertijnsch zu vergleichen, [147] für Frankreich neben Polenz jetzt *Baird*, Rise of the Hugenots, für England neben Carlyle, Macaulay, Masson und – last not least – Ranke jetzt vor allem die verschiedenen später zu zitierenden Arbeiten von Gardiner und Firth, ferner z. B. *Taylor*, A retrospect of the religious life in England (1845) [148]

im allgemeinen auch heute die Lehre von der *Gnadenwahl.* Man hat zwar darüber gestritten, ob sie „das wesentlichste“ Dogma der reformierten Kirche oder ein „Anhängsel“ sei. Urteile über die „Wesentlichkeit“ einer historischen Erscheinung sind nun aber entweder Wert- und Glaubensurteile – dann nämlich, wenn das an ihr allein „Interessierende“ oder allein dauernd „Wertvolle“ damit gemeint ist. Oder es ist das wegen seines Einflusses auf andere historische Hergänge *kausal* Bedeutsame gemeint: dann handelt es sich um historische Zurechnungsurteile. Geht man nun, wie dies hier zu geschehen hat, von diesem letzteren Gesichtspunkt aus und fragt also nach der Bedeutung, welche jenem Dogma nach seinen kulturgeschichtlichen *Wirkungen* zuzumessen ist, so muß diese sicherlich sehr hoch angeschlagen wer-

---

und das vortreffliche Buch von *Weingarten* über „Die englischen Revolutions-Kirchen“, dazu der Aufsatz über die Englischen „Moralisten“ von E. *Troeltsch* in der Realencyklopädie für Protest. Theol. u. Kirche 3. Aufl. [149] und Ed. *Bernsteins* ausgezeichneter Essay in der Geschichte des Sozialismus (Stuttgart 1895, Bd. 1 S. 308 f.), auf welches in einem späteren Zusammenhang eingehend zurückzukommen sein wird. Beste Bibliographie (über 7000 Nummern) bei *Dexter*, Congregationalism of the last 300 years (freilich vornehmlich – aber doch nicht ausschließlich – Kirchen*verfassungs*fragen). Das Buch steht ganz wesentlich höher als Price (Hist. of Nonconformism), Skeats und andere Darstellungen. [150] Für die amerikanischen Kolonien ragt jetzt aus der zahlreichen Einzelliteratur das Werk von Doyle, The English in America hervor. [151] Für die *Lehr*unterschiede ist die nachfolgende Darstellung ganz besonders *Schneckenburgers* schon im ersten Artikel zitiertem Vorlesungszyklus verpflichtet. Ritschls grundlegendes Werk: Die Lehre von der Rechtfertigung und Versöhnung (3 Bde. hier nach der 3. Auflage zitiert) zeigt in der starken Untermischung der historischen Darstellung mit Werturteilen die ausgeprägte Eigenart des Verf., welche bei aller Großartigkeit der gedanklichen Schärfe dem Benutzer nicht immer die volle Sicherheit der „Objektivität“ gibt. Wo er z. B. Schneckenburgers Darstellung ablehnt, ist mir das Recht dazu oft zweifelhaft geblieben, so wenig ich mir im Übrigen ein eigenes Urteil anmaße. Was ferner z. B. für ihn aus der großen Mannigfaltigkeit der religiösen Gedanken und Stimmungen, schon bei Luther selbst, als „lutherische“ Lehre gilt, scheint oft durch Werturteile festgestellt: es ist Das, was für Ritschl *dauernd wertvoll* am Luthertum ist. Es ist Luthertum, wie es (nach R.) sein *sollte*, nicht immer, wie es *war.* Daß die Werke von Karl Müller, Seeberg u. ä. *überall* benutzt sind, bedarf wohl nicht der besonderen Erwähnung. – Wenn ich nachstehend dem Leser ebenso *wie mir selbst* die Pönitenz einer entsetzlichen Fußnotengeschwulst auferlegt habe, so waren dafür einerseits absolut *zwingende* Gründe der Raumersparnis, andererseits aber die Nötigung entscheidend, eine wenigstens vorläufige Nachprüfung der Gedanken dieser Skizze, auch durch Andeutung mancher weiter daran sich anschließenden Gesichtspunkte, speziell den *nicht* theologischen Lesern zu ermöglichen, damit sie in ihrer Kürze nicht zu sehr den Eindruck eines gelegentlichen Einfalles mache.

den.[69] Der Kulturkampf, den Oldenbarneveldt führte, zerschellte an ihm, die Spaltung in der englischen Kirche wurde unter Jakob I. unüberbrückbar, seit Krone und Puritanismus auch dogmatisch – eben über diese Lehre – differierten, und überhaupt wurde *sie* in erster Linie als das Staatsgefährliche am Calvinismus aufgefaßt und obrigkeitlich bekämpft [154]. Die großen Synoden des 17. Jahrhunderts, vor allem Dordrecht und Westminster, daneben zahlreiche kleinere, stellten ihre Erhebung zu kanonischer Gültigkeit in den Mittelpunkt ihrer Arbeit; unzähligen der Helden der „ecclesia militans" hat sie als fester Halt gedient [155]. Wir können an ihr nicht vorbeigehen und lernen zunächst ihren Inhalt, – da er heute nicht mehr als jedem Gebildeten bekannt gelten darf, – authentisch aus den Sätzen der „Westminster confession" von 1647 kennen, welche in diesem Punkt sowohl von independentischen als von baptistischen Glaubensbekenntnissen einfach wiederholt worden sind:[70]

Kapitel 9. (Vom freien Willen.) Nr. 3: Der Mensch hat durch seinen Fall in den Stand der Sünde gänzlich alle Fähigkeit seines Willens zu irgend etwas geistlich Gutem und die Seligkeit mit sich Führendem verloren, so sehr, daß ein natürlicher Mensch, als gänzlich abgewandt vom Guten und todt in Sünde, nicht fähig ist sich zu bekehren oder sich auch nur dafür vorzubereiten.

Kapitel 3. (Von Gottes ewigem Ratschluß.) Nr. 3: Gott hat zur Offenbarung seiner Herrlichkeit durch seinen Beschluß einige Menschen ... bestimmt (predestinated) zu ewigem Leben und andere verordnet (foreordained) zu ewigem Tode. Nr. 5: Diejenigen aus dem Menschengeschlecht, welche bestimmt sind zum Leben, hat Gott, bevor der Grund der Welt gelegt wurde, nach seinem ewigen und unveränderlichen Vorsatz und dem geheimen Ratschluß und der Willkür seines Willens erwählt in Christus zu ewiger Herrlichkeit, und dies aus reiner freier Gnade und Liebe, nicht etwa so, daß die Voraussicht von Glauben oder guten Werken oder Beharrlichkeit in einem von beiden, oder irgend etwas anderes in den Geschöpfen, als Bedingung oder Ursache, ihn dazu bewogen hätten, sondern alles zum Preise seiner herrlichen Gnade. Nr. 7: Es gefiel Gott, die Übrigen des Menschengeschlechts gemäß dem unerforschlichen Rat seines Willens, wonach er Gnade erteilt oder vorenthält, wie es ihm gefällt, zur Verherrlichung seiner unumschränkten Macht über seine Geschöpfe zu übergehen und sie zu ordnen zu Unehre und Zorn für ihre Sünde, zum Preise seiner herrlichen Gerechtigkeit.

---

69 Zu der folgenden Skizze mag von vornherein nachdrücklich darauf hingewiesen werden, daß wir hier *nicht* die persönlichen Ansichten *Calvins*, sondern die Lehre des *Calvinismus* betrachten, wie er sich Ende des 16. und im 17. Jahrhundert in den großen Gebieten seines beherrschenden Einflusses, die, wie Holland und England, zugleich Träger kapitalistischer Kultur waren, entwickelt hat. Deutschland bleibt vorerst *ganz bei Seite*, da der [152] Calvinismus hier nirgends große Gebiete *beherrscht* hat. [153]

70 Den Wortlaut der hier und weiterhin zitierten calvinistischen Symbole s. bei Karl Müller, Die Bekenntnisschriften der reformierten Kirche. Leipzig 1903. [156]

Kapitel 10. (Von wirksamer Berufung.) Nr. 1: Es gefällt Gott, alle die, welche er bestimmt hat zum Leben, und nur sie, zu der von ihm festgesetzten und passenden Zeit durch sein Wort und seinen Geist wirksam zu berufen ... indem er hinwegnimmt ihr steinernes Herz und ihnen gibt ein fleischernes Herz, indem er ihren Willen erneuert und durch seine allmächtige Kraft sie für das, was gut ist, entscheidet ...

Kapitel 5 (Von der Vorsehung.) Nr. 6: Was die bösen und gottlosen Menschen betrifft, welche Gott als ein gerechter Richter um früherer Sünden willen verblendet und verhärtet, so entzieht er ihnen nicht allein seine Gnade, durch welche ihr Verstand hätte erleuchtet und ihre Herzen ergriffen werden können, sondern zuweilen entzieht er ihnen auch die Gaben, die sie hatten, und bringt sie mit solchen Gegenständen in Beziehung, aus welchen ihre Verderbnis eine Gelegenheit zur Sünde macht, und übergibt sie außerdem ihren eigenen Lüsten, den Versuchungen der Welt und der Macht Satans, wodurch es geschieht, daß sie sich selbst verhärten, sogar durch dieselben Mittel, deren Gott sich zur Erweichung anderer bedient [157].

„Mag ich zur Hölle fahren, aber solch ein Gott wird niemals meine Achtung erzwingen" – war bekanntlich Miltons Urteil über die Lehre.[71] Aber nicht auf eine Wertung, sondern auf die geschichtliche Stellung des Dogmas kommt es für uns hier an. Nur kurz können wir bei der Frage verweilen: wie diese Lehre entstand und welchen Gedankenzusammenhängen in der calvinistischen Theologie sie sich einfügte. Zwei Wege zu ihr waren möglich. Das Phänomen des religiösen Erlösungsgefühls verknüpft sich gerade bei den aktivsten und leidenschaftlichsten jener großen Beter, wie sie die Geschichte des Christentums seit Augustin immer wieder gesehen hat, mit der sicheren Empfindung, alles der ausschließlichen Wirksamkeit einer objektiven Macht, nicht das geringste dem eigenen Wert zu danken zu haben: Die mächtige Stimmung froher Sicherheit, in welche sich

---

71 Über Miltons Theologie s. den Aufsatz von Eibach in den Theol. Studien und Kritiken 1879 (oberflächlich ist darüber Macaulays Essay anläßlich der Sumnerschen Übersetzung der 1823 wiedergefundenen „Doctrina Christiana", Tauchnitz Ed. 185 S. I f.), für alles Nähere natürlich das, etwas allzu schematisch gegliederte, sechsbändige englische Hauptwerk von Masson und die auf ihm ruhende deutsche Biographie Miltons von Stern. – Milton begann früh über die Prädestinationslehre in der Form des doppelten Dekrets herauszuwachsen bis zu der schließlich ganz freien Christlichkeit seines Greisenalters. In seiner Loslösung von aller Gebundenheit an die eigene Zeit läßt er sich in gewissem Sinn mit Sebastian Franck vergleichen. Nur war Milton eine praktisch-positive, Franck eine wesentlich kritische Natur. Milton ist „Puritaner" nur in jenem weitern Sinn *rationaler* Orientierung des Lebens innerhalb der Welt am göttlichen Willen, welche die dauernde Erbschaft des Calvinismus für die Nachwelt dargestellt hat. – In ganz ähnlichem Sinne könnte man Franck einen „Puritaner" nennen. Beide bleiben, als „Einspänner" für uns [158] außer Betracht.

der ungeheuere Krampf des Sündengefühls bei ihnen entladet, bricht scheinbar gänzlich unvermittelt über sie herein und vernichtet jede Möglichkeit der Vorstellung, daß dieses unerhörte Gnadengeschenk irgend welcher eigenen Mitwirkung verdankt werden oder mit Leistungen oder Qualitäten des eigenen Glaubens und Wollens verknüpft sein könnte. In jenen Zeiten seiner höchsten religiösen Genialität, in welcher Luther seine „Freiheit eines Christenmenschen" zu schreiben fähig war, stand auch ihm der „heimliche Ratschluß" Gottes als absolut alleinige grundlose Quelle seines religiösen Gnadenstandes am festesten.[72] Er gab ihn auch später nicht förmlich auf, – aber nicht nur gewann der Gedanke keine zentrale Stellung bei ihm, sondern er tritt immer mehr in den Hintergrund, je „realpolitischer" er als verantwortlicher Kirchenpolitiker notgedrungen wurde. Melanchthon vermied es ganz absichtlich, die „gefährliche und dunkle" Lehre in die Augsburger Konfession aufzunehmen und für die Kirchenväter des Luthertums steht es dogmatisch fest, daß die Gnade verlierbar (amissibilis) ist und durch bußfertige Demut und gläubiges Vertrauen auf Gottes Wort und die Sakramente neu gewonnen werden kann. Gerade umgekehrt verläuft der Prozeß bei Calvin[73] in einer fühlbaren Steigerung der Bedeutung der Lehre im Verlauf seiner polemischen Auseinandersetzung mit dogmatischen Gegnern. Sie ist erst in der dritten Auflage seiner „Institutio" voll entfaltet und gewinnt ihre zentrale Stellung erst [159] in den großen Kulturkämpfen, welche die Synoden von Dordrecht und Westminster abzuschließen suchten. Bei Calvin ist eben das „decretum horribile" *nicht* wie bei Luther *erlebt*, sondern *erdacht,* und deshalb in seiner Bedeutung gesteigert mit jeder weiteren Steigerung der gedanklichen Konsequenz in der Richtung seines

72 „Hic est fidei summus gradus: credere Deum esse elementem, qui tam paucos salvat, – justum, qui sua voluntate nos damnabiles facit" – lautet die berühmte Stelle in der Schrift de servo arbitrio.

73 Beide, Luther und Calvin, kannten eben im Grunde – s. Ritschls Bemerkungen in der Geschichte des Pietismus und Köstlin s. v. „Gott" R. f. Prot. Theol. und K. 3. Aufl. – einen doppelten Gott, den geoffenbarten gnädigen und gütigen Vater des N. T., – denn dieser beherrscht die ersten Bücher der Institutio Christiana, – und dahinter den „Deus absconditus" als willkürlich schaltenden Despoten. Bei Luther behielt der Gott des Neuen Testaments ganz die Oberhand, weil er die *Reflexion* über das Metaphysische, als nutzlos und gefährlich, zunehmend mied, bei Calvin gewann der Gedanke an die transzendente Gottheit Macht über das Leben. In der populären Entwicklung des Calvinismus freilich konnte sie sich nicht halten, – aber nicht der himmlische Vater des Neuen Testaments, sondern der Jehova des Alten trat an ihre Stelle.

lediglich Gott, nicht den Menschen, zugewendeten religiösen Interesses.[74] Nicht Gott ist um der Menschen, sondern die Menschen sind um Gottes willen da, und alles Geschehen – also auch die für Calvin zweifellose Tatsache, daß nur ein kleiner Teil der Menschen zur Seligkeit berufen ist – kann seinen Sinn ausschließlich als Mittel zum Zweck der Selbstverherrlichung von Gottes Majestät haben. Maßstäbe irdischer „Gerechtigkeit" an seine souveränen Verfügungen anzulegen, ist sinnlos und eine Verletzung seiner Majestät,[75] da er, und er allein, *frei,* d. h. keinem Gesetz unterstellt ist, und seine Ratschlüsse uns nur soweit verständlich und überhaupt bekannt sein können, als er es für gut befand, sie uns mitzuteilen. An diese Fragmente der ewigen Wahrheit allein können wir uns halten, alles andere: – der *Sinn* unseres individuellen Schicksals, – ist von dunklen Geheimnissen umgeben, die zu ergründen unmöglich und vermessen ist. Wenn etwa die Verworfenen über das ihrige als unverdient klagen wollten, so wäre das ähnlich, als wenn die Tiere sich beschweren würden, nicht als Menschen geboren zu sein. Denn alle Kreatur ist durch eine unüberbrückbare Kluft von Gott geschieden und verdient vor ihm, soweit er nicht zur Verherrlichung seiner Majestät ein anderes beschlossen hat, lediglich den ewigen Tod. Was wir wissen, ist nur: daß ein Teil der Menschen selig wird, ein anderer verdammt bleibt. Anzunehmen, daß menschliches Verdienst oder Verschulden dieses Schicksal mitbestimme, hieße Gottes absolut freie Entschlüsse, die von Ewigkeit her feststehen, als durch menschliche Einwirkung wandelbar ansehen: ein unmöglicher Gedanke. Aus dem menschlich verständlichen „Vater im Himmel" des Neuen Testaments, der sich über die Wiederkehr des Sünders freut, wie ein Weib über den wiedergefundenen Groschen, ist hier ein jedem menschlichen Verständnis entzogenes transzendentes Wesen geworden, welches von Ewigkeit her nach gänzlich unerforschlichen Ratschlüssen jedem einzelnen sein Geschick zugeteilt und über alles Kleinste im Kosmos verfügt hat.[76] Gottes Gnade ist, da seine Rat-

---

74 Vgl. zum Folgenden: *Scheibe*, Calvins Prädestinationslehre, Halle 1897. Zur calvinistischen Theologie überhaupt : *Heppe*, Dogmatik der evangelisch-reformierten Kirche. Elberfeld 1861.

75 Corpus Reformatorum vol. 77 p. 186 ff.

76 Man kann die vorstehende Darstellung des calvinistischen Lehrbegriffes ziemlich in der hier gegebenen Form z. B. in Hoornbeeks Theologia practica (Utrecht 1663) L. II c. 1: de praedestinatione – der Abschnitt steht charakteristischerweise *direkt* hinter dem Titel: De Deo – nachlesen. Schriftgrundlage ist bei H. hauptsächlich das erste Kapitel des Epheserbriefes. – Die verschiedenen inkonsequenten Versuche, mit der Prädestination und Vorsehung Gottes die Verantwortlichkeit des Individuums zu kombinieren und die empirische „Freiheit" des Willens zu retten usw. [160], haben wir hier nicht nötig zu analysieren.

schlüsse unwandelbar feststehen, ebenso unverlierbar für die, welchen er sie zuwendet, wie unerreichbar für die, welchen er sie versagt.

In ihrer pathetischen Unmenschlichkeit mußte diese Lehre nun für die Stimmung einer Generation, die sich ihrer grandiosen Konsequenz ergab, vor allem eine Folge haben: ein Gefühl einer unerhörten inneren *Vereinsamung des einzelnen Individuums.*[77] In der für die Menschen der Reformationszeit entscheidendsten Angelegenheit des Lebens, der ewigen Seligkeit, war der Mensch darauf verwiesen, seine Straße einsam zu ziehen, einem von Ewigkeit her feststehenden Schicksal entgegen. Niemand konnte ihm helfen. Kein Prediger: – denn nur der Erwählte kann das Gotteswort spiritualiter verstehen. Kein Sakrament: – denn die Sakramente sind zwar von Gott zur Mehrung seines Ruhms verordnet und deshalb unverbrüchlich zu halten, aber kein Mittel, Gottes Gnade zu erlangen, sondern subjektiv nur „externa subsidia" des Glaubens. Keine Kirche: – denn es gilt zwar der Satz „extra ecclesiam nulla salus" in dem Sinne, daß, wer sich von der wahren Kirche fernhält, nimmermehr zu den von Gott Erwählten gehören kann;[78] aber zur (äußeren) Kirche gehören auch die Reprobierten, ja sie *sollen* dazu gehören und ihren Zuchtmitteln unterworfen werden, nicht um dadurch zur Seligkeit zu gelangen, – das ist unmöglich, – sondern weil auch sie zu Gottes Ruhm zur Innehaltung seiner Gebote gezwungen werden müssen. Endlich auch: – kein Gott: denn auch Christus ist nur für die Erwählten gestorben [162], denen Gott seinen Opfertod zuzurechnen von Ewigkeit her beschlossen hatte. [163] Verbunden mit der schroffen Lehre von der unbedingten Gottferne und Wertlosigkeit alles rein Kreatürlichen enthält diese innere Isolierung des Menschen einerseits den Grund für die absolut negative Stellung des Puritanismus zu allen sinnlich-*gefühls*mäßigen Elementen in der Kultur und subjektiven Religiosität – weil sie für das Heil unnütz und Förderer sentimentaler Illusionen und des kreaturvergötternden Aberglaubens sind – und damit zur grundsätzlichen Abwendung von aller Sinnenkultur überhaupt.[79] Andrer-

---

77 „The deepest community (mit Gott) is found not in institutions or corporations or churches, but in the secrets of a solitary heart", formuliert Dowden in seinem schönen Buch: „Puritan and Anglican" (S. 234) den entscheidenden Punkt. [161]

78 Contra qui hujusmodi coetum (nämlich eine Kirche, in der reine Lehre, Sakramente und Kirchenzucht bestehen) contemnunt ... salutis suae certi esse non possunt; et qui in illo contemtu perseverat electus non est. Olevian, de subst. foed. p. 222.

79 Dies negative Verhältnis zur „Sinnenkultur" ist, wie Dowden a. a. O. schön ausgeführt hat, geradezu das konstitutive [164] Element des Puritanismus.

seits aber bildet sie eine der Wurzeln jenes *illusionslosen* und *pessimistisch* gefärbten *Individualismus*[80], wie er in dem „Volkscharakter" und den Institutionen der Völker mit puritanischer Vergangenheit sich noch heute auswirkt, – in so auffälligem Gegensatz zu der ganz andersartigen Brille, durch welche später die „Aufklärung" die Menschen ansah [165]. Wir finden die Spuren dieses Einflusses der Gnadenwahllehre in der uns beschäftigenden Zeit deutlich in elementaren Erscheinungen der Lebensführung und Lebensanschauung wieder, und zwar auch da, wo ihre Geltung als Dogma schon im Schwinden war: sie war ja eben auch nur die *extremste* Form jener *Exklusivität* des *Gott*vertrauens, auf deren Analyse es hier ankommt. So z. B. in der auffallend oft wiederkehrenden Warnung namentlich der englischen puritanischen Literatur vor jedem Vertrauen auf Menschenhilfe und Menschenfreundschaft [166]. Tiefes Mißtrauen auch gegen den nächsten Freund rät selbst der milde Baxter an, und Bailey empfiehlt direkt, niemandem zu trauen und niemanden etwas Kompromittierendes wissen zu lassen: nur Gott soll der Vertrauensmann sein.[81] Im auffälligsten Gegensatz gegen das Luthertum ist denn auch [169] in den Gebieten des voll entwikkelten Calvinismus die Privatbeichte, gegen welche Calvin selbst

---

80 Der Ausdruck „Individualismus" umfaßt das denkbar Heterogenste. Was *hier* darunter verstanden ist, wird hoffentlich durch die weiter folgenden Andeutungen klar. Man hat – in einem anderen Sinne des Wortes – das Luthertum „individualistisch" genannt, weil es eine asketische Lebensreglementierung *nicht* kennt. Wieder in einem ganz anderen Sinne braucht z. B. Dietrich Schäfer das Wort, wenn er in einer höchst lehrreichen Schrift (Zur Beurteilung des Wormser Konkordats, Abh. d. Berl. Akad. 1905) das *Mittelalter* die Zeit „ausgeprägter Individualität" nennt, weil für das für den Historiker *relevante* Geschehen irrationale Momente damals von einer Bedeutung gewesen seien, wie heute nicht mehr. Er hat Recht, aber diejenigen, denen er seine Beobachtungen entgegenhält, vielleicht auch, denn beide meinen etwas ganz Verschiedenes, wenn sie von „Individualität" und „Individualismus" sprechen. – Jakob Burckhardts geniale Formulierungen sind heute teilweise überholt und eine gründliche, historisch orientierte Begriffsanalyse wäre gerade jetzt wieder wissenschaftlich höchst wertvoll. Das gerade Gegenteil davon ist es natürlich, wenn der Spieltrieb gewisse Historiker veranlaßt, den Begriff, nur um eine Geschichtsepoche mit ihm als Etikette bekleben zu können, im Plakatstil zu „definieren".

81 Bailey, Praxis pietatis (deutsche Ausg., Leipzig 1724) S. 187. Auch Ph. J. *Spener* in seinen „Theologischen Bedenken" (hier nach der 3. Ausgabe, Halle 1712 zitiert) steht auf ähnlichem Standpunkt: der Freund giebt seinen Rat selten mit Rücksicht auf die Ehre Gottes, sondern meist aus fleischlichen (nicht notwendig egoistischen) Absichten. – „He" – the „knowing man" – „is blind in no man's cause, but best sightet in his own. He confines himself to the circle of his own affairs, and thrusts not his fingers in needless fires ... He sees the falseness of it (der Welt) and therefore learns to trust himself

nur der möglichen sakramentalen Deutung [170] wegen Bedenken hatte, stillschweigend verschwunden [171]. In tiefer innerlicher Isolierung vollzieht sich, trotz der Heilsnotwendigkeit der Zugehörigkeit zur wahren Kirche[82], der Verkehr des Calvinisten mit seinem Gott. Wer die spezifischen Wirkungen [173] dieser eigentümlichen Luft empfinden will, der sehe in dem weitaus gelesensten Buch der ganzen puritanischen Literatur: Bunyans „Pilgrim's progress"[83], die Schilderung von „Christian's" Verhalten an, nachdem ihm das Bewußtsein, in der „Stadt des Verderbens" zu weilen, aufgegangen ist und ihn der Ruf, die Pilgerfahrt zur himmlischen Stadt unverweilt anzutreten, ereilt hat. Weib und Kinder hängen sich an ihn, – aber querfeldein, die Finger in die Ohren steckend, mit dem Rufe: „Leben, ewiges Leben" [174] stürzt er fort, und kein Raffinement könnte besser, als die naive Empfindung des in seinem Gefängnis dichtenden Kesselflickers, der dabei den Beifall einer ganzen [175] Welt fand, die Stimmung des im Grunde allein mit sich selbst beschäf-

---

ever, others so far, as not to be damaged by their disappointment", philosophiert Th. Adams (Works of the Puritan Divines p. LI.) – Bailey (Praxis pietatis, a. a. O. S. 176) empfiehlt ferner, sich jeden Morgen vor dem Ausgehen unter die Leute vorzustellen, man gehe in einen wilden Wald voller Gefahren und Gott um den „Mantel der *Vorsicht* und Gerechtigkeit" zu bitten. – Die Empfindung geht schlechterdings durch in allen asketischen Denominationen und führte bei manchen Pietisten direkt zu einer Art Einsiedlerleben innerhalb der Welt. Selbst Spangenberg in der (herrnhuterischen) Idea fidei frateum [167] p. 382 erinnert nachdrücklich an Jer. 17, 5: „Verflucht ist der Mann, der sich auf Menschen verläßt". – Man beachte, um die eigentümliche Menschenfeindlichkeit dieser Lebensanschauung zu ermessen, auch etwa die Erläuterungen Hoornbeeks Theol. pract. I p. 882 über die Pficht der *Feindesliebe*: Denique hoc magis nos ulciscituur, quo proximum, inultum nobis, *tradimus ultori Deo* ... Quo quis plus se ulciscimur, eo minus id pro ipso agit Deus. Welche raffinierte Steigerung gegenüber dem altjüdischen: „Auge um Auge", und welches specimen christlicher „Nächstenliebe" [168]! Über diese s. auch unten Anm. 87.

82 Gerade *diese* Kombination ist für die Beurteilung der psychologischen Unterlagen der calvinistischen sozialen *Organisationen* so wichtig. Sie ruhen alle auf innerlich „individualistischen" [172] Motiven. Nie geht – wir werden die Folgen noch später betrachten – das Individuum *gefühls*mäßig in sie ein. „Gottes Ruhm" und das eigene Heil bleiben stets über der „Bewußtseinsschwelle". Das prägt der Eigenart der sozialen Organisation bei Völkern mit puritanischer Vergangenheit noch heute bestimmte charakteristische Züge auf.

83 Über Bunyan vgl. die Biographie von Froude in der Morleyschen Sammlung (English Men of Letters), ferner Macaulays (oberflächliche) Skizze (Miscell. Works II p. 227) – B. ist indifferent gegenüher den denominationellen Differenzen innerhalb des Calvinismus, seinerseits jedoch strikter calvinistischer Baptist.

tigten, allein an sein eigenes Heil denkenden puritanischen Gläubigen wiedergeben, wie sie zum Ausdruck kommt in den fatal [176] an Gottfried Kellers „Gerechte Kammacher" erinnernden salbungsvollen Gesprächen, die er mit Gleichstrebenden unterwegs führt. Erst als er selbst geborgen ist, erwacht der Gedanke, daß es schön wäre, nun auch die Familie bei sich zu haben: es ist doch dieselbe qualvolle Angst vor dem Tode und dem Nachher, die wir bei Alfons von Liguori, wie Döllinger ihn uns geschildert hat, so penetrant überall empfinden[84], – weltweit entfernt von jenem Geist stolzer Diesseitigkeit, dem Macchiavelli in dem Ruhm jener Florentiner Bürger Ausdruck gibt, denen – im Kampf gegen Papst und Interdikt – „die Liebe zur Vaterstadt höher stand, als die Angst um das Heil ihrer Seelen [177].

Es scheint zunächst ein Rätsel, wie mit dieser Tendenz zur innerlichen Lösung des Individuums aus den engsten Banden, mit denen es die Welt umfangen hält, die unbezweifelbare Überlegenheit des Calvinismus in der sozialen Organisation sich verknüpfen konnte.[85] Allein gerade sie folgt, so seltsam es zunächst scheint, aus der spezifischen Färbung, welche die christ-

---

84 Nur freilich sind eben die *Wirkungen* dieser Angst bei Bunyan und Liguori so charakteristisch verschieden: dieselbe Angst, welche diesen zu jeder erdenklichen Selbstquälerei treibt, spornt jenen zu männlicher rastloser und systematischer Lebensarbeit an.

85 Die große Wichtigkeit des calvinistischen Gedankens von der aus dem Erfordernis der „Einverleibung in Christi Körper" (Calvin. Instit. III, 11,10) folgenden Heilsnotwendigkeit der Aufnahme in eine den göttlichen Vorschriften entsprechende *Gemeinschaft* für den *sozialen* Charakter des reformierten Christentums wird, wie ich annehme, E. Troeltsch in seinem schon früher erwähnten Aufsatz entwickeln [178]. – Für *unsere* speziellen Gesichtspunkte liegt aber der Schwerpunkt des Problems etwas anders. Jener [179] Gedanke hätte auch bei einem rein anstaltsmäßigen Charakter der Kirche sich ausbilden können und hat dies getan. [180] Und gerade auch *außerhalb* der göttlich vorgeschriebenen Gemeindeschemata [181] wirkt sich jene gemeinschaftsbildende Tendenz aus. Hier ist eben der *allgemeine* Gedanke, daß der Christ durch *Wirken* „in majorem Dei gloriam" seinen Gnadenstand bewähre (s. u.), maßgebend, und die scharfe Perhorreszierung der Kreaturvergötterung [182] mußte diese Energie unvermerkt in die Bahnen *sachlichen* (*un*persönlichen) Wirkens lenken. [183] Jede rein *gefühls*mäßige – also nicht *rational* bedingte – *persönliche* Beziehung von Mensch zu Mensch verfällt in der puritanischen, wie in jeder asketischen, Ethik sehr leicht dem Verdacht, Kreaturvergötterung zu sein. Für die *Freundschaft* zeigt dies – neben dem Anm. 81 schon gesagten – z. B. folgende Warnung deutlich genug: It is an irrational act and not fit for a rational creature to love any one farther than *reason* will allow us ... It very often taketh up mens minds so as to *hinder* their *love of God*. (Baxter, Christian Directory IV p. 253.) Wir werden solchen Argumenten immer wieder begegnen. [184]– Namentlich auch der Gedanke, daß der „öffentliche" Nutzen, oder auch „the good of the many",

liche „Nächstenliebe“ unter dem Druck der inneren Isolierung des einzelnen durch den calvinistischen Gottesbegriff [188] annehmen mußte. [189] Die Welt ist [190] bestimmt, der Selbstverherrlichung *Gottes* zu dienen, der [191] Christ dazu da, den Ruhm Gottes in der Welt durch Vollstreckung seiner Gebote an seinem Teil zu mehren. Gott will die soziale Leistung des Christen, *denn* er will, daß die soziale Gestaltung des Lebens seinen Geboten gemäß und so eingerichtet werde, daß sie jenem Zweck entspreche. Die *soziale*[86] Arbeit des Calvinisten in der Welt ist lediglich Arbeit „in majorem gloriam *Dei*“. *Diesen* Charakter trägt auch die *Berufs*arbeit, welche im Dienste des diesseitigen Lebens der Gesamtheit steht. Schon bei Luther fanden wir die Ableitung der arbeitsteiligen Berufsarbeit aus der „Nächstenliebe“. Aber was bei ihm ein unsicherer [192] Ansatz blieb, wurde nun bei den Calvinisten ein charakteristischer Teil ihres ethischen Systems. Die „Nächstenliebe“ äußert sich – da sie ja nur Dienst am Ruhme *Gottes* [193], nicht der *Kreatur* sein darf[87] – in *erster* Linie in Erfüllung der durch die lex naturae gegebenen *Berufs*aufgaben, und sie nimmt dabei einen eigentümlich sach-

---

wie Baxter (Christian Directory IV p. 262 mit dem etwas gezwungenen Zitat Röm. 9,3) es ganz im Sinne des späteren liberalen Rationalismus formuliert, allem „persönlichen“ oder „privaten“ Wohl Einzelner voranzustellen sei, folgte – so wenig es an sich neu war – für den Puritanismus aus der Ablehnung der Kreaturvergötterung. – Die moderne [185] amerikanische Perhorreszierung persönlicher *Dienst*leistungen hängt [186] (in indirekter Art) natürlich auch mit jener Tradition zusammen. Ebenso aber die *relativ* große Immunität puritanisch gewesener Völker gegen den Cäsarismus, und überhaupt die innerlich freiere, einerseits mehr zum „Geltenlassen“ des Großen geneigte, andererseits aber alle hysterische „Verliebtheit“ und den naiven Gedanken: man könne zu politischer Obödienz aus „Dankbarkeit“ verpflichtet sein, ablehnende Stellung der Engländer zu ihren großen Staatsmännern, – gegenüber Manchem, was wir z. B. von 1878 an in Deutschland – positiv und negativ – erlebten. – Über die Sündhaftigkeit des Autoritätsglaubens, – der eben nur als *un*persönlicher, auf den Inhalt der Schrift gerichteter zulässig ist, – und ebenso der übermäßigen Schätzung selbst der heiligsten und hervorragendsten Menschen, – weil dadurch eventuell der Gehorsam gegen *Gott* gefährdet wird, – s. Baxter, Christian Directory (2. Aufl. 1678) I p. 56. – Was die Ablehnung der „Kreaturvergötterung“ und das Prinzip, daß, zunächst in der Kirche, letztlich aber im Leben überhaupt, nur Gott *„herrschen“* solle, politisch bedeutete, davon später [187].

86 „Sozial“ natürlich ohne jeden Anklang an den modernen Sinn des Wortes, lediglich im Sinn der Betätigung innerhalb der politischen, kirchlichen und anderer Gemeinschafts-Organisationen.

87 Was eine solche durch die alleinige Beziehung des Lebens auf Gott bedingte „Unpersönlichkeit“ der „Nächstenliebe“ auf dem eignen Gebiet des religiösen Gemeinschaftslebens bedeutet, kann man sich recht gut etwa an

lich-*unpersönlichen* Charakter an, den eines Dienstes an der rationalen Gestaltung des uns umgebenden gesellschaftlichen *Kosmos*. Denn die wunderbar zweckvolle Gestaltung und Einrichtung dieses Kosmos, welcher ja nach der Offenbarung der Bibel und ebenso nach der natürlichen Einsicht augenscheinlich darauf zugeschnitten ist, dem „*Nutzen*" des Menschengeschlechtes zu dienen, läßt die Arbeit im Dienst dieses [197] gesellschaftlichen Nutzens als Gottes Ruhm fördernd und also gottgewollt erkennen. [198] Wir werden späterhin die Bedeutung dieser Gesichtspunkte für den politischen und ökonomischen Rationalismus des Calvinismus zu analysieren haben [199]: die Quelle

---

dem Gebahren der „China Inland Mission" und der „International Missionaries' Alliance" verdeutlichen (s. hierüber Warneck, Gesch. d. prot. Mission 5. Aufl. S. 99, 111). Mit gewaltigen Kosten werden gewaltige Scharen von Missionaren ausgerüstet, z. B. an die 1000 für China allein, um durch Wanderpredigt das Evangelium *allen* Heiden im strikt wörtlichen Sinne „*anzubieten*„ weil Christus dies geboten und seine Wiederkunft davon abhängig gemacht hat. Ob die dergestalt Angepredigten dem Christentum gewonnen und also der Seligkeit teilhaftig werden, [194] ist *prinzipiell* durchaus *nebensächlich* und Angelegenheit Gottes, der ja darüber allein verfügt. China habe, meint Hudson Taylor (s. Warneck a. a. O.) ca. 50 Millionen Familien. 1000 Missionare könnten 50 Familien täglich (!) „*erreichen*" und so das Evangelium in 1000 Tagen oder weniger als 3 Jahren allen Chinesen „*angeboten*" sein. – Es ist genau das Schema, nach welchem der Calvinismus z. B. seine Kirchenzucht betrieb: *nicht* das Seelenheil der Zensurierten – welches lediglich Gottes (und in praxi ihre eigene) Sache ist [195], – sondern die Mehrung des Ruhmes Gottes ist Hauptzweck. – Für jene *modernen* Missionsleistungen ist, da sie auf interdenominationeller Grundlage ruhen, *nicht* der Calvinismus als solcher verantwortlich. (Calvin selbst lehnt die Pflicht zur Heidenmission ab, da die weitere Ausbreitung der Kirche „unius Dei opus" sei.) Aber allerdings entstammen sie offensichtlich jenem durch die puritanische Ethik sich hinziehenden Vorstellungskreis, wonach man der „Nächstenliebe" Genüge leistet, wenn man *Gottes* Gebote zu dessen Ruhme erfüllt. Damit ist auch dem Nächsten gegeben, was ihm gebührt, und das Weitere ist nun Gottes eigene Angelegenheit. – Die „Menschlichkeit" der Beziehungen zum „Nächsten" ist sozusagen abgestorben. Das äußert sich in den verschiedensten Verhältnissen. So etwa, – um noch ein solches Rudiment jener Lebensluft anzuführen, – auf dem Gebiet der in gewisser Beziehung mit Recht berühmten reformierten charitas: Die Amsterdamer Waisen, mit ihren noch jetzt [196] senkrecht in eine schwarze und rote, oder rote und grüne Hälfte gespaltenen Röcken und Hosen – einer Art Narrenkleidung – angetan und in Parade zur Kirche geführt, waren für die Empfindung der Vergangenheit sicher ein höchst erbauliches Schauspiel und sie dienten in eben dem Grade zum „Ruhme Gottes", als alle persönlich-„menschliche" Empfindung dabei sich hätte beleidigt fühlen müssen. Und so – wir werden das noch sehen – bis in alle Einzelheiten der privaten „Berufstätigkeit". – Natürlich bezeichnet das alles nur eine „*Tendenz*" *und wir werden später selbst bestimmte Einschränkungen zu machen haben. Aber als* eine – und zwar sehr wichtige – „Tendenz" dieser asketischen Religiosität mußte sie hier festgestellt werden.

des *utilitarischen* Charakters der calvinistischen Ethik liegt hier, und ebenso gehen wichtige Eigentümlichkeiten des calvinistischen Berufsbegriffes daraus hervor [200]. – Hier kehren wir aber zunächst noch einmal zur Betrachtung speziell der Prädestinationslehre zurück.

Denn das für uns entscheidende Problem ist erst: wie wurde diese Lehre *ertragen*[88] in einer Zeit, welcher das Jenseits nicht nur wichtiger, sondern in vieler Hinsicht auch sicherer war, als alle Interessen des diesseitigen Lebens.[89] Die eine Frage mußte

---

88 Hundeshagen (Beitr. z. Kirchenverfassungsgesch. u. Kirchenpolitik 1864 I S. 37) vertritt den – seitdem oft wiederholten – Standpunkt, daß das Prädestinationsdogma stets Theologenlehre, nicht Volkslehre gewesen sei. Das ist doch nur richtig, wenn man den Begriff „Volk" mit der *Masse* der bildungslosen unteren Schichten identifiziert. [201] Nicht nur Cromwell – an dem schon Zeller (Das theol. System Zwinglis S. 17) als an einem Paradigma die Wirkung des Dogmas exemplifiziert hatte, – sondern auch seine „Heiligen" wußten sehr wohl, um was es sich handelte und die Canones der Synoden von Dordrecht und Westminster über die Lehre waren nationale Angelegenheit großen Stils. [202] Daß die reformierten Pietisten, die Teilnehmer der englischen und holländischen Konventikel, über die Lehre im Unklaren gewesen wären, ist ganz ausgeschlossen; eben *sie* war es ja, die sie zusammentrieb, um die certitudo salutis zu suchen. Was die Prädestination bedeutete resp. nicht bedeutete, *wo* sie Theologenlehre war, kann der Katholizismus, dem sie ja als esoterische Lehre und in schwankender Form keineswegs fremd geblieben ist, zeigen. (Das Entscheidende war freilich, daß die Ansicht: der *Einzelne* habe sich für erwählt zu *halten* und zu bewähren, stets verworfen wurde. Vgl. die katholische Lehre z. B. bei Ad. van Wyck, Tract. de praedestinatione Cöln 1708.[203]) – H., dem die Lehre unsympathisch ist, schöpft seine Eindrücke offenbar vorwiegend aus deutschen Zuständen. Jene seine Antipathie hat ihren Grund in der rein deduktiv gewonnenen Meinung, sie müsse zum sittlichen Fatalismus und Antinomismus führen. Diese Meinung hat schon Zeller a. a. O. widerlegt. Daß eine solche Wendung *möglich* war, ist andererseits nicht zu leugnen, Melanchthon wie Wesley sprechen von ihr: aber es ist charakteristisch, daß in *beiden* Fällen es sich um eine Kombination mit der *gefühls*mäßigen „Glaubens"-Religiosität handelte. Für diese, welcher der rationale *Bewährungs*gedanke fehlte, lag diese Anschauung in der Tat im Wesen der Sache [204]. – Die *Abschwächungen* der Lehre, welche die Praxis – z. B. Baxter – brachte, traten ihrem Wesen so lange nicht zu nahe, als der Gedanke des auf das *konkrete Einzel*individuum bezüglichen Erwählungsentschlusses Gottes und dessen *Erprobung* nicht berührt wurde. – Vor allem sind endlich aber doch alle großen Gestalten des Puritanismus (im weitesten Sinne des Wortes) von dieser Lehre, deren finsterer Ernst ihre Jugendentwicklung beeinflußte, ausgegangen: Milton ebenso wie Baxter und noch Franklin [205]. Ihre spätere Emanzipation von ihrer strikten Interpretation entspricht im einzelnen ganz der Entwicklung, welche [206] die religiöse Bewegung als Ganzes durchmachte. [207]

89 Wie dies wiederum in so überwältigender Weise noch in Bunyans: The Pilgrim's progress die Grundstimmung bildet.

ja alsbald für jeden einzelnen Gläubigen entstehen und alle anderen Interessen in den Hintergrund drängen: Bin *ich* denn erwählt? Und wie kann *ich* dieser Erwählung sicher werden?[90] – Für Calvin selbst war dies kein Problem. Er fühlte sich als „Rüstzeug" und war seines Gnadenstandes sicher. Demgemäß hat er auf die Frage, wodurch der einzelne seiner eigenen Erwählung gewiß werden könne, im Grunde genommen nur die Antwort, daß wir uns an der Kenntnis des Beschlusses Gottes und an dem durch den wahren Glauben bewirkten beharrlichen Zutrauen auf Christus begnügen lassen sollen. Er verwirft prinzipiell die Annahme, man könne bei anderen aus ihrem Verhalten erkennen, ob sie erwählt oder verworfen seien, als einen vermessenen Versuch, in die Geheimnisse Gottes einzudringen. Die Erwählten unterscheiden sich in diesem Leben äußerlich in nichts von den Verworfenen[91] und auch alle subjektiven Erfahrungen der Erwählten sind – als „ludibria spiritus sancti" – auch bei den Verworfenen möglich, mit einziger Ausnahme jenes „*finaliter*" beharrenden gläubigen Vertrauens. Die Erwählten sind und bleiben also Gottes unsichtbare Kirche. Anders ganz naturgemäß die Epigonen – schon Beza – und vor allem die breite Schicht der Alltagsmenschen. Für sie mußte die „certitudo salutis" im Sinn der *Erkenn*barkeit des Gnadenstandes zu absolut überragender Bedeutung aufsteigen [211], und so ist denn auch überrall da, wo die Prädestinationslehre festgehalten wurde, die Frage nicht ausgeblieben, ob es sichere Merkmale gebe, an denen man die Zugehörigkeit zu den „electi" erkennen könne. Nicht nur in der Entwicklung des auf dem Boden der reformierten Kirche zuerst erwachsenen Pietismus hat diese Frage dauernd eine zentrale Bedeutung gehabt, ist in gewissem Sinne für ihn geradezu konstitutiv gewesen, sondern wir werden später, wenn wir die politisch und sozial so weittragende Bedeutung der reformierten Abendmahlslehre und Abendmahlspraxis betrachten, noch davon zu reden haben, welche Rolle auch außerhalb des Pietismus die Feststellbarkeit des Gnadenstandes des einzelnen z. B. für die

90 Diese *Frage* schon lag dem Lutheraner der Epigonenzeit [208] ferner als dem Calvinisten, nicht weil er sich weniger für sein Seelenheil interessiert hätte, sondern weil bei der Entwicklung, die das lutherische Kirchentum genommen hatte, der *Heilsanstalts*charakter der Kirche in den Vordergrund trat, der Einzelne sich als Objekt ihrer Tätigkeit [209] fühlte. Erst der Pietismus erweckte – charakteristischerweise – auch im Luthertum das Problem. [210]

91 So ausdrücklich in dem Brief an Bucer Corp. Ref. 29, 883 f. Vgl. dazu wiederum Scheibe a. a. O. S. 30.

Frage seiner Zulassung zum Abendmahl, d. h. zu der zentralen, für die soziale Schätzung [212] der Teilnehmer entscheidenden Kulthandlung, während des ganzen 17. Jahrhunderts gespielt hat.

Es war zum mindesten, soweit die Frage des *eigenen* Gnadenstandes auftauchte, unmöglich, bei Calvins von der orthodoxen Doktrin wenigstens im Prinzip nie förmlich aufgegebener[92] Verweisung auf das Selbstzeugnis des beharrenden Glaubens, den die Gnade im Menschen wirkt, stehen zu bleiben.[93] Vor allem die Praxis der Seelsorge, welche auf Schritt und Tritt mit den durch die Lehre geschaffenen Qualen zu tun hatte, konnte es nicht. Sie fand sich mit diesen Schwierigkeiten in verschiedener Art ab.[94] Soweit dabei nicht die Gnadenwahl uminterpretiert, gemildert und im Grunde aufgegeben wurde[95], treten namentlich zwei miteinander verknüpfte Typen seelsorgerischer Ratschläge als charakteristisch hervor. Es wird einerseits schlechthin zur Pflicht gemacht, sich für erwählt zu *halten,* und jeden Zweifel als Anfechtung des Teufels abzuweisen,[96] da ja mangelnde Selbstgewißheit Folge unzulänglichen Glaubens, also unzulänglicher Wirkung der Gnade sei. Die Mahnung des Apostels zum „Festmachen" der eigenen Berufung wird also hier als Pflicht, im

---

92 S. z. B. Olevian, De substantia foederis gratuiti inter Deum et electos (1585) 257. – Heidegger, Corpus Theologiae XXIV, 87 f. und andere Stellen bei *Heppe*, Dogmatik der ev. ref. Kirche (1861) p. 425.

93 Die genuine calvinistische Lehre verwies auf den *Glauben* und das Bewußtsein der Gemeinschaft mit Gott in den Sakramenten und erwähnte die „anderen Früchte des Geistes" nur nebenher. S. die Stellen bei Heppe, Dogmatik d. ev. reform. Kirche p. 425. Mit großem Nachdruck hat Calvin selbst die Werke, obwohl sie ihm, wie den Lutheranern, Früchte des Glaubens sind, als *Merkmale* der Geltung vor Gott abgelehnt (Instit. III, 2, 37, 38). Die praktische Wendung zu der Bewährung des Glaubens in den Werken, welche eben die *Askese* charakterisiert, geht parallel mit der allmäligen Verwandlung der Lehre Calvins, wonach (wie bei Luther) in *erster* Linie reine Lehre und Sakramente die wahre Kirche kennzeichnen, zur Gleichstellung der „disciplina" als Merkmals mit jenen beiden. Diese Entwicklung mag man etwa in den Stellen bei Heppe a. a. O. p. 194/195 verfolgen, ebenso auch in der Art, wie schon Ende des 16. Jahrh. in den Niederlanden die Gemeindemitgliedschaft erworben wurde (ausdrückliche vertragsmäßige Unterwerfung unter die *Disziplin* als zentrale Bedingung).

94 S. darüber u. a. die Bemerkungen Schneckenburgers a. a. O. S. 48.

95 So tritt bei Baxter z. B. der Unterschied zwischen „mortal" und „venial sin" wieder – ganz in katholischer Art – hervor. Erstere ist Zeichen fehlenden bzw. nicht aktuellen Gnadenstandes und nur eine „conversion" des ganzen Menschen kann alsdann die Gewähr seines Besitzes geben. Letztere ist mit dem Gnadenstand nicht unvereinbar.

96 So – in mannigfacher Abschattierung – Baxter, Bailey, Sedgwick, Hoornbeek. S. ferner die Beispiele bei Schneckenburger a. a. O. S. 262.

täglichen Kampf sich die subjektive Gewißheit der eigenen Erwähltheit und Rechtfertigung zu erringen, gedeutet. An Stelle der demütigen Sünder, denen Luther, wenn sie in reuigem Glauben sich Gott anvertrauen, die Gnade verheißt, werden jene selbstgewissen „Heiligen" gezüchtet [213], die wir in den stahlharten puritanischen Kaufleuten jenes heroischen Zeitalters des Kapitalismus und in einzelnen Exemplaren bis in die Gegenwart wiederfinden. Und andererseits wurde, um jene Selbstgewißheit zu *erlangen*, als hervorragendstes Mittel *rastlose Berufsarbeit* eingeschärft.[97] Sie und sie allein verscheuche den religiösen Zweifel und gebe die Sicherheit des Gnadenstandes.

Daß die weltliche Berufsarbeit zu *dieser* Leistung für fähig gilt, [215] hat nun aber seinen Grund in tiefliegenden Eigentümlichkeiten des in der reformierten Kirche gepflegten religiösen Empfindens, welche in ihrem Gegensatz gegen das Luthertum am deutlichsten in der Lehre von der Natur des rechtfertigenden Glaubens zutage treten. Diese Unterschiede sind in Schneckenburgers schönem Vorlesungszyklus[98] so fein und mit einer solchen Zurückstellung aller Werturteile rein sachlich analysiert, daß die nachfolgenden kurzen Bemerkungen im wesentlichen einfach an seine Darstellung anknüpfen können.

Das höchste religiöse Erlebnis, welchem die lutherische Frömmigkeit, wie sie sich im Verlauf namentlich des 17. Jahrhunderts entwickelte, zustrebt, ist die „Unio mystica" mit der Gottheit.[99]

Wie schon die Bezeichnung, die in dieser Fassung der reformierten Lehre unbekannt ist, andeutet, handelt es sich um ein substantielles Gottesgefühl, die Empfindung eines realen Einge-

---

97 So – wie später zu erörtern sein wird – in zahllosen Stellen des Baxterschen Christian Directory und in dessen Schlußpassus. [214]

98 Um den Titel nochmals zu wiederholen: Vergleichende Darstellung des lutherischen und reformierten Lehrbegriffs, herausg. von Güder Stassfurt 1855. – An seine Gesichtspunkte knüpft auch die sehr durchsichtig geschriebene Skizze Lobsteins in der Festgabe für H. Holtzmann an, die zum Folgenden ebenfalls zu vergleichen ist. Man hat ihr die zu scharfe Betonung des Leitmotives der „certitudo salutis" vorgeworfen. Allein hier ist eben Calvins Theologie von dem *Calvinismus* und das theologische System von den Bedürfnissen der Seelsorge zu unterscheiden. Von der Frage „wie kann ich meiner Seligkeit *gewiß* werden?" gingen *alle* religiösen Bewegungen aus, welche breitere Schichten erfaßten. [216]

99 Es ist allerdings wohl nicht zu leugnen, daß die *Voll*entwicklung dieses *Begriffes* erst in *spät*lutherischer Zeit (Praetorius, Nicolai, Meisner) erfolgt ist. (*Vorhanden* ist er auch bei Johannes Gerhard und zwar ganz in dem hier erörterten Sinne.) Ritschl im vierten Buch seiner „Geschichte des Pietismus"(Bd. II S. 3 f.) nimmt daher die Einführung dieses Begriffs in die luthe-

hens des Göttlichen in die gläubige Seele, welches qualitativ mit den Wirkungen der Kontemplation der deutschen Mystiker gleichartig ist, und durch seinen *passiven*, auf die Erfüllung der Sehnsucht nach *Ruhe* in Gott ausgerichteten Charakter und seine rein stimmungsmäßige Innerlichkeit gekennzeichnet ist. [219] Es ist im Luthertum kombiniert mit jenem tiefen Gefühl erbsündlicher Unwürdigkeit, welches die auf Erhaltung der für die Sündenvergebung unentbehrlichen Demut und Einfalt gerichtete „poenitentia quotidiana" des lutherischen Gläubigen sorgsam bewahren soll. Die spezifisch reformierte Religiosität nun kennt diese rein nach innen gerichtete Stimmungsfrömmigkeit von Anfang an nicht [220]. Das reale Eingehen des Göttlichen in die Menschenseele ist durch die absolute Transzendenz Gottes gegenüber allem Kreatürlichen ausgeschlossen: „finitum non est capax infiniti". Die Gemeinschaft Gottes mit seinen Begnadeten kann

---

rische Religiosität als Wiederaufleben bzw. Übernahme katholischer Frömmigkeit in Anspruch. Er bestreitet nicht (S. 10), daß das Problem der individuellen Heilsgewißheit bei Luther und den katholischen Mystikern das gleiche gewesen sei, glaubt aber, daß die Lösung auf beiden Seiten die gerade entgegengesetzte sei. Ich darf mir sicherlich kein eignes Urteil darüber zutrauen. Daß die Luft, welche in der „Freiheit eines Christenmenschen" weht, eine andere ist, als das süßliche Tändeln mit dem „lieben Jesulein" in der späteren Literatur, und auch als Taulers religiöse Stimmung, empfindet natürlich jeder. Und ebenso hat das Festhalten des mystisch-magischen Elementes in der lutherischen Abendmahlslehre gewiß andere religiöse Motive als jene „bernhardinische" Frömmigkeit – die „Hohe-Lied-Stimmung" – auf welche Ritschl immer wieder als Quelle der Züchtung des „bräutlichen" Verkehrs mit Christus zurückgreift. Aber sollte nicht dennoch u. a. auch jene Abendmahlslehre das Wiedererwachen mystischer Simmungsreligiosität *mitbedingt* [217] haben? Es ist keinesfalls zutreffend, daß (S. 11 a. a. O.) die Freiheit des Mystikers schlechthin in der *Abgezogenheit* vor der Welt bestanden habe. Speziell Tauler hat in religions-psychologisch sehr interessanten Ausführungen als *praktischen* Effekt jener nächtlichen Kontemplationen, die er u. a. bei Schlaflosigkeit empfiehlt, die *Ordnung*, welche dadurch auch in die der weltlichen Berufsarbeit zugewandten Gedanken gebracht werde, hingestellt: „Nur hierdurch (durch die mystische Vereinigung mit Gott in der Nacht vor dem Schlafen) wird die *Vernunft geläutert und das Hirn wird dadurch gestärkt* und der Mensch allen den Tag desto friedlicher und göttlicher gefaßt von der innerlichen Übung, daß er sich wahrlich mit Gott vereint hat: dann werden alle seine Werke *geordnet*. Und darum wenn der Mensch sich also vorgewarnet (= vorbereitet) hat seiner Werk und sich also auf die *Tugend* hat gestiftet, – wenn er dann zu der Wirklichkeit kommt, so werden die Werke *tugendlich und göttlich*." (Predigten Fol. 318). Man sieht jedenfalls [218]: mystische Kontemplation und rationale Berufsaskese *schließen sich nicht aus*. Das Gegenteil tritt erst da ein, wo die Religiosität direkt hysterischen Charakter annimmt, was weder bei allen Mystikern noch gar bei allen Pietisten der Fall war.

vielmehr nur so stattfinden und zum Bewußtsein kommen, daß Gott in ihnen wirkt („operatur“) und daß sie sich dessen bewußt werden, – daß also ihr Handeln aus dem durch Gottes Gnade gewirkten Glauben entspringt und dieser Glaube wiederum sich durch die Qualität jenes Handelns als von Gott gewirkt legitimiert. [221] „Sola fide“ will auch der Reformierte selig werden, aber da schon nach Calvins Ansicht alle bloßen Gefühle und Stimmungen, mögen sie noch so erhaben zu sein scheinen, trügerisch sind,[100] muß der Glaube sich in seinen objektiven *Wirkungen* bewähren, um der certitudo salutis als sichere Unterlage dienen zu können: er muß eine „fides efficax“ [225] sein.[101] Stellt man nun weiter die Frage, an *welchen* Früchten der Reformierte denn den rechten Glauben unzweifelhaft zu erkennen vermöge, so wird wiederum geantwortet: an einer Lebensführung des Christen, die zur Mehrung *von Gottes Ruhm* dient. Was dazu dient, ist aus seinem, direkt in der Bibel offenbarten oder indirekt aus den von ihm geschaffenen zweckvollen Ordnungen der Welt (lex naturae)[102] ersichtlichen,

---

100 In dieser Voraussetzung berührt sich der Calvinismus mit dem [222] Katholizismus. Aber für die Katholiken ergibt sich daraus die Notwendigkeit des Bußsakramentes, für die Reformierten die der praktischen *Bewährung* durch Wirken innerhalb der Welt.

101 S. z. B. schon Beza: (De praedestinat. doct. ex praelect. in Rom. 9. a Raph. Eglino exc. 1584) p. 133: ... „sicut ex operibus vere bonis ad sanctificationis donum, a sanctificatione ad fidem ... ascendimus: ita ex certis illis effectis non quamvis vocationem, sed efficacem illam, et ex hac vocatione electionem et ex electione donum praedestinationis in Christo tam firmam quam immotus est Dei thronus certissima connexione effectorum et causarum colligimus ...“ Nur bezüglich der Zeichen der *Verwerfung* müsse man, da es auf den *Final*zustand ankomme, vorsichtig sein. (Hierin dachte erst der Puritanismus anders.) – S. ferner darüber die eingehenden Erörterungen Schneckenburgers a. a. O., der freilich nur eine begrenzte Kategorie von Literatur zitiert. In der ganzen puritanischen Literatur tritt dieser Zug immer wieder hervor. „It will not be said: did you believe? – but: were you Doers, or Talkers only?“ sagt Bunyan. Der Glaube ist nach Baxter (The saints' everlasting rest Kap. XII), der die mildeste Form der Prädestination lehrt, die Unterwerfung unter Christus von Herzen und *mit der Tat*. „Do what you are able first, and then complain of God for denying you grace if *you have cause*“ antwortete er auf den Einwand, daß der Wille unfrei und Gott allein es sei, der die Fähigkeit zur Heiligung vorenthalte. (Works of the Puritan Divines IV. p. 155.) [223] Nicht anders Howe in der anderwärts (Anm. 65) zitierten Stelle. Jede Durchmusterung der Works of the Puritan Divines ergibt auf Schritt und Tritt Belege. Nicht selten sind es direkt *katholische* asketische Schriften, welche die „Bekehrung“ zum *Puritanismus* zur Folge hatten, – so bei Baxter ein jesuitischer Traktat. [224]

102 Über die Bedeutung *dieser* für den materiellen Inhalt der sozialen Ethik wurde schon oben einiges angedeutet. Vorerst [226] kommt es uns nicht auf den *Inhalt*, sondern auf den *Antrieb* zum sittlichen Handeln an.

Willen zu entnehmen. Speziell durch Vergleichung des eigenen Seelenzustandes mit dem, welcher nach der Bibel den Erwählten, z. B. den Erzvätern eignete, kann man seinen eigenen Gnadenstande kontrollieren.[103] Nur ein Erwählter hat wirklich die fides efficax [227], nur er ist fähig, vermöge der Wiedergeburt (regeneratio) und der aus dieser folgenden Heiligung (sanctificatio) seines ganzen Lebens Gottes Ruhm durch wirklich, nicht nur scheinbar, gute Werke zu mehren. Und indem er sich dessen bewußt ist, daß sein Wandel – wenigstens dem Grundcharakter und konstanten Vorsatz (propositum oboedientiae) nach – auf einer in ihm lebenden Kraft[104] zur Mehrung des Ruhmes Gottes ruht, also gottgewollt und vor allem gott*gewirkt* [228] ist,[105] erlangt er jenes höchste Gut, nach dem diese Religiosität strebte, die Gnadengewißheit.[106] Daß sie zu erlangen sei, wurde aus 2. Kor. 13, 5 erhärtet.[107] So absolut ungeeignet also gute Werke sind, als Mittel zur Erlangung der Seligkeit zu dienen – denn auch der Erwählte bleibt Kreatur, und alles was er tut, bleibt in unendlichem Abstand hinter Gottes Anforderungen zurück, – so unentbehrlich sind sie als Zeichen der Erwählung.[108] [229] In diesem Sinn werden sie gelegentlich direkt als „zur Seligkeit unentbehrlich" bezeichnet[109] oder die „possessio salutis" an sie geknüpft.[110] Das bedeutet nun aber praktisch, im Grunde, daß Gott dem hilft, der sich selber hilft,[111] daß also der Calvinist, wie es auch gelegentlich ausgedrückt wird, seine Seligkeit – korrekt müßte es heißen: die *Gewißheit* von derselben – *selbst „schafft"*,[112] daß aber dieses

---

103 Wie diese Vorstellung das Eindringen alttestamentlich-jüdischen Geistes in den Puritanismus befördern mußte, liegt auf der Hand.

104 „A principle of goodness" Charnock in den Works of the Pur. Div. p. 175.

105 Die Bekehrung ist, wie Sedgwick gelegentlich es ausdrückt, eine „gleichlautende Abschrift des Gnadenwahldekretes". – Und: wer erwählt ist, der ist auch zum Gehorsam berufen *und befähigt*, lehrt Bailey. – *Nur* diejenigen, welche *Gott* zum (im Wandel zum Ausdruk kommenden) Glauben beruft, sind wirkliche Gläubige, nicht bloße „temporary believers" lehrt die (baptistische) Hanserd Knollys confession.

106 Man vergleiche etwa den Schluß von Baxters Christian Directory.

107 So z. B. bei Charnock, Self-examination p. 183, zur Widerlegung der katholischen Doktrin von der „dubitatio".

108 Diese Argumentation kehrt z. B. bei Joh. *Hoornbeck*, Theologia practica immer wieder, z. B. II p. 70, 72, 182 I p. 160.

109 Z. B. sagt Conf. Helvet. 16 „et improprie his (den Werken) *salus adtribuitur*".

110 S. zu allem Vorstehenden Schneckenburger p. 80 f.

111 „Si non es praedestinatus fac ut praedestineris" sollte angeblich schon Augustin gesagt haben.

112 Man wird an Goethes dem Wesen nach gleichbedeutenden Spruch erinnert: „Wie kann man sich selbst kennen lernen? Durch Betrachten niemals,

Schaffen *nicht* wie im Katholizismus in einem allmählichen Aufspeichern verdienstlicher Einzelleistungen bestehen kann, sondern in einer *zu jeder Zeit* vor der Alternative: erwählt oder verworfen? stehenden *systematischen* Selbst*kontrolle*. Damit gelangen wir zu einem sehr wichtigen Punkt unserer Betrachtungen.

Immer wieder ist bekanntlich jenem in den reformierten Kirchen und Sekten mit steigender Deutlichkeit[113] sich herausarbeitenden Gedankengang von lutherischer Seite der Vorwurf der „Werkheiligkeit" gemacht worden.[114] Und, – so berechtigt der Widerspruch der Angegriffenen gegen die Identifikation ihrer *dogmatischen* Stellung mit der katholischen Lehre war, – sicherlich mit Recht, sobald die praktischen Konsequenzen für das Alltagsleben der reformierten Durchschnittschristen damit ge-

---

wohl aber durch Handeln. Versuche, deine Pflicht zu tun, und du weißt gleich, was an dir ist. – Was aber ist deine Pflicht? Die Forderung des Tages."

113 Denn bei Calvin selbst steht zwar fest, daß die „Heiligkeit" auch in die *Erscheinung* treten muß (Instit. IV, 1, § 2, 7, 9), aber die Grenze zwischen Heiligen und Unheiligen bleibt für menschliches Wissen unerforschlich. Wir haben zu glauben, daß da, wo Gottes Wort in einer nach seinem Gesetz organisierten und verwalteten Kirche rein verkündet wird, auch Erwählte – wenn auch für uns unerkennbar – vorhanden sind.

114 Die calvinistische Frömmigkeit ist ein Beispiel [230] für das Verhältnis *logisch* und *psychologisch* vermittelter Konsequenzen aus bestimmten religiösen *Gedanken* für das praktisch-religiöse Sich*verhalten*. *Logisch* wäre natürlich der Fatalismus als Konsequenz der Prädestination deduzierbar, die *psychologische Wirkung* war aber infolge der Einschaltung des „Bewährungs"-Gedankens die gerade umgekehrte. [231] Hübsch setzt das [232] schon – in der Sprache der Zeit – Hoornbeek (Theol. pract. Vol. I p. 159) auseinander: Die electi sind eben kraft ihrer Erwählung dem Fatalismus unzugänglich, gerade in ihrer *Abweisung* der fatalistischen Konsequenzen *bewähren sie sich*, „quos *ipsa electio* sollicitos reddit et diligentes officiorum". [233] – Andererseits aber ist der *Gedankengehalt* einer Religion – wie gerade der Calvinismus zeigt – von *weitaus* größerer Bedeutung, als z. B. William *James* (The varieties of religious experience, 1902, p. 444 f.) zuzugestehen geneigt ist. Gerade die Bedeutung des Rationalen in der religiösen Metaphysik zeigt sich in klassischer Weise in den grandiosen Wirkungen, welche speziell die *gedank*liche Struktur des reformatorischen [234] Gottesbegriffs auf das Leben geübt hat. Wenn der Gott der Puritaner in der Geschichte gewirkt hat wie nur irgend ein Anderer vor oder nach ihm, so haben ihn dazu [235] jene Attribute befähigt, mit denen die Macht des *Gedankens* ihn ausgestattet hatte. James' „pragmatische" Wertung der Bedeutung religiöser Ideen nach dem Maß ihrer Bewährung im Leben ist übrigens ja selbst ein echtes Kind jener Gedankenwelt der puritanischen Heimat dieses hervorragenden Gelehrten. – Das religiöse Erlebnis als solches ist selbstverständlich irrational wie *jedes* Erlebnis. In seiner höchsten, mystischen Form ist es geradezu *das* Erlebnis κατ ἐξοχὴν und – wie James sehr schön ausgeführt hat – durch seine absolute Inkommunikabilitität ausgezeichnet: es hat *spezifischen* Charakter und tritt als *Erkenntnis* auf, läßt sich aber nicht adäquat mit den Mitteln unseres

meint sind[115]: – es hat vielleicht nie eine intensivere Form religiöser Schätzung des sittlichen Handelns gegeben, als die, welche der Calvinismus in seinen Anhängern erzeugte. Aber entscheidend für die praktische Bedeutung dieser Art „Werkheiligkeit" ist nun die Erkenntnis der *Qualitäten*, welche die ihr entsprechende Lebensführung charakterisieren und sie von dem Alltagsleben eines mittelalterlichen Durchschnittschristen unterscheiden. Man kann sie wohl etwa so zu formulieren versuchen: Der mittelalterliche Katholik [238][116] lebt in ethischer Hinsicht gewissermaßen „von der Hand in den Mund". Er erfüllt zunächst gewissenhaft die traditionellen Pflichten. Seine darüber hinausgehenden „guten Werke" aber sind normalerweise eine planlose [241] Reihe *einzelner* Handlungen, die er [242] zur Ausgleichung konkreter Sünden oder unter dem Einfluß der Seelsorge

---

Sprach- und Begriffsapparates reproduzieren. Und es ist ferner richtig, daß *jedes* religiöse Erlebnis bei dem Versuch *rationaler* Formulierung alsbald an Gehalt einbüßt, um so mehr, je weiter die begriffliche Formulierung vorschreitet. Darin liegt der Grund zu tragischen Konflikten aller rationalen Theologie, wie bereits im 17. Jahrhundert die täuferischen Sekten wußten. – Aber diese Irrationalität, – welche ja übrigens *keineswegs nur* dem *religiösen* „Erlebnis" eignet – sondern (in verschiedenem Sinn und Maße) *jedem* – hindert nicht, daß es gerade praktisch von der allerhöchsten Wichtigkeit ist, von welcher *Art* das *Gedanken*system ist, welches das unmittelbar religiös „Erlebte" nun für sich, sozusagen, konfisziert und in seine Bahnen lenkt; denn *danach* richten sich [236] die meisten jener praktisch so wichtigen Unterschiede in den ethischen Konsequenzen, wie sie zwischen den verschiedenen Religionen der Erde bestehen. [237]

115 Baxter, The Saints' Everlasting rest I, 6, antwortet auf die Frage: Wether to make salvation our end be not mercenary or legal? – It is properly mercenary when we expect it as *wages* for work done ... Otherwise it is only such a mercenarism as Christ commandeth ... and if seeking Christ be mercenary, I desire to be so mercenary ... Übrigens fehlt bei manchen als orthodox geltenden Calvinisten auch der Collaps in ganz krasse Werkheiligkeit nicht. Nach Bailey, Praxis pietatis p. 262 sind Almosen ein Mittel zur Abwendung zeitlicher Strafe. Andere Theologen empfehlen den *Verworfenen* gute Werke mit der Motivierung, daß die Verdammnis dann doch vielleicht erträglicher würde, den *Erwählten* aber, weil Gott sie dann nicht nur grundlos, sondern ob causam lieben würde, was irgendwie schon seinen Lohn finden werde. Gewisse leise Konzessionen an die Bedeutung guter Werke für den Grad der Seligkeit hatte doch auch die Apologie gemacht (Schneckenburger a. a. O. S. 101).

116 Auch hier *muß*, um zunächst die charakteristischen Differenzen herauszuheben, notgedrungen in einer „idealtypischen" Begriffssprache geredet werden, welche der historischen Realität im gewissen Sinn Gewalt antut, – aber ohne dies wäre vor lauter Verklausulierung eine klare Formulierung überhaupt ausgeschlossen. Inwieweit die hier möglichst scharf gezeichneten Gegensätze nur relative sind, ist später [239] zu erörtern. [240]

oder gegen Ende seines Lebens gewissermaßen als Versicherungsprämie vollzieht. [243] Der Gott des Calvinismus dagegen verlangt von den Seinigen und bewirkt in ihnen nicht einzelne „gute Werke“, sondern ein „heiliges Leben“, d. h. eine zum *System* gesteigerte Werkheiligkeit.[117] [246] Die ethische Praxis des Alltagsmenschen wird ihrer Plan- und Systemlosigkeit entkleidet und zu einer konsequenten *Methode* der ganzen Lebensführung ausgestaltet. Es ist ja kein Zufall, daß der Name der „Methodisten“ ebenso an den Trägern der letzten großen Wiederbelebung puritanischer Gedanken im 18. Jahrhundert haften geblieben ist, wie die dem Sinne nach durchaus gleichwertige Bezeichnung „Präzisisten“ auf ihre geistigen Vorfahren im 17. Jahrhundert angewendet worden war.[118] Denn nur in einer fundamentalen Umwandlung des Sinnes des ganzen Lebens in jeder Stunde und jeder Handlung[119] kann sich das Wirken der Gnade als einer Enthebung des Menschen aus dem status naturae in den status gratiae bewähren. Das Leben des „Heiligen“ ist ausschließlich auf ein transzendentes Ziel, die Seligkeit, ausgerichtet, aber *eben deshalb* in seinem diesseitigen Verlauf [249] *rationalisiert*

---

117 Vgl. z. B. Sedgwick, Buß- und Gnadenlehre (deutsch v. Röscher 1689): der Bußfertige hat „*eine feste Regel*“, an die er sich genau hält und wonach er sein ganzes Leben einrichtet und wandelt (S. 591). Er lebt, – klug, wachsam und vorsichtig, – nach dem Gesetze (S. 596). *Nur* eine dauernde Veränderung des *ganzen* Menschen kann, weil Folge der Gnadenwahl, dies bewirken (S. 852). [244] – Der Unterschied der nur „moralisch“ guten Werke und der „opera spiritualia“ liegt, wie z. B. Hoornbeek, a. a. O. I. IX c. 2 ausführt, eben darin, daß diese Folge eines wiedergeborenen *Lebens* sind, daß (a. a. O. Vol. I S. 160) ein stetiger Fortschritt darin wahrnehmbar ist, wie er nur durch die übernatürliche Einwirkung der Gnade Gottes (a. a. O. S. 150) erzielt werden kann. Die Heiligkeit ist Verwandlung des *ganzen* Menschen durch Gottes Gnade (das. S. 190 f.), – Gedanken, die ja dem ganzen Protestantismus gemeinsam sind, *aber* in den asketischen Richtungen erst ihre Konsequenzen zeigen [245].

118 Der letztere Name ist in Holland allerdings speziell von dem präzis nach den Vorschriften der *Bibel* geführten Leben der „Feinen“ abgeleitet (so bei Voët). – Übrigens kommt auch für die Puritaner im 17. Jahrh. vereinzelt der Name „Methodisten“ vor.

119 Denn – wie die puritanischen Prediger (z. B. Bunyan in „The Pharisee and the Publican“, W. of Pur. Div. S. 126) hervorheben: – *jede* einzelne Sünde vernichtet *Alles*, was im Lauf eines ganzen Lebens an „Verdienst“ durch „gute Werke“ angehäuft sein könnte, wenn – undenkbarerweise – der Mensch überhaupt von sich aus dazu fähig wäre, etwas zu leisten, was Gott ihm als Verdienst *anrechnen* müßte oder gar dauernd vollkommen leben könnte. Es findet eben nicht, wie im Katholizismus, eine Art Kontokorrent mit Saldo-Abrechnung statt, [247] sondern für das *ganze Leben* gilt das schroffe Entweder-Oder: Gnadenstand oder Verwerfung. – S. freilich andererseits unten [248] Anm. 141.

und beherrscht von dem ausschließlichen Gesichtspunkt, Gottes Ruhm auf Erden zu mehren; – und niemals ist mit dem Gesichtspunkt „omnia in majorem dei gloriam" so bitterer Ernst gemacht worden.[120] Nur ein durch *konstante Reflexion* geleitetes Leben aber kann als Überwindung des status naturalis gelten: Descartes' „cogito ergo sum" wurde in *dieser ethischen* Umdeutung von den zeitgenössischen Puritanern übernommen.[121] Diese Rationalisierung nun gibt der reformierten Frömmigkeit ihren spezifisch *asketischen* Zug und begründet ebenso ihre innere Verwandtschaft [250] wie ihren spezifischen Gegensatz zum Katholizismus. [251] Die christliche Askese trägt ja in ihren höchsten Erscheinungsformen bereits im Mittelalter durchaus diesen rationalen Charakter [252]. Die welthistorische Bedeutung der mönchischen Lebensführung im Okzident in ihrem Gegensatz zum orientalischen Mönchtum [253] beruht auf ihm. Sie ist im Prinzip schon in der Regel des heiligen Benedikt, noch mehr bei den Cluniazensern und [254] Zisterziensern, am entschiedensten endlich bei den Jesuiten, emanzipiert von planloser Weltflucht und virtuosenhafter Selbstquälerei. Sie ist zu einer systematisch durchgebildeten Methode rationaler Lebensführung geworden, mit dem Ziel, den status naturae zu überwinden, den Menschen der Macht der irrationalen Triebe und der Abhängigkeit von Welt und Natur zu entziehen, der Suprematie des planvollen Wollens zu unterwerfen[122], seine Handlungen beständiger Selbst*kontrolle* und der *Erwägung* ihrer ethischen Tragweite zu unterstellen und so den Mönch – objektiv – zu einem Arbeiter im Dienst des Reiches Gottes zu erziehen, und dadurch auch – subjektiv – seines Seelenheils zu versichern. Diese unbedingte [256] Selbstbeherrschung ist, wie das Ziel der exercitia des heiligen Ignatius und der höchsten Formen rationaler mönchischer Tugenden überhaupt [257], so auch das entscheidende praktische Lebensideal des Puritanismus [258]. Schon in der tiefen Verachtung, mit der in den Berichten über die Verhöre seiner Märtyrer das fassungslose Poltern der adligen Prälaten und Beamten der kühlen reser-

120 Darin liegt der Unterschied gegen die bloße „Legality" und „Civility", welche bei Bunyan als Genossen des Mr. „Wordly-Wiseman" in der City, welcher „Morality" genannt ist, hausen.

121 Charnock, Self-examination (Works of the Pur. Div. S. 172): *Reflection* and knowledge of self is a prerogative of a *rational* nature. Dazu die Fußnote: Cogito, ergo sum, is the first principle of the new philosophy.

122 Ganz so definiert z. B. der Artikel „Ascese" des katholischen „Kirchenlexikons" ihren Sinn, durchaus in Übereinstimmung mit ihren höchsten historischen Erscheinungsformen. Ebenso Seeberg in der R. F. f. Prot. Th. u. K. [255]

vierten Ruhe seiner Bekenner entgegengehalten wird,[123] tritt jene in den besten Typen noch des heutigen englischen und angloamerikanischen „gentleman“ vertretene Schätzung reservierter Selbstkontrolle hervor.[124] In der uns geläufigen Sprache[125]: Die puritanische – wie jede „rationale“ – Askese arbeitet daran, den Menschen zu befähigen, seine „*konstanten Motive*“, – insbesondere diejenigen, welche sie selbst ihm „*einübt*“, – gegenüber den „Affekten“ zu behaupten und zur Geltung zu bringen, – daran also, ihn zu einer „Persönlichkeit“ in *diesem*, formal-psychologischen Sinne des Worts zu *erziehen*. Ein waches bewußtes helles Leben führen zu können, war, im Gegensatz zu manchen populären Vorstellungen, das *Ziel*, – die Vernichtung der *Unbefangenheit* des triebhaften Lebensgenusses die dringendste *Aufgabe*, – *Ordnung* in die Lebensführung derer, die ihr anhängen, zu bringen, das wichtigste Mittel der Askese. Alle diese entscheidenden Gesichtspunkte finden sich in den Regeln des katholischen Mönchtums ganz ebenso[126] ausgeprägt wie in den Grundsätzen der Lebensführung der Calvinisten.[127] Auf dieser methodischen Erfassung des ganzen Menschen beruht bei beiden ihre ungeheure weltüberwindende Macht, speziell beim Calvinismus gegenüber dem Luthertum seine Fähigkeit, als „ecclesia militans“ den Bestand des Protestantismus zu sichern.

---

123 So in den vielen in Neals „History of the Puritans“ und in Crosbys „English Baptists“ wiedergegebenen Berichten über die Verhöre der puritanischen Häretiker.

124 Schon Sanford a. a. O. (und vor wie nach ihm viele Andere) haben die Entstehung des Ideals der „reserve“ aus dem Puritanismus abgeleitet. Vgl. über jenes Ideal etwa auch die Bemerkungen von James Bryce über das amerikanische College in Bd. II seiner „American Commonwealth“. – Das asketische Prinzip der „Selbstbeherrschung“ machte den Puritanismus auch mit zum Vater der modernen *militärischen Disziplin*. (S. über Moritz von Oranien als Schöpfer moderner Heeresinstitutionen: Roloff in den Preuß. Jahrb. 1903 Bd. III S. 255) Cromwells „Ironsides“, mit der gespannten Pistole in der Hand, ohne Schuß, in scharfen Trabe an den Feind geführt, waren nicht durch derwischartige Leidenschaft, sondern umgekehrt durch ihre nüchterne Selbstbeherrschung, welche sie stets in der Hand des Führers bleiben ließ, den „Cavalieren“ überlegen, deren ritterlich-stürmische Attacke jedesmal die eigene Truppe in Atome auflöste. Manches darüber bei Firth, Cromwells Army.

125 S. dafür besonders: Windelband, Über Willensfreiheit, S. 77 f.

126 Nur nicht so unvermischt. Kontemplation, gelegentlich mit Gefühlsmäßigkeit verbunden, sind mit diesen rationalen Elementen mehrfach gekreuzt. Aber dafür ist wiederum auch die Kontemplation *methodisch* reglementiert.

127 *Sündig* ist nach Richard Baxter *Alles*, was gegen die von Gott als normgebend uns anerschaffene „reason“ ist: nicht etwa nur inhaltlich sündige

Worin andererseits der *Gegensatz* der calvinistischen gegen die mittelalterliche Askese besteht, liegt auf der Hand: es ist der Wegfall der „consilia evangelica" und damit die Umgestaltung der Askese zu einer rein *inner*weltlichen. Nicht als ob innerhalb des Katholizismus das „methodische" Leben auf die Klosterzellen beschränkt geblieben wäre. Das war theoretisch keineswegs und auch in der Praxis nicht der Fall. Es ist vielmehr vollständig zuzugeben, daß trotz der größeren moralischen Genügsamkeit des Katholizismus ein ethisch systemloses Leben *nicht* an die höchsten Ideale heranreicht, welche er – auch für das innerweltliche Leben – gezeitigt hat [260]. Der Tertiarierorden des heiligen Franz war ein mächtiger Versuch in der Richtung asketischer Durchdringung des Alltagslebens, und nicht etwa der einzige. Werke freilich, wie die „Nachfolge Christi", zeigen gerade *durch* die Art ihrer starken Wirkung, wie die in ihnen gepredigte Weise der Lebensführung als ein *Höheres* gegenüber der als Minimum genügenden Alltagssittlichkeit empfunden wurde, und daß diese letztere eben *nicht* an Maßstäben, wie sie der Puritanismus bereit hielt, gemessen wurde. Und die *Praxis* gewisser kirchlicher Institutionen, vor allem des Ablasses, der eben deshalb in der Reformationszeit nicht als ein peripherischer Mißbrauch, sondern als der entscheidende Grundschaden schlechthin empfunden wurde, mußte immer wieder die Ansätze systematischer innerweltlicher Askese kreuzen. Das Entscheidende aber war, daß der methodisch lebende Mensch par excellence *eben doch allein der Mönch* war und blieb, daß also die Askese, je intensiver sie den einzelnen erfaßte, desto *mehr* ihn aus dem Alltagsleben *heraus*drängte, weil eben in der *Überbietung* der innerweltlichen

---

Leidenschaften, sondern alle irgendwie sinn- oder maßlosen Affekte *als solche*, weil sie die „countenance" vernichten und als rein kreatürliche Vorgänge uns von der rationalen Beziehung alles Handelns und Empfindens auf Gott abziehen und ihn beleidigen. Vgl. z. B. was über die Sündlichkeit des Ärgers gesagt ist (Christian Directory 2. Aufl. 1678 I S. 285. Dazu wird S. 287 Tauler zitiert). Über die Sündlichkeit der *Angst* ebenda S. 287 Sp. 2. Daß es Kreaturvergötterung (idolatry) ist, wenn unser *Appetit* die „rule or measure of eating" ist, wird sehr nachdrücklich das. I S. 310, 316 Sp. 1 und öfter auseinandergesetzt. Zitiert werden bei Gelegenheit solcher Ausführungen neben den überall in erster Reihe stehenden Sprüchen Salomos auch Plutarchs de tranquillitate animi, nicht selten aber auch die asketischen Schriften des Mittelalters, S. Bernhard, Bonaventura u. a. – Der Gegensatz gegen das „Wer nicht liebt Wein, Weib und Gesang ..." konnte kaum schärfer formuliert werden als durch die Ausdehnung des Begriffes der idolatry auf *alle* Sinnenfreuden, *soweit* sie sich nicht durch *hygienische* Gründe rechtfertigen, in welchem Fall sie (wie, innerhalb dieser Grenzen, der Sport, aber auch andere „recreations"), statthaft sind (darüber noch weiter unten). [259]

Sittlichkeit[128] das spezifisch heilige Leben lag. Das hatte zunächst – und zwar nicht als Vollstrecker irgend einer „Entwicklungstendenz“, sondern aus ganz persönlichen Erfahrungen heraus, [261] dann durch die *politische* Situation weitergedrängt – Luther beseitigt und der Calvinismus hat dies von ihm einfach übernommen.[129] [263] Dem Herausfluten der Askese aus dem weltlichen Alltagsleben war damit ein Damm vorgebaut und jene leidenschaftlich ernsten innerlichen Naturen, die bisher dem Mönchtum seine besten Repräsentanten geliefert hatten, waren darauf hingewiesen, *innerhalb* des weltlichen Berufslebens asketischen Idealen nachzugehen. Der Calvinismus fügte nun aber im Verlauf seiner Entwicklung etwas Positives: den Gedanken der Notwendigkeit der *Bewährung des Glaubens* im weltlichen Berufsleben[130] hinzu. Er gab [264] damit den *positiven* Antrieb zur Askese, und mit der Verankerung seiner Ethik an der Prädestinationslehre trat so an die Stelle der geistlichen Aristokratie der Mönche außer und über der Welt die geistliche Aristokratie[131] der durch Gott von Ewigkeit her prädestinierten Heiligen in der Welt, eine Aristokratie, die mit ihrem character indelebilis von der übrigen von Ewigkeit her verworfenen Menschheit durch eine prinzipiell unüberbrückbarere und in ihrer Unsichtbarkeit unheimlichere Kluft getrennt war,[132] als der äußerlich von der Welt abgeschiedene Mönch des Mittelalters, – eine Kluft, die in harter Schärfe in *alle* sozialen Empfindungen einschnitt. Denn

128 S. hierzu namentlich den Artikel „Moralisten, englische“, von E. Troeltsch in der R. E. f. Prot. Th. u. K. 3. Aufl.

129 Wie sehr hier *ganz konkrete* religiöse Bewußtseinsinhalte [262], die als „historische Zufälligkeit“ erscheinen, gewirkt haben, zeigt sich besonders deutlich darin, daß in den Kreisen des auf reformierter Grundlage entstandenen Pietismus z. B. das Fehlen der Klöster gelegentlich direkt *bedauert* wurde und daß die kommunistischen“ Experimente Labadies u. a. ja lediglich ein Surrogat für das Klosterleben waren.

130 Und zwar schon in manchen Bekenntnissen des Reformationszeitalters selbst. Auch Ritschl (Pietismus I S. 258 f.) bestreitet, trotzdem er die spätere Entwicklung als Entartung der reformatorischen Gedanken ansieht, dennoch nicht, daß z. B. Conf. Gall. 25, 26, Conf. Belg. 29, Conf. Helv. post. 17 „die reformierte Partikularkirche mit ganz empirischen Merkmalen umschrieben und daß zu dieser wahren Kirche die Gläubigen *nicht ohne das Merkmal sittlicher Aktivität* gerechnet werden.“ (S. dazu oben Anm. 93).

131 Bless God that we are not of the many (Th. Adams, W. of the Pur. Div. p. 138).

132 Der historisch so wichtige „birthright-“Gedanke erfuhr dadurch [265] eine erhebliche Unterstützung: „The first born which are written in heaven ... As the first born is not to be defeated in his inheritance and the enrolled names are never to be oblitterated, so certainly shall they inherit eternal life“ (Th. Adams, W. of Pur. Div. p. XIV).

diesem Gottesgnadentum der Erwählten und deshalb Heiligen ist angesichts der Sünde des Nächsten nicht nachsichtige Hilfsbereitschaft im Bewußtsein der eigenen Schwäche, sondern der Haß und die Verachtung gegen ihn als einen Feind Gottes, der das Zeichen ewiger Verwerfung an sich trägt, adäquat.[133] Diese Empfindungsweise war einer solchen Steigerung fähig, daß sie unter Umständen in *Sekten*bildung ausmünden konnte. Dies war dann der Fall, wenn – wie bei gewissen independentischen Richtungen des 17. Jahrhunderts – der genuin calvinistische Glaube, daß Gottes Ruhm es erfordere, die Verworfenen durch die Kirche unter das Gesetz zu beugen, überwogen wurde durch die Überzeugung, daß es Gott zur Schmach gereiche, wenn in seiner Herde ein Unwiedergeborener sich befinde und an den Sakramenten teilnehme oder sie gar – als angestellter Prediger – verwalte.[134] Und auch wo die Konsequenz der Sektenbildung nicht gezogen wurde, gingen die mannigfachsten Ausgestaltungen der Kirchenverfassung, wie wir später sehen werden, aus dem Versuch hervor, wiedergeborene und unwiedergeborene, zum Sakrament nicht reife, Christen zu scheiden und nur wiedergeborene Prediger zuzulassen [267]. –

---

133 Das lutherische Gefühl bußfertier *Reue* ist dem [266] Calvinismus zwar nicht in der Theorie, wohl aber in der Praxis innerlich fremd: Es ist ja für ihn ethisch wertlos, nutzt den Verworfenen nichts, und für den seiner Erwählung Sicheren ist die eigene Sünde, die er sich etwa eingesteht, Symptom rückständiger Entwicklung und unvollständiger Heiligung, die er, statt sie zu bereuen, zu Gottes Ruhme durch die Tat zu überwinden trachtet und *haßt*. Vgl. die Ausführungen Howes (Cromwells Kaplan 1656–58) in „Of men's enemity against God and of reconcilitation between God and Man", Works of the English Puritan Divines p. 237: „The carnal mind is *enemity* against God. It is the mind, therefore, not as speculative merely, but as practical and active, that must be renewed" (ebd. p. 246): „Reconciliation ... must begin in 1) a deep conviction ... of your former *enemity* ... I have been alienated from God ... 2) (p. 251) a clear and lively apprehension ... of the monstrous iniquity and wickedness thereof". Hier wird nur von Haß gegen die Sünde, nicht den Sünder, gesprochen. Aber der berühmte Brief der Herzogin Renata von Este, („Leonorens" Mutter) an Calvin, – worin sie u. a. von dem „*Haß*" spricht, den sie gegen Vater und Gatten hegen würde, *falls* sie überzeugt sein müßte, daß sie zu den Reprobierten gehörten, – zeigt die Übertragung auf die Person und ist zugleich ein Beispiel für das, was oben von der inneren Loslösung des Individuums aus den Banden der durch das „natürliche" Gefühl geknüpften Gemeinschaften durch die Gnadenwahllehre gesagt wurde.

134 „None but those who give evidence of being *regenerated or holy* persons, ought to be recieved or counted fit members of visible churches. Where this is wanting, *the very essence of a church is lost*", formuliert Owen, der independentische (calvinistische) Vize-Kanzler von Oxford unter Cromwell, den Grundsatz (Inv. into the origin of Ev. Ch.).

Ihre feste Norm, an der sie sich stetig orientieren konnte und deren sie ja offensichtlich bedurfte, empfing nun diese asketische Lebensführung natürlich durch die Bibel, und zwar ist an der oft geschilderten „Bibliokratie“ des Calvinismus für uns das Wichtige, daß das Alte Testament, weil ebenso inspiriert wie das Neue, in seinen Moralvorschriften, soweit sie nicht ersichtlich nur für die historischen Verhältnisse des Judentums bestimmt oder durch Christus ausdrücklich abrogiert waren, an Dignität dem Neuen durchaus *gleich*stand. Gerade für die *Gläubigen* ist das Gesetz als ideale, nie ganz erreichbare, aber eben doch geltende Norm gegeben,[135] während Luther umgekehrt – ursprünglich – die *Freiheit* von der Gesetzesknechtschaft als göttliches Privileg der Gläubigen gepriesen hatte.[136] Die Wirkung [268] nüchterner hebräischer Lebensweisheit, welche in den von den Puritanern am meisten gelesenen Büchern: den Sprüchen Salomos und manchen Psalmen, niedergelegt ist, fühlt man in ihrer ganzen Lebensstimmung. Speziell der *rationale* Charakter, die Unterbindung der [269] *Gefühls*seite der Religiosität sind schon von Sanford[137] mit Recht auf die Einwirkung des Alten Testamentes zurückgeführt worden. Immerhin ist an sich dieser alttestamentliche Rationalismus wesentlich kleinbürgerlich traditionalistischen Charakters, und nicht nur das mächtige Pathos der Propheten und vieler Psalmen steht daneben, sondern auch Bestandteile, welche für die Entwicklung spezifischer Gefühlsreligiosität schon im Mittelalter die Anknüpfungspunkte gegeben hatten.[138] Es war also letztlich doch wieder der *eigene* asketische Grundcharakter des Calvinismus selbst, welcher die ihm kongenialen alttestamentlichen Elemente [270] auslas und sich assimilierte. –

Jene Systematisierung der ethischen Lebensführung nun, welche die Askese des reformierten [271] Protestantismus mit den rationalen Formen des katholischen Ordenslebens gemeinsam

---

135 Cat. Genev. 149. Bailey, Praxis pietatis S. 125: „Im Leben sollen wir tun, als ob Niemand als Moses über uns zu gebieten habe.“

136 Den Reformierten schwebt das Gesetz als ideale Norm vor, den Lutheranern schlägt es als unerreichbare Norm nieder. Im lutherischen Katechismus steht es, um die nötige *Demut* zu erwecken, *voran*, in den reformierten Katechismen regelmäßig *hinter* dem Evangelium. Den Lutheranern warfen die Reformierten vor, daß sie eine „wahre Scheu vor dem Heiligwerden haben“ (Möhler), die Lutheraner den Reformierten „unfreie Gesetzesknechtschaft“ und Hochmut.

137 Studies and reflections of the Great Rebellion p. 79 f.

138 Von solchen ist dabei namentlich das – von den Puritanern meist einfach ignorierte – *Hohe Lied* nicht zu vergessen, dessen orientalische Erotik ja z. B. die Entwicklung des Frömmigkeitstypus des hl. Bernhard bestimmt hat.

hat, tritt schon rein äußerlich in der Art zutage, wie der „präzise" reformierte [272] Christ seinen Gnadenstand fortlaufend *kontrolliert*.[139] Das religiöse Tagebuch, in welches Sünden, Anfechtungen und die in der Gnade gemachten Fortschritte fortlaufend oder auch tabellarisch eingetragen werden, war der, in erster Linie von den Jesuiten geschaffenen, modern-katholischen Frömmigkeit (namentlich Frankreichs) mit derjenigen der kirchlich eifrigsten reformierten Kreise[140] gemeinsam. Aber während es im Katholizismus dem Zweck der Vollständigkeit der Beichte diente oder dem „directeur de l'âme" die Unterlage zu seiner autoritären Leitung des bzw. (meist) der Gläubigen [273] bietet, „fühlt sich" der reformierte Christ mit seiner Hilfe *selbst* „den Puls". Von allen bedeutenden Moraltheologen wird es erwähnt, noch Benjamin Franklins tabellarisch-statistische Buchführung über seine Fortschritte in den einzelnen Tugenden gibt ein klassisches Beispiel dafür [274]. Und andererseits wird das alte mittelalterliche (und schon antike) Bild von der Buchführung Gottes bei Bunyan bis zu der charakteristischen Geschmacklosigkeit gesteigert, daß das Verhältnis des Sünders zu Gott mit dem eines Kunden zum shopkeeper verglichen wird: wer einmal in die Kreide geraten ist, wird mit dem Ertrag all seiner eigenen Verdienste allenfalls die auflaufenden Zinsen, niemals aber die Hauptsumme abtragen können [275]. Wie sein eigenes Verhalten, so kontrolliert eben der spätere Puritaner auch dasjenige Gottes und sieht in allen Einzelfügungen des Lebens seinen Finger. Und, im Gegensatz zu Calvins genuiner Lehre, weiß er daher, warum Gott diese oder jene Verfügung trifft. Die Heiligung des Lebens kann so fast den Charakter eines Geschäftsbetriebs annehmen.[141] Eine penetrante Christianisierung des ganzen Daseins ist die Konsequenz dieser *Methodik* der ethischen Lebensführung,

---

139 Über die Notwendigkeit dieser Selbst-Kontrolle s. z. B. die schon zitierte Predigt Charnocks über 2 Cor. 13, 5 Works of the Pur. Div. p. 161 f.

140 Die meisten Moraltheologen raten es an. So Baxter, Christ. Directory II p. 77 ff., der jedoch die „Gefahren" nicht verhehlt.

141 Auch Baxter (Saints' everlasting rest c. XII) erläutert Gottes *Unsichtbarkeit* durch die Bemerkung: wie man im Wege der Korrespondenz gewinnbringenden Handel mit einem nicht gesehenen Fremden treiben könne, so könne man auch durch einen „seligen Handel" mit dem unsichtbaren Gott die „eine köstliche Perle" erwerben. – Diese kommerziellen anstatt der bei den älteren Moralisten und im Luthertum üblichen forensischen Gleichnisse sind recht charakteristisch für den Puritanismus, der im Effekt eben den Menschen selbst seine Seligkeit „erhandeln" läßt. – Vgl. ferner etwa folgende Predigtstelle: We reckon the value of a thing by that which a wise man will give for it, who is not ignorant of it nor under necessity. Christ, the Wisdom of God,

welche der Calvinismus im Gegensatz zum Luthertum erzwang. [276] –

Wir haben bisher uns auf dem Boden der calvinistischen Religiosität bewegt und demgemäß die Prädestinationslehre als dogmatischen Hintergrund der puritanischen Sittlichkeit im Sinn methodisch rationalisierter ethischer Lebensführung vorausgesetzt. Dies geschah zunächst, weil jene Lehre tatsächlich auch weit über die Kreise derjenigen religiösen Partei, welche in jeder Hinsicht streng auf dem Boden Calvins sich gehalten hat, der „Presbyterianer", als Eckstein der reformierten Lehre festgehalten wurde: nicht nur die independentische Savoydeklaration von 1658, sondern ebenso die baptistische Hanserd Knollys confession von 1689 enthalten sie, und auch innerhalb des Methodismus war zwar John Wesley, das große organisatorische Talent seiner Bewegung, Anhänger der Universalität der Gnade, der große Agitator der ersten methodistischen Generation und ihr konsequentester Denker aber, Whitefield, ebenso wie der um Lady Huntingdon gescharte, zeitweise doch recht einflußreiche Kreis Anhänger des „Gnadenpartikularismus". In ihrer grandiosen Geschlossenheit war es diese Lehre, welche in der schicksalvollsten Epoche des 17. Jahrhunderts den Gedanken, Rüstzeug Gottes und Vollstrecker seiner providentiellen Fügungen zu sein,[142] in den kämpfenden Vertretern des „heiligen Lebens" aufrecht erhielt und den vorzeitigen Kollaps in eine rein utilitarische Werkheiligkeit mit nur diesseitiger Orientierung hinderte, die ja zu so unerhörten Opfern um irrationaler und idealer Ziele willen niemals fähig gewesen wäre. Und die Verbindung des Glaubens an unbedingt geltende Normen mit absolutem Determinismus und völliger Transzendenz des Übersinnlichen, welche sie in einer in ihrer Art genialen Form herstellte, war ja gleichzeitig – im Prinzip – außerordentlich viel *„moderner"*, als die dem Gefühl mehr zusagende mildere Lehre, welche auch Gott dem Sittengesetz unterstellte. Vor allem aber ist der, wie sich immer wieder zeigen wird, für unsere Betrachtungen fundamentale *Bewährungs*gedanke als psychologischer Ausgangspunkt der methodischen Sittlichkeit gerade an der Gnadenwahllehre und ihrer Bedeutung für das Alltagsleben so sehr in „Reinkultur" zu studieren, daß wir, da dieser Gedanke als Schema der Verknüpfung von

---

gave himself, his own precious blood, to redeem souls and he knew what they were and had no need of them (Matthew Henry, The worth of the soul, Works of the Pur. Div. p. 313).

142 Demgegenüber sagt schon Luther selbst: „Weinen geht vor Wirken und Leiden übertrifft alles Tun."

Glauben und Sittlichkeit bei den weiterhin zu betrachtenden Denominationen sehr regelmäßig wiederkehrt, von jener Lehre als der konsequentesten Form auszugehen hatten. Innerhalb des Protestantismus bilden die Konsequenzen, welche *sie* bei ihren ernsten Anhängern für die asketische Gestaltung der Lebensführung haben mußte, die *prinzipielle* [277] Antithese der (relativen) sittlichen Ohnmacht des Luthertums. Die lutherische „gratia amissibilis", welche durch bußfertige Reue jederzeit wiedergewonnen werden kann, enthält *an sich* offenbar keinerlei Antrieb zu dem, was für uns hier als Produkt des asketischen Protestantismus wichtig ist: zu einer systematischen, rationalen Gestaltung des ethischen Gesamtlebens.[143] Die lutherische Frömmigkeit ließ demgemäß die unbefangene Vitalität triebmäßigen Handelns und naiven Gefühlslebens ungebrochener, es fehlte jener Antrieb zur konstanten Selbstkontrolle und damit überhaupt zur

143 Auch in der Entwicklung der ethischen Theorie des Luthertums zeigt sich dies aufs deutlichste. Über diese siehe Hoennicke, Studien zur altprotestantischen Ethik, Berlin 1902 und dazu die lehrreiche Besprechung von E. Troeltsch, Gött. Gel. Anz. 1902 Nr. 8. Die Annäherung der lutherischen Doktrin namentlich an die ältere *orthodox*-calvinistische ist dabei in der Fassung oft sehr weitgehend. Aber die andersartige religiöse Orientierung bricht sich immer wieder Bahn. Durch Melanchthon war, um für die Anknüpfung der Sittlichkeit an den Glauben eine Handhabe zu gewinnen, der *Buß*begriff in den Vordergrund gestellt worden. Die durch das Gesetz gewirkte Buße muß dem Glauben vorangehen, gute Werke aber ihm nachfolgen, sonst kann er – fast puritanisch formuliert – nicht der wahre rechtfertigende Glaube sein. Ein gewisses Maß relativer Vollkommenheit gilt ihm auch auf Erden für erreichbar, ja Melanchthon hat ursprünglich sogar gelehrt, die Rechtfertigung erfolge, *um* den Menschen zu guten Werken tüchtig zu machen, und in der steigenden Vervollkommnung liege wenigstens dasjenige Maß schon diesseitiger Seligkeit, welches der Glaube gewähren könne. Und auch bei den späteren lutherischen Dogmatikern ist der Gedanke, daß gute Werke die notwendigen *Früchte* des Glaubens sind, daß der Glaube ein neues Leben wirke, äußerlich ganz ähnlich wie bei den Reformierten ausgeführt. Die Frage, was „gute Werke" seien, beantwortete schon Melanchthon, noch mehr aber die späteren Lutheraner, zunehmend durch Verweisung auf das Gesetz. Als Reminiszenz an Luthers ursprüngliche Gedanken blieb nunmehr nur der geringere Ernst, der mit der Bibliokratie, speziell mit der Orientierung an den Einzelnormen des alten Testaments gemacht wurde. Wesentlich der Dekalog bleibt, – als Kodifikation der wichtigsten Grundsätze des *natürlichen* Sittengesetzes, – Norm für das menschliche Handeln. – *Aber*: es führt keine sichere Brücke von seiner statutarischen Geltung hinüber zu der immer wieder eingeschärften ausschließlichen Bedeutung des *Glaubens* für die Rechtfertigung, schon weil dieser Glaube eben – s. o. – einen ganz anderen psychologischen *Charakter* hatte als der calvinistische. Der genuine lutherische Standpunkt der ersten Zeit war verlassen, und mußte von einer Kirche, die sich als Heilsanstalt betrachtete, verlassen werden, ein anderer aber nicht

*plan*mäßigen Reglementierung des eigenen Lebens, wie ihn die unheimliche Lehre des Calvinismus enthielt. Der religiöse Genius, wie Luther, lebte in dieser Luft freier Weltoffenheit unbefangen und, – solange die Kraft seiner Schwingen reichte! – ohne Gefahr des Versinkens in den „status naturalis". Und jene schlichte, feine und eigentümlich stimmungsvolle Form der Frömmmigkeit, welche manche der besten [278] Typen des Luthertums geschmückt hat, findet, ebenso wie ihre gesetzesfreie Sittlichkeit, auf dem Boden des genuinen Puritanismus selten, weit eher

---

gewonnen. Speziell konnte man, schon aus Scheu, die dogmatische Grundlage („sola fide"!) zu verlieren, nicht zur *asketischen* Rationalisierung des Gesamtlebens als sittlicher Aufgabe des einzelnen kommen. Denn es fehlte eben ein *Antrieb*, den *Bewährungs*-Gedanken zu einer solchen Bedeutung aufwachsen zu lassen, wie dies im Calvinismus die Gnadenwahllehre bewirkte. Auch die – mit dem Ausfallen dieser Lehre zusammenstimmende – magische Deutung der Sakramente, namentlich die Verlegung der regeneratio – oder doch ihres Anfanges – in die *Taufe* mußte, bei Annahme des Gnaden*universalismus*, der Entwicklung *methodischer* Sittlichkeit entgegen wirken, weil sie den Abstand des status naturalis vom Gnadenstand, zumal bei der starken lutherischen Betonung der Erbsünde, für das *Empfinden* abschwächte, nicht minder die *ausschließlich forensische* Deutung des Rechtfertigungsakts, welche die Wandelbarkeit der Entschlüsse Gottes durch die Einwirkung des konkreten Bußakes des bekehrten Sünders voraussetzt. Gerade sie aber wurde von Melanchthon zunehmend betont. Jene ganze Wandlung seiner Lehre, welche in der zunehmenden Betonung der *Buße* hervortritt, hängt eben auch mit seinem Bekenntnis zur „Willensfreiheit" innerlich zusammen. All das entschied den *un*methodischen Charakter der lutherischen Lebensführung. *Konkrete* Gnadenakte für konkrete Sünden mußten in der Vorstellung des Durchschnittslutheraners – schon infole des Fortbestandes der Beichte – den Inhalt des Heils ausmachen, nicht die Entwicklung einer ihre Heilsgewißheit sich selbst schaffenden Heiligenaristokratie. So konnte es weder zu einer gesetzes*freien* Sittlichkeit noch zu einer am Gesetz orientierten rationalen *Askese* kommen, sondern das Gesetz bieb unorganisch neben dem „Glauben" als Statut und ideale Forderung bestehen, überdies, da man die strikte Bibliokratie als Werkheiligkeit scheute, recht unsicher und unpräzis, vor allem unsystematisch in seinem näheren Inhalt –. Das Leben aber blieb, ebenso wie Troeltsch (a. a. O.) es von der ethischen Theorie gesagt hat, eine „Summe bloßer niemals ganz gelingender Anläufe", welche in der „Zerstückelung einzelner unsicherer Anweisungen festgehalten", nicht auf „Auswirkung in einem zusammenhängenden Lebensganzen" gerichtet waren, sondern im wesentlichen, gemäß der Entwicklung, die schon Luther selbst (s. o.) genommen hatte, ein Sich-Schicken in die gegebene Lebenslage im Kleinen wie im Großen darstellten. – Das so viel beklagte „Sich-Schicken" des Deutschen in fremde Kulturen, ihr schneller Nationalitätswechsel, ist, – *neben* bestimmten politischen Schicksalen der Nation, – *auch* recht wesentlich auf Rechnung dieser, in allen unseren Lebensbeziehungen noch heute nachwirkender Entwicklung zu setzen. Die subjektive Aneignung der Kultur bleibt schwach, *weil* sie wesentlich auf dem Wege passiver Entgegennahme des „autoritär" Dargebotenen erfolgt.

dagegen z. B. innerhalb des milden Anglikanismus der Hooker, Chillingsworth u. a., ihre Parallele. Aber für den lutherischen Alltagsmenschen, auch den tüchtigen, war nichts sicherer als daß er aus dem status naturalis nur temporär – solange der Einfluß der einzelnen Beichte oder Predigt reichte – herausgehoben wurde. Bekannt ist ja der den Zeitgenossen so auffällige Unterschied zwischen dem ethischen Standard der reformierten Fürstenhöfe gegenüber den so oft in Trunk und Roheit versunkenen lutherischen[144], ebenso die Hilflosigkeit der lutherischen Geistlichkeit mit ihrer reinen Glaubenspredigt gegenüber der asketischen Bewegung des Täufertums. Was man an den Deutschen als „Gemütlichkeit" und „Natürlichkeit" empfindet, im Gegensatz zu der – bis auf die Physiognomie der Menschen – noch heute unter der Nachwirkung jener gründlichen Vernichtung der Unbefangenheit des „status naturalis" stehenden angloamerikanischen Lebensluft, und was Deutsche an dieser letzteren regelmäßig als „Enge", „Unfreiheit" und innerliche Gebundenheit zu befremden pflegt, – das sind Gegensätze der Lebensführung, welche [279] jener *geringeren* asketischen Durchdringung des Lebens durch das Luthertum im Gegensatz zum Calvinismus entstammen. Die Antipathie des unbefangenen „Weltkindes" gegen das Asketische spricht sich in jenen Empfindungen aus. Dem Luthertum fehlt eben, und zwar infolge seiner Gnadenlehre, der psychologische Antrieb zum Systematischen in der Lebensführung, der ihre methodische Rationalisierung erzwingt. Dieser Antrieb, der eben den asketischen Charakter der Frömmigkeit bedingt, *konnte* an sich durch verschieden geartete religiöse Motive erzeugt werden, wie wir bald sehen werden: die Prädestinationslehre des Calvinismus ist nur *eine* von verschiedenen Möglichkeiten. Aber allerdings überzeugten wir uns, daß sie in ihrer Art nicht nur von ganz einzigartiger Konsequenz war, sondern auch von ganz eminenter psychologischer Wirksamkeit [280]. Die *nicht* calvinistischen asketischen Bewegungen erscheinen danach, rein unter dem Gesichtspunkt der religiösen Motivierung ihrer Askese betrachtet, für uns als *Abschwächungen* der Konsequenz des Calvinismus.

Aber auch in der Wirklichkeit der geschichtlichen Entwicklung lagen die Dinge, nicht durchweg, aber doch meist, so, daß die reformierte Form der Askese von den übrigen asketischen Bewegungen entweder nachgeahmt oder bei der Entwicklung der

144 S. über diese Dinge etwa das Plauderbuch von Tholuck: Vorgeschichte des Rationalismus.

eigenen davon abweichenden oder darüber hinausgehenden Grundsätze vergleichend und ergänzend herangezogen wurde. [281]

*Historisch* ist der Gedanke der Gnadenwahl jedenfalls der Ausgangspunkt für die üblicherweise als „*Pietismus*" bezeichnete asketische Richtung gewesen. Es ist, soweit sich diese Bewegung innerhalb der reformierten Kirche gehalten hat, nahezu unmöglich, eine bestimmte Grenze zwischen pietistischen und nichtpietistischen Calvinisten zu ziehen.[145] Fast alle prononzierten Vertreter des Puritanismus sind gelegentlich unter die Pietisten gerechnet worden, und es ist eine Auffassung durchaus statthaft, welche alle jene Zusammenhänge zwischen Prädestination und Bewährungsgedanken, mit dem ihnen zugrunde liegenden Interesse an der Gewinnung der subjektiven „certitudo salutis", wie sie oben dargestellt wurden, bereits als pietistische

---

145 Ritschl, Geschichte des Pietismus I S. 152 sucht sie für die Zeit vor Labadie (übrigens nur auf Grund niederländischer specimina) darin, daß bei den Pietisten I. Conventikel gebildet, – II. der Gedanke der „Nichtigkeit des geschöpflichen Daseins" in einer „dem evangelischen Seligkeitsinteresse widersprechenden Weise" gepflegt – III. „die Versicherung der Gnade in dem zärtlichen Umgang mit dem Herrn Jesus" in unreformatorischer Weise gesucht worden sei. Das letzte Merkmal trifft für diese Frühzeit nur auf *einen* der von ihm behandelten Vertreter zu, der Gedanke der „Nichtigkeit der Kreatur" ist an sich echtes Kind calvinistischen Geistes und erst wo er zur praktischen Weltflucht führt, lenkt er aus den Bahnen des normalen Protestantismus heraus. Die Konventikel endlich hatte die Synnode von Dordrecht in bestimmtem Umfang (insbesondere zu katechetischen Zwecken) selbst angeordnet. – Von den in Ritschls vorangehender Darstellung analysierten Merkmalen pietistischer Frömmigkeit kämen etwa in Betracht: 1. der „Präzisismus" in dem in allen *Äußerlichkeiten* des Lebens stärker dem Bibelbuchstaben verknechteten Sinn, den Gisbert Voët zuweilen vertritt; – 2. die Behandlung der Rechtfertigung und Versöhnung mit Gott nicht als Selbstzweck, sondern als bloßes *Mittel* zum asketisch heiligen Leben, wie sie bei Lodensteyn vielleicht zu finden, aber bei Melanchthon z. B. auch angedeutet (Anm. 143) ist; – 3. die hohe Schätzung des „Bußkampfes" als Merkmal echter Wiedergeburt, wie sie als erster W. Teelinck lehrte; 4. die Abstinenz vom Abendmahl bei Teilnahme unwiedergeborener Personen daran (von der in anderem Zusammenhang noch zu reden sein wird) und die damit zusammenhängende nicht in den Schranken der Dordrechter canones sich haltende Conventikelbildung mit Wiederbelebung der „Prophetie", d. h. der Schriftauslegung auch durch Nichttheologen, selbst Frauen (Anna Maria Schurmann). Alles das sind Dinge, die Abweichungen, zum Teil erheblicher Art, von der Lehre und Praxis der Reformatoren darstellen, aber gegenüber den von Ritschl in seiner Darstellung nicht einbezogenen Richtungen, besonders der englischen Puritaner, stellen sie, *außer* Nr. III, doch nur eine Steigerung von Tendenzen dar, welche in der ganzen Entwickelung dieser Frömmigkeit lagen. Die Unbefangenheit von Ritschls Darstellung leidet daran, daß der große Gelehrte seine kirchen- oder vielleicht besser gesagt: religionspolitisch

Fortbildung der genuinen Lehre Calvins ansieht.[146] [284] Für England pflegt man deshalb den Begriff „Pietismus" meist gar nicht zu brauchen. Aber auch der kontinentale reformierte (niederländisch-niederrheinische) Pietismus ist wenigstens dem Schwerpunkt nach ganz ebenso wie etwa die Religiosität Baileys zunächst einfach Steigerung der reformierten Askese. Auf die „praxis pietatis" rückt der entscheidende Nachdruck so stark, daß darüber die dogmatische Rechtgläubigkeit in den Hintergrund tritt, zuweilen direkt indifferent erscheint. Dogmatische Irrtümer können die Prädestinierten ja gelegentlich ebenso befallen wie andere Sünden, und es

---

orientierten Werturteile hineinträgt und in seiner Antipathie gegen alle spezifisch *asketische* Religiosität überall da, wo die Wendung zu dieser hin sich vollzieht, Rückfälle in den „Katholizismus" hineininterpretiert. Aber wie der Katholizismus, so schließt auch der alte Protestantismus an sich „all sorts and conditions of men" ein, *und doch* hat den Rigorismus der innerweltlichen Askese die katholische *Kirche* in Gestalt des Jansenismus ebenso abgelehnt, wie der Pietismus den spezifisch katholischen Quietismus des 17. Jahrhunderts zurückwies. – Für *unsere* speziellen Betrachtungen schlägt jedenfalls der Pietismus erst da in etwas nicht graduell, sondern qualitativ anders *Wirkendes* um, wo die gesteigerte Angst vor der „Welt" zur Flucht aus dem privatwirtschaftlichen Berufsleben, also zur Konventikelbildung auf klösterlich-kommunistischer Grundlage (Labadie), oder – wie dies einzelnen extremen Pietisten von den Zeitgenossen nachgesagt wurde – zur absichtlichen *Vernachlässigung* der weltlichen Berufsarbeit zugunsten der Kontemplation führte. Diese Folge trat naturgemäß besonders häufig da ein, wo die Kontemplation jenen Zug anzunehmen begann, den Ritschl als „Bernhardinismus" bezeichnet, weil er in der Auslegung des „hohen Liedes" durch den hl. Bernhard zuerst deutlich entwickelt ist [282]: eine hysterisch-sinnlich fundamentierte mystische Stimmungsreligiosität, – die durch sexuelle Anklänge vergröberte [283] „unio mystica" erstrebend –, welche schon rein religionspsychologisch gegenüber der reformierten Frömmigkeit, – aber *auch* gegenüber ihrer *asketischen* Ausprägung bei Männern wie Voët, unzweifelhaft ein „aliud" darstellt. Ritschl sucht nun aber überall diesen Quietismus mit der pietistischen *Askese* zu kopulieren und so die letztere in die gleiche Verdammnis zu bringen, und er legt den Finger auf jedes Zitat aus der katholischen Mystik oder Asketik, welches er in der pietistischen Literatur findet. Allein auch ganz „unverdächtige" englische und niederländische Moraltheologen zitieren Bernhard, Bonaventura, Thomas a Kempis. – Das Verhältnis zu der katholischen Vergangenheit ist bei allen Reformationskirchen ein sehr komplexes und je nach dem Gesichtspunkt, den man in den Vordergrund stellt, erscheint hier die eine, dort die andere als die dem Katholizismus – resp. bestimmten Seiten desselben – näherstehende.

146 So behandelt denn auch der recht lehrreiche Artikel „Pietismus" von Mirbt in der 3. Aufl. der Realenc. f. Prot. Theol. u. K. die Entstehung des Pietismus lediglich als ein persönliches religiöses Erlebnis Speners, was doch etwas befremdend wirkt. – Lesenswert ist zur Einführung in den Pietismus noch immer Gustav Freytags Schilderung in den „Bildern aus der deutschen Vergangenheit". [285]

lehrt die Erfahrung, daß zahlreiche über die Schultheologie gänzlich unorientierte Christen die offenbarsten Früchte des Glaubens zeitigen, während sich auf der anderen Seite zeigt, daß das bloße theologische Wissen keineswegs die Sicherheit der Bewährung des Glaubens im Wandel mit sich führt.[147] Am theolo-

147 Diese Anschauung hat den Pietismus bekanntlich befähigt, einer der Hauptträger des *Toleranz*gedankens zu sein. [286] Historisch entspringt derselbe [287], wenn wir die humanistisch-aufklärerische *Indifferenz* hier einmal bei Seite lassen – für sich allein hat sie nirgends *große* praktische Wirkungen geübt – folgenden Hauptquellen: 1. rein politischer Staatsraison (Archetypos: Wilhelm von Oranien) – 2. dem Merkantilismus (so z. B. besonders deutlich bei der Stadt Amsterdam und bei den zahlreichen Städten, Grundherren und Potentaten, welche die Sektierer als schätzenswerte Träger des ökonomischen Fortschrittes aufnahmen) – 3. der radikalen Wendung calvinistischer Frömmigkeit. Die Prädestination schloß es ja im Grunde aus, daß der Staat durch Intoleranz die Religion wirklich förderte. Er vermochte ja dadurch doch keine Seelen zu retten, und nur der Gedanke an *Gottes Ehre* veranlaßte die Kirche, seinen Beistand zur Unterdrückung der Häresie zu beanspruchen. Je größerer Nachdruck nun aber auf die Zugehörigkeit des Predigers und aller Abendmahlsgenossen zu den Erwählten gelegt wurde, desto unerträglicher mußte jede staatliche Einmischung in die Besetzung des Predigtamts und jede Vergebung der Pfarrstellen als Pfründen an vielleicht unwiedergeborne Zöglinge der Universitäten, nur weil sie theologisch gebildet waren, [288] sein. Der reformierte Pietismus stärkte diesen Gesichtspunkt durch Entwertung der dogmatischen Korrektheit und allmähliche Durchlöcherung des Satzes „Extra ecclesiam nulla salus". *Calvin* hatte die *Unterwerfung* auch der Verworfenen unter die göttliche Stiftung der Kirche als allein mit Gottes Ruhm verträglich erachtet; in Neu-England suchte man die Kirche als Aristokratie der bewährten Heiligen zu konstituieren; schon die radikalen Independenten aber lehnten jede Einmischung der bürgerlichen und ebenso irgend welcher hierarchischer Gewalten in die nur innerhalb der *Einzel*gemeinde mögliche Prüfung der „Bewährung" ab. Der Gedanke, daß Gottes Ruhm es erfordere, auch die Reprobierten unter die Zucht der Kirche zu bringen, wurde durch den – von Anfang an ebenfalls vorhandenen aber allmählich immer leidenschaftlicher betonten – Gedanken verdrängt, daß es Gottes Ruhm verletze, mit einem von Gott Verworfenen das Abendmahl zu teilen. Das mußte zum Voluntarismus führen, denn es führte zur „believers'" Church", der nur die Wiedergeborenen umfassenden religiösen Gemeinschaft. Der calvinistische Baptismus, dem z. B. der Leiter des „Parlamentes der Heiligen", Praisegod Barebone, angehörte, zog die Konsequenzen aus dieser Gedankenreihe am entschlossensten. Cromwells Heer trat für die Gewissensfreiheit und das Parlament der „Heiligen" sogar für Trennung von Staat und Kirche ein, *weil* seine Angehörigen fromme Pietisten waren, also aus *positiv*-religiösen Gründen. – 4. Die täuferischen Sekten [289] haben von Beginn ihres Bestehens an, wie wir noch sehen werden, stets an dem Grundsatz festgehalten, daß nur persönlich Wiedergeborene in die Gemeinschaft der Kirche aufgenommen werden können und daher jeden „Anstalts"-Charakter der Kirche und jede Einmischung der weltlichen Macht perhorresziert.- Auch hier ist es also ein *positiv-religiöser* Grund, der die Forderung unbedingter Toleranz erzeugt. – Roger Williams, der Gründer der ersten aus diesen

gischen Wissen kann also die Erwählung überhaupt nicht bewährt werden.[148]

Daher beginnt der Pietismus in tiefem Mißtrauen gegen die Theologenkirche [291], welcher er – das gehört zu seinen Merkmalen – offiziell dennoch angehörig bleibt, die Anhänger der „praxis pietatis“ in Absonderung von der Welt in „Konventikel“ zu sammeln [292]. Er möchte die unsichtbare Kirche der „Heiligen“ sichtbar auf die Erde herabziehen und, ohne doch die Konsequenz der Sektenbildung zu ziehen, in dieser Gemeinschaft geborgen ein den Einflüssen der Welt abgestorbenes, in allen Einzelheiten an Gottes Willen orientiertes Leben führen

---

positiv-religiösen Gründen toleranten und jeden Rest von Staatskirchentum ablehnenden Kolonie Rhode-Island, wurde dort neu getauft und war dann – zeitweilig – Baptistenprediger, aber es scheint nicht exakt nachweisbar, woher er seine schon vorher entwickelten antistaatskirchlichen Grundsätze hatte. Die von dem katholischen Lord Baltimore gegründete Kolonie Maryland proklamierte die Toleranz – welche die katholische Kirche als exclusive Heilsanstalt als Prinzip nicht zugestehen *kann* – lediglich aus Opportunität, weil eine offiziell katholische Kolonie unterdrückt worden wäre. Pennsylvanien hatte natürlich von Anfang an den Grundsatz der Toleranz und der Trennung von Staat und Kirche aus religiösen Gründen. – Die vorstehenden Bemerkungen, auf die ja weiterhin eingehender zurückzukommen sein wird, sind hier u. a. auch deshalb eingeflochten, weil letzthin wieder einmal der Abg. Gröber im Reichstag für Maryland die Priorität der „Toleranz“ gegenüber Rhode Island in Anspruch genommen hat. Toleranz aus politischen (ev. kirchenpolitischen) *Opportunitäts*gründen und Toleranz als religiöses *Prinzip* sind aber sehr zweierlei. Die letztere kann die katholische Kirche nicht akzeptieren, weil sie als Stiftung Gottes die *Pflicht* hat, die Menschen vor der Verdammnis, in welche die Häresie sie unfehlbar führt, zu bewahren. – Es steht mit der Toleranz nicht anders als mit der modernen „liberalen“ Idee überhaupt: die *religiöse* Verankerung des Prinzips der Verwerfung aller *menschlichen* Autoritäten als „Kreaturvergötterung“ und Entwertung der *allein Gott* und seinem Gesetz geschuldeten unbedingter Unterwerfung des eigenen Willens, – wie sie am schärfsten bei den Quäkern, in minder konsequenter Form aber bei allen asketischen Sekten auftrat, – diese Ableitung der „Autoritätsfeindschaft“ aus *positiv*-religiösen Motiven war die historisch entscheidende „psychologische“ Grundlage der „Freiheit“ in den puritanischen Ländern. Mag man die historische Bedeutung der „Aufklärung“ noch so hoch einschätzen, so fehlte ihren freiheitlichen Idealen jene, deren Fortbestand erst sichernde, Verankerung an solchen *positiven* Antrieben, wie sie auch Gladstones politischer Arbeit überhaupt erst die „konstruktive“ Note gaben. Für die Geschichte der Entstehung und *politischen* Bedeutung der „Gewissensfreiheit“ ist bekanntlich Jellineks „Erklärung der Menschenrechte“ grundlegend. Auch ich persönlich verdanke dieser Schrift die Anregung zur erneuten Beschäftigung mit dem Puritanismus [290].

148 In seiner praktischen Anwendung tritt dieser Gedanke z. B. bei den Cromwellschen „tryers“, den Examinatoren der Predigtamtskanditaten, zu Tage. Sie suchten nicht sowohl die fachlich-theologische Bildung, als den subjektiven Gnadenstand des Kandidaten festzustellen.

und so der eigenen Wiedergeburt auch in täglichen äußeren Merkmalen der Lebensführung sicher bleiben. Die „ecclesiola" der wahrhaft Bekehrten möchte so – das ist ebenfalls allem spezifischen „Pietismus" gemeinsam – in gesteigerter Askese *schon im Diesseits* die Gemeinschaft mit Gott in ihrer Seligkeit kosten. *Dies letztere* Bestreben hat nun etwas mit der lutherischen „unio mystica" innerlich Verwandtes und führt sehr oft zu einer stärkeren Pflege der *Gefühls*seite der Religion, als sie dem reformierten Durchschnittschristentum normalerweise eignet. *Dies* wäre dann auf dem Boden der reformierten Kirche als das entscheidende Merkmal des „Pietismus" anzusprechen, soweit *unsere* Gesichtspunkte in Betracht kommen. Denn jenes der calvinistischen Frömmigkeit im ganzen ursprünglich fremde, dagegen gewissen Formen mittelalterlicher Religiosität innerlich verwandte Gefühlsmoment lenkt die praktische Religiosität in die Bahn *diesseitigen Genusses* der Seligkeit statt des asketischen Kampfes um ihre Sicherung für die jenseitige *Zukunft*. Und das Gefühl kann dabei eine solche Steigerung erfahren, daß die Religiosität direkt hysterischen Charakter annimmt und dann durch jene aus zahllosen Beispielen bekannte, psychophysisch [293] begründete, Abwechslung von halbsinnlichen Zuständen religiöser Verzückung mit Perioden nervöser Erschlaffung, die als „Gottferne" empfunden werden, im *Effekt* das direkte Gegenteil der nüchternen und strengen Zucht, in welche das systematisierte „heilige Leben" des Puritaners den Menschen nimmt, erzielt wird: eine Schwächung jener „Hemmungen" welche die rationale Persönlichkeit des Calvinisten gegenüber den „Affekten" stützen.[149] Ebenso *kann* dabei der calvinistische Gedanke an die Verworfenheit des Kreatürlichen, *gefühls*mäßig – z. B. in der Form des sog.

---

149 Es wird hier aus guten Gründen absichtlich unterlassen, auf die – im fachwissenschaftlichen Sinn des Worts – „psychologischen" Beziehungen dieser religiösen Bewußtseinsinhalte einzugehen, und selbst die Verwendung der entsprechenden Terminologie ist möglichst vermieden. Der einigermaßen [294] gesicherte Begriffsvorrat der Psychologie [295] reicht vorerst *entfernt* [296] *nicht aus*, um für die Zwecke der historischen Forschung auf dem Gebiet unserer Probleme nutzbar gemacht zu werden [297]. Die Verwendung ihrer Terminologie würde lediglich die Versuchung schaffen, unmittelbar verständlichen und oft geradezu trivialen Tatbeständen einen Schleier dilettantischer Fremdwörtergelehrsamkeit umzuhängen und so den falschen Anschein erhöhter begrifflicher Exaktheit zu erzeugen, wie dies z. B. für Lamprecht leider typisch geworden ist. – Ernster zu nehmende Ansätze zur Verwertung psychopathologischer Begriffe für die Deutung gewisser historischer Massenerscheinungen s. bei W. *Hellpach*, Grundlinien zu einer Psychologie der Hysterie, 12. Kapitel sowie dessen „Nervosität und Kultur". Ich kann hier nicht versuchen auseinanderzusetzen, daß m. E. auch diesen sehr

„Wurmgefühls" – erfaßt, zu einer Ertötung der Tatkraft im Berufsleben führen.[150] Und auch der Prädestinationsgedanke *kann* zum Fatalismus werden, wenn er – im Gegensatz zu den genuinen Tendenzen der calvinistischen rationalen Religiosität – Gegenstand stimmungs- und *gefühls*mäßiger Aneignung wird.[151] Und endlich der Trieb zur Abgeschiedenheit der Heiligen von der Welt *kann* bei starker *gefühls*mäßiger Steigerung zu einer Art von klösterlicher Gemeinschaftsorganisation halb kommunistischen Charakters führen, wie sie der Pietismus immer wieder und auch in der reformierten Kirche gezeitigt hat.[152] Aber so lange dieser extreme, eben durch jene Pflege der *Gefühls*mäßigkeit bedingte Effekt nicht erzielt wird, der reformierte Pietismus also innerhalb des weltlichen *Berufs*lebens seiner Seligkeit sich zu versichern strebt, ist der praktische Effekt pietistischer Grundsätze lediglich eine *noch* striktere asketische Kontrolle der Lebensführurg im Beruf und eine noch festere religiöse Verankerung der Berufssittlichkeit, als sie die von den „feinen" Pietisten als Christentum zweiten Ranges angesehene bloße weltliche „Ehrbarkeit" der normalen reformierten Christen zu entwickeln vermag. Die religiöse Aristokratie der Heiligen, die ja in der Entwicklung aller reformierten Askese, je ernster sie genommen wird, um so sicherer hervortritt, ist alsdann – wie dies in Holland der Fall war – innerhalb der Kirche voluntaristisch in der Form der Konventikelbildung organisiert, während sie im englischen Puritanismus, wie später zu erörtern sein wird, teils zur förmlichen Unterscheidung von Aktiv- und Passivchristen in der *Verfassung* der Kirche, teils – entsprechend dem schon früher Gesagten – zur Sektenbildung drängte.

Die Entwicklung des mit den Namen Spener, Francke, Zinzendorf verknüpften, auf dem Boden des Luthertums stehenden *deutschen* Pietismus führt uns nun vom Boden der Prädestinationslehre ab. Aber damit keineswegs notwendig aus dem Bereich jener Gedankengänge, deren konsequente Krönung sie bildete, wie denn speziell Speners Beeinflussung durch den eng-

---

vielseitig orientierten Schriftsteller die Beeinflussung durch gewisse Theorien Lamprechts geschädigt hat. – Wie völlig wertlos, gegenüber der älteren Literatur, Lamprechts schematische Bemerkungen über den Pietismus (im 7. Band der Deutschen Geschichte) sind, weiß wohl jeder, der auch nur die gangbare Literatur kennt.

150 So etwa bei den Anhängern des Schortinghuisschen „Innigen Christendom's". [298]

151 Dies trat bei holländischen Pietisten vereinzelt, und dann unter *spinozistischen* Einflüssen, auf.

152 Labadie, Tersteegen u. a.

lisch-niederländischen Pietismus von ihm selbst bezeugt ist und z. B. in der Lektüre von Bailey in seinen ersten Konventikeln zutage trat.[153] Für *unsere* speziellen Gesichtspunkte jedenfalls bedeutet der Pietismus lediglich das Eindringen methodisch gepflegter und kontrollierter, d. h. also *asketischer Lebensführung* auch in die Gebiete der nicht calvinistischen Religiosität.[154] Das Luthertum mußte aber diese rationale Askese als Fremdkörper empfinden und die mangelnde Konsequenz der deutschen pietistischen Doktrin ist Folge der daraus erwachsenden Schwierigkeiten. Für die dogmatische Fundamentierung der systematischen religiösen Lebensführung sind bei Spener lutherische Gedankengänge kombiniert mit dem spezifisch reformierten Merkmal der guten Werke als solcher, die mit der „Absicht auf die Ehre Gottes" unternommen sind[155] und mit dem ebenfalls reformiert anklingenden Glauben an die Möglichkeit für die

---

153 Am deutlichsten tritt sie vielleicht hervor, wenn er – man denke: Spener! – die Kompetenz der Obrigkeit zur Kontrolle der Konventikel, außer bei Unordnungen und Mißbräuchen, bestreitet, weil es sich um ein durch die apostolische Ordnung garantiertes *Grundrecht* der Christen handle (Theologische Bedenken II S. 81 f.). Das ist – prinzipiell – genau der puritanische Standpunkt bezüglich des Verhältnisses und Geltungsbereichs der ex jure divino folgenden und daher unveräußerlichen Rechte des Einzelnen. Ritschl ist denn auch weder diese (Pietismus II S. 157) noch die weiterhin im Text erwähnte Ketzerei (das. S. 115) entgangen. So unhistorisch namentlich die positivistische (um nicht zu sagen: philiströse) Kritik ist, die er an dem „Grundrechts"-Gedanken übt, dem wir schließlich doch nicht viel weniger als *Alles* verdanken, was heute auch den „Reaktionärsten" als Minimum seiner individuellen Freiheitssphäre vorschwebt, – so ist ihm natürlich darin ganz beizustimmen, daß in beiden Fällen eine organische Einfügung in Speners lutherischen Standpunkt fehlt. –
Die Konventikel (collegia pietatis) selbst, die Speners berühmte „Pia desideria" theoretisch begründeten und die er praktisch ins Leben rief, entsprachen im Wesen durchaus den englischen „prophesyings", wie sie sich zuerst in Joh. v. Lascos Londoner Bibelstunden (1547) finden und seitdem zum stehenden Inventar der als Auflehnung gegen die kirchliche Autorität verfolgten Formen puritanischer Frömmigkeit gehörten. Die Ablehnung der Genfer Kirchenzucht endlich wird bei ihm bekanntlich damit begründet, daß ihr berufener Träger, der „dritte Stand" (status oeconomicus: die christlichen Laien), in der lutherischen Kirche *nicht* in die Kirchenorganisation eingefügt sei. Schwächlich lutherisch ist andrerseits – bei Erörterung der Exkommunikation – die Anerkennung der landesherrlich deputierten weltlichen Mitglieder des Konsistoriums als Repräsentanten des „dritten Standes".

154 Schon der in den Gebieten des Luthertums zuerst aufgekommene *Name* „Pietismus" besagt ja, daß nach der Auffassung der Zeitgenossen es das Charakteristische war, daß aus der „Pietät" [299] hier ein methodischer *Betrieb* gemacht wird.

155 Zugegeben ist freilich, daß diese Motivierung zwar vorzugsweise, aber nicht nur dem Calvinismus eignet. Gerade in den *ältesten* lutherischen Kirchenordnungen findet sie sich auch besonders oft.

Wiedergeborenen, zu einem relativen Maße christlicher Vollkommenheit zu gelangen.[156] Nur fehlt eben die Konsequenz der Theorie: der systematische Charakter der christlichen Lebensführung, der auch für seinen Pietismus wesentlich ist, wird bei dem stark durch die Mystiker beeinflußten[157] Spener in ziemlich unbestimmter, aber wesentlich lutherischer Weise mehr zu beschreiben, als zu begründen versucht, die certitudo salutis nicht aus der Heiligung abgeleitet, ebenso für diese selbst statt des Bewährungsgedankens die früher erwähnte lockere lutherische Verknüpfung mit dem Glauben gewählt.[158] Aber immer wieder erzwangen sich, so weit das rational asketische Element im Pietismus über die Gefühlsseite die Oberhand behielt, die für unsere Gesichtspunkte entscheidenden Vorstellungen ihr Recht, daß nämlich 1. methodische Entwicklung der eigenen Heiligkeit zu immer höherer, am Gesetz zu kontrollierender Befestigung und Vollkommenheit *Zeichen* des Gnadenstandes[159] sei und daß 2. Gottes Vorsehung es ist, welche in den so Vervollkommneten wirkt, indem er bei geduldigen Harren und *methodischer Überlegung* ihnen seine Winke gibt.[160] Die Berufsarbeit ist auch für A. H. Francke das asketische Mittel par excel-

---

156 Im Sinn von Hebr. 5, 13. 14. Vergl. Spener, Theol. Bedenken I 306.

157 Neben Bailey und Baxter (s. Consilia theologica III, 6, 1, dist. 1, 47, das. dist. 3, 6) schätzt Spener speziell Thomas a Kempis und vor allem Tauler (von dem er nicht alles versteht: Consilia theologica III, 6, 1 dist. I, 1). Eingehend über den letzteren speziell Cons. theol. I, 1, 1 Nr. 7. Luther ist für ihn aus Tauler hervorgegangen.

158 S. bei Ritschl a. a. O. II, S. 113. Den „Bußkampf" der späteren Pietisten (und Luthers) lehnt er als *allein* maßgebendes Kennzeichen wahrer Bekehrung ab (Theol. Bedenken III S. 476). Über die Heiligung als Frucht der Dankbarkeit aus dem Versöhnungsglauben – spezifisch lutherische (s. Anm. 43) Formulierung – s. die bei Ritschl a. a. O. S. 115 Anm. 2 angeführten Stellen. – Über die certitudo salutis einerseits Theol. Bedenken I 324: der wahre Glaube werde nicht sowohl *gefühlsmäßig empfunden*, als an seinen *Früchten* (Liebe und Gehorsam gegen Gott) *erkannt* – andrerseits Theol. Bedenken I S. 335 f.: „Was aber die Sorge betrifft, worüber Sie ihres Heils- und Gnadenstandes versichert sein sollen, wird sicherer" – als aus den „englischen Scribenten" – „aus unsern" – den lutherischen – „Büchern geschöpft". Über das Wesen der Heiligung stimmt er aber den Engländern bei.

159 Die religiösen Tagebücher, welche A. H. Francke empfiehlt, sind auch hier das äußere Zeichen dafür. – Die methodische Übung und *Gewohnheit* der Heiligung soll das Wachstum derselben und die *Scheidung* der Guten von den Bösen erzeugen – dies etwa ist das Grundthema von Franckes Buch „Von des Christen Vollkommenheit".

160 In charakteristischer Weise trat die Abweichung dieses rationalen pietistischen Vorsehungsglaubens von dessen orthodoxer Deutung bei dem berühmten Streit zwischen den Hallenser Pietisten und dem Vertreter der

lence[161]; daß Gott selbst es sei, der durch den Erfolg der Arbeit die Seinen segnet, steht ihm ebenso fest, wie wir dies bei den Puritanern sehen werden. Und als Surrogat des „doppelten Dekrets" schuf sich der Pietismus Vorstellungen, welche in wesentlich gleicher, nur matterer Weise wie jene Lehre eine auf Gottes besonderer Gnade beruhende Aristokratie der Wiedergeborenen[162] mit all den oben für den Calvinismus geschilderten psychologischen Konsequenzen etablierten. Dazu gehört z. B. der von den Gegnern des Pietismus diesem (freilich zu Unrecht) generell imputierte sog. „Terminismus"[163], d. h. die Annahme, daß zwar die Gnade universell angeboten werde, aber für jeden entweder nur einmal in einem ganz bestimmten Moment im Leben oder doch irgendwann ein letztes Mal.[164] Wer diesen Moment verpaßt hat, dem hilft also der Gnadenuniversalismus nicht mehr, er ist in der Lage des von Gott Übergangenen in der

---

lutherischen Orthodoxie *Löscher* hervor. Löscher geht in seinem „Timotheus Verinus" so weit, alles was durch *menschliches* Tun erreicht wird, den Fügungen der Vorsehung *entgegen*zusetzen. *Franckes* immer fest gehaltener Standpunkt war dagegen, jenes Aufblitzen der Klarheit über das, was zu geschehen hat, welches das Ergebnis ruhigen *Wartens* auf den Entschluß ist, als „Gottes Wink" anzusehen: – ganz analog der quäkerischen Psychologie und entsprechend der allgemein asketischen Vorstellung, daß rationale *Methodik* der Weg ist, Gott näher zu kommen. – Zinzendorf freilich, der in einem der entscheidendsten Entschlüsse das Schicksal seiner Gemeindebildung dem Los anheimstellte, steht der Franckeschen Form des Vorsehungsglaubens fern. – Spener, Theol. Bedenken I S. 314 hatte sich für die Charakteristik der christlichen „Gelassenheit", in welcher man sich den göttlichen Wirkungen *überlassen*, sie nicht durch hastiges eigenmächtiges Handeln kreuzen sollte – im wesentlichen auch der Standpunkt Franckes – auf *Tauler* bezogen. Die gegenüber dem Puritanismus doch wesentlich abgeschwächte, den (diesseitigen) Frieden suchende, Aktivität der pietistischen Frömmigkeit tritt überall deutlich hervor. „First righteousness, than peace" formulierte im Gegensatz dazu noch 1904 ein leitender Baptist (G. White in einer noch weiterhin zu zitierenden Adresse) das ethische Programm seiner Denomination (Baptist Handbook 1904 p. 107).

161 Lect. paraenet. IV S. 271.

162 Gegen diese immer wiederkehrende Vorstellung richtet sich vornehmlich Ritschls Kritik. – S. Franckes in der drittletzten Anmerkung zitierte Schrift, welche die Lehre enthält.

163 Er findet sich auch bei englischen *nicht* prädestinatianischen Pietisten, z. B. Goodwin. Vgl. über ihn und andere Heppe, Gesch. des Pietismus in der reformierten Kirche, Leiden 1879, ein Buch, welches, auch nach dem Ritschlschen standard work, für England, und hie und da auch für die Niederlande, noch nicht entbehrlich geworden ist. [300]

164 Man suchte dadurch die laxe Konsequenz der lutherischen Lehre von der Wiedererlangbarkeit der Gnade (speziell die übliche „Bekehrung" in extremis) zu bekämpfen.

calvinistischen Lehre. Im Effekt kommt dieser Theorie auch die z. B. von Francke aus persönlichen Erlebnissen abstrahierte und im Pietismus sehr weit verbreitete – man kann wohl sagen: vorherrschende – Annahme, daß die Gnade nur unter spezifischen einmaligen und einzigartigen Erscheinungen, nämlich nach vorherigem „Bußkampf" zum „Durchbruch" gelangen könne, ziemlich nahe.[165] Da zu jenem Erlebnis nach der eigenen Einsicht der Pietisten nicht jeder disponiert ist, bleibt derjenige, welcher es trotz der nach pietistischer Anweisung auf seine Herbeiführung zu verwendenden asketischen Methode nicht an sich erfährt, in den Augen der Wiedergeborenen eine Art passiver Christ. Andererseits wird durch die Schaffung einer *Methode* für die Herbeiführung des „Bußkampfs" im Effekt auch die Erlangung der göttlichen Gnade Objekt *rationaler* menschlicher Veranstaltung. Auch die nicht von allen – z. B. von Francke nicht – aber doch von vielen Pietisten, namentlich aber, wie die immer wiederkehrenden Anfragen bei Spener zeigen, gerade von pietistischen *Seelsorgern* gehegten Bedenken gegen die Privatbeichte, welche dazu beitrugen, auch im Luthertum ihr die Wurzeln abzugraben, gingen aus diesem Gnadenaristokratismus hervor: die sichtbare *Wirkung* der durch Buße erlangten Gnade im heiligen *Wandel* mußte ja über die Zulässigkeit der Absolution entscheiden, und es war also unmöglich, sich für deren Erteilung mit der bloßen „attritio" [301] zu begnügen.[166] –

*Zinzendorfs* religiöse *Selbst*beurteilung mündet, wenn schon schwankend gegenüber den Angriffen der Orthodoxie, immer wieder in die „Rüstzeug"-Vorstellung ein, aber im übrigen freilich scheint der gedankliche Standpunkt dieses merkwürdigen „religiösen Dilettanten", wie Ritschl ihn nennt, in den für uns wichtigen Punkten kaum eindeutig erfaßbar.[167] Er selbst hat sich

---

165 Gegen die damit verbundene Notwendigkeit, Tag und Stunde der „Bekehrung" zu wissen, als *unbedingtes* Merkmal ihrer Echtheit Spener Theol. Bed. II, 6, 1 p. 197. Ihm war eben der „Bußkampf" ebenso unbekannt, wie Melanchthon Luther's terrores conscientiae.

166 Daneben spielte natürlich auch die aller Askese eigentümliche antiautoritative Deutung des „allgemeinen Priestertums" mit, worüber später. – Gelegentlich wurde dem Pfarrer Aufschiebung der Absolution bis zur „Bewährung" der echten Reue empfohlen, was Ritschl mit Recht als im Prinzip calvinistisch bezeichnet.

167 Die für uns wesentlichen Punkte finden sich am bequemsten bei Plitt, Zinzendorfs Theologie (3 Bände, Gotha 1869 f.) Bd. I S. 325, 345, 381, 412, 429, 433 f., 444, 448, Bd. II S. 372, 381, 385, 409 f., Bd. III. S. 131, 167, 176. – Vgl. auch Bernh. Becker, Zinzendorf und sein Christentum (Leipzig 1900) 3. Buch, Kap. III. –

wiederholt als Vertreter des „paulinisch-lutherischen Tropus“ *gegen* den „pietistisch-jakobischen“, der am *Gesetz* hafte, bezeichnet. Die Brüdergemeinde selbst aber und ihre Praxis, die er trotz seines stets betonten Luthertums[168] zuließ und förderte, steht schon in ihrem notariellen Protokoll vom 12. August 1729 auf einem Standpunkt, welcher dem der calvinistischen Heiligenaristokratie in vieler Hinsicht durchaus entspricht.[169] Die viel erörterte Übertragung des Ältestenamts auf Christus am 12. November 1741 brachte etwas Ähnliches auch äußerlich zum Ausdruck. Von den drei „Tropen“ der Brüdergemeinde war überdies der calvinistische und der mährische von Anfang an im wesentlichen an der reformierten Berufsethik orientiert. Auch Zinzendorf sprach ganz nach puritanischer Art John Wesley gegenüber die Ansicht aus, daß, wenn auch nicht immer der Gerechtfertigte selbst, so doch *andere* an der Art seines Wandels seine Rechtfertigung *erkennen* könnten.[170] Aber andererseits tritt in der spezifisch Herrnhuterischen Frömmigkeit das Gefühlsmoment sehr stark in den Vordergrund und suchte speziell Zinzendorf persönlich die Tendenz zur asketischen Heiligung in puritanischem Sinn in seiner Gemeinde immer wieder geradezu zu durchkreuzen[171] und die Werkheiligkeit lutherisch umzubiegen.[172] Auch

---

168 Freilich hielt er die Augsburger Konfession nur dann für eine geeignete Urkunde lutherisch-christlichen Glaubenslebens, wenn man, – wie er in seiner ekelhaften Terminologie es ausdrückt, – eine „Wundbrühe“ darüber ausgegossen habe. Ihn zu lesen ist eine Pönitenz, weil seine Sprache in der weichlichen Zerflossenheit der Gedanken noch übler wirkt, als das „Christoterpentinöl“, welches F. Th. Vischer bei seiner Polemik mit der Münchener „Christoterpe“ so fürchterlich war.

169 „Wir erkennen in keiner Religion einige für Brüder, die nicht durch die Besprengung des Blutes Christi gewaschen und *durchaus verändert* in der Heiligung des Geistes *fortfahren*. Wir erkennen keine offenbare (= sichtbare) Gemeinde Christi, als wo das Wort Gottes rein und lauter gelehrt wird und sie *auch heilig* als die Kinder Gottes *danach leben*.“ – Der letzte Satz ist zwar Luthers kleinem Katechismus entnommen; aber – wie schon Ritschl hervorhebt – dient er *dort* der Antwort auf die Frage, *wie* der Name Gottes geheiligt werde, *hier* dagegen der *Abgrenzung* der Kirche der Heiligen.

170 S. Plitt I p. 346. – Noch entschiedener die bei Plitt I p. 381 zitierte Antwort auf die Frage: „ob die guten Werke nötig zur Seligkeit?“ – „Unnötig und schädlich zur Erlangung der Seligkeit, nach erlangter Seligkeit aber so nötig, daß wer sie nicht tut, auch nicht selig ist.“ [302]

171 Z. B. durch jene Karikaturen der „christlichen Freiheit“, welche Ritschl a. a. O. III S. 381 geißelt.

172 Vor allem durch verschärfte Betonung des Strafsatisfaktionsgedankens in der Heilslehre, den er, nach der Ablehnung seiner missionierenden Annäherungsversuche durch die amerikanischen Sekten, auch zur Grundlage der Heiligungsmethode machte. Die Erhaltung der *Kindlichkeit* und der Tugenden des demütigen Sich-Bescheidens wird von ihm seitdem als Ziel der

entwickelte sich, unter dem Einfluß der Verwerfung der Konventikel und der Beibehaltung der Beichtpraxis, eine wesentlich lutherisch gedachte Gebundenheit an die sakramentale Heilsvermittlung. Dann wirkte auch der spezifisch Zinzendorfsche Grundsatz, daß die *Kindlichkeit* des religiösen Empfindens Merkmal seiner Echtheit sei, ebenso z. B. der Gebrauch des *Loses* als Mittel der Offenbarung von Gottes Willen, doch dem Rationalismus der Lebensführung so stark entgegen, daß im ganzen, soweit der Einfluß des Grafen reichte,[173] die antirationalen, gefühlsmäßigen Elemente in der Frömmigkeit der Herrnhuter doch weit mehr als sonst im Pietismus überwiegen.[174] Die Verknüpfung von Sittlichkeit und Sündenvergebung in Spangenbergs „Idea fidei fratrum" ist ebenso locker[175] wie im Luthertum überhaupt. Zinzendorfs Ablehnung des methodistischen Vollkommenheitsstrebens entspricht – hier wie überall – seinem im Grunde eudämonistischen Ideal, die Menschen schon in der *Gegenwart* die Seligkeit[176] (er sagt: „Glückseligkeit") *gefühls*mäßig empfinden zu lassen, statt sie anzuleiten, ihrer durch rationales Arbeiten an sich für das *Jenseits* sicher zu werden.[177] Andererseits ist der Gedanke, daß

---

Herrnhutischen Askese in den Vordergrund gestellt, in scharfen Gegensatz gegen die durchaus der puritanischen Askese analogen Tendenzen in der Gemeinde.

173 Der aber eben seine Grenzen hatte. Es ist schon aus diesem Grunde verfehlt, Z.s Religiosität in eine „*sozial*psychische" Entwicklungsstufe einschachteln zu wollen, wie es bei Lamprecht geschieht. Überdies aber ist seine ganze Religiosität durch nichts stärker beeinflußt, als durch den Umstand, daß er ein *Graf* mit im Grunde feudalen Instinkten war. Grade die *Gefühls*seite derselben würde ferner „sozialpsychisch" in die Zeit der sentimentalen Decadence des Rittertums ganz ebenso gut wie in die der „Empfindsamkeit" passen. Sie ist in ihrem Gegensatz gegen den westeuropäischen Rationalismus, wenn überhaupt „sozialpsychisch", dann am ehesten durch die Rückständigkeit und patriachale Gebundenheit des deutschen Ostens verständlich zu machen, wie wir später sehen werden.

174 Zinzendorfs Kontroversen mit Dippel ergeben dies ebenso, wie – nach seinem Tode – die Äußerungen der Synode von 1764 den Heils*anstalts*-Charakter der Herrenhutergemeinde deutlich zum Ausdruck bringen. S. Ritschls Kritik daran a. a. O. III S. 443 f.

175 Vgl. z. B. § 151, 153, 160. Daß das Ausbleiben der Heiligung *trotz* wahrer Reue und Sündenvergebung möglich ist, geht speziell aus den Bemerkungen S. 311 hervor und entspricht der lutherischen Heilslehre ebenso, wie es der calvinistischen (und methodistischen) widerspricht.

176 Vgl. Zinzendorfs bei Plitt II S. 345 zitierte Äußerungen. Ebenso Spangenberg, Idea fidei p. 325.

177 Vgl. z. B. die bei Plitt III S. 131 zitierte Äußerung Z.s zu Matth. 20, 28 „Wenn ich einen Menschen sehe, dem Gott eine feine Gabe gegeben hat, so freue ich mich und bediene mich der Gabe mit Vergnügen. Wenn ich aber merke, er ist mit dem Seinen nicht zufrieden, sondern will es noch feiner

der entscheidende Wert der Brüdergemeinde im Gegensatz zu anderen Kirchen in der Aktivität des christlichen Lebens, in Mission und – was damit in Verbindung gebracht wurde – Berufsarbeit[178] liege, auch hier lebendig geblieben. Zudem war doch die praktische Rationalisierung des Lebens unter dem Gesichtspunkt der *Nützlichkeit* ein ganz wesentlicher Bestandteil auch von Zinzendorfs Lebensanschauung.[179] Sie folgte für ihn – wie für andere Vertreter des Pietismus – einerseits aus der entschiedenen Abneigung gegen die dem Glauben gefährlichen philosophischen Spekulationen und der dementsprechenden Vorliebe für das empirische Einzelwissen,[180] andererseits aus dem weltklugen Sinn des berufsmäßigen Missionars. Die Brüdergemeinde war als Missionsmittelpunkt zugleich Geschäftsunternehmen und leitete so ihre Glieder in die Bahnen der innerweltlichen Askese, welche auch im Leben überall zuerst nach „Aufgaben" fragt und es im Hinblick auf diese nüchtern und planmäßig gestaltet. Nur steht als Hemmnis wieder die aus

---

herausbringen, so halte ich das für den Anfang des Ruins einer solchen Person." – Z. leugnete eben – insbesondere bei seinem Gespräch mit John Wesley 1743 – den *Fortschritt* in der Heiligung, weil er diese mit der Rechtfertigung idenfizierte und *allein* in dem *gefühls*mäßig gewonnenen Verhältnis zu Christus fand. Plitt I S. 413. [303]

178 Die aber eben wegen dieser Ableitung nicht konsequent ethisch begründet wurde. Z. lehnt Luthers Idee vom „Gottesdienst" im Beruf als dem *maßgebenden* Gesichtspunkte für die Berufstreue ab. Dieselbe sei vielmehr *Entgelt* für des „Heilands Handwerkstreue". (Plitt II S. 411.)

179 Bekannt ist sein Ausspruch: „Ein vernünftiger Mensch soll nicht ungläubig und ein gläubiger Mensch nicht unvernünftig sein" in seinem „Sokrates, d. i. Aufrichtige Anzeige verschiedener nicht sowohl unbekannter als vielmehr in Abfall geratener Hauptwahrheiten" (1725), ferner seine Vorliebe für Schriftsteller wie Bayle.

180 Die ausgeprägte Vorliebe der protestantischen Askese für den durch mathematische Fundamentierung rationalisierten Empirismus ist bekannt und hier noch nicht näher zu erörtern. Vgl. über die Wendung der Wissenschaften zur mathematisch-rationalisierten „exakten" Forschung, die philosophischen Motive dazu, und deren Gegensatz gegen die Gesichtspunkte Bacons: Windelband, Gesch. d. Philos. S. 305-307, speziell die Bemerkungen S. 305 unten, welche den Gedanken, die moderne Naturwissenschaft sei als *Produkt* materiell-technologischer Interessen zu begreifen, treffend ablehnt. Höchst wichtige Beziehungen sind natürlich vorhanden, aber weit komplizierter. S. ferner Windelband, Neuere Philos. I S. 40 f. – Der für die Stellungnahme der protestantischen Askese entscheidende *Gesichtspunkt*, wie er wohl am deutlichsten in Speners Theol. Bedenken 1. S. 232, III S. 260 hervortritt, war ja, daß wie man den Christen an den *Früchten* seines Glaubens erkennt, so auch die Erkenntnis Gottes und seiner Absichten nur aus der Erkenntnis seiner *Werke* heraus gefördert werden könne. Die bevorzugte Disziplin alles puritanischen, täuferischen und pietistischen Christentums ist demgemäß

dem Vorbild des Missionslebens der Apostel hergeleitete Glorifizierung des Charisma der apostolischen *Besitz*losigkeit bei den von Gott durch „Gnadenwahl“ erwählten „Jüngern“[181] da, welches eben doch im Effekt eine teilweise Repristination der „consilia evangelica“ bedeutete. Die Schaffung einer rationalen Berufsethik nach Art der calvinistischen wurde dadurch immerhin hintangehalten, wennschon – wie das Beispiel der Umwandlung der Täuferbewegung zeigt – nicht ausgeschlossen [304].

Alles in allem werden wir, wenn wir den deutschen Pietismus unter den *für uns* hier in Betracht kommenden Gesichtspunkten betrachten, in der religiösen Verankerung seiner Askese ein Schwanken und eine Unsicherheit zu konstatieren haben, welche gegen die eherne Konsequenz des Calvinismus erheblich abfällt und teils durch lutherische Einflüsse, teils durch den *Gefühls*charakter seiner Religiosität bedingt ist. Denn es ist zwar eine große Einseitigkeit, dieses gefühlsmäßige Element als das dem Pietis-

---

die *Physik* und demnächst andere mit gleichartiger Methode arbeitende mathematisch-naturwissenschaftliche Disziplinen. Man glaubte eben, aus der empirischen Erfassung der göttlichen Gesetze in der Natur zur Kenntnis des „Sinnes“ der Welt emporsteigen zu können, der auf dem Wege begrifflicher Spekulationen bei dem fragmentarischen Charakter der göttlichen Offenbarung – ein calvinistischer Gedanke – doch nie zu erfassen sein werde. Der Empirismus des 17. Jahrhunderts war der Askese das Mittel, „Gott in der Natur“ zu suchen. Er schien zu Gott *hin*, die philosophische Spekulation von Gott ab zu führen. Speziell die Aristotelische Philosophie ist nach Spener der Grundschaden für das Christentum gewesen. *Jede* andere sei besser, insbesondere die *„platonische“*: Cons. Theol. III, 6, 1, Dist. 2, Nr. 13. Vgl. ferner folgende charakteristische Stelle: Unde pro Cartesio quid dicam non habeo (er hat ihn nicht gelesen), semper tamen optavi et opto, ut Deus viros excitet, qui veram philosophiam vel tandem oculis sisterent, *in qua nullius hominis attenderetur* auctoritas, sed sana tantum *magistri nescia ratio*, Spener Cons. Theol. II, 5, Nr. 2. – Welche Bedeutung jene Auffassungen des asketischen Protestantismus für die Entwicklung der *Erziehung*, speziell des *Real*unterrichts, gehabt haben, ist bekannt. Kombiniert mit der Stellung zur „fides implicita“ ergaben sie sein pädagogisches Programm.

181 „Es ist das eine Art Menschen, die ihre Glückseligkeit ohngefähr in vier Stücke setzen: 1. gering, verachtet, geschmäht ... zu werden ... 2. alle Sinne, die sie nicht brauchen zum Dienst ihres Herrn, ... zu vernachlässigen ... 3. entweder nichts zu haben oder, was sie bekommen, wieder wegzugeben ... 4. *tagelöhner*mäßig zu arbeiten, nicht um Verdienstes, *sondern um des Berufes* und um der Sache des Herrn willen und ihres Nächsten ...“ (Berl. Reden II, S. 180, Plitt I S. 445.) *Nicht alle* können und dürfen „Jünger“ werden, sondern nur die, welche der Herr beruft, – aber nach Zinzendorfs eigenem Eingeständnis (Plitt I S. 449) bleiben dann doch Schwierigkeiten, da die Bergpredigt sich formell an *alle* wendet. Die Verwandtschaft dieses „freien Akosmismus der Liebe“ mit den alten täuferischen Idealen fällt in die Augen.

mus im Gegensatz zum *Luther*tum Spezifische hinzustellen.[182] Aber im Vergleich mit dem *Calvinismus* mußte allerdings die Intensität der Rationalisierung des Lebens notwendig geringer sein, weil der innere Antrieb des Gedankens an den stets von neuem zu bewährenden Gnadenstand, der die ewige *Zukunft* verbürgt, gefühlsmäßig auf die *Gegenwart* abgelenkt und an Stelle der Selbstgewißheit, welche der Prädestinierte in rastloser und erfolgreicher Berufsarbeit stets neu zu erwerben trachtet, jene Demut und Gebrochenheit[183] des Wesens gesetzt wurde, welche teils die Folge der rein auf innere Erlebnisse gerichteten Gefühlserregung, teils des vom Pietismus zwar vielfach mit schweren Bedenken betrachteten, aber doch meist geduldeten lutherischen Beichtinstituts war.[184] Denn in alledem manifestiert sich eben jene spezifisch lutherische Art, das Heil zu suchen, für welche die „Vergebung der Sünden", nicht die praktische „Heiligung", das Entscheidende ist. An Stelle des planmäßigen rationalen Strebens darnach: das sichere *Wissen* von der künftigen (jenseitigen) Seligkeit zu erlangen und festzuhalten, steht hier das Bedürfnis, die Versöhnung und Gemeinschaft mit Gott, jetzt (diesseitig) zu *fühlen*. Wie aber im äußeren, „materiellen" [305] Leben die Neigung zum Gegenwartsgenuß streitet gegen die rationale Gestaltung der „Wirtschaft", die ja eben an der Fürsorge für die Zukunft verankert ist, – so verhält es sich, in gewissem Sinne, auch auf dem Gebiet des religiösen Lebens. Ganz offenbar enthielt also die Ausrichtung des religiösen Bedürfnisses auf eine gegenwärtige innerliche *Gefühls*affektion ein *minus* an Antrieb zur Rationalisierung des innerweltlichen *Handelns* gegenüber dem nur auf das Jenseits ausgerichteten Bewährungsbedürfnis der reformierten „Heiligen", während sie freilich gegenüber der traditionalistisch an Wort und Sakrament haftenden Gläubigkeit des orthodoxen Lutheraners immerhin ein plus an *methodischer* religiöser Durch-

---

182 Denn die gefühlsmäßige Verinnerlichung der Frömmigkeit ist dem Luthertum auch der Epigonenzeit keineswegs einfach fremd. Das *Asketische*, die in den Augen der Lutheraner nach „Werkheiligkeit" schmeckende Lebensreglementierung ist *hier* vielmehr der konstitutive Unterschied.

183 Eine „herzliche Angst" sei ein besseres Zeichen der Gnade als die „Sicherheit" – meint Spener Theol. Bedenken I, 324. Auch bei puritanischen Schriftstellern finden wir natürlich nachdrückliche Warnungen vor „falscher Sicherheit", aber wenigstens die Prädestinationslehre wirkte, soweit ihr Einfluß die Seelsorge bestimmte, stets in der entgegengesetzten Richtung.

184 Denn der *psychologische* Effekt des Bestehens der Beichte war überall *Entlastung* der Eigenverantwortung des Subjekts für seinen Wandel: – deshalb wird sie ja gesucht, – und damit der rigorosen Konsequenz der asketischen Anforderungen.

dringung der Lebensführung zu entwickeln geeignet war. Im Ganzen bewegte sich der Pietismus von Francke und Spener zu Zinzendorf hin in *zunehmender* Betonung des Gefühlscharakters. Es ist aber nicht irgend eine ihm immanente „Entwicklungstendenz", welche sich darin äußert, sondern jene Unterschiede folgen aus Gegensätzlichkeiten des religiösen und sozialen Milieus, dem ihre führenden Vertreter entstammten. Davon in anderen Zusammenhang. Erst später wird auch davon zu reden sein [306], wie die Eigenart des deutschen Pietismus in seiner sozialen und geographischen *Verbreitung* zum Ausdruck kommt.[185] Hier haben wir uns noch einmal daran zu erinnern, daß natürlich die Abschattierung dieses Gefühlspietismus gegenüber der religiösen Lebensführung der puritanischen Heiligen sich in ganz allmählichen Übergängen vollzieht. Wenn eine praktische Konsequenz des Unterschiedes wenigstens provisorisch schon hier charakterisiert werden soll, so kann man die Tugenden, welche der Pietismus züchtete, mehr als solche bezeichnen, wie sie einerseits der „berufstreue" Angestellte, Arbeiter und Hausindustrielle [307] und andererseits vorwiegend patriarchal gestimmte Arbeitgeber in Gott wohlgefälliger *Herablassung* (nach Zinzendorfs Art) entfalten konnten. Der Calvinismus erscheint im Vergleich damit dem harten rechtlichen und aktiven Sinn bürgerlich-kapitalistischer Unternehmer wahlverwandter.[186] Der *reine* Gefühlspietismus endlich ist – wie schon Ritschl[187] hervorgehoben hat – eine religiöse Spielerei für „leisure classes". So wenig erschöpfend diese Charakterisierung ist – wie sich noch zeigen wird – so entprechen ihr doch noch heute gewisse Unterschiede auch in der ökonomischen Eigenart der Völker, die unter

---

185 Wie stark dabei – auch für die *Art* der pietistischen Frömmigkeit – rein *politische* Momente mitspielen, hat schon Ritschl in seiner Darstellung des Württembergischen Pietismus (Bd. III des oft zit. Werkes) angedeutet.

186 Selbstverständlich ist auch der Calvinismus, jedenfalls der genuine, „patriarchalisch". Und der Zusammenhang des Erfolges z. B. von Baxters Tätigkeit mit dem hausindustriellen Charakter des Gewerbes in Kidderminster tritt in seiner Autobiographie deutlich hervor. S. die in den Works of the Pur. Divines p. XXXVIII zit. Stelle: „The town liveth upon the weaving of Kidderminster stuffs, and as they stand in their loom, they can set a book before them, or edify each other ..." Indessen ist dabei der Patriarchalismus auf dem Boden der reformierten und erst recht der täuferischen Ethik anders geartet als auf dem Boden des Pietismus. Dies Problem wird uns erst im anderen Zusammenhang beschäftigen [308].

187 Lehre von der Rechtfertigung und Versöhnung, 3. Aufl. I S. 598. – Wenn Friedrich Wilhelm I. den Pietismus überhaupt als eine für *Rentiers* geeignete Angelegenheit bezeichnete, so ist das freilich mehr für diesen König als für den Pietismus der Spener und Francke bezeichnend, und der König wußte wohl, warum er ihm durch sein Toleranzedikt seine Staaten öffnete.

dem Einfluß der einen oder anderen der beiden asketischen Richtungen gestanden haben. –

Die Verbindung gefühlsmäßiger und dabei doch asketischer Religiosität mit zunehmender Indifferenz oder Ablehnung der dogmatischen Fundamente der calvinistischen Askese charakterisiert nun auch das englisch-amerikanische Seitenstück des kontinentalen Pietismus: den *Methodismus*.[188] Schon sein Name zeigt, was den Zeitgenossen als Eigenart seiner Anhänger auffiel: die „methodische" Systematik der Lebensführung zum Zweck der Erreichung der certitudo salutis: denn um *diese* handelt es sich von Anfang an auch hier und sie blieb Mittelpunkt des religiösen Strebens. Die trotz aller Unterschiede unbezweifelbare Verwandtschaft mit gewissen Richtungen des deutschen Pietismus[189] zeigt sich nun vor allem darin, daß diese Methodik speziell auch auf die Herbeiführung des *gefühls*mäßigen Aktes der „Bekehrung" übertragen wurde. Und zwar nahm hier die – bei John Wesley durch Herrenhuterisch-lutherische Einflüsse erweckte – Gefühlsmäßigkeit, da der Methodismus von Anfang an auf Mission unter den Massen abgestellt war, einen stark *emotionellen* Charakter an, speziell auf amerikanischem Boden. Ein unter Umständen bis zu den fürchterlichsten Ekstasen gesteigerter Bußkampf, in Amerika mit Vorliebe auf der „Angstbank" vollzogen, führte zum Glauben an Gottes unverdiente Gnade und zugleich damit unmittelbar zum Bewußtsein der Rechtfertigung und Versöhnung. Diese emotionelle Religiosität ging nun, unter nicht geringen inneren Schwierigkeiten, mit der durch den Puri-

---

188 Zur orientierenden Einführung in die Kenntnis des Methodismus ist der vorzügliche Artikel „Methodismus" von Loofs in der Real-Encykl. f. Prot. Theol. u. K. 3. Aufl. ganz besonders geeignet. Auch die Arbeiten von Jacoby (speziell das „Handbuch des Methodismus"), Kolde, Jüngst [309] sind dazu brauchbar. Über Wesley: Tyerman, life and times of John W. London 1870 f. Das Buch von Watson (Life of W., auch in Übersetzung) ist populär. – Eine der besten Bibliotheken zur Geschichte des Methodismus hat die Northwestern University in Evanston bei Chicago. [310]

189 Sie ist – wenn man von den persönlichen Beeinflussungen der Wesleys absieht – historisch durch das Absterben des Prädestinationsdogmas einerseits und durch das wuchtige Wiedererwachen des „sola fide" bei den Gründern des Methodismus andererseits bedingt, vor allem aber durch den *Missions*charakter des Methodismus motiviert, der eine (umbildende) Repristination gewisser mittelalterlicher Methoden der „Erweckungs"-Predigt herbeiführte und diese mit pietistischen Formen kombinierte In eine *allgemeine* Entwicklungslinie zum „Subjektivismus" gehört die Erscheinung, – die in dieser Hinsicht nicht nur hinter dem Pietismus, sondern auch hinter der bernhardinischen Frömmigkeit des Mittelalters zurückstand, – sicherlich nicht hinein.

tanismus ein für allemal *rational* abgestempelten [311] Ethik eine [312] Verbindung ein. Zunächst wurde im Gegensatz zum Calvinismus, der alles nur Gefühlsmäßige für der Täuschung verdächtig hielt, prinzipiell eine rein *gefühlte*, aus der Unmittelbarkeit des Geisteszeugnisses fließende, absolute Sicherheit des Begnadeten – deren Entstehung wenigstens normalerweise auf Tag und Stunde feststehen sollte – als das einzig zweifellose Fundament der certitudo salutis angesehen. Ein dergestalt Wiedergeborener kann nun nach der Lehre Wesleys, die eine konsequente Steigerung der Heiligungsdoktrin, aber eine entschiedene Abweichung von der orthodoxen Fassung derselben darstellt, schon in diesem Leben kraft des Wirkens der Gnade in ihm durch einen zweiten, regelmäßig gesondert eintretenden und ebenfalls oft plötzlichen inneren Vorgang, die „Heiligung", zum Bewußtsein der *Vollkommenheit* im Sinne der Sündlosigkeit gelangen. So schwer dies Ziel erreicht wird – meist erst gegen Ende des Lebens – so unbedingt ist danach – weil es die certitudo salutis endgültig verbürgt und frohe Sicherheit an die Stelle der „mürrischen" Sorge der Calvinisten setzt[190] – zu streben, und es muß jedenfalls der wirklich Bekehrte sich als solcher vor sich selbst und anderen dadurch ausweisen, daß zum mindesten die Sünde „keine Macht mehr über ihn hat". Trotz der entscheidenden Bedeutung des Selbstzeugnisses des *Gefühls* wird dabei natürlich doch der am *Gesetz* orientierte heilige Wandel festgehalten. Wo Wesley gegen die Werkgerechtigkeit seiner Zeit kämpft, belebt er lediglich den altpuritanischen Gedanken wieder, daß die Werke nicht Realgrund, sondern nur Erkenntnisgrund des Gnadenstandes sind, und auch dies nur dann, wenn sie ausschließlich zu Gottes Ruhm getan werden. Der korrekte Wandel *allein* tut es nicht – wie er an sich selbst erfahren hat –: das *Gefühl* des Gnadenstandes muß dazu treten. Er selbst bezeichnet gelegentlich die Werke als „Bedingung" der Gnade und betont auch in der Deklaration vom 9. Aug. 1771[191], daß, wer keine guten Werke tut, kein wahrer Gläubiger sei [313]. Trotz alledem ergaben sich Schwierigkeiten.[192] Für diejenigen Methodisten, welche Anhänger der Prädestinationslehre waren, bedeutete die Verlegung der certitudo salutis statt in das aus der asketischen Lebens-

---

190 So hat Wesley selbst gelegentlich den Effekt des methodistischen Glaubens gekennzeichnet. Die Verwandtschaft mit der Zinzendorfschen „Glückseligkeit" liegt zutage.

191 S. dieselbe z. B. in Watsons Leben Wesleys (deutsche Ausg.) S. 331.

192 J. Schneckenburger, Vorlesungen über die Lehrbegriffe der kleinen protestantischen Kirchenparteien. Herausg. von Hundeshagen. Frankfurt 1863, S. 147.

führung selbst in stets neuer Bewährung folgende Gnadenbewußtsein in das unmittelbare Gnaden- und Vollkommenheits*gefühl*[193], – weil ja dann an den *einmaligen* Bußkampf sich die Sicherheit der „perseverantia" knüpfte – eins von zwei Dingen: entweder, bei schwachen Naturen, antinomistische Deutung der „christlichen Freiheit", also Kollaps der methodischen Lebensführung, – oder, wo diese Konsequenz abgelehnt wurde, eine zu schwindelnder Höhe sich aufgipfelnde Selbstgewißheit des Heiligen:[194] eine *gefühls*mäßige Steigerung des puritanischen Typus. Diesen Folgen suchte man, angesichts der Angriffe der Gegner, einerseits durch gesteigerte Betonung der normativen Geltung der Bibel und der Unentbehrlichkeit der Bewährung entgegenzutreten,[195] andererseits aber führten sie im Erfolg zu einer Verstärkung der anticalvinistischen, die Verlierbarkeit der Gnade lehrenden Richtung Wesleys innerhalb der Bewegung. Die starken lutherischen Einflüsse, denen, unter Vermittlung der Brüdergemeinde, Wesley ausgesetzt gewesen war,[196] verstärkten diese Entwicklung und vermehrten die *Unbestimmtheit* der religiösen Orientierung der methodistischen Sittlichkeit.[197] Im Ergebnis wurde schließlich wesentlich nur der Begriff der „regeneration" – einer unmittelbar als Frucht des *Glaubens* auftretenden gefühlsmäßigen Sicherheit der Errettung – als unentbehrlichen Fundaments und der Heiligung mit ihrer Konsequenz der (wenigstens virtuellen) Freiheit von der Macht der Sünde als des aus

---

193 Whitefield, der Führer der prädestinatianischen Gruppe, welche nach seinem Tode, weil unorganisiert, zerfiel, lehnte Wesleys „Vollkommenheits"-Lehre im wesentlichen ab. In der Tat ist dieselbe ja nur ein *Surrogat* des „Bewährungsgedankens" der Calvinisten.

194 Schneckenburger a. a. O. S. 145. Etwas anders Loofs a. a. O. [314]

195 So die Konferenz von 1770. Schon die erste Konferenz von 1744 hatte anerkannt, daß die Bibelworte „bis auf Haaresbreite" den Calvinismus einerseits, den Antinomismus andererseits streiften. Bei ihrer Dunkelheit solle man um doktrineller Differenzen willen sich nicht von einander scheiden, solange die Geltung der Bibel als *praktische* Norm festgehalten bleibe.

196 Von den Herrnhutern *schied* die Methodisten ihre Lehre von der Möglichkeit sündloser Vollkommenheit, welche speziell auch Zinzendorf ablehnte, während andererseits Wesley das *Gefühls*mäßige der herrnhuterischen Religiosität als „Mystik" empfand und Luthers Ansichten über das „Gesetz" als „blasphemisch" bezeichnete. [315]

197 John Wesley hebt gelegentlich hervor, daß man überall: bei Quäkern, Presbyterianern und Hochkirchlern, *Dogmen* glauben müsse, nur bei den Methodisten nicht. – Vgl. zu dem Vorstehenden auch die freilich summarische Darstellung bei Skeats, History of the free churches of England 1688–1851.

jener folgenden Erweises des Gnadenstandes konsequent festgehalten und die Bedeutung der äußeren Gnadenmittel, insbesondere der Sakramente, entsprechend entwertet. [316]

Der Methodismus erscheint danach für *unsere* Betrachtung als ein in seiner Ethik ähnlich schwankend fundamentiertes Gebilde wie der Pietismus. Aber immerhin diente das Streben nach dem „higher life“, dem „zweiten Segen“, als eine Art Surrogat der Prädestinationslehre und, auf dem Boden Englands erwachsen, orientierte sich die Praxis seiner Ethik durchaus an derjenigen des [317] reformierten Christentums, dessen „revival“ er ja sein wollte. *Methodisch* wird der emotionelle Akt der Bekehrung herbeigeführt und, nachdem er erzielt ist, findet nicht ein frommes *Genießen* der Gemeinschaft mit Gott nach Art des gefühlsmäßigen Pietismus Zinzendorfs statt, sondern alsbald wird das erweckte Gefühl in die Bahn *rationalen* Vollkommenheits*strebens* geleitet. Der emotionelle Charakter der Religiosität führte daher nicht zu einem innerlichen Gefühlschristentum nach Art des deutschen Pietismus. Daß dies mit der (zum Teil gerade infolge des emotionellen Ablaufs der Bekehrung) *geringeren* Entwicklung des *Sünden*gefühls zusammenhängt, hat schon Schneckenburger gezeigt und ist ein stehender Punkt in der Kritik des Methodismus geblieben. Hier blieb der *reformierte* Grundcharakter des religiösen Empfindens maßgebend. Die Gefühlserregung nimmt den Charakter eines nur gelegentlich, dann aber „korybantenartig“ geschürten Enthusiasmus an, der den rationalen Charakter der Lebensführung im übrigen keineswegs beeinträchtigt.[198] Die „regeneration“ des Methodismus schuf so lediglich eine *Ergänzung* der reinen Werkheiligkeit: eine religiöse Verankerung der asketischen Lebensführung, nachdem die Prädestination aufgegeben worden war. Die Kennzeichen des Wandels, unentbehrlich als Kontrolle der wahren Bekehrung, als ihre „Bedingung“, wie Wesley gelegentlich sagt, sind in der Sache dabei die gleichen wie im Calvinismus. Als einen Spät-

---

198 Natürlich aber beeinträchtigen *kann*, wie er dies heute bei den amerikanischen Negern tut. – Im übrigen hängt der oft ausgeprägt pathologische Charakter der methodistischen Emotion im Gegensatz zu der relativ milden Gefühlsmäßigkeit des Pietismus wohl – neben rein historischen Gründen und der Publizität des Vorgangs – *vielleicht* auch mit stärkerer *asketischer* Durchdringung des Lebens in den Verbreitungsgebieten des Methodismus näher zusammen. Das zu entscheiden wäre aber nur Sache der Neurologen. (Manche geistreich durchgeführten Hypothesen über die Wirkung von „Affektverdrängungen“ usw. in dem früher zit. Werk von W. Hellpach).

ling[199] können wir den Methodismus im folgenden bei der Erörterung der Berufsidee, zu deren Entfaltung er nichts Neues beisteuerte [318], im wesentlichen beiseite lassen. Wichtig für unsere Probleme wird er erst wieder, wo wir zur Betrachtung der Sozialethik und damit der Reglementierung des Berufslebens durch die kirchlichen Organisationen gelangen. Denn in der Art der *Organisation* liegt das Eigenartige seiner Wirksamkeit begründet. –

Der Pietismus des europäischen Kontinents und der Methodismus der angelsächsischen Völker, sind nach ihrem Gedankengehalt sowohl als nach ihrer geschichtlichen Entwicklung betrachtet, sekundäre Erscheinungen [319]. Dagegen steht als zweiter *selbständiger* Träger protestantischer Askese neben dem Calvinismus das *Täufertum* und die aus ihm im Laufe des 16. und 17. Jahrhunderts direkt oder durch Aufnahme seiner religiösen Denkformen hervorgegangenen Sekten[200] der *Baptisten*, *Mennoniten* und, vor allem, der *Quäker*.[201] Mit ihnen gelangen wir zu reli-

---

199 Loofs a. a. O. S. 750 hebt nachdrücklich hervor, daß der Methodismus sich von anderen asketischen Bewegungen dadurch unterscheidet, daß er *nach* der englischen Aufklärungsepoche liegt und stellt ihn zu der (freilich sehr viel schwächlicheren) Renaissance des Pietismus im ersten Drittel dieses Jahrhunderts bei uns in Parallele. – Aber immerhin wird, im Anschluß an Ritschl, Lehre von der Rechtfertigung und Versöhnung, Bd. I S. 568 f., doch wohl auch die Parallelisierung mit der Zinzendorfschen Spielart des Pietismus, die ja – im Gegensatz zu Spener und Francke – *auch* schon Reaktion gegen die Aufklärung ist, erlaubt bleiben. Nur nimmt eben diese Reaktion im Methodismus, wie wir sahen, eine sehr andere Richtung als im Herrenhutertum, wenigstens soweit es von Zinzendorf beeinflußt war.

200 Von den Baptisten gehen nur die sog. „General Baptists" auf die alten Täufer zurück. Die „Particular Baptists" sind, – wie schon früher gesagt – Calvinisten, welche die Kirchenzugehörigkeit prinzipiell auf die Wiedergeborenen resp. doch auf *persönliche* Bekenner beschränken, daher prinzipielle Voluntaristen und Gegner aller Staatskirchen bleiben, – in der Praxis freilich unter Cromwell nicht immer konsequent. Sie interessieren uns daher erst in anderem Zusammenhang. Aber auch die General Baptists, so historisch wichtig sie als Träger der täuferischen Tradition sind, bieten für uns hier keinen Anlaß zu besonderer Berücksichtigung [320]. Uns gehen wesentlich die Mennoniten und – besonders – die Quäker an. Daß diese, formell eine Neustiftung von George Fox und seinen Genossen, in ihren Grundgedanken lediglich Fortsetzer täuferischer Tradition sind, ist fraglos. Die beste Einführung in ihre Geschichte, zugleich unter Veranschaulichung ihrer Beziehung zu Baptisten und Mennoniten, gibt Robert *Barclay*, The inner life of the religious societies of the Commonwealth, 1876. [321] Die beste *Baptisten*-Bibliothek scheint sich im Colgate College im Staat New York zu befinden. [322] –

201 Es ist eins der vielen Verdienste von Karl Müllers Kirchengeschichte, der in ihrer Art großartigen, wennschon äußerlich unscheinbaren, Täuferbe-

giösen Gemeinschaften, deren Ethik auf einer prinzipiell gegenüber der reformierten Lehre heterogenen Grundlage ruht. Die

---

wegung die verdiente Stellung innerhalb der Darstellung eingeräumt zu haben. Wie keine andere hat sie unter der erbarmungslosen Verfolgung von seiten *aller* „Kirchen" gelitten, – weil sie eben *Sekte* im spezifischen Sinn des Worts sein *wollte*. Sie war durch die Katastrophe der aus ihr hervorgegangenen eschatologischen Richtung in Münster noch nach 5 Generationen in der ganzen Welt (England z. B.) diskreditiert. Und sie ist, immer wieder zerdrückt und in die Winkel gescheucht, vor Allem erst lange nach ihrem Entstehen zu einer zusammenhängenden Formulierung ihres religiösen *Gedanken*gehalts gelangt. So hat sie *noch* weniger „Theologie" produziert, als mit ihren an sich dem fachmäßigen Betrieb des Glaubens an Gott als einer „Wissenschaft" feindseligen Grundsätzen vereinbar gewesen wäre. Das berührte die ältere Fachtheologie – schon ihrer eigenen Zeit, – wenig sympathisch und imponierte ihr auch sehr wenig. Aber selbst bei manchen Neueren steht es nicht anders. Bei Ritschl, Pietismus I S. 22 f. z. B. sind die „Wiedertäufer" wenig unbefangen, ja in geradezu schnöder Weise behandelt: man fühlt sich versucht, von einem theologischen „Bourgeoisstandpunkt" zu sprechen. Dabei lag das schöne Werk von Cornelius (Geschichte des Münsterschen Aufruhrs) seit Jahrzehnten vor. Ritschl konstruiert auch hier überall einen Kollaps – von seinem Standpunkt aus – ins „Katholische" und wittert direkte Einflüsse der Spiritualen und Franzikaner-Observanten. Wären solche vereinzelt nachweisbar, so wären diese Fäden doch sehr dünn. Und vor allem ist der historische Sachverhalt doch wohl der, daß die offizielle katholische Kirche die *inner*weltliche Askese der Laien, wo immer sie es bis zur Konventikelbildung brachte, mit äußerstem Mißtrauen behandelte und in die Bahn der Ordensbildung – also aus der „Welt" *heraus* – zu lenken suchte, oder doch geflissentlich als Askese zweiten Grades den Bettelorden [323] angliederte und ihrer Kontrolle unterordnete. Wo dies nicht gelang, witterte sie ganz ebenso die Gefahr, daß die Pflege subjektivistischer asketischer Sittlichkeit zur Autoritätsverneinung und Häresie führe, wie dies – mit gleichem Recht – die Kirche Elisabeths gegenüber den „prophesyings", den halbpietistischen Bibelkonventikeln, auch wo sie in bezug auf „conformism" durchaus korrekt waren, tat, und wie es die Stuarts in ihrem Book of sports – worüber später – zum Ausdruck brachten. Die Geschichte zahlreicher Ketzerbewegungen, aber auch z. B. der Humiliaten und Beghinen, und ebenso das Schicksal des heiligen Franz sind Belege dafür. – Die Predigt der Bettelmönche, zumal der Franziskaner, hat für die asketische Laiensittlichkeit des reformiert-täuferischen Protestantismus wohl mehrfach den Boden bereiten helfen. Aber die massenhaften Züge von Verwandtschaft zwischen der Askese innerhalb des Mönchtums des Okzidentes und der asketischen Lebensführung innerhalb des Protestantismus, – die auch in unserem Zusammenhang, als höchst lehrreich, immer wieder zu betonen sein werden, – haben ihren schließlichen Grund doch darin, daß natürlich *jede* auf dem Boden des biblischen Christentums stehende Askese eben notwendig gewisse wichtige gemeinsame Züge haben *muß*, – und weiterhin darin, daß überhaupt *jede* Askese irgendwelchen Bekenntnisses bestimmte probate Mittel zur „Abtötung" des Fleisches benötigt. – Zu der folgenden Skizze ist noch zu bemerken, daß ihre Kürze dem Umstand zuzuschreiben ist, daß eben für das in *diesem* Kapitel zu erörternde Problem: die [324] religiösen Grundlagen

nachfolgende Skizze, die ja nur das für *uns* vorläufig Wichtige heraushebt, vermag von der Vielgestalt dieser Bewegung keinen Begriff zu geben. Wir legen natürlich wieder das Hauptgewicht auf die Entwicklung in den altkapitalistischen Ländern. – Der historisch und prinzipiell wichtigste Gedanke aller dieser Gemeinschaften, dessen Tragweite für die Kulturentwicklung freilich erst in einem anderen Zusammenhang ganz deutlich werden kann, ist uns in Ansätzen bereits begegnet: die „believers' church".[202] Das heißt, daß die religiöse Gemeinschaft, die „sichtbare Kirche" nach dem Sprachgebrauch der Reformationskirchen[203], nicht mehr aufgefaßt wird als eine Art Fideikommisstiftung zu überirdischen Zwecken, eine, notwendig Gerechte und Ungerechte umfassende, *Anstalt*, – sei es zur Mehrung des Ruhmes Gottes (calvinistisch), sei es zur Vermittlung von Heilsgütern an die Menschen (katholisch und lutherisch), – sondern ausschließlich als eine Gemeinschaft der *persönlich Gläubigen und Wiedergeborenen* und nur dieser: mit anderen Worten nicht als eine „Kirche", sondern als eine „Sekte".[204] Nur dies sollte ja

der „bürgerlichen" *Berufs*idee, die täuferische Ethik nur von sehr begrenzter Bedeutung ist. [325] – Die [326] soziale Seite der Bewegung wird vorerst geflissentlich beiseite gelassen. Infolge der Problemstellung kann von dem historischen Gehalt der *älteren* Täuferbewegung auch *nur* das hier zur Darstellung gelangen, was nachher auf die Eigenart der für uns im Vordergrunde stehenden Sekten: Quäker und (mehr nebenher) Mennoniten, eingewirkt hat.

202 S. oben Anmerkung 134.

203 Über dessen Ursprung und Wechsel s. a. Ritschl in seinen „Gesammelten Aufsätzen" S. 69 f.

204 Natürlich haben die Täufer die Bezeichnung als „Sekte" stets abgelehnt. Sie sind *die* Kirche im Sinne des Epheserbriefes (5, 27). Aber sie sind für *unsere* Terminologie „Sekte" *nicht nur*, weil sie jeder Beziehung zum Staat entbehren. Das Verhältnis zwischen Kirche und Staat in der ersten Zeit des Christentums war freilich, noch bei den Quäkern (Barclay), ihr Ideal, da ihnen, wie manchen Pietisten (Tersteegen), *nur* die Reinheit der Kirchen unter dem Kreuz unverdächtig war. Aber unter einen *un*gläubigen Staat, oder gar unter dem Kreuz, mußten auch die Calvinisten, faute de mieux, – ähnlich wie im gleichen Fall selbst die katholische Kirche, – für Trennung von Staat und Kirche sein. Auch *nicht* deshalb sind sie eine „Sekte", weil die Aufnahme in die Kirchenmitgliedschaft *de facto* durch einen Aufnahmevertrag zwischen Gemeinde und Katechumenen erfolgte. Denn das war *formell* z. B. auch in den niederländischen reformierten Gemeinden (als Folge der ursprünglichen politischen Lage) nach der alten Kirchenverfassung der Fall (s. darüber v. Hoffmann, Kirchenverfassungsrecht der niederl. Reformierten Leipzig 1902). – Sondern deshalb, weil gemäß ihren gleich zu erörternden Grundsätzen die Kirche überhaupt *nur* voluntaristisch organisiert sein *durfte* [327], sollte sie nicht Unwiedergeborene in sich schließen und also von dem altchristlichen Vorbild abweichen. Bei den täuferischen Gemeinschaften liegt es im *Begriff* der „Kirche", was bei den Reformierten als faktischer

auch das an sich rein äußerliche Prinzip, ausschließlich Erwachsene, die persönlich den Glauben sich innerlich erworben und bekannt haben, zu taufen, symbolisieren.[205] Die „Rechtfertigung" *durch* diesen Glauben ist nun bei den Täufern, wie sie bei allen Religionsgesprächen beharrlich wiederholt haben, radikal verschieden von dem Gedanken einer „forensischen" *Zurechnung* des Verdienstes Christi, wie er die orthodoxe Dogmatik des alten Protestantismus beherrscht.[206] Sie besteht vielmehr in der *innerlichen Aneignung* seines Erlösungswerkes. Diese aber erfolgt durch individuelle *Offenbarung*, die Wirkung des göttlichen Geistes im einzelnen, und *nur* durch diese. Sie wird jedem angeboten und es genügt, auf den Geist zu harren und nicht durch sündliches Kleben an der Welt seinem Kommen zu widerstreben. Die Bedeutung des Glaubens im Sinn der Kenntnis der Kirchenlehre, ebenso aber auch im Sinn bußfertigen Ergreifens der göttlichen Gnade, trat demgegenüber natürlich ganz zurück, und es fand eine – natürlich stark umbildende – Renaissance urchristlicher pneumatisch-religiöser Gedanken statt. Die Sekte, welcher Menno Simons in seinem Fondamentboek (1539) als erster eine leidlich geschlossene Lehre schuf, wollte ebenso wie die anderen täuferischen Sekten *die* wahre unsträfliche Kirche Christi sein, wie die Urgemeinde ausschließlich aus *persönlich* von Gott Erweckten und Berufenen bestehend. Die Wiedergeborenen und nur sie sind Christi Brüder, weil, wie er, von Gott geistig direkt gezeugt.[207] Strenge *Meidung* der „Welt", d. h. alles nicht unbedingt nötigen Verkehrs mit den Weltleuten, in Verbindung mit striktester Bibliokratie im Sinn der Vorbildlichkeit des Lebens der ersten Christengeneration ergaben sich daraus für die ersten

---

Zustand vorkam. Daß freilich auch bei *diesen* ganz bestimmte religiöse Motive zur „believers' church" drängten, wurde schon angedeutet und wird uns in seinen Folgen später noch beschäftigen [328].

205 Wie wichtig das Symbol geschichtlich für die Konservierung der Gemeinschaft der Kirchen war, – weil es für diese ein unzweideutiges und unverkennbares Merkmal schuf, – hat Cornelius a. a. O. sehr klar ausgeführt.

206 Gewisse Annäherungen daran in der Rechtfertigungslehre der Mennoniten können hier außer Betracht bleiben.

207 Auf diesem Gedanken beruht vielleicht das religiöse Interesse an den Erörterungen der Fragen, wie die Inkarnation Christi und seine Beziehung zur Jungfrau Maria zu denken sei, welche oft als *einziger* rein dogmatischer Bestandteil, sich so seltsam schon in den ältesten Dokumenten der Täufer (z. B. den bei Cornelius, Appendix zu Band II a. a. O. abgedruckten „Bekenntnissen") ausnimmt (s. darüber u. a. K. Müller, K. G. II, 1, S. 330). Der Differenz in der Christologie der Reformierten und der Lutheraner (in der Lehre von der sog. communicatio idiomatum) lagen ja ähnliche religiöse Interessen zugrunde.

Täufergemeinschaften, und dieser Grundsatz der Weltmeidung ist, solange der alte Geist lebendig blieb, nie ganz verschwunden.[208] Als bleibenden Besitz nahmen die täuferischen Sekten aus diesen ihre Anfänge beherrschenden Motiven jenes Prinzip mit, welches wir – etwas anders begründet – schon beim Calvinismus kennen lernten und dessen fundamentale Wichtigkeit immer wieder hervortreten wird: die unbedingte *Verwerfung aller „Kreaturvergötterung"* als einer Entwertung der Gott allein geschuldeten Ehrfurcht.[209] Die biblische Lebensführung war bei der ersten schweizerisch-oberdeutschen Täufergeneration ähnlich radikal gedacht, wie ursprünglich beim heiligen Franz als ein schroffer Bruch mit aller Weltfreude und ein Leben strikt nach dem Vorbild der Apostel. Und wirklich erinnert das Leben vieler ihrer ersten Vertreter an dasjenige des heiligen Aegidius. Aber diese strikteste Bibelobservanz[210] stand gegenüber dem pneumatischen Charakter der Religiosität auf nicht allzu festen Füßen. Was Gott den Propheten und Aposteln offenbart hat, ist ja nicht alles, was er offenbaren kann und will. Im Gegenteil: die Fortdauer des Worts, nicht als einer geschriebenen Urkunde, sondern als einer im täglichen Leben der Gläubigen wirkenden Kraft des heiligen Geistes, der direkt zu dem einzelnen, der ihn

---

208 Er drückt sich namentlich in der ursprünglich strengen Meidung der Exkommunizierten auch im bürgerlichen Verkehr aus, – ein Punkt, in welchem selbst die Calvinisten der Auffassung, daß die bürgerlichen Verhältnisse grundsätzlich von den geistlichen Zensuren nicht berührt werden, Konzessionen machten. Darüber später [329].

209 Wie sich dieser Grundsatz in den scheinbaren unwichtigen Äußerlichkeiten bei den Quäkern äußerte (Ablehnung des Hutabnehmens, Kniens, Sich-Verbeugens und ebenso der Pluralanrede) ist bekannt. Aber der *Grund*gedanke ist an sich *jeder* Askese in gewissem Umfang eigen, die deshalb in ihrer *genuinen* Gestalt stets „autoritätsfeindlich" ist. Im Calvinismus äußerte er sich in dem Prinzip, daß in der *Kirche* nur *Christus* herrschen solle. Was den Pietismus anlangt, so denke man an Speners Mühe, die *Titulaturen* biblisch zu rechtfertigen. – Die *katholische* Askese hat diesen Zug, soweit die *kirchliche* Obrigkeit in Betracht kommt, durch das *Gehorsams*gelübde gebrochen, indem sie den Gehorsam selbst asketisch deutete. Jene „Umstülpung" dieses Prinzips in der protestantischen Askese ist die historische Grundlage der Eigenart noch der heutigen *Demokratie* puritanisch beeinflußter Völker und ihres Unterschiedes von derjenigen des „lateinischen Geistes". Sie ist es auch, welche jener „Respektlosigkeit" der Amerikaner historisch zugrunde liegt, die – je nachdem – den einen abstoßend, den andern erfrischend berührt.

210 Freilich galt diese bei den Täufern von Anfang an wesentlich nur dem *neuen*, nicht in gleicher Weise dem alten Testament. Speziell die Bergpredigt erfreut sich bei allen Denominationen einer spezifischen Schätzung als sozialethisches Programm.

hören will, spricht, ist – wie schon Schwenckfeld gegen Luther und später Fox gegen die Presbyterianer lehrte – nach dem Zeugnis der Urgemeinden das alleinige Kennzeichen der wahren Kirche. Es hat sich aus diesem Gedanken der fortdauernden Offenbarung die bekannte, später bei den Quäkern konsequent entwickelte Lehre von der in letzter Instanz entscheidenden Bedeutung des innerlichen Zeugnisses des Geistes in Vernunft und *Gewissen* ergeben. Damit war nicht die Geltung, wohl aber die *Allein*herrschaft der Bibel beseitigt und zugleich eine Entwicklung eingeleitet, welche mit allen äußeren und magischen Resten der kirchlichen Heilslehre, schließlich, bei den Quäkern, auch mit Taufe und Abendmahl, radikal aufräumte.[211] [331]

Nur das „innere Licht" [332] befähigt überhaupt zum wahren Verständnis auch der biblischen Offenbarungen Gottes.[212] Seine Wirkung kann sich andererseits, wenigstens nach der Lehre der Quäker, welche hier die letzte Konsequenz zogen, erstrecken auf Menschen, die niemals die biblische Form der Offenbarung kennen gelernt haben. Der Satz: „extra ecclesiam nulla salus" gilt nur für diese *un*sichtbare Kirche der vom Geist Erleuchteten. *Ohne* das innere Licht bleibt der natürliche, auch der von der natürlichen Vernunft geleitete,[213] Mensch rein kreatürliches We-

---

211 Schon Schwenckfeld hatte die äußere Verrichtung der Sakramente für ein Adiaphoron gehalten, während die „General Baptists" und die Mennoniten an Taufe und Abendmahl, daneben die Mennoniten an der Fußwaschung, strikt festhielten. [330]

212 Hierfür berufen sich die täuferischen Denominationen, speziell die Quäker (Barclay, Apology for the true Christian Divinity 4. Aufl. London 1701, – mir durch Ed. Bernsteins Liebenswürdigkeit zur Verfügung gestellt –), auf Calvins Äußerung in der Inst. Christ. Theol. III, 2 wo sich in der Tat ganz unverkennbare Annäherungen an die täuferische Lehre finden. Auch die ältere *Unterscheidung* der Dignität des „Wortes Gottes" – als dessen, was Gott den Patriarchen, Propheten, Aposteln geoffenbart hat – und der „heiligen Schrift" als dessen, was sie davon *aufgezeichnet* haben, berührte sich, wohl ohne daß ein geschichtlicher Zusammenhang stattfände, doch innerlich mit der Auffassung der Täufer vom Wesen der Offenbarung. Die mechanische Inspirationslehre und damit die strikte Bibliokratie bei den Calvinisten ist ebenso erst Produkt einer im Lauf des 16. Jahrhunderts eingetretenen Entwicklung in der einen Richtung, wie die Lehre vom „inneren Licht" in der auf täuferischer Grundlage ruhender Lehre der Quäker das Resultat einer gerade entgegengesetzt verlaufenden Entwicklung ist. Die scharfe Scheidung war hier zum Teil wohl auch Folge konstanter Auseinandersetzung.

213 Dies wird scharf gegen gewisse Tendenzen der Sozinianer betont. Die „natürliche" Vernunft weiß *gar nichts* von Gott (Barclay a. a. O. p. 102). Damit ist die Stellung, welche die „lex naturae" sonst im Protestantismus einnimmt, wiederum verschoben. Es kann prinzipiell keine „general rules", keinen Moral*kodex* geben, denn den „Beruf", den jeder hat, und der für jeden

sen, dessen völlige Gottferne die Täufer, auch die Quäker, noch schroffer empfanden, als der Calvinismus. Die Wiedergeburt andererseits, welche der Geist, wenn wir *auf ihn harren* und uns ihm innerlich hingeben, herbeiführt, *kann*, weil gottgewirkt, zu einem Zustand so völliger Überwindung der Macht der Sünde führen,[214] daß Rückfälle oder gar der Verlust des Gnadenstandes faktisch unmöglich werden, obwohl, wie später im Methodismus, die Erreichung jenes Zustandes nicht als die Regel, der Grad der Vollkommenheit des einzelnen vielmehr als der Entwicklung unterworfen gilt: *alle* täuferischen Gemeinschaften wollen aber „*reine*" Gemeinden im Sinn des tadellosen Wandels ihrer Mitglieder sein. Die innere Abscheidung von der Welt und ihren Interessen und die unbedingte Unterstellung unter die Herrschaft des im Gewissen zu uns redenden Gottes ist auch allein untrügliches Merkmal wirklicher Wiedergeburt und der dementsprechende Wandel also Erfordernis der Seligkeit. Sie kann nicht verdient werden, sondern ist Gnadengeschenk Gottes, aber nur der nach seinem Gewissen Lebende darf sich als wiedergeboren ansehen. Die „guten Werke" in diesem Sinn sind „causa sine qua non". Man sieht, diese letzteren Gedankenreihen Barclays, an den wir uns gehalten haben, kommen der reformierten Lehre praktisch doch wieder gleich und ist sicherlich entwickelt unter

---

ein *individueller* ist, zeigt uns Gott durch das *Gewissen. Nicht* „das Gute" – im generalisierenden Begriffe der „natürlichen" Vernunft – sondern *Gottes Willen* sollen wir tun, wie er uns im neuen Bund in die Herzen geschrieben ist und im Gewissen sich äußert (Barclay p. 73 f. 76). Diese – aus der gesteigerten Gegensätzlichkeit des Göttlichen und Kreatürlichen folgende – *Irrationalität* des Sittlichen spricht sich in den für die Quäker-Ethik grundlegenden Sätzen aus: what a man does contrary to his faith, *though his faith may be wrong*, is no ways acceptable to God ... though *the thing might have been lawful to another* (Barclay p. 487). Sie war in der Praxis natürlich nicht festzuhalten. Die „moral and perpetual statutes acknowledged by all Christians" sind z. B. bei Barclay sogar die Schranke der *Toleranz*. Praktisch haben die Zeitgenossen ihre Ethik als – mit einigen Besonderheiten – derjenigen der reformierten Pietisten gleichartig empfunden. „Alles Gute in der Kirche werde als Quäkertum verdächtigt", hebt Spener wiederholt hervor. Sp. möchte daher die Quäker um diesen Ruf beneiden. Cas. Theol. III, 6, 1, Dist. 2 (N. 64). – Die Ablehnung des Eides wegen eines Bibelworts zeigt schon, wie wenig weit die wirkliche Emanzipation vom Schriftwort ging. Die *sozial*ethische Bedeutung des von manchen Quäkern als Inbegriff der *ganzen* christlichen Ethik angesehenen Satzes: „Tut anderen nur, was ihr wollt, daß sie euch tun" – wird uns später beschäftigen [333].

214 Die Notwendigkeit der Annahme dieser *Möglichkeit* begründet Barclay damit, weil ohne sie „there should never be a place known by the Saints wherein they might be free of doubting and despair, which ... *is most absurd*". Man sieht: die certitudo salutis hängt daran. So Barclay a. a. O. p. 20.

dem Einfluß der calvinistischen Askese, welche die täuferischen Sekten in England und den Niederlanden vorfanden und deren ernstliche und innerliche Aneignung zu predigen die ganze erste Zeit der Missionstätigkeit von G. *Fox* ausfüllte.

Psychologisch ruht aber – da die Prädestination verworfen wird – der spezifisch *methodische* Charakter der täuferischen Sittlichkeit vor allem auf dem Gedanken des „*Harrens*“ auf die Wirkung des Geistes, welcher noch heute dem quäkerischen „meeting“ seinen Charakter aufprägt und von Barclay schön analysiert ist: Zweck dieses schweigenden Harrens ist die Überwindung des Triebhaften und Irrationalen, der Leidenschaften und Subjektivitäten des „natürlichen“ Menschen: er soll schweigen, um so jene tiefe Stille in der Seele zu schaffen, in welcher allein Gott zu Worte kommen kann. Freilich *kann* die Wirkung dieses „Harrens“ in hysterischen Zuständen, Prophetie und, solange eschatologische Hoffnungen bestanden, unter Umständen selbst in einen Ausbruch von enthusiatischem Reformeifer [334] ausmünden, wie dies [335] bei der in Münster vernichteten Richtung der Fall war. Aber mit dem Einströmen des Täufertums in das normale weltliche Berufsleben bedeutete andererseits der Gedanke, daß Gott nur redet, wo die Kreatur schweigt, offenbar eine Erziehung zur ruhigen *Erwägung* des Handelns und zu dessen Orientierung an sorgsamer individueller *Gewissens*erforschung.[215] Diesen ruhigen, nüchternen, hervorragend gewissenhaften Charakter hat denn auch die Lebenspraxis der späteren täuferischen Gemeinschaften, in ganz spezifischem Maße die der Quäker, sich zu eigen gemacht. Damit ging Hand in Hand die Akkommodation an die Berufsarbeit [337]. Während die Führer der ältesten Täuferbewegung in ihrer Weltabgewandtheit rücksichtslos radikal gewesen waren, war natürlich doch schon in der ersten Generation die strikt apostolische Lebensführung *nicht* unbedingt bei *allen* als erforderlich für den Erweis der Wiedergeburt festgehalten worden. Schon dieser Generation gehörten wohlhabende bürgerliche Elemente an, und schon vor Menno, der durchaus auf dem Boden der innerweltlichen Berufstugend und der Privateigentumsordnung stand, hatte die ernste Sitten-

---

215 Es bleibt also eine Differenz in der Tonart zwischen der calvinistischen und der quäkerischen Rationalisierung des Lebens bestehen. Aber wenn Baxter diesen dahin formuliert, daß der „Geist“ bei den Quäkern auf die Seele wirken solle wie auf einen Kadaver, während der (charakteristisch formulierte) reformierte Grundsatz sei: „reason and spirit are conjunct principles“ (Christ. Dir. II S. 76), so galt der Gegensatz in *dieser* Art für seine Zeit jedenfalls [336] nicht mehr.

strenge der Täufer sich diesem durch die reformierte Ethik gegrabenen Bette praktisch zugewendet,[216] weil eben die Entwicklung zur außerweltlichen, mönchischen Form der Askese seit Luther, dem hierin auch die Täufer folgten, als unbiblisch und werkheilig ausgeschlossen war. Immerhin hat – von den hier nicht zu erörternden halbkommunistischen Gemeinschaften der Frühzeit abgesehen – nicht nur bis in die Gegenwart eine täuferische Sekte – die sog. „Tunker" (dompelaers, dunckards) – an der Verwerfung der Bildung und jedes, das zur Lebensfristung Unentbehrliche übersteigenden Besitzes festgehalten, sondern es ist z. B. auch bei Barclay die Berufstreue nicht in calvinistischer oder auch nur lutherischer, sondern eher in thomistischer Art als „naturali ratione" unvermeidliche *Konsequenz* der Verflochtenheit des Gläubigen in die Welt aufgefaßt.[217] Lag in diesen Anschauungen eine ähnliche Abschwächung der calvinistischen Berufsidee [340], wie in vielen Äußerungen Speners und der deutschen Pietisten, so wurde andererseits die Intensität des ökonomischen Berufsinteresses bei den täuferischen Sekten durch verschiedene Momente wesentlich *gesteigert*. Einmal durch die, ursprünglich als eine aus der Abscheidung von der Welt folgende religiöse Pflicht aufgefaßte, Ablehnung der Übernahme von Staatsämtern, welche, auch nach der Aufgabe als Prinzip, doch wenigstens bei Mennoniten und Quäkern praktisch fortbestand infolge der strikten Ablehnung des Waffengebrauchs und Eides,

---

216 S. die sehr sorgfältigen Artikel „Menno" und „Mennoniten" von Cramer in der R. E. f. Pr. Th. u. K. speziell S. 604. Wir werden bei Besprechung der Klassenbeziehungen der protestantischen Askese darauf zurückkommen. So gut übrigens die eben genannten Artikel sind, so wenig eindringend und z. T. direkt ungenau ist der Art. „Baptisten" daselbst. Sein Verf. kennt z. B. die für die Geschichte des Baptismus unentbehrlichen „Publications of the Hanserd Knollys Society" nicht.

217 So wird von Barclay a. a. O. S. 404 ausgeführt, daß Essen, Trinken und *Erwerb natural*, nicht spiritual, acts seien, welche auch *ohne* Gottes speziellen Ruf getan werden können. – Die Ausführung ist die Antwort auf den (charakteristischen) Einwand, daß, wenn man, wie die Quäker lehren, nicht ohne spezielle „motion of the spirit" beten dürfe, man auch nicht ohne solchen speziellen Antrieb Gottes würde pflügen dürfen. – Daß auch in modernen Resolutionen von Quäker-Synoden der Rat vorkommt, sich nach Erwerb genügenden Vermögens vom Erwerbsleben zurückzuziehen, um in der Ruhe vor den Getrieben der Welt ganz dem Reiche Gottes leben zu können, ist natürlich auch bezeichnend, wennschon solche Gedanken sich sicherlich in den [338] Denominationen, auch der calvinistischen, gelegentlich finden. Es kommt eben auch darin zum Ausdruck, daß die Annahme der bürgerlichen Berufsethik seitens der Träger *Akkommodation* [339] einer ursprünglich *weltflüchtigen* Askese war.

da hieraus die Disqualifikation für öffentliche Ämter sich ergab. Mit ihr ging die bei allen täuferischen Denominationen unüberwindliche Gegnerschaft gegen jede Art aristokratischen Lebensstils Hand in Hand, teils, wie bei den Calvinisten, eine Folge des Verbotes der Kreaturverherrlichung, teils ebenfalls Konsequenz jener unpolitischen oder geradezu antipolitischen Grundsätze. Die ganze nüchterne und gewissenhafte Methodik der täuferischen Lebensführung wurde dadurch in die Bahn des unpolitischen Berufslebens gedrängt. Dabei prägte nun die ungeheure Bedeutung, welche die täuferische Heilslehre auf die Kontrolle durch das Gewissen, als die individuelle Offenbarung Gottes legte, ihrer Gebarung im Berufsleben einen Charakter auf, dessen große Bedeutung für die Entfaltung wichtiger Seiten des kapitalistischen Geistes wir erst bei Betrachtung der Sozialethik der protestantischen Askese näher kennen lernen werden [341]. Wir werden dann – um wenigstens dies vorwegzunehmen – sehen, daß die spezifische Form, welche jene innerweltliche Askese bei den Täufern, speziell den Quäkern, annahm,[218] schon nach dem Urteil des 17. Jahrhunderts in der praktischen Bewährung jenes wichtigen Prinzips der kapitalistischen „Ethik" sich äußerte, welches man dahin zu formulieren pflegt: „honesty is the best policy",[219] und welches ja auch in Franklins früher zitiertem Traktat sein klassisches Dokument gefunden hat. Dagegen werden wir die Wirkungen des Calvinismus mehr in der Richtung der Entfesselung der privatwirtschaftlichen Energie des Erwerbs vermuten: denn trotz aller formalen Legalität des „Heiligen" galt im Ergebnis doch oft genug auch für den Calvinisten der Goethesche Satz: „Der Handelnde ist immer gewissenlos, es hat niemand Gewissen als der Betrachtende."[220]

Ein weiteres wichtiges Element, welches der Intensität der

---

218 Es sei schon hier nochmals nachdrücklich auf die vortrefflichen Ausführungen E. Bernsteins a. a. O. hingewiesen. Auf Kautskys [342] Darstellung der wiedertäuferischen Bewegung und seiner Theorie des „ketzerischen Kommunismus" überhaupt (im ersten Bande des gleichen Werkes) wird erst später [343] einzugehen sein.

219 Veblen (Chicago), in seinem anregenden Buch: Theory of business enterprise, ist der Meinung, daß diese Parole lediglich „frühkapitalistisch" sei. Allein wirtschaftliche „Übermenschen", die, wie die heutigen „captains of industry", jenseits von Gut und Böse stehen, hat es immer gegeben, und in der breiten darunter liegenden Schicht kapitalistischen Gebarens gilt jener Satz noch heute.

220 In civil actions it is good to be *as the many*, in religious, to be as the best, meint z. B. Th. Adams (Works of the Pur. Div. p. 138). – Das klingt freilich etwas weittragender als es gemeint ist. Es bedeutet, daß die puri-

innerweltlichen Askese der täuferischen Denominationen zugute kam, kann in seiner vollen Bedeutung ebenfalls erst in anderem Zusammenhang zur Erörterung gelangen. Immerhin seien auch darüber einige Bemerkungen, zugleich zur Rechtfertigung des hier gewählten Ganges der Darstellung, vorangeschickt. Es ist hier ganz absichtlich vorläufig *nicht* von den objektiven sozialen Institutionen der altprotestantischen Kirchen und deren ethischen Einflüssen ausgegangen worden, insbesondere nicht von der so wichtigen *Kirchenzucht*, sondern von den Wirkungen, welche die *subjektive* Aneignung der asketischen Religiosität seitens der *einzelnen* auf die Lebensführung hervorzubringen geeignet war. Dies nicht nur deshalb, weil diese Seite der Sache bisher die weitaus weniger beachtete ist. Sondern auch, weil die Wirkung der Kirchenzucht keineswegs immer in der gleichen Richtung lag. Die kirchenpolizeiliche Kontrolle des Lebens des einzelnen, wie sie in den Gebieten der calvinistischen Staatskirchen bis dicht an die Grenze der Inquisition getrieben wurde, *konnte* vielmehr jener Entbindung der individuellen Kräfte, welche durch das asketische Streben nach methodischer Heilsaneignung bedingt war, geradezu *entgegen*wirken und hat dies unter Umständen tatsächlich getan. Genau wie die merkantilistische Reglementierung des Staats zwar Industrien züchten konnte, aber, wenigstens für sich allein, nicht den kapitalistischen „Geist", – den sie vielmehr, wo sie polizeilich-autoritären Charakter annahm, vielfach direkt lähmte, – so konnte die gleiche Wirkung auch von der kirchlichen Reglementierung der Askese ausgehen, wenn sie sich allzu überwiegend polizeilich entwickelte: sie erzwang dann ein bestimmtes äußeres Verhalten, lähmte aber unter Umständen die subjektiven Antriebe zur methodischen Lebensführung. Wir werden auch auf diesen Punkt [344] bei Betrachtung der Sozialpolitik des asketischen Protestantismus zu sprechen kommen und dann den großen Unterschied zu beachten haben, welcher zwischen der Wirkung der autoritären Sittenpolizei der Staats*kirchen* und der auf freiwilliger Unterwerfung ruhenden Sittenpolizei der *Sekten* bestand. Daß die Täuferbewegung in allen ihren Denominationen grundsätzlich „Sekten",

---

tanische Redlichkeit *formalistische* Legalität ist, ebenso wie die von den puritanisch gewesenen Völkern gern als Nationaltugend in Anspruch genommene „Wahrhaftigkeit" oder „uprightness" etwas spezifisch *Anderes*, formalistisch und reflexiv Umgemodeltes gegenüber der deutschen „Ehrlichkeit" ist. Gute Bemerkungen darüber von seiten eines Pädagogen in den Preuß. Jahrb. Bd. 112 (1903) S. 226. Der *Formalismus* der puritanischen Ethik ist seinerseits die ganz adäquate Folge der Bindung an das *Gesetz*.

nicht „Kirchen" schuf, kam jedenfalls der Intensität ihrer Askese ebenso zu statten, wie dies – in verschieden starkem Maße – auch bei jenen calvinistischen, pietistischen, methodistischen Gemeinschaften der Fall war, die *faktisch* auf die Bahn der voluntaristischen Gemeinschaftsbildung gedrängt wurden. [345]

Wir haben nunmehr die puritanische Berufsidee in ihrer Wirkung auf das *Erwerbs*leben zu verfolgen, nachdem die vorstehende Skizze ihre religiöse Fundamentierung zu entwickeln versucht hat. Bei allen Abweichungen im einzelnen und bei aller Verschiedenheit in dem Nachdruck, welcher bei den verschiedenen asketischen Religionsgemeinschaften auf den für uns entscheidenden Gesichtspunkten liegt, zeigten sich diese letzteren doch bei ihnen allen vorhanden und wirksam. [346] Entscheidend aber für unsere Betrachtung war immer wieder, um es zu rekapitulieren, die bei allen Denominationen wiederkehrende Auffassung des religiösen „Gnadenstandes" eben als eines Standes (status), welcher den Menschen von der Verworfenheit des Kreatürlichen, von der „Welt", abscheidet,[221] dessen Besitz aber – wie immer er nach der Dogmatik der betreffenden Denomination erlangt wird – [348] nur durch die *Bewährung* in einem spezifisch gearteten von dem Lebensstil des „natürlichen" Menschen unzweideutig verschiedenen Wandel garantiert werden kann. Daraus folgte für den einzelnen der *Antrieb* zur *methodischen Kontrolle* seines Gnadenstandes in der Lebensführung und damit zu deren *asketischer* Durchdringung. Dieser asketische Lebensstil aber bedeutete eben, wie wir sahen, eine an Gottes Willen orientierte *rationale* Gestaltung des ganzen Daseins. Und diese Askese ist *nicht* mehr ein opus supererogationis, sondern eine Leistung, die jedem zugemutet wird, der seiner Seligkeit gewiß sein will. [349] Diese *Rationalisierung* der Lebensführung innerhalb der Welt im Hinblick auf das Jenseits ist die *Berufsidee* [350] des asketischen Protestantismus. –

Die christliche Askese, anfangs aus der Welt in die Einsamkeit flüchtend, hatte bereits aus dem Kloster heraus, indem sie der Welt entsagte, die Welt kirchlich beherrscht. Aber dabei hatte sie im ganzen dem weltlichen Alltagsleben seinen natürlich unbefangenen Charakter gelassen. Jetzt trat sie auf den Markt des Lebens, schlug die Türe des Klosters hinter sich zu, und unternahm es, gerade das weltliche *Alltags*leben mit ihrer Methodik

---

221 „Since God hath gathered us to be a people" ... sagt z. B. auch Barclay a. a. O. S. 357 und ich selbst hörte noch eine Quäkerpredigt [347], welche den ganzen Nachdruck auf die Interpretation von „saints" = sancti = separati legte.

zu durchtränken, es zu einem rationalen Leben *in* der Welt und doch *nicht von* dieser Welt oder *für* diese Welt umzugestalten. Mit welchem Ergebnis, wollen unsere weiteren Kapitel [351] zu zeigen versuchen.

2.

Um die Zusammenhänge der religiösen Grundvorstellungen des asketischen Protestantismus mit den Maximen des ökonomischen Alltagslebens zu durchschauen, ist es nötig, vor allem solche theologischen Schriften heranzuziehen, die sich als aus der seelsorgerischen Praxis herausgewachsen erkennen lassen. Denn in einer Zeit, in welcher das Jenseits alles war, an der Zulassung zum Abendmahl die soziale Position des Christen hing, die Einwirkung des Geistlichen in Seelsorge, Kirchenzucht und Predigt einen Einfluß übte, von dem – wie jeder Blick in die gesammelten „consilia", „casus conscentiae" usw. ergibt – wir modernen Menschen uns *einfach keine Vorstellung* mehr zu machen vermögen, sind die in *dieser Praxis* sich geltend machenden religiösen Mächte die entscheidenden Bildner des „Volkscharakters". –

Wir können nun für die Erörterungen *dieses* Abschnittes, im Gegensatz zu späteren Erörterungen, den asketischen Protestantismus als *eine* Gesamtmasse behandeln. Da aber der aus dem Calvinismus hervorgewachsene englische Puritanismus die konsequenteste Fundamentierung der Berufsidee bietet, stellen wir unserem Prinzip gemäß einen seiner Vertreter in den Mittelpunkt. Richard *Baxter* zeichnet sich vor vielen anderen literarischen Vertretern der puritanischen Ethik durch seine eminent praktische und irenische Stellung, zugleich auch durch die universelle Anerkennung seiner immer wieder neu aufgelegten und übersetzten Arbeiten aus. Presbyterianer und Apologet der Westminster-Synode, dabei aber – wie so viele der besten Geister der Zeit – dogmatisch allmählich dem Hochcalvinismus entwachsend, innerlich ein Gegner der Usurpation Cromwells, weil jeder Revolution, dem Sektentum und zumal dem fanatischen Eifer der „Heiligen" abhold, aber von großer Weitherzigkeit gegenüber äußerlichen Sonderheiten und objektiv gegenüber dem Gegner, suchte er sein Arbeitsfeld ganz wesentlich in der Richtung der praktischen Förderung des kirchlich-sittlichen Lebens, und hat sich – einer der erfolgreichsten Seelsorger, welche die Geschichte kennt – im Dienst dieser Arbeit der Parlamentsregierung ebenso wie Cromwell und der Restauration zur Verfügung gestellt,[222] bis er unter der letzteren – schon vor dem „Bartholomäustage" – aus dem Amte wich. Sein „Christian Directory" ist das umfassendste Kompendium der puritanischen Moraltheologie und da-

---

222 S. die schöne Charakteristik bei Dowden a. a. O. – Über Baxters Theologie, nachdem er von dem strikten Glauben an das „doppelte Dekret" allmählich abgekommen war, orientiert leidlich die Einleitung zu seinen verschiedenen in den „Works of the Puritan Divines" abgedruckten Arbeiten

bei überall an den praktischen Erfahrungen der eigenen Seelsorge orientiert. – Als Repräsentant des deutschen Pietismus werden Speners „Theologische Bedenken", für das Quäkertum Barclays „Apology" und daneben andere Vertreter der asketischen Ethik[223], der Raumersparnis halber möglichst unter dem Strich, vergleichend herangezogen.[224]

Nimmt man nun Baxters „Ewige Ruhe der Heiligen" und sein „Christian Directory" oder auch verwandte Arbeiten anderer [353] zur Hand, so fällt auf den ersten Blick in den Urteilen über den Reichtum [354] und seinen Erwerb die Betonung gerade der ebionitischen Elemente der neutestamentlichen Verkündigung auf.[225] Der Reichtum als solcher ist eine schwere Gefahr, seine Versuchungen sind unausgesetzte, das Streben [356] danach nicht nur sinnlos gegenüber der überragenden Bedeutung des Gottesreichs, sondern auch sittlich bedenklich. Weit schärfer als bei Calvin, der in dem Reichtum der Geistlichen kein Hindernis für ihre Wirksamkeit, im Gegenteil eine durchaus erwünschte Steigerung ihres Ansehens erblickte, ihnen gestattete, ihr Vermögen gewinnbringend anzulegen, nur unter Vermeidung von Ärgernis, scheint hier die Askese

---

(von Jenkyn). – Sein Versuch, „universal redemption" und „personal election" zu kombinieren, hat niemand befriedigt. Für uns ist lediglich wesentlich, daß er eben doch auch damals an der *personal* election festhielt, d. h. an dem ethisch entscheidenden Punkte der Prädestinationslehre. Wichtig ist andererseits seine Abschwächung der *forensischen* Auffassung der Rechtfertigung, als eine gewisse Annäherung an die Täufer.

223 Traktate und Predigten von Th. Adams, John Howe, Matthew Henry, J. Janeway, St. Charnock, Baxter, Bunyan sind in den 10 Bänden der „Works of the Puritan Divines" (London 1845–48) in einer oft etwas willkürlichen Auswahl gesammelt. Die Ausgaben der Arbeiten von Bailey, Sedgwick, Hoornbeek sind bereits oben je beim erstmaligen Zitieren angegeben. Gisbert Voëts' Ἀσκητικά, welche ebenfalls heranzuziehen gewesen wären, standen mir leider während der Niederschrift des Aufsatzes nicht zur Verfügung.

224 [352] Die Auswahl beruht auf dem Wunsch: nicht ausschließlich, aber doch möglichst die asketische Bewegung der zweiten Hälfte des 17. Jahrhunderts, unmittelbar vor dem Umschlag in den Utilitarismus, zu Wort kommen zu lassen. Auf die reizvolle Aufgabe, den Lebensstil des asketischen Protestantismus auch aus der biographischen Literatur anschaulich zu machen – namentlich die quäkerische wäre hier, als bei uns noch relativ unbekannt, heranzuziehen, – hat vorläufig, im Rahmen dieser Skizze, leider verzichtet werden müssen.

225 Saints' everlasting rest cap. X, XII. – Vgl. [355] Matthew Henry (The worth of the soul Works of Pur. Div. p. 319): Those that are eager in pursuit of worldly wealth despise there soul, not only because the soul is neglected and the body preferred before it, but because it is employed in these pursuits: Psalm 127, 2. (Auf *derselben* Seite aber steht die später zu zitierende Bemerkung über die Sündhaftigkeit der Zeitvergeudung aller Art, und besonders derjenigen durch recreations.) Ebenso wohl in der ganzen religiösen Literatur

*gegen* jedes Streben nach Erwerb zeitlicher Güter gerichtet. [357] Und es ist mit diesen Bedenken auch durchaus ernst gemeint, – nur bedarf es etwas näheren Zusehens, um ihren entscheidenden ethischen Sinn und Zusammenhang zu bemerken. Das sittlich wirklich Verwerfliche ist nämlich das *Ausruhen* auf dem Besitz,[226] der *Genuß* des Reichtums mit seiner Konsequenz von Müßigkeit und Fleischeslust, vor allem von Ablenkung von dem Streben nach „heiligem" Leben. Und *nur weil* der Besitz die Gefahr dieses Ausruhens mit sich bringt, ist er bedenklich. Denn die „ewige Ruhe der Heiligen" liegt im Jenseits, auf Erden aber muß auch der Mensch, um seines Gnadenstands sicher zu werden, „wirken die Werke dessen, der ihn gesandt hat, solange es Tag ist". Nicht Muße und Genuß, sondern *nur Handeln* dient nach dem unzweideutig geoffenbarten Willen Gottes zur Mehrung seines Ruhms.[227] *Zeitvergeudung* ist also die erste und prinzipiell schwerste aller Sünden. Die Zeitspanne des Lebens ist unendlich kurz und kostbar, um die eigene Berufung „festzumachen". Zeitverlust durch Geselligkeit, „faules Gerede",[228] Lu-

---

des englisch-holländischen Puritanismus. S. z. B. Hoornbeeks (a. a. O. I. X c. 18 u. 18 Philippika gegen die avaritia. (Bei diesem Schriftsteller wirken übrigens sentimental-pietistische Einflüsse mit ein: s. das Lob der Gott wohlgefälligen tranquillitas animi gegenüber der „sollicitudo" dieser Welt.) „Ein Reicher wird nicht leicht selig", meint – in Anlehnung an eine bekannte Bibelstelle – auch Bailey (a. a. O. S. 182). Auch die *methodistischen* Katechismen mahnen davon ab, „sich Schätze auf Erden zu sammeln." Beim Pietismus versteht sich dies vollends von selbst. Und bei den Quäkern stand es nicht anders. Vgl. Barclay a. a. O. S. 517: ... and therefore beware of such temptation as to use their callings and engine *to be richer.*

226 Eingehend entwickelt im 10. Kapitel der „Saints' everlasting rest": Wer in der „Herberge", als welche Gott den Besitz gibt, dauernd ausruhen wollte, den schlägt Gott auch in diesem Leben. Fast stets ist satte Ruhe auf dem erworbenen Reichtum Vorbote des Zusammenbruchs. – Hätten wir Alles, was wir in der Welt haben *könnten*, würde dies auch schon Alles sein, was wir zu haben hofften? *Wunschlosigkeit* ist auf Erden nicht zu erreichen, – weil sie eben nach Gottes Willen nicht sein soll.

227 Christ. Dir. I S. 376/5 [358]: It is for *action* that God maintaineth us and our activities: work is the moral as well as the natural end of power ... It is action that God is most served and honoured by ... *The public welfare or the good of many* is to be valued above our own. Hier zeigt sich der Ansatzpunkt für den Umschlag aus dem Willen Gottes zu den rein utilitarischen Gesichtspunkten der späteren liberalen Theorie. Über die religiösen Quellen des Utilitarismus siehe weiter unten Anm. 249 und schon oben Anm. 85.

228 Das Gebot zu *schweigen* ist ja – ausgehend von der biblischen Strafandrohung für „jedes unnütze Wort" – namentlich seit den Cluniazensern ein bewährtes asketisches Mittel der Erziehung zur Selbstkontrolle. Auch Baxter verbreitet sich eingehend über die Sünde des unnützen Redens. Die charakterologische Bedeutung hat schon Sanford a. a. O. S. 90 f. gewürdigt. Die

xus,[229] selbst durch mehr als der Gesundheit nötigen Schlaf[230] – 6 bis höchstens 8 Stunden – ist sittlich absolut verwerflich.[231] Es heißt noch nicht wie bei Franklin: „Zeit ist Geld", aber der Satz gilt gewissermaßen im spirituellen Sinn: sie ist unendlich wertvoll, weil jede verlorene Stunde der Arbeit im Dienst des Ruhmes Gottes entzogen ist.[232] Wertlos und eventuell direkt verwerflich ist daher auch untätige Kontemplation, mindestens wenn sie auf Kosten der Berufsarbeit erfolgt.[233] Denn sie ist Gott *minder*

---

von den Zeitgenossen so tief empfundene „melancholy" und „moroseness" der Puritaner ist eben Folge der Brechung der *Unbefangenheit* des „status naturalis", und im Dienst dieser Zwecke stand auch die Verpönung gedankenlosen Redens. – Wenn Washington Irving („Bracebridge Hall" cap. XXX) den Grund teils in dem „calculating spirit" des Kapitalismus, teils in der Wirkung der politischen Freiheit, welche zur Selbstverantwortlichkeit führe, sucht, so ist dazu zu sagen, daß für die romanischen Völker der gleiche Effekt ausblieb und für England die Dinge wohl so lagen: 1. Der Puritanismus befähigte seine Bekenner, freie Institutionen zu schaffen und doch eine Weltmacht zu werden und 2. er verwandelte jene „Rechenhaftigkeit" (wie Sombart jenen „spirit" nennt), die in der Tat für den Kapitalismus konstitutiv ist, aus einem Mittel der Wirtschaft in ein *Prinzip* der ganzen *Lebensführung*.

229 A. a. O. I S. 111.

230 A. a. O. I S. 383 f.

231 Ähnlich über die Kostbarkeit der Zeit Barclay a. a. O. S. 14.

232 Baxter a. a. O. S. 79: „Keep up a high esteem of time and be every day more careful that you lose none of your time, then you are that you lose none of your gold and silver. And if vain recreation, dressings, feastings, idle talk, unprofitable company, or sleep, be any of them temptations to rob you of any of your time, accordingly heighten your watchfulness." – „Those that are prodigal of their time despise their own souls" meint Matthew Henry (Worth of the soul, W. of Pur. Div. p. 315). Auch hier bewegt sich die protestantische Askese in altbewährten Bahnen. Wir sind gewohnt, als dem modernen Berufsmenschen spezifisch anzusehen, daß er „keine Zeit hat", und messen z. B. etwa – so schon Goethe in den „Wanderjahren" – das Maß der kapitalistischen Entwicklung daran, daß die *Uhren* die Viertelstunden schlagen (so auch Sombart in seinem „Kapitalismus"). – Wir wollen aber doch nicht vergessen, daß der erste Mensch, der (im Mittelalter) mit *eingeteilter* Zeit lebte, der *Mönch* war und daß die Kirchenglocken *seinem* Bedürfnis der Zeiteinteilung zuerst zu dienen hatten.

233 Vgl. Baxters Erörterungen des Berufes a. a. O. I p. 108 f. Darin folgende Stelle: Question: But may I not cast off the world that I may only think of my salvation? – Answer: You may cast off all such excess of worldly cares or business as unnecessarily hinder you in spiritual things. But you may not cast off all bodily employment and mental labour in which *you may serve the common good*. Every one as a member of Church or Commonwealth must employ their parts to the utmost for the good of the Church and the Commonwealth. To neglect this and say: I will pray and meditate, is as if your servant should refuse your *greatest* work and tye himself to some lesser easier part. And *God hath commandeth* you some way or other to *labour for your daily bread and not to live as drones of the sweat of others only*. Gottes Gebot an

wohlgefällig, als das aktive Tun seines Willens im Beruf.[234] Überdies ist für sie der Sonntag da, und es sind nach Baxter immer diejenigen, die in ihrem Berufe müßig sind, welche auch für Gott keine Zeit haben, wenn die Stunde dafür da ist.[235]

Demgemäß zieht sich eine immer wiederholte, zuweilen fast leidenschaftliche Predigt harter, stetiger, körperlicher oder geistiger *Arbeit* durch Baxters Hauptwerk.[236] Zwei Motive wirken hier zusammen.[237] Die Arbeit ist zunächst das alterprobte *asketische Mittel*, als welches sie in der Kirche des Abendlandes [359] von jeher geschätzt war.[238] Sie ist namentlich das spezifi-

---

Adam: „Im Schweiße deines Angesichtes" ... und Paulus' Anweisung: „Wer nicht arbeitet, soll nicht essen", werden dazu zitiert.

234 Hier liegen Punkte, in denen der Pietismus seines *Gefühls*charakters wegen abweicht. Für Spener (s. Theol. Bedenken III p. 445) steht es, trotzdem er ganz im lutherischen Sinn betont, daß die Berufsarbeit *Gottesdienst* sei, doch – und auch das ist lutherisch – fest, daß die *Unruhe* der Berufsgeschäfte von Gott abziehe, – eine höchst charakteristische Antithese gegen den Puritanismus.

235 A. a. O. p. 42: It's they that are lazy in their callings that can find no time for holy duties. Daher die Ansicht, daß vorzugsweise die *Städte* – der Sitz des rationalem Erwerbe zugewendeten Bürgertums – Sitze der asketischen Tugenden seien. So sagt Baxter von seinen Handwebern in Kidderminster: And their constant *converse and traffic with London* doth much to promote civility and piety among tradesmen in seiner Autobiographie, Excerpt in den W. of the Pur. Div. p. XXXVIII. Daß die Nähe der Hauptstadt tugendstärkend sein soll, wird heutige – wenigstens deutsche – Geistliche in Erstaunen setzen. Aber auch der Pietismus zeigt ähnliche Anschauungen. So schreibt Spener gelegentlich einem jungen Amtsbruder: „Aufs wenigste wird sich zeigen, daß unter der starken Zahl in Städten da zwar das Meiste ganz verrucht ist, doch immer noch einige gute Seelen sich hinwieder finden, an denen gutes auszurichten; da besorglich in Dörfern zuweilen kaum etwas rechtschaffen gutes in einer ganzen Gemeinde sich findet." (Theol. Bed. I, 66 p. 303.) – Der Bauer qualifiziert sich eben wenig für die asketische rationale Lebensführung. Seine *ethische* Glorifizierung ist sehr modern. Auf die Bedeutung dieser und ähnlicher Äußerungen für die Frage der *Klassen*bedingtheit der Askese gehen wir hier noch nicht ein.

236 Man nehme etwa folgende Stellen (a. a. 0. p. 336 f.): „Be wholly taken up in diligent business of your lawful callings when you are not exercised in the more immediate service of God." – „Labour hard in your callings" – „See that you have a calling which will find you employment for all the time which Gods immediate service spareth."

237 Daß die spezifische ethische Schätzung der Arbeit und ihrer „Würde" nicht etwa ein dem Christentum *ursprünglich* eigener, oder gar eigentümlicher, Gedanke war, hat noch kürzlich wieder Harnack scharf betont (Mitt. des Ev.-Soz. Kongr. 14. Folge 1905, Nr. 3/4 S. 48).

238 So auch im Pietismus (Spener, a. a. O. III p. 429, 430). Die charakteristisch pietistische Wendung ist: daß die Berufstreue, die uns wegen des Sündenfalls als Strafe auferlegt ist, der *Ertötung* des eignen *Willens* dient. Die Berufsarbeit ist als Liebesdienst am Nächsten eine Pflicht der Dankbarkeit

sche Präventiv gegen alle jene Anfechtungen, welche der Puritanismus unter dem Begriff „unclean life" zusammenfaßt, – und deren Rolle ist keine geringe. Die sexuelle Askese ist ja im Puritanismus nur dem Grade, nicht dem zugrundeliegenden Prinzip nach von der mönchischen verschieden und infolge der Erfassung auch des ehelichen Lebens weitreichender als jene. Denn der Geschlechtsverkehr ist auch in der Ehe *nur* als das von Gott gewollte Mittel zur Mehrung seines Ruhmes, entsprechend dem Gebot: „Seid fruchtbar und mehret euch", zulässig.[239] Wie gegen

---

für Gottes Gnade (lutherische Vorstellung!) und es ist daher Gott nicht wohlgefällig, wenn sie widerwillig und mit Verdruß getan wird (a. a. O. III p. 272). Der Christ wird sich also „so fleißig in seiner Arbeit erzeigen wie ein Weltmensch" (III p. 278). Das bleibt offensichtlich hinter der puritanischen Anschauungsweise zurück.

239 „A *sober* procreation of children" ist ihr Zweck nach Baxter. Ähnlich Spener, indessen mit Konzessionen an die grobe lutherische Ansicht, wonach Vermeidung der – sonst ununterdrückbaren – Unsittlichkeit Nebenzweck ist. Die Konkupiszenz ist als Begleiterscheinung der Begattung auch in der Ehe sündlich und nach der Auffassung z. B. Speners erst *Folge* des Sündenfalles, der so einen natürlichen und gottgewollten Vorgang in etwas unvermeidlich mit sündlichen Empfindungen Verknüpftes, und damit in ein pudendum, verwandelte. Nach der Auffassung mancher pietistischer Richtungen ist die höchste Form der christlichen Ehe diejenige mit Bewahrung der Virginität, die nächsthöchste diejenige, in welcher der Geschlechtsverkehr ausschließlich der Kindererzeugung dient, und so fort bis zu denen, die aus rein erotischen oder rein äußeren Gründen geschlossen werden und ethisch betrachtet als Konkubinate gelten. Dabei wird in diesen unteren Stufen die aus rein äußerlichen Gründen geschlossene Ehe (weil immerhin *rationaler* Erwägung entspringend) der erotisch bedingten vorgezogen. Die Herrenhuter Theorie und Praxis mag hier außer Betracht bleiben. Die rationalistische Philosophie (Chr. Wolff) übernahm die asketische Theorie in der Fassung: daß, was als *Mittel* zum Zweck verordnet sei: die Konkupiscenz und ihre Stillung, nicht zum *Selbst*zweck gemacht werden dürfe. – Der Umschlag in den reinen „hygienisch" orientierten Utilitarismus ist schon bei Franklin vollzogen, der etwa auf dem „ethischen" Standpunkt moderner Ärzte steht, unter „Keuschheit" die Einschränkung des geschlechtlieben Verkehrs auf das *gesundheitlich* Wünschenswerte versteht, und sich über das Wie bekanntlich auch theoretisch geäußert hat. – Es ist eben, sobald diese Dinge überhaupt zum Gegenstand rein rationaler Erwägungen gemacht werden, diese Entwicklung noch überall eingetreten. Der puritanische und der hygienische Sexualrationalist gehen sehr verschiedene Wege, nur hier „verstehen sie sich gleich": In einem Vortrage motivierte ein eifriger Vertreter der „hygienischen Prostitution" – es handelte sich um Bordell- und Reglementierungseinrichtungen – die sittliche Statthaftigkeit des (als *hygienisch* nützlich angesehenen) „außerehelichen Geschlechtsverkehrs" durch Bezugnahme auf seine dichterische Verklärung durch *Faust und Gretchen*. Die Behandlung Gretchens als einer Prostituierten und die Gleichstellung [360] des mächtigen Waltens menschlicher Leidenschaften mit dem Geschlechtsverkehr „gesundheitshalber", – dies beides entspricht *durchaus* dem puritanischen Stand-

religiöse Zweifel und skrupulöse Selbstquälerei, so wird auch gegen alle sexuellen Anfechtungen – neben nüchterner Diät, Pflanzenkost und kalten Bädern – verschrieben: „Arbeite hart in deinem Beruf".[240]

Aber die Arbeit ist darüber hinaus, und vor allem, von Gott vorgeschriebener *Selbst*zweck des Lebens überhaupt.[241] Der paulinische Satz: „Wer nicht arbeitet, soll nicht essen", gilt bedingungslos und für jedermann.[242] Die Arbeitsunlust ist Symptom fehlenden Gnadenstandes.[243]

---

punkt, ebenso z. B. die von sehr hervorragenden Ärzten gelegentlich vertretene echt „fachmenschliche" Auffassung, daß eine so in die subtilsten Persönlichkeits- und Kulturprobleme eingreifende Frage, wie die Bedeutung der sexuellen Abstinenz, „ausschließlich" vor das Forum des Arztes (als des „*Fachmannes*") gehöre: bei den Puritanern ist der „Fachmann" der moralistische, hier der hygienische Theoretiker, dagegen ist das Prinzip [361] – mit teilweise umgekehrten Vorzeichen natürlich – dasselbe: fachmenschliches Banausentum mit sexuellem Banausentum verknüpft. Nur daß der mächtige Idealismus der puritanischen Anschauung – mögen ihre Prüderien uns eng, oft lächerlich, zuweilen widerlich, erscheinen [362] – auch unter *rassenkonservierenden* Gesichtspunkten und rein „hygienisch" betrachtet, positive Erfolge aufzuweisen hatte, während die moderne „Sexualhygiene" schon wegen des für sie nun einmal unvermeidlichen Appells an die „Vorurteilslosigkeit" überall in Gefahr gerät, dem Faß, in welches sie schöpft, gleichzeitig den Boden auszuschlagen. – Wie bei jener rationalen Deutung der geschlechtlichen Beziehungen bei den puritanisch beeinflußten Völkern schließlich doch jene Verfeinerung und geistig-ethische Durchdringung der ehelichen Beziehungen und die feinen Blüten ehelicher Ritterlichkeit erwachsen sind, – im Gegensatz zu jenem bäurisch patriarchalen Brodem, der bei uns bis in die Kreise der „Geistesaristokratie" noch in oft sehr fühlbaren Rückständen vorhanden ist, – das bleibt hier natürlich außer Erörterung. Täuferische Einflüsse sind dabei entscheidend [363] mit beteiligt; der Schutz der *Gewissensfreiheit* der Frau und die Ausdehnung des Gedankens des „allgemeinen Priestertums" auf sie waren auch hier die ersten Breschen im Patriarchalismus.

240 Kehrt bei Baxter immer wieder. Biblische Unterlage ist regelmäßig entweder die uns von Franklin her bekannte (Sprüche Sal. 22, 29) oder der Ruhm der Arbeit in Sprüche Sal. 31, 10. Cf. a. a. O. I S. 382, S. 377 usw.

241 Selbst Zinzendorf sagt gelegentlich: „Man arbeitet nicht allein, daß man lebt, sondern man lebt um der Arbeit willen und wenn man nichts mehr zu arbeiten hat, so leidet man oder entschläft" (Plitt, I S. 428).

242 Auch ein – mir nicht vorliegendes – Symbol der *Mormonen* schließt (nach Zitaten) mit den Worten: „Aber ein Träger oder Fauler kann kein Christ sein und selig werden. Er ist bestimmt, totgestochen und aus dem Bienenkorb herusgeworfen zu werden." Indeß hier war es doch vorwiegend die grandiose, zwischen Kloster und Manufaktur die Mitte haltende *Disziplin*, welche den einzelnen vor die Wahl: Arbeit oder Ausmerzung, stellte und – *verbunden* freilich mit religiösem Enthusiasmus und *nur durch ihn* ermöglicht – die erstaunlichen ökonomischen Leistungen dieser Sekte hervorgebracht hat.

243 Sie wird daher a. a. O. I S. 380 sorgsam in ihren Symptomen analysiert. –

Deutlich zeigt sich hier die Abweichung von der mittelalterlichen Doktrin [364]. Auch Thomas von Aquin hatte jenen Satz interpretiert. Aber nach ihm[244] ist die Arbeit nur naturali ratione notwendig zur Erhaltung des Lebens des einzelnen und der Gesamtheit. Wo dieser Zweck wegfällt, zessiert auch die Geltung der Vorschrift. Sie trifft nur die Gattung, nicht jeden einzelnen. Wer ohne Arbeit von seinem Besitz leben kann, auf den bezieht sie sich nicht, und ebenso steht natürlich die Kontemplation als eine geistliche Form des Wirkens im Gottesreich über dem Gebot in seiner wörtlichen Auslegung. Für die Populartheologie vollends lag ja die höchste Form mönchischer „Produktivität" in der Mehrung des „thesaurus ecclesiae" durch Gebet und Chordienst. Nicht nur diese Durchbrechungen der ethischen Arbeitspflicht aber fallen bei Baxter selbstverständlich fort, sondern mit größtem Nachdruck schärft er den Grundsatz ein, daß auch der Reichtum von jener bedingungslosen Vorschrift nicht entbinde.[245] Auch der Besitzende soll nicht essen, ohne zu arbeiten, denn wenn er auch zur Deckung seines Bedarfs der Arbeit nicht benötigt, so besteht doch Gottes Gebot, dem er ebenso zu gehorchen hat, wie der Arme.[246] Denn für jeden ohne Unterschied hält Gottes Vorsehung einen Beruf (calling) bereit, den er erkennen und in dem er arbeiten soll, und dieser Beruf ist nicht wie im Luthertum[247] eine Schickung, in die man sich zu fügen und mit der man sich zu bescheiden hat, sondern ein Befehl Gottes an den

---

„Sloth" und „idleness" sind *deshalb* so eminent schwere Sünden, weil sie *kontinuierlichen* Charakter haben. Sie werden von Baxter geradezu als „Zerstörer des Gnadenstandes" angesehen (a. a. O. I S. 279/80). Sie sind eben die Antithese des *methodischen* Lebens.

244 S. Anm. 42.

245 Baxter a. a. O. I p. 108 ff. Speziell fallen folgende Stellen ins Auge: Question: But will not wealth excuse us? – Answer: It may excuse you from some sordid sort ot work, by making you more serviceable to another, but you are no more excused from service of work ... than the poorest man ... Dazu a. a. O. I p. 376: „Though they (die Reichen) have no outward want to urge them, they have as great a necessity to obey God ... God had strictly commandeth it (die Arbeit) to all. [365]

246 Ebenso Spener (a. a. O. III, 338, 425), der aus diesem Grunde namentlich die Neigung, vorzeitig in Pension zu gehen, als sittlich bedenklich bekämpft und – in Abwehr eines Einwands gegen die Rechtmäßigkeit des Zinsennehmens: der Zinsgenuß führe zur Faulheit – betont, daß, wer von seinen Zinsen leben könne, nach Gottes Befehl dennoch zur Arbeit *verpflichtet* sei.

247 Einschließlich des Pietismus. Spener operiert, wo es sich um die Frage des Berufs*wechsels* handelt, stets damit, daß, *nachdem* einmal ein bestimmter Beruf ergriffen sei, das Verbleiben und Sich-Schicken in diesem Pflicht des Gehorsams gegen Gottes Vorsehung sei.

einzelnen, zu seiner Ehre zu wirken. Diese scheinbar leichte Nuance hat weittragende [366] Konsequenzen und hängt mit einer Weiterbildung jener *providentiellen* Deutung des ökonomischen Kosmos zusammen, welche schon der Scholastik geläufig war.

Das Phänomen der Arbeitsteilung und Berufsgliederung der Gesellschaft hatte, wie andere, schon Thomas von Aquin, an den wir wieder am bequemsten anknüpfen, als direkten Ausfluß des göttlichen Weltplanes aufgefaßt. Aber die Eingliederung der Menschen in diesen Kosmos erfolgt ex causis naturalibus und ist zufällig („contingent", nach dem scholastischen Sprachgebrauch). Für Luther wurde, wie wir sahen, die aus der objektiven historischen Ordnung folgende Eingliederung der Menschen in die gegebenen Stände und Berufe zum direkten Ausfluß göttlichen Willens und also das *Verharren* des einzelnen in der Stellung und in den Schranken, die Gott ihm zugewiesen hat, religiöse Pflicht [367]. Dies um so mehr, als eben die Beziehungen der lutherischen Frömmigkeit zur „Welt" überhaupt von Anfang an unsichere waren und blieben. Ethische *Prinzipien* waren von Luthers, die paulinische Welt-Indifferenz niemals ganz abstreifenden, Gedankenkreise aus für die *Gestaltung* der Welt nicht zu gewinnen und man mußte sie deshalb eben nehmen *wie sie war* und konnte nur *dies* zur religiösen Pflicht stempeln. – Wiederum anders nuanciert sich der providentielle Charakter des Ineinanderspielens der privatwirtschaftlichen Interessen in der puritanischen Anschauung. Welches der providentielle Zweck der Berufsgliederung ist, erkennt man, getreu dem puritanischen Schema „pragmatischer" Deutung, an ihren *Früchten*. Über diese nun läßt sich Baxter in Ausführungen aus, welche in mehr als einem Punkte direkt an Adam Smiths bekannte Apotheose der Arbeitsteilung erinnern.[248] Die Spezialisierung der Berufe führt, weil sie die Übung (skill) des Arbeiters ermöglicht, zur quantitativen und qualitativen Steigerung der Arbeitsleistung und dient also dem allgemeinen Wohl (common best), welches mit dem Wohl möglichst vieler identisch ist. Ist soweit die Motivierung rein utilitarisch und durchaus verwandt mit manchen in der weltlichen Literatur der Zeit bereits üblichen Gesichtspunkten[249], so tritt der

---

248 Baxter a. a. O. I S. 377.

249 Aber deshalb *nicht etwa* aus ihnen historisch *ableitbar*. Vielmehr wirkt sich die ganz genuine calvinistische Vorstellung, daß der Kosmos der „Welt" dem *Ruhme* Gottes, seiner Selbstverherrlichung, diene, darin aus. Die *utilitarische* Wendung, daß der ökonomische Kosmos den Zweck der Lebensfristung *aller* (good of the many, common good etc.) dienen sollte, ist Konse-

charakteristisch puritanische Einschlag alsbald hervor, wenn Baxter an die Spitze seiner Auseinandersetzungen das Motiv stellt: „Außerhalb eines festen Berufs sind die Arbeitsleistungen eines Menschen nur unstete Gelegenheitsarbeit und er verbringt mehr Zeit in Faulheit als in Arbeit", und wenn er sie folgendermaßen beschließt: „und er (der Berufsarbeiter) wird seine Arbeit in Ordnung vollbringen, während ein anderer in ewiger Verwirrung steckt und sein Geschäft nicht Ort noch Zeit kennt[250] ... darum ist ein fester Beruf („certain calling", an anderen Stellen heißt es „stated calling") für jedermann das beste". Die unstete Arbeit, zu welcher der gewöhnliche Tagelöhner gezwungen ist, ist ein oft unvermeidlicher, aber stets unerwünschter Zwischenzustand. Es fehlt eben dem Leben des „Beruflosen" der systematisch-methodische Charakter, den, wie wir sahen, die innerweltliche Askese verlangt. Auch nach der Quäker-Ethik soll das Berufsleben des Menschen eine konsequente asketische Tugendübung, eine Bewährung seines Gnadenstandes an seiner Gewissenhaftigkeit sein, die in der Sorgfalt[251] und Methode, mit welcher er seinem Beruf nachgeht, sich auswirkt. Nicht Arbeit an sich, sondern rationale Berufsarbeit ist eben das von Gott verlangte. Auf diesem methodischen Charakter der Berufsaskese liegt bei der puritanischen Berufsidee stets der Nachdruck, nicht, wie bei Luther, auf dem Sichbescheiden mit dem einmal von Gott zugemessenen Los [369]. Daher wird nicht nur die Frage, ob jemand mehrere callings kombinieren dürfe, unbedingt bejaht – wenn es für das allgemeine Wohl oder das eige-

---

quenz des Gedankens, daß jede andere Deutung zur (aristokratischen) Kreaturvergötterung führt, oder doch nicht Gottes Ruhm, sondern kreatürlichen „Kulturzwecken" dient. Gottes Wille aber, wie er sich (s. Anm. 85) in der zweckvollen Gestaltung des ökonomischen Kosmos ausdrückt, kann eben, soweit *dies*seitige Zwecke dabei überhaupt in Betracht kommen, nur das Wohl der „Gesamtheit", die *un*persönliche „Nützlichkeit" sein. Der Utilitarismus ist eben, wie früher gesagt, Konsequenz der *un*persönlichen Gestaltung der „Nächstenliebe" und der Ablehnung aller Weltverherrlichung durch die Exklusivität des puritanischen „in majorem Dei gloriam". Denn wie intensiv dieser Gedanke: daß jede *Kreatur*verherrlichung Gottes Ruhm Abbruch tue, und daher unbedingt verwerflich sei, den *ganzen* asketischen Protestantismus beherrschte, zeigt sich deutlich in den Bedenken und der Mühe, die es selbst dem doch wahrlich nicht „demokratisch" angehauchten Spener kostetc, gegenüber den zahlreichen Anfragen den Gebrauch der Titel als ἀδιάφον aufrecht zu erhalten. Er beruhigt sich schließlich damit, daß selbst in der Bibel der Praetor Festus vom Apostel mit κράτιοτοσ tituliert werde. – Die *politische* Seite der Sache gehört in einen späteren Zusammenhang. [368]

250 The inconstant man is a stranger in his own house sagt auch Th. Adams (Works of the Pur. Div. p.77).

251 S. speziell darüber George Fox' Äußerungen in The Friends' Library (ed., W. & Th. Evans Philadelphia 1837 ff.) Vol. I p. 130.

ne[252] zuträglich und niemandem sonst abträglich ist und wenn es auch nicht dazu führt, daß man in einem der kombinierten Berufe ungewissenhaft („unfaithful“) wird. Sondern es wird auch der *Wechsel* des Berufs als keineswegs an sich verwerflich angesehen, wenn er nicht leichtfertig, sondern um einen Gott wohlgefälligeren[253] und das heißt dem allgemeinen Prinzip entsprechend: nützlicheren Beruf zu ergreifen erfolgt. Und vor allem: die Nützlichkeit eines Berufs und seine entsprechende Gottwohlgefälligkeit richtet sich zwar in erster Linie nach sittlichen und demnächst nach Maßstäben der Wichtigkeit der darin zu produzierenden Güter für die „Gesamtheit“, aber alsdann folgt als dritter und natürlich praktisch wichtigster Gesichtspunkt: die privatwirtschaftliche „*Profitlichkeit*.“[254] Denn wenn jener Gott, den der Puritaner in allen Fügungen des Lebens wirksam sieht, einem der Seinigen eine Gewinnchance zeigt, so hat er seine Absichten dabei. Und mithin hat der gläubige Christ diesem Rufe zu folgen, indem er sie sich zunutze macht.[255]

---

252 Denn Gott hat, – wie in der puritanischen Literatur sehr oft hervorgehoben wird, – nirgends befohlen, daß man den Nächsten *mehr* lieben sollte als sich selbst, sondern *wie* sich selbst. Man hat also auch die *Pflicht* der Selbstliebe. Wer z. B. weiß, daß er selbst seinen Besitz zweckmäßiger und also mehr zu Gottes Ehre verwendet, als der Nächste es könnte, ist durch die Nächstenliebe nicht verpflichtet, diesem davon abzugeben.

253 Auch Spener kommt diesem Standpunkt nahe. Aber er bleibt doch selbst in dem Fall, daß es sich um den Übertritt aus dem (sittlich besonders gefährlichen) Kaufmannsberuf zur Theologie handelt, höchst zurückhaltend und eher abmahnend (III S. 435, 443, I S. 524). Die häufige Wiederkehr der Beantwortung gerade *dieser* Frage (nach der Erlaubtheit des Berufswechsels) in Speners naturgemäß stark gesichteten Gutachten zeigt, beiläufig bemerkt, wie eminent *praktisch* im Alltagsleben die verschiedene Art der Deutung von 1. Kor. 7 war.

254 Derartiges findet sich wenigstens in den Schriften der führenden kontinentalen Pietisten nicht. Speners Stellung zum „Gewinn“ schwankt zwischen Luthertum („Nahrungs“-Standpunkt) und merkantilistischen Argumentationen von der Nützlichkeit des „Flors der Commerzien“ u. dgl. (a. a. O. III S. 330, 332, vgl. I S. 418: der *Tabakbau* bringt Geld ins Land und ist *daher* nützlich, *also* nicht sündlich!) hin und her (vgl. III S. 426, 427, 429, 434), verfehlt aber nicht darauf hinzuweisen, daß, wie das Beispiel der Quäker und Mennoniten zeige, man Profit machen und doch fromm bleiben könne, ja daß besonders hoher Profit sogar – worüber wir später noch zu reden haben werden – direktes *Produkt* frommer Redlichkeit sein könne (a. a. O. S. 435).

255 Diese Ansichten sind bei Baxter *nicht* etwa eine Widerspiegelung des ökonomischen Milieus, in dem er lebte. Im *Gegenteil* hebt seine Autobiographie hervor, daß für die Erfolge seiner inneren Missionsarbeit mit entscheidend gewesen sei, daß diejenigen Händler, welche in Kidderminster angesessen waren, *nicht* reich gewesen seien, sondern nur „food and raiment“ verdient und daß die Handwerksmeister nicht besser als ihre Arbeiter, „from hand to mouth“, zu leben gehabt hätten. „It is *the poor* that receive the glad tidings of the Gospel.“ – Th. Adams bemerkt über das Streben nach Gewinn:

„Wenn Gott euch einen Weg zeigt, auf dem Ihr ohne Schaden für Eure Seele oder für andere in gesetzmäßiger Weise mehr gewinnen könnt, als auf einem anderen Wege und Ihr dies zurückweist und den minder gewinnbringenden Weg verfolgt, *dann kreuzt Ihr einen der Zwecke Eurer Berufung (calling), Ihr weigert Euch, Gottes Verwalter* (stewart) zu sein und seine Gaben anzunehmen, um sie für ihn gebrauchen zu können, wenn er es verlangen sollte. Nicht freilich für Zwecke der Fleischeslust und Sünde, *wohl aber für Gott dürft Ihr arbeiten, um reich zu sein.*"[256] Der Reichtum ist eben nur als Versuchung zu faulem Ausruhen und sündlichem Lebensgenuß bedenklich und das Streben danach nur dann, wenn es geschieht, um später sorglos und lustig leben zu können. Als Ausübung der Berufspflicht aber ist es sittlich nicht nur gestattet, sondern geradezu geboten.[257] Das Gleichnis vom Schalksknecht, der verworfen wurde, weil er mit dem von Gott ihm anvertrauten Pfunde nicht gewuchert hatte, schien das ja auch direkt auszu-

---

„He (the knowing man) knows ... that money may make a man richer, not better, and thereupon chooseth rather to sleep with a good conscience than a full purse ... therefore desires no more wealth *than an honest man may bear away*" – aber *soviel will er eben doch auch.* (Th. Adams, Works of Pur. Div. LI.) [370]

256 So Baxter a. a. O. I ch. X tit. 1 Dis. § 24) Vol. I S. 378 Spalte 2. Sprüche Sal. 23, 4: „Arbeite nicht, um reich zu sein" bedeute nur: riches for our fleshly ends must not ultimately be intended. Der Besitz in der feudal-seigneurialen Form seiner *Verwendung* ist eben das Odiöse (cf. die Bemerkung a. a. O. I p. 380 über den debauched part of the gentry), nicht Besitz *an sich.* – *Milton* in der ersten defensio par [371] populo Anglicano hat die bekannte Theorie, daß nur der „Mittelstand" Träger der *Tugend* sein könne – wobei „Mittelstand" als „bürgerliche Klasse" im Gegensatze gegen „Aristokratie" gedacht ist, wie die Begründung zeigt, daß sowohl „*Luxus*" als Not die Tugendübung hindere.

257 *Dies* ist das Entscheidende. – Dazu noch eine allgemeine Bemerkung: Es kommt natürlich hier für uns nicht sowohl darauf an, was die theologische ethische Theorie begrifflich entwickelt, sondern darauf, was im praktischen Leben der Gläubigen *geltende* Moral war und wie die religiöse Orientierung der Berufsethik praktisch *wirkte.* Man kann wenigstens gelegentlich in der kasuistischen Literatur des Katholizismus, namentlich des jesuitischen, Erörterungen lesen, welche – z. B. über die Frage der Erlaubtheit des Zinses, auf welche wir in einem späteren Kapitel [372] eingehen – derjenigen vieler protestantischen Kasuisten ähnlich klingen, ja in dem, was für „erlaubt" oder für „probabel" gilt, darüber hinauszugehen scheinen [373]. Wie die Calvinisten katholische Moraltheologen, nicht nur Thomas von Aquino, Bernhard v. Clairvaux, Bonaventura, sondern auch zeitgenössische zu zitieren pflegen, so nahmen – was wir hier nicht näher erörtern – die katholischen Kasuisten von der häretischen Ethik regelmäßig Notiz. Der gewaltige Unterschied ist aber der [374]: daß diese latitudinarischen Ansichten im Katholizismus von

sprechen.[258] Arm sein *wollen* hieße, wie häufig argumentiert wurde, dasselbe wie krank sein wollen,[259] es wäre als Werkheiligkeit verwerflich und Gottes Ruhm abträglich. Und vollends das Betteln eines zur Arbeit Befähigten ist nicht nur als Trägheit sündlich, sondern auch nach des Apostels Wort gegen die Nächstenliebe.[260]

Wie die Einschärfung der asketischen Bedeutung des festen Berufs das moderne *Fachmenschentum* ethisch verklärt, so die providentielle Deutung der Profitchancen den *Geschäfts*menschen.[261] Die vornehme Läßlichkeit des Seigneurs und die parvenumäßige Ostentation des Protzen sind der Askese gleichermaßen verhaßt. Dagegen trifft ein voller Strahl ethischer Billigung den nüchternen bürgerlichen Selfmademan:[262] „God blesseth his trade“ ist eine stehende Wendung für diejenigen Heili-

---

der kirchlichen Autorität nicht sanktionierte Produkte spezifisch *laxer* ethischer Theorien waren, denen gerade die ernstesten und strengsten Anhänger der Kirche fern standen, während umgekehrt die *protestantische* Berufsidee gerade die ernstesten Anhänger asketischen Lebens [375] in den Dienst des kapitalistischen Erwerbslebens stellte. Das was dort bedingungsweise *erlaubt* sein konnte, erschien hier als etwas positiv sittlich *Gutes*. Die praktisch sehr wichtigen grundlegenden Differenzen der beiderseitigen Ethik waren [376] seit dem Jansenistenstreit und der Bulle „Unigenitus“ endgültig festgelegt.

258 You may labour in that manner as tendeth most to your success and lawful gain. You are *bound* to improve all your talents ... Folgt die oben im Text übersetzte Stelle. – Direkte Parallelisierung des Strebens nach Reichtum im Gottesreich mit dem Streben nach Erfolg im irdischen Beruf z. B. bei Janeway, Heaven upon earth (in den Works of the Pur. Div.) p. 275 unten.

259 Schon in der (lutherischen) Konfession Herzog Christophs von Württemberg, die dem Konzil von Trient eingereicht wurde, wird gegen das *Gelübde* der Armut geltend gemacht: Wer nach seinem Stand arm ist, solle es tragen, aber wenn er gelobt es zu *bleiben*, so ist dies dasselbe, als ob er gelobte, dauernd *krank* zu sein oder *üblen Leumund* zu haben.

260 So bei Baxter und z. B. in der Konfession Herzog Christophs. Vgl. ferner Stellen wie: „ ... the vagrant rogues whose lives are nothing but an exorbitant course: the main begging“ etc. (Th. Adams, W. of Pur. Div. p. 259). [377]

261 Mit Nachdruck sagte der Präsident der Baptist Union of Great Britain and Ireland, G. White, in seiner Inauguraladresse für die Assembly in London 1903 (Baptist Handbook 1904 S. 104): „The best men on the roll of our Puritan churches were *men of affairs*, who believed, that religion should permeate the whole of life.“

262 Eben *hierin* liegt der charakteristische Gegensatz gegen die feudale Auffassung. Nach dieser kann erst dem *Nachkommen* des (politischen oder sozialen) Parvenus dessen Erfolg und die Weihe des Blutes zu Gute kommen. (Charakteristisch im spanischen Hidalgo = hijo d'algo – filius alicujus [378] ausgedrückt). So sehr diese Unterschiede heute bei der rapiden Umwandlung und Europäisierung des mexikanischen „Volkscharakters“ im Verblassen sind,

gen,[263] welche mit Erfolg jenen göttlichen Fügungen gefolgt waren, und die ganze Wucht des *alttestamentlichen Gottes*, der den Seinen gerade in diesem Leben ihre Frömmigkeit entgilt,[264] mußte ja für den Puritaner, der, nach Baxters Rat, den eigenen Gnadenstand durch Vergleich mit der Seelenverfassung der biblischen Helden kontrollierte[265] und dabei die Aussprüche der Bibel „wie die Paragraphen eines Gesetzbuches" interpretierte, in der gleichen Richtung wirken. – Ganz eindeutig waren die Aussprüche des Alten Testaments an sich ja nicht. Wir sahen, daß Luther sprachlich den Begriff „Beruf" im weltlichen Sinn zuerst bei der Übersetzung einer Sirachstelle anwendete. Das Buch

---

so ist die *gerade entgegengesetzte* spezifisch bürgerliche Anschauung, welche den geschäftlichen *Erfolg* und *Erwerb* als Sympton der geistigen *Leistung* glorifiziert, dem bloßen (ererbten) *Besitz* dagegen keinerlei Respekt entgegenbringt, doch noch heute dort ebenso zu Hause wie umgekehrt in Europa [379], – wie schon James Bryce einmal bemerkt hat – für Geld im Effekt ziemlich jede soziale Ehre käuflich ist, – *wenn* nur der Beitzer nicht *selbst* hinter dem Ladentisch gestanden hat und die nötigen Metamorphosen seines Besitzes (Fideikommißstiftung usw.) vollzieht. – S. *gegen* die Ehre des *Blutes* z. B. Th. Adams, Works of the Pur. Div. p. 216.

263 So z. B. schon für den Gründer der „Familisten-Sekte" Hendrik Niklaes, der Kaufmann war. (Barclay, Inner life of the religious communities of the Commonwealth p. 34).

264 Dies steht z. B. für Hoornbeek durchaus fest, da auch Matth. 5, 5 und 1 Tim. 4, 8 rein irdische Versprechungen für die Heiligen gemacht seien (a. a. O. vol. I. p. 193). *Alles* ist Produkt von Gottes Providenz, *speziell* aber sorgt er für die Seinen: a. a. O. p. 192: Super alios autem summa cura et modis singularissimis versatur Dei providentia *circa fideles*. Es folgt dann die Erörterung, *woran* man erkennen könne, daß ein Glücksfall *nicht* der „communis providentia", sondern jener *Spezial*fürsorge entstamme. Auch Bailey (a. a. O. S. 191) verweist auf Gottes Vorsehung für den Erfolg der Berufsarbeit. Daß prosperity „oft" der Lohn des gottseligen Lebens sei, ist in den Schriften der *Quäker* durchaus stehende Wendung (s. z. B. eine solche Äußerung noch aus dem Jahre 1848 in Selection from the Christian Advices issued by the general meeting of the S. of Fr. in London VI$^{th}$ Ed. London 1851 S. 209). Auf den Zusammenhang mit der Quäker-Ethik kommen wir noch zurück.

265 Als ein Beispiel dieser Orientierung an den Erzvätern – welches zugleich für die puritanische Lebensauffassung charakteristisch ist – kann Thomas Adams' Analyse des Streites zwischen Jacob und Esau gelten. (Works of the Pur. Div. p. 235): „His (Esaus) folly may be argued from the base estimation of the birthright," (die Stelle ist auch für die Entwicklung des birthright-Gedankens wichtig, wovon später) „that he would so lightely pass from it and on *so easy conditions* as a pottage." *Perfide* aber war es, daß er dann wegen Übervorteilung den Kauf nicht gelten lassen wollte. Er ist eben ein „cunning hunter, a man of the fields", die irrational lebende Unkultur, – während Jakob, „a plain man, dwelling in tents" den „man of grace" repräsentiert. [380]

Jesus Sirach gehört aber nach der ganzen Stimmung, die darin lebt, unzweifelhaft zu den am meisten [381] traditionalistisch wirkenden Bestandteilen des (erweiterten) alten Testaments. Es ist charakteristisch, daß bei den lutherischen deutschen Bauern noch bis in die Gegenwart dies Buch sich oft besonderer Beliebtheit zu erfreuen scheint,[266] wie auch der lutherisch gebundene Charakter breiter Strömungen im deutschen Pietismus sich in der Vorliebe für Jesus Sirach zu äußern pflegte.[267] Die Puritaner verwarfen nun die Apokryphen als nicht inspiriert, gemäß ihrem schroffen Entweder-Oder zwischen Göttlichem und Kreatürlichem.[268] Um so stärker wirkte unter den kanonischen Büchern das Buch Hiob mit seiner Kombination einerseits einer großartigen Verherrlichung von Gottes absolut souveräner, menschlichen Maßstäben entzogener Majestät, die ja calvinistischen Anschauungen so höchst kongenial war, mit der im Schluß doch wieder hervorbrechenden, für Calvin ebenso nebensächlichen, wie für den Puritanismus wichtigen, Gewißheit, daß Gott die Seinigen auch [382] in diesem Leben und auch in materieller Hinsicht zu segnen pflege.[269] Der orientalische Quietismus, welcher in manchen der stimmungsvollsten Verse der Psalmen und der Sprüche Salomos hervortritt, wurde ebenso weggedeutet, wie Baxter dies mit der traditionalistischen Färbung der für den Berufsbegriff konstitutiven Stelle des 1. Korintherbriefes tat. Dafür legte man um so mehr den Nachdruck auf jene Stellen des Alten Testaments, welche die *formale Rechtlichkeit* als Kennzeichen gottwohlgefälligen Wandels rühmen. Die Theorie, daß das mosaische Gesetz durch den neuen Bund nur soweit seiner Geltung entkleidet sei, als es zeremonielle oder geschichtlich bedingte Vorschriften für das jüdische Volk enthalte, im übrigen aber als Ausdruck der „lex naturae“ seine Geltung von jeher besessen und

---

266 Zur bäuerlichen Glaubens- und Sittenlehre. Von einem thüringischen Landpfarrer. 2. Aufl. Gotha 1890. S. 16. Die Bauern, welche hier geschildert werden, sind in charakteristischer Weise Produkte *lutherischen* Kirchentums. Ich habe mir wieder und wieder „lutherisch“ an den Rand geschrieben, wo der vortreffliche Verfasser allgemein „bäuerliche“ Religiosität vermutet.

267 Vergl. z. B. das Zitat bei Ritschl, Pietismus II S. 158. Spener gründet seine Bedenken gegen Berufswechsel und Gewinnstreben ebenfalls *mit* auf Aussprüche Jesus Sirachs. Theol. Bd. III S. 426.

268 Freilich empfiehlt z. B. Bailey trotzdem ihre Lektüre und es kommen Zitate aus den Apokryphen wenigstens hie und da vor, aber naturgemäß doch selten. Ich erinnere mich (zufällig) keines solchen aus Jesus Sirach.

269 Wo den offenbar Verworfenen äußerlicher Erfolg beschieden ist, beruhigt sich der Calvinist (so z. B. Hoornbeek) gemäß der „Verstockungstheorie“ mit der Gewißheit, daß Gott ihnen denselben zuteil werden lasse, um sie zu verhärten und so desto sicherer zu verderben.

daher auch behalten habe,[270] ermöglichte einerseits die Eliminierung solcher Vorschriften, welche in das moderne Leben schlechterdings nicht einzufügen waren, und ließ doch der mächtigen Verstärkung jenes Geistes selbstgerechter und nüchterner Legalität, welcher der innerweltlichen Askese dieses Protestantismus eigen war, durch die zahlreichen verwandten Züge der alttestamentlichen Sittlichkeit freie Bahn.[271] Wenn also, wie mehrfach schon die Zeitgenossen, so auch neuere Schriftsteller die ethische Grundstimmung speziell des englischen Puritanismus als „English Hebraism" bezeichnen,[272] so ist dies, richtig verstanden, durchaus zutreffend. Man darf dabei nur nicht an das palästinensische Judentum aus der Zeit der Entstehung der alttestamentlichen Schriften, sondern an das Judentum, wie es unter dem Einfluß der vielen Jahrhunderte formalistisch-gesetzlicher und talmudischer Erziehung allmählich wurde, denken [385]. Denn die im ganzen der unbefangenen Schätzung des Lebens als solchen zugewendete Stimmung des alten Judentums liegt doch ziemlich weit ab von der spezifischen Eigenart des Puritanismus. [386] Die charakterologischen Folgen der Durchdringung des Lebens mit alttestamentlichen Normen im einzelnen aufzuzeigen, – eine reizvolle Aufgabe, die aber bisher nicht einmal für das Judentum selbst wirklich gelöst ist[273], – wäre im Rahmen dieser Skizze unmöglich. Neben den angedeuteten Beziehungen kommt für den inneren Gesamthabitus des Puritaners vor allem

---

270 Eingehender kommen wir auf *diesen* Punkt erst in anderem Zusammenhang [383] zu sprechen. *Hier* interessiert nur der *formalistische* Charakter der „Rechtlichkeit". [384]

271 Die Verbindlichkeit der ethischen Normen der Schrift reicht nach Baxter (Christian Directory III p. 173 f.) so weit als sie 1. nur ein „transcript" des Law of nature sind oder 2. den „express character of universality and perpetuity" an sich tragen.

272 Z. B. Dowden (mit Bezug auf Bunyan) a. a. O. p. 39.

273 [387] Der ungeheure Einfluß z. B., den auf die charakterologische Entwicklung des Judentums, seinen rationalen, der Sinnenkultur fremden Charakter, speziell das *zweite Gebot* („Du sollst dir kein Bildnis" usw.) gehabt hat, kann hier nicht analysiert werden. Als charakteristisch darf aber vielleicht erwähnt werden, daß mir einer der Leiter der „Educational Alliance" in den Vereinigten Staten, einer Organisation, welche mit erstaunlichem Erfolg und großartigen Mitteln die „Amerikanisierung" der jüdischen Immigranten betreibt, als erstes Ziel der „Kulturmenschwerdung", welches durch alle Arten künstlerischen und geselligen Unterrichts erstrebt wird, die „Emanzipation vom zweiten Gebot" bezeichnete. – Beim Puritanismus entspricht der israelitischen Verpönung jeder Gottvermenschlichung (s. v. v. !) das etwas anders, aber doch in verwandter Richtung wirkende Verbot der Kreaturvergötterung. Gewiß sind auch zahlreiche prinzipielle Züge der puritanischen Sittlichkeit dem talmudischen Judentum verwandt. Wenn z. B. im

auch in Betracht, daß der Glaube, das auserwählte Volk Gottes zu sein, in ihm eine grandiose Renaissance erlebte.[274] Wie selbst der milde Baxter Gott dafür dankt, daß er ihn in England und in der wahren Kirche habe zur Welt kommen lassen und nicht anderswo, so durchdringt dieser Dank für die eigene durch Gottes Gnade gewirkte Tadellosigkeit die Lebensstimmung[275] des puritanischen Bürgertums und bedingt jenen formalistisch kor-

---

Talmud (bei Wünsche, Babyl. Talmud II. S. 34) eingeschärft wird: es ist besser und wird von Gott reicher belohnt, wenn man aus *Pflicht* etwas Gutes tut, als eine gute Tat, zu der man durch das Gesetz *nicht* verpflichtet ist, – m. a. W.: lieblose Pflichterfüllung steht ethisch höher als gefühlsmäßige Philanthropie, so würde die puritanische Ethik das dem Wesen nach ebenso akzeptieren, wie *Kant*, der von Abkunft Schotte und in seiner Erziehung stark pietistisch beeinflußt war, im Ergebnis dem Satze nahe kommt (wie denn, was hier nicht erörtert werden kann, zahlreiche [388] seiner Formulierungen direkt an Gedanken des asketischen Protestantismus anknüpfen). Aber einmal ist die talmudische Ethik tief in orientalischen Traditionalismus getaucht: „R. Tanchum ben Chanilai hat gesagt: Niemals ändere der Mensch einen Brauch" (Gemara zu Mischna VII, I Fol. 86 b, Nr. 93 bei Wünsche: es handelt sich um Kost der Tagelöhner), nur den Fremden gegenüber gilt diese Bindung nicht. – Dann aber ergab puritanische Auffassung der „Gesetzlichkeit" als *Bewährung*, gegenüber der jüdischen als Gebotserfüllung schlechthin, offenbar [389] stärkere Motive zum positiven *Handeln*. [390] Auf die gewaltige Verschiebung, welche die innere Stellung zur Welt durch die in eigentümlicher Art stets den Keim *neuer* Entwicklungsmöglichkeiten in sich bergende christliche Fassung der Gedanken von „Gnade" und „Erlösung" erlitt, ist es nicht meine Sache hier einzugehen. Über die alttestamentliche „Gesetzlichkeit" vergl. noch Ritschl, Rechtf. u. Vers. II S. 265.

274 Die *Wahrheit* der heiligen Schrift folgt für Baxter in letzter Instanz aus der „wonderful difference of the godly and ungodly", der absoluten Verschiedenheit des „renewed man" von anderen, und der offensichtlichen ganz speziellen Fürsorge Gottes für das Seelenheil der Seinen (welche sich natürlich auch in „*Prüfungen*" äußern *kann*). Christ. Dir. I p. 165, Sp. 2 marg.

275 Man braucht als Charakteristikum dafür nur zu lesen, wie gewunden sich selbst Bunyan – bei dem immerhin gelegentlich eine Annäherung an die Stimmung von Luthers „Freiheit eines Christenmenschen" zu finden ist, (z. B. in Of the law and a Christian, W. of Pur. Div. p. 254 unten) – mit dem Gleichnis vom Pharisäer und Zöllner abfindet (s. die Predigt The Pharisee and the Publican, a. a. O. p. 100 f.). Warum wird der Pharisäer verworfen? – Er hält in Wahrheit Gottes Gebote nicht, denn – er ist offenbar ein *Sektierer*, der nur auf äußere Kleinigkeiten und Zeremonien bedacht ist (p. 107); vor allem aber schreibt er sich selbst das Verdienst zu und dankt *dennoch* „wie die Quäker es tun", unter Mißbrauch des Namens Gottes diesem für seine Tugend, auf deren Wert er (p. 126) in sündhafter Weise *baut*, und dadurch implicite *Gottes Gnadenwahl* bestreitet (p. 139 f.). Sein Gebet ist also Kreaturvergötterung und das ist das Sündhafte daran. – Dagegen ist der Zöllner, wie die Aufrichtigkeit seines Bekenntnisses zeigt, innerlich wiedergeboren, *denn* – wie es in charkteristisch puritanischer Abschwächung des lutherischen Sündengefühles heißt – to a right and sincere conviction of sin there must be a conviction of the *probability* of mercy (p. 209). –

rekten harten Charakter, wie er den Vertretern jener heroischen Epoche des Kapitalismus eigen war.

Wir suchen uns nun noch speziell die Punkte zu verdeutlichen, in welchen die puritanische Auffassung des Berufs und die Forderung asketischer Lebensführung *direkt* die Entwicklung des kapitalistischen Lebensstils beeinflussen mußte. Mit voller Gewalt wendet sich die Askese, wie wir sahen, vor allem gegen eins: das *unbefangene Genießen* des Daseins und dessen, was es an Freuden zu bieten hat. Am charakteristischsten kommt dieser Zug wohl in dem Kampf um das „Book of sports“,[276] welches Jacob I. und Karl I. zu dem ausgesprochenen Zweck der Bekämpfung des Puritanismus zum Gesetz erhoben, und dessen Verlesung von allen Kanzeln der letztere anbefahl, zum Ausdruck. Wenn die Puritaner die Verfügung des Königs, daß am Sonntag gewisse volkstümliche Vergnügungen außerhalb der Kirchzeit gesetzlich erlaubt sein sollten, wie rasend bekämpften, so war es nicht nur die Störung der Sabbatruhe, sondern die ganze geflissentliche Ablenkung von der geordneten Lebensführung des Heiligen, was sie aufbrachte. Und wenn der König jeden Angriff auf die Gesetzlichkeit jener sports mit schwerer Strafe bedrohte, so war der Zweck gerade, jenen dem Staat gefährlichen, weil *antiautoritären asketischen* Zug zu brechen. Die monarchisch-feudale Gesellschaft schützte die „Vergnügungswilligen“ gegen die entstehende bürgerliche Moral und das autoritätsfeindliche asketische Konventikel ebenso, wie heute die kapitalistische Gesellschaft die „Arbeitswilligen“ gegen die Klassenmoral der Arbeiter und den autoritätsfeindlichen Gewerkverein zu schützen pflegt. Und die Puritaner vertraten demgegenüber [392] das *Prinzip* asketischer Lebensführung. Denn im übrigen war die Abneigung des Puritanismus gegen den Sport, selbst bei den Quäkern, keine schlechthin grundsätzliche. Nur mußte er dem *rationalen* Zweck der für die physische Leistungsfähigkeit erforderlichen Erholung dienen. Als Mittel rein unbefangenen Sich-Auslebens ungebändigter Triebe freilich war er ihm verdächtig, und soweit er zum reinen Genußmittel wurde oder gar den agonalen Ehrgeiz, rohe Instinkte oder die irrationale Lust zum Wetten weckte, war er selbstverständlich schlechthin verwerflich. Der *trieb*hafte Lebensgenuß, der von der Berufsarbeit wie von der Frömmigkeit gleichermaßen abzieht, war eben als solcher der Feind der rationalen Askese, mochte er sich als „seigneurialer“

---

276 Abgedruckt z. B. in Gardiners „Constitutional Documents“. Man kann diesen Kampf gegen die [391] Askese etwa mit Ludwigs XIV. Verfolgung von Port Royal und der Jansenisten in Parallele setzen.

Sport oder als Tanzboden- und Kneipenbesuch des gemeinen Mannes darstellen.[277]

Mißtrauisch und vielfach feindlich ist demgemäß auch die Stellung zu den nicht direkt religiös zu wertenden „Kulturgütern". Nicht als ob ein düsteres kulturverachtendes Banausentum im Lebensideal des Puritanismus enthalten gewesen wäre. Das gerade Gegenteil ist wenigstens für die Wissenschaft – mit Ausnahme der verabscheuten „Scholastik" – richtig. Und die größten Vertreter der puritanischen Bewegung sind überdies tief in die Bildung der Renaissance getaucht: die Predigten des presbyterianischen Flügels [394] triefen von Klassizismen[278] und selbst diejenigen der Radikalen verschmähen, trotzdem sie allerdings gerade daran Anstoß nahmen, derartige Gelehrsamkeit doch in der theologischen Polemik nicht. Nie vielleicht ist ein Land so überreich an „graduates" gewesen, wie Neu-England in der ersten Generation seines Bestehens. Die Satire der Gegner, wie z. B. Butlers „Hudibras", setzt ebenfalls gerade bei der Stubengelehrsamkeit und geschulten Dialektik der Puritaner ein: dies hängt, wie wir später sehen werden, *teil*weise mit der religiösen Schätzung des Wissens zusammen, welche aus der Stellung zur katholischen „fides implicita" folgte. – Schon anders steht es, sobald man das Gebiet der nichtwissenschaftlichen Literatur[279] und weiterhin der „Sinnenkunst" betritt. Hier freilich legte sich die Askese wie ein Reif auf das Leben des fröhlichen alten

---

277 Der Standpunkt *Calvins* war darin noch wesentlich milder, soweit die *feineren* aristokratischen Formen des Lebensgenusses in Betracht kamen. Nur die *Bibel* ist Schranke; wer sich an sie hält und sich ein gutes *Gewissen* erhält, ist nicht genötigt, mit Ängstlichkeit *jede* Regung zum Lebensgenuß in sich zu beargwöhnen. Die hierher gehörigen Ausführungen in Kap. X der Inst. Christ. Rel. (z. B.: nec fugere ea quoque possumus quae videntur oblectationi magis quam necessitati inservire) hätten an sich einer sehr laxen Praxis Tür und Tor öffnen können. – *Hier* machte sich eben neben der steigenden Angst um die certitudo salutis bei den Epigonen auch der Umstand geltend – den wir späterhin [393] würdigen werden –, daß in dem Gebiete der „ecclesia militans" die *Kleinbürger* es waren, welche Träger der ethischen Entwicklung des Calvinismus wurden.

278 Th. Adams (Works of the Pur. Div. p. 3) z. B. beginnt eine Predigt über „the three divine sisters" („Die Liebe aber ist die größte unter ihnen") mit dem Hinweis: – daß auch Paris der Aphrodite den Apfel gereicht habe!

279 Romane u. dgl. sollen als „wastetimes" nicht gelesen werden (Baxter, Christ. Dir. I p. 51 Sp. 2). – Das Eintrocknen der Lyrik und des Volksliedes, nicht nur des Dramas, nach dem elisabethanischen Zeitalter in England ist bekannt. An bildender Kunst hat der Puritanismus wohl noch nicht allzuviel zu unterdrücken vorgefunden. Auffallend ist der Absturz von einer anscheinend ganz guten musikalischen Veranlagung zu jenem absoluten Nichts, welches wir bei den angelsächsischen Völkern später und noch heute in dieser

England, [395] und daß in Holland für die Entwicklung einer großen, oft derb realistischen, Kunst Raum blieb,[280] beweist lediglich, wie wenig exklusiv die dortige autoritär gehandhabte Sittenreglementierung nach diesen Richtungen gegenüber dem Einfluß des Hofes und des Regentenstandes [398], aber auch der Lebenslust reich gewordener Kleinbürger zu wirken vermochte, nachdem die kurze Herrschaft der calvinistischen Theokratie sich in ein nüchternes Staatskirchentum aufgelöst und damit der Calvinismus seine asketische Werbekraft [399] verloren hatte.[281] Das Theater ist dem Puritaner verwerflich [406] und bei der strikten Ausscheidung des Erotischen und der Nuditäten aus dem

---

Hinsicht bemerken. Außer in den Negerkirchen, – und seitens jener Berufssänger, die sich jetzt die Kirchen als „attractions" (Trinity Church in Boston für 8000 $ pro Jahr) engagieren – hört man auch in Amerika meist nur das für deutsche Ohren unerträgliche Gekreisch als „Gemeindegesang." (*Teil*weise analoge Vorgänge auch in Holland.)

280 Daß die „Renaissance des Alten Testaments" [396] in der Kunst dazu beigetragen haben muß, das *Häßliche* als künstlerisches Objekt „möglicher" zu machen und auch die puritanische Ablehnung der „Kreaturvergötterung" dabei mitspielte, liegt nahe. Aber alles Einzelne scheint noch unsicher. In der römischen Kirche führten ganz andere (demagogische) Motive äußerlich verwandte Erscheinungen herbei, – aber allerdings mit künstlerisch ganz anderem Resultat. Wer vor Rembrandts wunderbaren „Saul und David" (im Haag) [397] steht, glaubt die mächtige Wirkung jenes puritanischen Gedankens direkt zu spüren. – Die geistvolle Analyse der holländischen Kultureinflüsse in Carl Neumanns „Rembrandt" dürfte wohl das Maß dessen bezeichnen, was man zur Zeit darüber wissen *kann*, inwieweit dem asketischen Protestantismus *positive*, die Kunst befruchtende, Wirkungen zuzuschreiben sind.

281 Für das relativ geringere Eindringen der calvinistischen Ethik in die Lebenspraxis und die Abschwächung des asketischen Geistes in Holland [400] unter dem Statthalter Friedrich Heinrich und für die geringere Expansionskraft des holländischen Puritanismus überhaupt waren die mannigfachsten Ursachen maßgebend. Sie lagen zum Teil auch in der politischen Verfassung (partikularistischer Städte- und Länderbund) und in der weit geringeren Wehrhaftigkeit (der Freiheitskrieg wurde bald in der Hauptsache mit dem *Gelde* von Amsterdam und mit Soldheeren geführt: die englischen Prediger illustrierten die babylonische Sprachverwirrung durch Verweisung auf das holländische Heer). Damit war der Ernst des Glaubenskampfes zum guten Teil auf andere abgewälzt, damit aber auch die Teilnahme an der politischen *Macht* verscherzt. Dagegen fühlte sich Cromwells Heer, – obwohl teilweise gepreßt, – als *Bürger*heer. (Umso charakteristischer ist dabei freilich, daß *eben dies* Heer die Beseitigung der Wehrpflicht in sein Programm aufnahm, – weil man eben nur zu Gottes Ruhm für eine im Gewissen gut erkannte Sache, nicht aber für die Laune der Fürsten kämpfen darf. Die nach [401] deutschen Begriffen „unsittliche" englische Heeresverfassung hat *historisch* sehr „sittliche" Motive und war die Forderung niemals besiegter Soldaten [402]). – Die holländischen schutterijen, die Träger des Calvinismus in der

Kreise des „Möglichen“ blieb in Literatur wie Kunst die radikalere Auffassung nicht stehen. Die Begriffe des „idle talk“, der „superfluities“,[282] der „vain ostentation“, – alles Bezeichnungen eines irrationalen, ziellosen, daher nicht asketischen und überdies nicht zum Ruhme Gottes, sondern des Menschen dienenden Gebahrens, – waren schnell bei der Hand, um gegen die Verwendung künstlerischer Motive die nüchterne Zweckmäßigkeit entschieden zu begünstigen. Vollends galt dies da wo es sich um den direkten Schmuck der Person, z. B. die Tracht[283] handelte. Jene mächtige Tendenz zur Uniformierung des Lebensstils, welcher heute das kapitalistische Interesse an der „standardization“ der Produktion[284] zur Seite steht, hat in der Ablehnung der „Kreaturvergötterung“ ihre ideelle Grundlage.[285] Gewiß darf man dabei nicht vergessen, daß der Puritanismus eine Welt von Gegensätzen in sich schloß, daß der instinktive Sinn für das zeitlos Große

---

Periode des großen Krieges, sieht man schon eine halbe Generation nach der Dordrechter Synode auf den Halsschen Bildern sich recht wenig „asketisch“ gebärden. [403] Der holländische Begriff der „Deftigkeit“ ist ein Gemisch von bürgerlich-rationaler „Ehrbarkeit“ und partrizischem Standesbewußtsein. Die Klassenabstufung der Kirchenplätze in den holländischen Kirchen zeigt den aristokratischen Charakter dieses Kirchentums noch heute. – Davon später [404]. S. über Holland z. B.: Busken-Huët, Het land van Rembrandt (auch deutsch herausgegeben durch von der Ropp). [405]

282 Entscheidend ist auch hier, daß es für den Puritaner *nur* das Entweder-oder gab: göttlicher Wille oder kreatürliche Eitelkeit. Deshalb konnten für ihn keine „Adiaphora“ existieren. Anders stand in dieser Beziehung, wie schon gesagt, *Calvin*: Was man ißt, was man anzieht u. dgl. ist – wenn nur keine Verknechtung der Seele unter die Macht der *Begierde* die Folge ist – gleichgültig. Die *Freiheit* von der „Welt“ soll sich – wie bei den Jesuiten – in Indifferenz, d. h. aber bei Calvin: in unterschiedslosem, begierdelosem Gebrauch der Güter, welche die Erde bietet, äußern (p. 409 ff. der Originalausgabe der Institutio Christianae Relig.), – ein Standpunkt, der dem lutherischen offensichtlich im Effekt näher steht als der Präzisismus der Epigonen.

283 Das Verhalten der Quäker in dieser Hinsicht ist bekannt. Aber schon Anfang des 17. Jahrhunderts durchtobte die Exulantengemeinde in Amsterdam ein Jahrzehnt lang die schwersten Stürme wegen der modischen Hüte und Trachten einer Pfarrersfrau. (Ergötzlich geschildert in Dexters Congregationalism of the last 300 years). – Schon Sanford a. a. O. hat darauf hingewiesen, daß die heutige männliche „Haartour“ diejenige der vielverspotteten „Roundheads“ ist und daß die ebenfalls verspottete männliche *Tracht* der Puritaner der heutigen jedenfalls in dem zu Grunde liegenden *Prinzip* wesensgleich ist.

284 Darüber s. wiederum Veblens schon zitiertes Buch: The theory of business enterprise.

285 Auf diesen Gesichtspunkt kommen wir noch oft zurück. Aus ihm erklären sich Aussprüche wie diese: Every penny, which is paid upon yourselves and children and friends must be done as by Gods own appointment and to

in der Kunst bei seinen Führern sicher höher stand, als in der Lebensluft der „Kavaliere“,[286] und daß ein einzigartiger Genius wie Rembrandt, so wenig sein „Wandel“ durchweg vor den Augen des puritanischen Gottes Gnade gefunden hätte, doch in der Richtung seines Schaffens durch sein sektiererisches Milieu ganz wesentlich mitbestimmt wurde.[287] Aber am Gesamtbild ändert das insofern nichts, als die mächtige Verinnerlichung der Persönlichkeit, welche die weitere Fortbildung der puritanischen Lebensluft mit sich bringen konnte und tatsächlich mitbestimmt hat, doch vorwiegend der Literatur und auch da erst späteren Geschlechtern zugute gekommen ist.

Ohne auf die Erörterung der Einflüsse des Puritanismus nach all diesen Richtungen hier näher eingehen zu können, vergegenwärtigen wir uns nur, daß die Statthaftigkeit der Freude an den rein dem ästhetischen oder sportlichen Genuß dienenden Kulturgütern jedenfalls immer *eine* charakteristische Schranke findet: sie *dürfen nichts kosten*. Der Mensch ist ja nur Verwalter der

---

serve and please him. Watch narrowly, or else that thievish carnal self will leave God nothing. (Baxter a. a. O. I S. 108 unten rechts.) Da ist das Entscheidende: was man *persönlichen* Zwecken zuwendet, wird dem Dienst zu Gottes Ruhm *entzogen*.

286 Mit Recht pflegt man z. B. daran zu erinnern (so Dowden a. a. O.) daß Cromwell Raffaels Cartons und Mantegnas Triumph Caesars vor dem Untergang rettete, Karl II. sie zu verkaufen suchte. Zur englischen Nationalliteratur stand die Gesellschaft der Restauration bekanntlich ebenfalls durchaus kühl oder direkt ablehnend. An den Höfen war der Einfluß von Versailles eben überall allmächtig. – Die Ablenkung von den unreflektierten Genüssen des Alltagslebens in ihren Einfluß auf den Geist der höchsten Typen des Puritanismus und der durch seine Schule gegangenen Menschen im einzelnen zu analysieren ist eine Aufgabe, die jedenfalls im Rahmen dieser Skizze nicht gelöst werden könnte. Washington Irving (Bracebridge Hall a. a. O.) formuliert in der üblichen englischen Terminologie die Wirkung dahin: „it (die politische Freiheit, meint er, – der Puritanismus, sagen wir) evinces less play of the *fancy*, but more power of *imagination*.“ Man braucht nur an die Stellung der *Schotten* in Wissenschaft, Literatur, technischen Erfindungen und auch im Geschäftsleben Englands zu denken, um zu empfinden, daß diese etwas zu eng formulierte Bemerkung an das Richtige streift. – Auf die Bedeutung für die Entwicklung der Technik und der empirischen Wissenschaften kommen wir später [407] zu sprechen. Die Beziehung selbst tritt auch im Alltagsleben überall hervor: Für den Quäker z. B. sind erlaubte „recreations“ (nach Barclay :) Besuch von Freunden, Lektüre historischer Werke, *mathemathische und physikalische Experimente*, Gärtnerei, Besprechung der geschäftlichen und sonstigen Vorgänge in der Welt und dgl. – Der Grund ist der früher erörterte.

287 Hervorragend schön analysiert in Carl Neumanns „Rembrandt“, der überhaupt zu den obigen Bemerkungen zu vergleichen ist.

durch Gottes Gnade ihm zugewendeten Güter, er hat, wie der Schalksknecht der Bibel, von jedem Pfennig [408] Rechenschaft abzulegen[288], und es ist zum mindesten bedenklich, davon etwas zu verausgaben zu einem Zweck, der nicht Gottes Ruhm, sondern dem eigenen Genuß gilt.[289] Wem, der die Augen offen hat, wären Repräsentanten dieser Auffassung nicht bis in die Gegenwart hinein begegnet?[290] Der Gedanke der *Verpflichtung* des Menschen gegenüber seinem anvertrauten Besitz, dem er sich als dienender Verwalter oder geradezu als „Erwerbsmaschine" unterordnet, legt sich mit seiner erkältenden Schwere auf das Leben: je größer der Besitz wird, desto schwerer wird, – wenn die asketische Lebensstimmung die Probe besteht, – das Gefühl der Verantwortung dafür, ihn zu Gottes Ruhm ungeschmälert zu erhalten und durch rastlose Arbeit zu vermehren. Auch die Genesis dieses Lebensstils reicht in einzelnen Wurzeln, wie so viele Bestandteile des [409] kapitalistischen Geistes, in das Mittelalter zurück,[291] aber erst in der Ethik des asketischen Protestantismus fand er seine konsequente ethische Unterlage. Seine Bedeutung für die Entwicklung des Kapitalismus liegt auf der Hand.[292]

Die innerweltliche protestantische Askese – so können wir

---

288 So Baxter in der oben zitierten Stelle I S. 108 unten.

289 Vgl. z. B. die bekannte Schilderung des Colonel Hutchinson (oft zitiert, z. B. bei Sanford a. a. O. S. 57) in der von seiner Witwe verfaßten Biographie. Nach Darlegung aller seiner ritterlichen Tugenden und seiner zu heiterer Lebensfreude neigenden Natur heißt es: „He was wonderfully neat, cleanly and genteel in his habit, and had a very good fancy in it; but *he left off* very early the wearing of *anything that was costly.*" ... – Ganz ähnlich ist das Ideal der weltoffenen und feingebildeten Puritanerin, die aber mit zwei Dingen: 1. Zeit und 2. Ausgaben für „Pomp" und Vergnügen, kargt, in Baxters Leichenrede auf Mary Hammer (Works of the Pur. Div. p. 533) gezeichnet.

290 Ich erinnere mich – neben vielen anderen Beispielen – speziell eines in seinem Geschäftsleben ungewöhnlich erfolgreichen und in seinem Alter sehr begüterten Fabrikanten, der, als ihm ärztlicherseits bei einer hartnäckigen Verdauungsschwäche der Genuß von einigen Austern täglich angeraten wurde, dazu nur mit der größten Schwierigkeit zu bewegen war. Sehr erhebliche Stiftungen zu wohltätigen Zwecken, die er schon bei Lebzeiten vornahm, und eine „offene Hand" zeigten andererseits, daß es sich dabei *lediglich* um einen Rückstand jenes „asketischen" Empfindens handelte, welches den eigenen *Genuß* des Besitzes für sittlich bedenklich hält, nicht etwa um irgend etwas mit „Geiz" Verwandtes.

291 Die *Trennung* von Werkstatt, Kontor, überhaupt „Geschäft", und Privat-Wohnung, – von Firma und Name, – von Geschäftsvermögen und Privatbesitz, die Tendenz, das „Geschäft" zu einem „corpus mysticum" zu machen (zunächst wenigstens das Gesellschaftsvermögen) liegen alle in dieser Richtung. S. darüber meine „Handelsgesellschaften im Mittelalter".

292 Zutreffend hat schon Sombart in seinem „Kapitalismus" gelegentlich auf dies charakteristische Phänomen hingewiesen. Zu beachten ist nur, daß

das bisher Gesagte wohl zusammenfassen – wirkt also mit voller Wucht gegen den unbefangenen *Genuß* des Besitzes, sie schnürt die *Konsumtion*, speziell die Luxuskonsumtion, ein. Dagegen *entlastet* sie im [411] Effekt den *Gütererwerb* von den Hemmungen der traditionalistischen Ehik, sie sprengt die Fesseln des Erwerbsstrebens [412], indem sie es nicht nur legalisiert, sondern (in dem dargestellten Sinn) direkt als gottgewollt ansieht. Der Kampf gegen Fleischeslust und das Hängen an äußeren Gütern ist, wie neben den Puritanern auch der große Apologet des Quäkertums, Barclay, ausdrücklich bezeugt, *kein* Kampf gegen Reichtum und Erwerb [413], sondern gegen die damit verbundenen Versuchungen [414]. Diese aber liegen vor allem in der Wertschätzung der als Kreaturvergötterung[293] verdammlichen ostensiblen Formen des Luxus, wie sie dem feudalen Empfinden so nahe liegen, anstatt der von Gott gewollten rationalen und utilitarischen Verwendung für die Lebenszwecke des einzelnen und der Gesamtheit. *Nicht Kasteiung*[294] will sie dem Besitzenden aufzwingen, sondern Gebrauch seines Besitzes für notwendige

---

dasselbe [410] aus zwei sehr verschiedenen psychologischen Quellen stammt. Die eine reicht in ihrer Wirksamkeit weit in das graueste Altertum zurück und kommt in Stiftungen, Stammgütern, Fideikommissen etc. ganz ebenso oder vielmehr sehr viel reiner und deutlicher zum Ausdruck wie in dem gleichartigen Streben, dereinst mit hohem materiellem Eigengewicht belastet zu sterben und, vor allem, den Bestand des „Geschäftes" zu sichern, sei es auch unter Verletzung der persönlichen Interessen der Mehrzahl der miterbenden Kinder. Es handelt sich in *diesen* Fällen neben dem Wunsch, in der eigenen Schöpfung ein ideelles Leben über den Tod hinaus zu führen, darum, den „splendor familiae" zu erhalten, also um eine Eitelkeit, die sozusagen der erweiterten Persönlichkeit des Stifters sich zuwendet, in jedem Fall um im Grunde egozentrische Ziele. Nicht so liegt es bei jenem „bürgerlichen" Motiv, mit welchem *wir* es hier zu tun haben: da steht der Satz der Askese: „Entsagen sollst du, sollst entsagen", ins positiv-kapitalistische gewendet: „Erwerben sollst du, sollst erwerben", in seiner Irrationalität schlicht und rein als eine Art kategorischer Imperativ vor uns. Nur *Gottes* Ruhm und die eigene Pflicht, nicht die Eitelkeit des Menschen, ist hier bei den Puritanern das Motiv, und *heute*: *nur* die Pflicht gegen den „Beruf". Wer Freude daran hat, sich einen Gedanken an seinen extremen Konsequenzen zu illustrieren, erinnere sich etwa jener Theorie gewisser amerikanischer Milliardäre, daß man die erworbenen Milliarden *nicht* den Kindern hinterlassen solle, damit diesen die sittliche Wohltat, selbst arbeiten und erwerben zu müssen, nicht entzogen werde: *heute* freilich eine wohl wesentlich „theoretische" Seifenblase.

293 *Dies* ist – wie immer wieder hervorzuheben ist – das letzte entscheidende religiöse Motiv (neben dem rein asketischen Gesichtspunkten der Fleischabtötung), was ganz besonders deutlich bei den Quäkern hervortritt.

294 Diese lehnt Baxter (Saints' everl. rest 12) ganz mit den bei den Jesuiten üblichen Motiven ab: dem Leib soll gewährt werden, was er bedarf, sonst wird man sein Knecht.

und *praktisch* nützliche Dinge. Der Begriff des „*comfort*" umspannt in charakteristischer Weise den Kreis der ethisch statthaften Verwendungszwecke, und es ist natürlich kein „Zufall", daß man die Entwicklung des Lebensstils, der sich an jenen Begriff heftet, gerade bei den konsequentesten Vertretern dieser ganzen Lebensanschauung, den Quäkern, am frühesten und deutlichsten beobachtet hat. Dem Flitter und Schein chevaleresken Prunkes, der, auf unsolider ökonomischer Basis ruhend, die schäbige Eleganz der nüchternen Einfachheit vorzieht, setzten sie die saubere und solide Bequemlichkeit des bürgerlichen „home" als Ideal entgegen.[295]

Auf der *Seite der Produktion* des privatwirtschaftlichen Reichtums kämpft die Askese gegen Unrechtlichkeit ebenso wie gegen rein *trieb*hafte Habgier, – denn diese ist es, welche sie als „covetousness", als „Mammonismus" etc. verwirft: das Streben nach Reichtum zu dem Endzweck, reich *zu sein*. Denn der Besitz als solcher ist Versuchung. Aber hier war nun die Askese die Kraft, die stets das Gute will und stets das Böse – das in ihrem Sinn Böse: den Besitz und seine Versuchungen – schafft. Denn nicht nur sah sie, mit dem Alten Testament, und in voller Analogie zu der ethischen Wertung der „guten Werke", zwar in dem Streben nach Reichtum als *Zweck* den Gipfel des Verwerflichen, in der Erlangung des Reichtums als *Frucht* der Berufsarbeit aber den Segen Gottes. Sondern, was noch wichtiger war, die religiöse Wertung der rastlosen, stetigen, systematischen, weltlichen Berufsarbeit als schlechthin höchsten asketischen Mittels und zugleich sicherster und sichtbarster Bewährung des wiedergeborenen Menschen und seiner Glaubensechtheit mußte ja der denkbar mächtigste Hebel der Expansion jener Lebensauffassung sein, die wir hier als „Geist" des Kapitalismus bezeichnet

---

295 Dies Ideal ist speziell im Quäkertum schon in der ersten Epoche seiner Entwicklung klar vorhanden, wie dies in wichtigen Punkten schon Weingarten in seinen „Englischen Revolutionskirchen" entwickelt hat. Auch die eingehenden Auseinandersetzungen Barclays a. a. O. S. 519 ff., 533 veranschaulichen dies aufs deutlichste. Zu meiden ist: 1. kreatürliche Eitelkeit, also alle Ostentation, Flitterkram und Verwendung von Dingen, die keinen *praktischen* Zweck haben oder nur um ihrer Seltenheit wegen (also aus Eitelkeit) geschätzt werden – 2. ungewissenhafte Verwendung des Besitzes, wie sie in einer gegenüber den notwendigen Lebensbedürfnissen und der Vorsorge für die Zukunft *unverhältnismäßigen* Ausgabe für minder notwendige Bedürfnisse liegt: der Quäker ist sozusagen das wandelnde „Grenznutzgesetz". „Moderate use of the creature" ist durchaus statthaft, *namentlich* aber darf man auf Qualität und Solidität der Stoffe etc. Gewicht legen, soweit dies nicht zur „vanity" führt. [415]

haben.[296] Und halten wir nun noch jene Einschnürung der Konsumtion mit der Entfesselung des Erwerbsstrebens *zusammen*, so ist das äußere Ergebnis naheliegend: *Kapitalbildung* durch *asketischen Sparzwang*.[297] Die Hemmungen, welche dem konsumtiven Verbrauch des Erworbenen entgegenstanden, mußten ja seiner produktiven Verwendung: als *Anlage*kapital, zugute kommen. Wie stark diese Wirkung gewesen ist, entzieht sich ziffernmäßig naturgemäß jeder exakten Bestimmung. In Neu-England tritt der Zusammenhang so greifbar hervor, daß er bereits dem Auge eines so vortrefflichen Historikers wie Doyle nicht entgangen ist.[298] Aber auch in dem vom strikten Calvinis-

---

296 Es ist schon früher gesagt, daß wir auf die Frage der Klassenbedingtheit der religiösen Bewegungen später gesondert eingehen [416]. Um aber zu sehen, daß z. B. Baxter, den wir hier vornehmlich benutzten, nicht etwa durch die Brille der „Bourgeoisie" der damaligen Zeit blickte, genügt es sich gegenwärtig zu halten, daß auch bei ihm in der Reihenfolge der Gottgefälligkeit der Berufe nach den gelehrten Berufen zuerst der husbandman kommt, *dann* erst mariners, clothiers, booksellers, tailors etc. in buntem Gewimmel. Auch die (charakteristisch genug) erwähnten „mariners" sind vielleicht mindestens ebenso als Fischer wie als Schiffer gedacht. – Anders stehen in dieser Hinsicht schon manche Aussprüche des Talmud. Vgl. z. B. bei Wünsche, babyl. Talmud II[1] S. 20, 21 die, freilich nicht unwidersprochenen, Aussprüche Rabbi Eleasars, alle mit dem Sinn: Geschäftsverkehr ist besser als Ackerbau. (Vermittelnder II 2 S. 68 über ratsame Kapitalanlage: ⅓ in Grund und Boden, ⅓ in Waren, ⅓ als Barschaft). –
Für diejenigen, deren „kausales Gewissen" ohne ökonomische („materialistische", wie man leider noch immer sagt) „Deutung" nicht beruhigt ist, sei hiermit bemerkt, daß ich den Einfluß der wirtschaftlichen Entwicklung auf das Schicksal der religiösen Gedankenbildungen für sehr bedeutend halte und später darzulegen suchen werde, wie in unserm Falle die gegenseitigen Anpassungsvorgänge und Beziehungen beider sich gestaltet haben. Nur lassen sich jene [417] Gedankeninhalte nun einmal schlechterdings *nicht* „ökonomisch" *deduzieren*, sie sind – daran läßt sich nichts ändern – eben *ihrerseits* die mächtigsten plastischen Elemente der „Volkscharaktere" und tragen ihre eigene zwingende Macht [418] in sich. Und die *wichtigsten* Differenzen – die zwischen Luthertum und Calvinismus – sind überdies vorwiegend *politisch* bedingt, soweit außerreligiöse Momente hineinspielen.
297 Daran denkt Ed. Bernstein, wenn er in seinem schon früher zitierten Aufsatz (S. 681 u. S. 625) sagt: „Die Askese ist eine bürgerliche Tugend." Seine Ausführungen a. a. O. *sind die ersten*, die diese wichtigen Zusammenhänge überhaupt angedeutet haben. Nur ist der Zusammenhang ein viel umfassenderer, als er vermutet. Denn nicht die bloße Kapitalakkumulation, sondern die asketische Rationalisierung des gesamten Berufslebens ist das Entscheidende. – [419]
298 Doyle, The English in America Vol. II ch. 1. Die Existenz von Eisenwerks-Gesellschaften (1643), Tuchweberei für den Markt (1659) und die hohe Blüte des Handwerks in Neu-England in der ersten Generation nach der Gründung der Kolonie sind, rein ökonomisch betrachtet, Anachronismen und

mus nur 7 Jahre wirklich beherrschten Holland führte die in den religiös ernsteren Kreisen herrschende größere Einfachheit des Lebens bei enormen Reichtümern zu einer exzessiven Kapitalaufsammlungssucht.[299] Daß ferner die zu allen Zeiten und überall vorhanden gewesene, auch bei uns heute recht wirksame, Tendenz zur „Veradligung" bürgerlicher Vermögen durch die Antipathie des Puritanismus gegen feudale Lebensformen fühlbar gehemmt werden mußte, liegt auf der Hand. Englische merkantilistische Schriftsteller des 17. Jahrhundert führten die Überlegenheit der holländischen Kapitalmacht gegenüber England darauf zurück, daß dort nicht wie hier neu erworbene Vermögen regelmäßig durch Anlage in Land und – denn darauf, nicht auf den Landankauf allein kommt es an – den Übergang zu feudalen Lebensgewohnheiten Nobilitierung suchten und dadurch der kapitalistischen Verwertung entzogen würden[300]. Die auch bei den Puritanern nicht fehlende Schätzung der *Landwirtschaft* als eines besonders wichtigen, auch der Frömmigkeit besonders zuträglichen Erwerbszweigs galt (z. B. bei Baxter) nicht dem Landlord, sondern dem Yeoman und Farmer, und im 18. Jahrhundert nicht dem Junker, sondern dem „rationellen" *Landwirt*.[301] [423]

So weit die Macht puritanischer Lebensauffassung reichte,

---

stehen zu den Verhältnissen im Süden sowohl, als auch zu dem nicht calvinistischen, sondern volle Gewissensfreiheit genießenden Rhode Island in auffallendstem Gegensatz, wo trotz des vorzüglichen Hafens noch 1686 der Bericht von Governor und Council sagte: „The great obstruction concerning trade is the want of merchants and men of considerable Estates amongst us" (Arnold, Hist. of the State of R. I. p. 490). Daß der Zwang, erspartes Kapital immer wieder neu anzulegen, den die puritanische Einschränkung des Konsums übte, dabei mitspielte, ist in der Tat nicht zu bezweifeln. Die Rolle, welche der Kirchenzucht dabei zukam, werden wir später erörtern.

299 Daß diese Kreise aber in den Niederlanden rasch abnahmen, zeigt Busken-Huëts Darstellung (a. a. O. Bd. II, K. III u. IV). [420]

300 Für England befürwortete eine z. B. von Ranke, Englische Geschichte IV, S. 197 zitierte Eingabe eines adligen Royalisten nach dem Einzug Karls II. in London ein gesetzliches Verbot des Erwerbs von Landgütern durch das bürgerliche Kapital, welches dadurch gezwungen werden sollte, sich nur dem Handel zuzuwenden. – Der Stand der holländischen „Regenten" sonderte sich als „Stand" aus dem bürgerlichen Patriziat der Städte durch den Aufkauf der alten Rittergüter aus. [421] Diese Kreise sind freilich nie innerlich ernstlich calvinistisch gesinnt gewesen. Aber die notorische Adels- und Titelsucht in breiten Kreisen des holländischen Bürgertums in der zweiten Hälfte des 17. Jahrhunderts zeigt allein schon, daß man jedenfalls für *diese* Periode jene Entgegensetzung der englischen gegen die holländischen Verhältnisse nur mit Vorsicht zu akzeptieren hat. Die Übermacht des Geldes [422] brach hier den asketischen Geist. –

301 Auf den starken Aufkauf der englischen Landgüter durch bürgerliches Kapital folgte die große Epoche der englischen Landwirtschaft.

kam sie unter allen Umständen – und dies ist natürlich weit wichtiger als die bloße Begünstigung der Kapitalbildung – der Tendenz zu bürgerlicher, ökonomisch *rationaler* Lebensführung zugute; sie war ihr wesentlichster und einzig konsequenter Träger. Sie stand an der Wiege des modernen „Wirtschaftsmenschen“. Gewiß: diese puritanischen Lebensideale versagten bei einer allzu starken Belastungsprobe durch die den Puritanern selbst ja sehr wohlbekannten „Versuchungen“ des Reichtums. Sehr regelmäßig – wir werden das später noch verfolgen – finden wir die genuinsten Anhänger puritanischen Geistes in den Reihen der erst im *Aufsteigen begriffenen* Schichten [424] der Kleinbürger und Farmer und die „beati possidentes“, selbst bei den Quäkern, recht oft zur Verleugnung der alten Ideale bereit.[302] Es war das ja das gleiche Schicksal, welchem [425] die klösterliche Askese des Mittelalters immer wieder erlag: wenn die rationelle Wirtschaftsführung hier, an der Stätte streng geregelten Lebens und gehemmter Konsumtion, ihre Wirkung voll entfaltet hatte, so verfiel der gewonnene Besitz entweder direkt – wie in der Zeit vor der Glaubensspaltung – der „Veradligung“ oder es drohte doch die klösterliche Zucht in die Brüche zu gehen, und eine der zahlreichen „Reformationen“ mußte eingreifen. Ist doch die ganze Geschichte der Ordensregeln in gewissem Sinne ein stets erneutes Ringen mit dem Problem der säkularisierenden Wirkung des Besitzes. Das gleiche gilt in grandiosem Maßstabe auch für die innerweltliche Askese des Puritanismus. Der mächtige „revival“ des Methodismus, welcher dem Aufblühen der englischen Industrie gegen Ende des 18. Jahrhunderts vorangeht, kann – cum grano salis! – mit einer solchen Klosterreformation recht wohl verglichen werden. [426] Ihre volle ökonomische Wirkung entfalteten [427] jene mächtigen religiösen Bewegungen, deren Bedeutung für die wirtschaftliche Entwicklung ja in erster Linie in ihren asketischen *Erziehungs*wirkungen lag, regelmäßig erst, nachdem die Akme des *rein* religiösen Enthusiasmus bereits überstiegen war, der Krampf des Suchens nach dem Gottesreich sich allmählich in nüchterne Berufstugend aufzulösen begann, die religiöse Wurzel langsam abstarb und utilitarischer Diesseitigkeit Platz machte, – wenn, um mit Dowden zu reden, in der populären Phantasie „Robinson Crusoe“, der *isolierte Wirtschaftsmensch*, welcher nebenher Missionsarbeit

302 S. über die Art, wie sich dies in der Politik Pennsylvaniens im 18. Jahrhundert, speziell auch im Unabhängigkeitskrieg, äußerte, Sharpless, A Quaker experiment in Government Philadelphia 1902.

treibt,[303] an die Stelle des in innerlich einsamem Streben nach dem Himmelreich durch den „Jahrmarkt der Eitelkeit" eilenden Bunyanschen „Pilgers" getreten ist. Wenn dann weiterhin der Grundsatz herrschend wurde: „to make the best of *both* worlds", so mußte schließlich – wie ebenfalls schon Dowden bemerkt hat – das gute Gewissen einfach in die Reihe der Mittel komfortablen bürgerlichen Lebens eingereiht werden, wie dies ja auch das deutsche Sprichwort vom „sanften Ruhekissen" recht hübsch zum Ausdruck bringt. Was jene religiös lebendige Epoche des 17. Jahrhunderts ihrer utilitarischen Erbin vermachte, war aber eben vor allem ein ungeheuer gutes – sagen wir getrost ein *pharisäisch* gutes – Gewissen beim Gelderwerb, wenn anders er sich nur in legalen Formen vollzog. Jeder Rest des „Deo placere non [428] potest" ist verschwunden.[304] Eine spezifisch *bürgerliche Berufsethik* [429] ist entstanden. Mit dem Bewußtsein, in Gottes voller Gnade zu stehen und von ihm sichtbar gesegnet zu werden, vermag der bürgerliche Unternehmer, wenn er sich innerhalb der Schranken formaler Korrektheit hält, sein sittlicher Wandel untadelig und der Gebrauch, den er von seinem Reichtum macht, kein anstößiger ist, seinen Erwerbsinteressen zu folgen und *soll* dies tun. – Die Macht der religiösen Askese stellte ihm überdies nüchterne, gewissenhafte, ungemein arbeitsfähige und an der Arbeit als gottgewolltem Lebenszweck klebende Arbeiter zur Verfügung.[305] Sie gab ihm dazu die beruhigende Versicherung,

---

303 Defoe war eifriger Nonkonformist.

304 Auch Spener (Theol. Bedenken a. a. O. S. 426 f., 429, 432 ff.) hält zwar den Beruf des Kaufmanns für voll von Versuchungen und Fallstricken, aber er erklärt doch auf eine Anfrage: „Mir ist lieb, daß ich sehe, daß der liebe Freund, was die Kaufmannschaft selbst anlangt, keine Skrupel kennt, sondern sie für eine Lebensart erkennt, wie sie auch ist, damit dem menschlichen Geschlecht vieles genützt und also nach Gottes Willen *die Liebe* geübt wird." Dies wird an verschiedenen anderen Stellen durch merkantilistische Argumente näher motiviert. Wenn Spener gelegentlich ganz lutherisch die Begierde reich zu werden, gemäß 1. Tim 6, 8 und 9 und mit Berufung auf Jesus Sirach – s. o. – als den Hauptfallstrick und unbedingt abzulegen bezeichnet und den „Nahrungsstandpunkt" einnimmt (Theol. Bd. III S. 435 oben), so schwächt er dies andererseits durch den Hinweis auf die prosperierenden und doch gottselig lebenden Sektierer (Anm. 254) wieder ab. Als *Effekt* fleißiger Berufsarbeit ist auch ihm der Reichtum unbedenklich. Der Standpunkt ist infolge des lutherischen Einschusses weniger konsequent als der Baxters.

305 Baxter a. a. O. II S. 16 warnt vor der Anstellung von „heavy, flegmatik, sluggish, fleshly, slothful persons" als „servants" und empfiehlt die Bevorzugung von „godly" servants, nicht nur weil „ungodly" servants bloß „eye-servants" sein würden, sondern vor allen weil „a truly godly servant will do all your service in obedience *to God, as if God himself had bid him do it.*" Andere dagegen seien geneigt, „to make no great *matter of conscience* of it".

daß die ungleiche Verteilung der Güter dieser Welt ganz spezielles Werk von Gottes Vorsehung sei, der mit diesen Unterschieden ebenso wie mit der nur partikulären Gnade seine geheimen, uns unbekannten Ziele verfolge.[306] Schon Calvin hatte den oft zitierten Ausspruch getan, daß nur, wenn das „Volk", d. h. die Masse der Arbeiter und Handwerker, arm erhalten werde, es Gott gehorsam bleibe.[307] Die Niederländer (Pieter de la Court und andere) hatten dies dahin „säkularisiert", daß die Masse der Menschen nur arbeite, wenn die Not sie dazu treibe, und diese Formulierung eines Leitmotivs kapitalistischer Wirtschaft mündete dann weiterhin in den Strom der Theorie von der „Produktivität" niederer Löhne. Auch hier schiebt sich die utilitarische Wendung dem Gedanken unvermerkt mit dem Absterben seiner religiösen Wurzel unter, ganz nach dem Entwicklungsschema, welches wir immer wieder beobachtet haben. [431] Von der *anderen* Seite, derjenigen der *Arbeiter*, gesehen, glorifiziert z. B. die Zinzendorfsche Spielart des Pietismus den berufstreuen Arbeiter, der nicht nach Erwerb trachtet, als nach dem Vorbild der Apostel lebend und also mit dem Charisma der Jüngerschaft begabt.[308] Noch radikaler waren ähnliche Anschauungen anfangs bei den Täufern verbreitet gewesen. Nun ist natürlich die gesamte asketische Literatur *aller* Konfessionen von dem Gesichtspunkt durchtränkt, daß treue Arbeit auch bei niederen Löhnen seitens dessen, dem das Leben sonst keine Chancen zugeteilt hat, etwas Gott höchst Wohlgefälliges sei. Darin brachte die protestantische

---

Und umgekehrt sei beim Arbeiter *nicht* das äußere *Bekennen* der Religion, sondern die „conscience to do their duty" das Merkmal der Heiligkeit. Man sieht, das Interesse Gottes und dasjenige des Arbeitgebers gehen hier bedenklich ineinander über: auch Spener (Theol. Bed. III S. 272), der sonst dringend mahnt, sich *Zeit* zum Denken an Gott zu lassen, setzt als selbstverständlich voraus, daß die Arbeiter sich mit dem äußersten Mindestmaß freier Zeit (selbst Sonntags zufrieden geben müssen. [430] –

306 Die Analogie zwischen der nach menschlichem Maßstab „ungerechten" Prädestination nur Einiger und der ebenso ungerechten, aber ebenso Gott-gewollten Güterverteilung – die ja unendlich nahe lag – z. B. bei Hoornbeek a. a. O. Vol. I S. 153. Überdies ist ja – so Baxter a. a. O. I S. 380 – die Armut sehr oft Symptom der sündlichen Faulheit.

307 Gott läßt – meint auch Th. Adams (Works of the Pur. Div. p. 158) – insbesondere vermutlich deshalb so viele arm bleiben, weil sie nach seiner Kenntnis den Versuchungen, welche der Reichtum mit sich bringt, nicht gewachsen wären. Denn der Reichtum treibt nur allzuoft die Religion aus dem Menschen.

308 Ähnliches hat auch in England nicht gefehlt. Dorthin gehört z. B. auch jener Pietismus, welcher, anknüpfend an Laws „Serious call" (1728) *Armut*, Keuschheit und – ursprünglich – auch Isolierung von der Welt predigte.

Askese an sich keine Neuerung. Aber: sie vertiefte diesen Gesichtspunkt aufs mächtigste und schuf jener Norm [432] den psychologischen Antrieb zur Wirkung durch die Auffassung dieser Arbeit als Beruf, [433] als *einzigen* Mittels, des Gnadenstandes sicher zu werden,[309] und sie legalisierte auf der anderen Seite die Ausbeutung dieser spezifischen Arbeitswilligkeit, indem sie auch den Gelderwerb des Unternehmers als „Beruf" deutete.[310] Es liegt auf der Hand, wie mächtig das *ausschließliche* Streben nach dem Gottesreich durch Erfüllung der Arbeitspflicht als Beruf und die strenge Askese, welche die Kirchenzucht naturgemäß gerade den besitzlosen Klassen aufnötigte, die „Produktivität" der Arbeit im kapitalistischen Sinn des Wortes fördern mußte. Die Behandlung der Arbeit als „Beruf" ist für den modernen Arbeiter ebenso charakteristisch wie für den Unternehmer die entsprechende Auffassung des Erwerbes. [435]

Ein konstitutiver Bestandteil des [436] kapitalistischen Geistes, und nicht nur dieses, sondern der modernen Kultur: die rationale Lebensführung auf Grundlage der *Berufsidee*, ist – das sollten diese Darlegungen erweisen – geboren aus dem Geist der *christlichen Askese*. Man lese jetzt noch einmal den im Eingang dieses Aufsatzes zitierten Traktat Franklins nach, um zu sehen, daß die wesentlichen Elemente der dort als „Geist des Kapitalismus" bezeichneten Gesinnung eben die sind, die wir vorstehend als Inhalt der puritanischen Berufsaskese ermittel-

---

309 Baxters Tätigkeit in der bei seiner Hinkunft absolut verlotterten Gemeinde Kidderminster, in dem Grade ihres Erfolges fast beispiellos in der Geschichte der Seelsorge, ist zugleich ein typisches Beispiel dafür, *wie* die Askese die Massen zur Arbeit, marxistisch gesprochen: zur „*Mehrwert*"-Produktion, erzog und so ihre Verwertung im kapitalistischen Arbeitsverhältnis (Hausindustrie, Weberei) *überhaupt erst möglich* machte. So liegt das Kausalverhältnis ganz allgemein. – Von Baxters Seite aus gesehen, nahm er die Einfügung seiner Pfleglinge in das Getriebe des Kapitalismus in den Dienst seiner religiös-ethischen Interessen. Von der Seite der Entwicklung des Kapitalismus aus gesehen, traten die letzteren in den Dienst der Entwicklung kapitalistischen „Geistes".

310 Und noch eins: Man kann ja zweifeln, wie stark die „Freude" des mittelalterlichen Handwerkers an dem „von ihm Geschaffenen", mit der so viel operiert wird, als psychologisches Agens ins Gewicht gefallen ist. Etwas war immerhin daran. Jedenfalls aber *entkleidete* nun die Askese die Arbeit dieses – heute durch den Kapitalismus für immer vernichteten – diesseitigen weltlichen Reizes und richtete sie auf das Jenseits aus. Die berufliche Arbeit *als solche* ist gottgewollt. Die *Unpersönlichkeit* der heutigen Arbeit: ihre, vom Standpunkte des Einzelnen aus betrachtet, freudenarme Sinnlosigkeit, ist hier noch religiös verklärt. Der Kapitalismus in der Zeit seiner Entstehung aber *brauchte* Arbeiter, die um des *Gewissens* willen der ökonomischen Ausnutzung zur Verfügung standen. [434]

ten,[311] nur *ohne* die religiöse Fundamentierung, die bei Franklin schon abgestorben ist. – Der Gedanke, daß die moderne Berufsarbeit ein *asketisches* Gepräge trage, ist ja auch nicht neu. Daß die Beschränkung auf Facharbeit, mit dem Verzicht auf die faustische Allseitigkeit des Menschentums, welchen sie bedingt, in der heutigen Welt Voraussetzung wertvollen Handelns überhaupt ist, daß also „Tat" und „Entsagung" einander heute unabwendbar bedingen: dies *asketische* Grundmotiv des bürgerlichen Lebensstils – wenn er eben Stil und nicht Stillosigkeit sein will – hat auf der Höhe seiner Lebensweisheit, in den „Wanderjahren" und in dem Lebensabschluß, den er seinem Faust gab, auch *Goethe* uns lehren wollen.[312] Für ihn bedeutete diese Erkenntnis einen entsagenden Abschied von einer Zeit vollen und schönen Menschentums, welche im Verlauf unserer Kulturentwicklung ebensowenig sich wiederholen wird, wie die Zeit der Hochblüte Athens im Altertum. Der Puritaner wollte Berufsmensch sein, – wir *müssen* es sein. Denn indem die Askese aus den Mönchszellen heraus in das Berufsleben übertragen wurde und die innerweltliche Sittlichkeit zu beherrschen begann, half sie [439] jenen mächtigen Kosmos der modernen, an die technischen und ökonomischen Voraussetzungen mechanisch-maschineller Produktion gebundenen, Wirtschaftsordnung erbauen, der heute den Lebensstil aller einzelnen, die in dies Triebwerk hineingeboren werden – *nicht* nur der direkt ökonomisch Erwerbstätigen –, mit überwältigendem Zwange bestimmt und vielleicht bestimmen wird, bis der letzte Zentner fossilen Brennstoffs verglüht ist. Nur wie „ein dünner Mantel, den man jeder Zeit abwerfen könnte", sollte nach Baxters Ansicht die Sorge um die äußeren Güter um die Schultern seiner Heiligen liegen.[313] Aber aus dem Mantel ließ das Verhängnis ein stahlhartes Gehäuse werden. Indem die Askese die Welt umzubauen und in der Welt sich auszuwirken unternahm, gewannen die äußeren Güter dieser Welt zunehmende und schließlich unentrinnbare Macht über den Menschen, wie niemals zuvor in der Geschichte. Heute ist ihr Geist – ob endgültig,

---

311 Daß auch die hier noch nicht auf ihre religiösen Wurzeln zurückgeführten Bestandteile, namentlich der Satz: honesty is the best policy, und die [437] Erörterungen über den *Kredit*, puritanischen Ursprungs sind, werden wir in anderem Zusammenhang sehen [438].

312 Sehr schön analysiert in Bielschowskys Goethe, Bd. II Kap. 18. – Für die Entwicklung des *wissen*schaftlichen „Kosmos" hat einem verwandten Gedanken z. B. auch Windelband am Schlusse seiner „Blütezeit der deutschen Philosophie" (II. Bd. der Gesch. d. neueren Philosophie) Ausdruck gegeben.

313 Saints' everlasting rest. cap. XII.

wer weiß es? – aus diesem Gehäuse entwichen. Der siegreiche Kapitalismus jedenfalls bedarf, seit er auf mechanischer Grundlage ruht, dieser Stütze nicht mehr. Auch die rosige Stimmung ihrer lachenden Erbin: der Aufklärung, scheint endgültig im Verbleichen und als ein Gespenst ehemals religiöser Glaubensinhalte geht der Gedanke der „Berufspflicht" in unserm Leben um. Wo die „Berufserfüllung" nicht direkt zu den höchsten geistigen Kulturwerten in Beziehung gesetzt werden kann, – oder wo nicht umgekehrt sie auch subjektiv einfach als ökonomischer Zwang empfunden werden muß, – da verzichtet der einzelne heute meist auf ihre Ausdeutung überhaupt. Auf dem Gebiet seiner höchsten Entfesselung, in den Vereinigten Staaten, neigt das seines metaphysischen [440] Sinnes entkleidete Erwerbsstreben heute dazu, sich mit rein agonalen Leidenschaften zu assozieren, die ihm nicht selten geradezu den Charakter des Sports aufprägen.[314] Niemand weiß noch, wer künftig in jenem Gehäuse wohnen wird, und ob am Ende dieser ungeheuren Entwicklung ganz neue Propheten oder eine mächtige Wiedergeburt alter Gedanken und Ideale stehen werden, *oder* aber – wenn keins von beiden – „chinesische" [442] Versteinerung, durch eine Art von krampfhaftem Sich-wichtig-nehmen verbrämt. Dann allerdings könnte für die „letzten Menschen" dieser Kulturentwicklung das Wort zur Wahrheit werden: „Fachmenschen ohne Geist, Genußmenschen ohne Herz, dies Nichts bildet sich ein, eine nie vorher erreichte Stufe des Menschentums erstiegen zu haben." –

Doch wir geraten damit auf das Gebiet der Wert- und Glaubensurteile, mit welchen diese rein historische Darstellung nicht belastet werden soll. – Die Aufgabe ist vielmehr nun, die in der vorstehenden Skizze ja nur angeschnittene Bedeutung des asketischen Rationalismus nun auch für den Inhalt der sozialökonomischen [443] Ethik, also für die Art der Organisation und der Funktionen der sozialen Gemeinschaften vom Konventikel bis zum Staat aufzuzeigen. Alsdann muß seine Beziehung zu dem humanistischen Rationalismus [444] und dessen Lebensidealen

314 „Könnte der Alte nicht mit seinen 75000 $ jährlich sich zur Ruhe setzen? – Nein! die Warenhausfront muß nun auf 400 Fuß verbreitert werden. Warum? – That beats everything, meint er. – Abends, wenn Frau und Töchter gemeinschaftlich lesen, sehnt er sich nach dem Bett, Sonntags sieht er alle 5 Minuten nach der Uhr, wann der Tag zu Ende sein wird: – so eine verfehlte Existenz!" – dergestalt faßte der (eingewanderte) Schwiegersohn des führenden dry-good-man (deutscher Abkunft) [441] aus einer Stadt am Ohio sein Urteil über den letzteren zusammen, – ein Urteil, welches dem „Alten" seinerseits wiederum zweifellos als gänzlich unbegreiflich und ein Symptom deutscher Energielosigkeit erschienen wäre.

und Kultureinflüssen, ferner zur Entwicklung des philosophischen und wissenschaftlichen Empirismus, zu der technischen Entwicklung und zu den geistigen Kulturgütern analysiert worden. Dann endlich ist sein geschichtliches Werden von den mittelalterlichen Ansätzen einer innerweltlichen Askese aus und seine Auflösung in den reinen Utilitarismus *historisch* und durch die einzelnen Verbreitungsgebiete der asketischen Religiosität hindurch zu verfolgen. Daraus erst kann sich die Kulturbedeutung des asketischen Protestantismus im Verhältnis zu anderen plastischen Elementen der modernen Kultur ergeben. [445] Dabei aber muß dann auch die Art, wie die protestantische Askese ihrerseits durch die Gesamtheit der gesellschaftlichen Kulturbedingungen, insbesondere auch der *ökonomischen*, in ihrem Werden und ihrer Eigenart beeinflußt worden ist, zutage treten [446]. Denn obwohl der moderne Mensch im ganzen selbst beim besten Willen nicht imstande zu sein pflegt, sich die Bedeutung, welche religiöse Bewußtseinsinhalte auf die Lebensführung, die „Kultur“ und die „Volkscharaktere“ gehabt haben, *so* groß vorzustellen, wie sie tatsächlich gewesen *ist*, – so kann es dennoch natürlich nicht die Absicht sein, an Stelle einer einseitig „materialistischen“ eine ebenso einseitig spiritualistische kausale Kultur- und Geschichtsdeutung zu setzen. *Beide* sind *gleich möglich*,[315] aber mit beiden ist, wenn sie nicht *Vorarbeit*, sondern *Abschluß* der Untersuchung zu sein beanspruchen, der historischen Wahrheit gleich wenig gedient. [448]

---

315 Denn die vorstehende Skizze hat mit Bedacht nur die Beziehungen aufgenommen, in welchen eine Einwirkung religiöser Bewußtseinsinhalte auf das „materielle“ Kulturleben wirklich zweifellos ist. Es wäre ein Leichtes gewesen, darüber hinaus zu einer förmlichen „Konstruktion“, die *alles* an der modernen Kultur „Charakteristische“ aus dem protestantischen Rationalismus logisch *deduziert*, fortzuschreiten. Aber derartiges bleibt besser jenem Typus von Dilettanten überlassen, die an die „Einheitlichkeit“ der „Sozialpsyche“ und ihre Reduzierbarkeit auf *eine* Formel glauben. – Bemerkt sei nur noch, daß natürlich die *vor* der von uns betrachteten Entwicklung liegende Periode der kapitalistischen Entwicklung *überall* mitbedingt war durch christliche Einflüsse, hemmende ebenso wie *fördernde*. Welcher Art diese waren, gehört in ein späteres Kapitel. Ob übrigens von den oben umrissenen weiteren Problemen das eine oder das andere noch im Rahmen *dieser* Zeitschrift erörtert werden kann, ist bei dem Aufgabenkreis derselben nicht sicher. Dem Schreiben dicker Bücher aber, die so stark, wie es hier der Fall sein würde, an fremde (theologische und historische) Arbeiten angelehnt werden müßten, bin ich nicht sehr zugetan. [447]

# Anhang

## Verzeichnis der wichtigsten Zusätze
## und Veränderungen
## aus der 2. Fassung von 1920

[1] Anm. Veröffentlicht im Jafféschen „Archiv für Sozialwissenschaft und Sozialpolitik" (J. C. B. Mohr, Tübingen) Band XX, XXI (1904 bzw. 1905). Aus der umfangreichen Literatur darüber hebe ich nur die ausführlichsten Kritiken hervor: F. *Rachfahl*, Kalvinismus und Kapitalismus, Internationale Wochenschrift für Wissenschaft, Kunst und Technik, 1909, Nr. 39–43. Dazu meinen Artikel: Antikritisches zum „Geist" des Kapitalismus, „Archiv" Band XXX, 1910. Hiergegen wieder Rachfahl a. a. O. (Nochmals Kalvinismus und Kapitalismus.) 1910, Nr. 22–25 und dazu mein „Antikritisches Schlußwort", „Archiv" Band XXXI (Brentano in der gleich zu zitierenden Kritik hat anscheinend diese letzteren Darlegungen nicht gekannt, da er sie nicht mit zitiert). Ich habe von der unvermeidlich ziemlich ertraglosen Polemik gegen Rachfahl, der, – ein sonst auch von mir geschätzter Gelehrter, – sich hier auf ein von ihm nicht wirklich beherrschtes Gebiet begeben hatte, nichts in diese Ausgabe aufgenommen, sondern lediglich die (sehr wenigen) ergänzenden Zitate aus meiner Antikritik nachgetragen und durch eingeschobene Sätze oder Anmerkungen alle denkbaren Mißverständnisse für künftig auszuschließen gesucht. – Ferner: W. *Sombart* in seinem Buch „Der Bourgeois" (München und Leipzig 1913), auf das ich in Anmerkungen unten zurückkomme. Endlich: Lujo *Brentano* in Exkurs II im Anhang zu seiner Münchener Festrede (in der Akademie der Wissenschaften 1913) über: Die Anfänge des modernen Kapitalismus (München 1916 gesondert und durch Exkurse erweitert erschienen). Auch auf diese Kritik komme ich in besonderen Anmerkungen bei gegebenem Anlaß zurück. – Ich stelle jedem, der (wider Erwarten) daran Interesse nehmen sollte, anheim, sich durch Vergleichung davon zu überzeugen: daß ich *nicht einen einzigen Satz* meines Aufsatzes, der irgendeine sachlich wesentliche Behauptung enthielt, gestrichen, umgedeutet, abgeschwächt oder sachlich *abweichende* Behauptungen hinzugefügt habe. Es bestand dazu keinerlei Anlaß und der Fortgang der Darlegung wird die noch immer Zweifelnden nötigen, sich davon schließlich zu überzeugen. – Die letztgenannten beiden Gelehrten sind untereinander in noch schärferem Streit als mit mir. Brentanos Kritik gegen W. Sombarts Werk: Die Juden und das Wirtschaftsleben halte ich in der Sache in vielem für begründet, dennoch aber für vielfach sehr ungerecht, abgesehen davon, daß auch bei Brentano das Entscheidende an dem hier vorerst ganz ausgeschalteten Judenproblem (wovon später) wohl nicht erkannt ist.

Von theologischer Seite waren zahlreiche wertvolle Einzelanregungen anläßlich dieser Arbeit zu verzeichnen und war die Aufnahme im ganzen eine freundliche und auch bei im einzelnen abweichenden Ansichten sehr sachliche – was mir um so wertvoller ist, als ich mich über eine gewisse Antipathie gegen die Art der hier unvermeidlichen Behandlung dieser Dinge nicht gewundert hätte. Das, was dem seiner Religion anhänglichen Theologen daran das *Wertvolle* ist, kann ja hier naturgemäß nicht zu seinem Recht kommen. Wir haben es mit religiös *gewertet* – oft recht äußerlichen und groben Seiten des Lebens der Religionen zu tun, die aber freilich eben *auch* da waren und oft, eben weil sie grob und äußerlich waren, äußerlich auch am stärksten wirkten. – Als auf eine, neben seinem reichen sonstigen Inhalt, auch für unser Problem höchst willkommene Ergänzung und Bestätigung sei auch hier nochmals kurz –

statt öfteren Zitierens zu allen Einzelpunkten – auf das große Buch von E. *Troeltsch*, Die Soziallehren der christlichen Kirchen und Gruppen (Tübingen 1912) verwiesen, welches von eignen und sehr weit gespannten Gesichtspunkten die Universalgeschichte der Ethik des okzidentalen Christentums behandelt. Dem Verf. kommt es dabei mehr auf die *Lehre*, mir mehr auf die praktische *Wirkung* der Religion an.

[2] **statt** Berufsbegriff:
Berufskonzeption

[3] Vor allem aber ist der *heutige* „Hochkapitalismus" überhaupt, namentlich bezüglich der breiten ungelernten Unterschicht seiner Arbeiterschaft, von denjenigen Einflüssen, welche die Konfession in der Vergangenheit haben *konnte*, unabhängig geworden. Darüber später.

[4] in der Zeit ihres Aufblühens

[5] und ebenso ertrugen sie die reichsten, ökonomisch entwickeltsten Gebiete, welche um die Wende des 15. Jahrhunderts die Erde kannte.

[6] Ganz ebenso wurde sie auch von breiten Schichten des alten Patriziats der damaligen Zeit, in Genf sowohl wie in Holland und England, empfunden.

[7] **statt** „bürgerlichen" Klassen jene:
„bürgerlichen" Mittelklassen jene ihnen bis dahin unbekannte

[8] Anm. Besonders gut an den später mehrfach zu zitierenden Stellen in Sir W. Pettys Schriften.

[9] im östlichen

[10] im Gegensatz zu den Protestanten

[11] Vielmehr besteht die Tatsache: daß die Protestanten (insbesondere gewisse später besonders zu behandelnde Richtungen unter ihnen *sowohl* als herrschende *wie* als beherrschte Schicht, *sowohl* als Majorität *wie* als Minorität eine spezifische Neigung zum ökonomischen Rationalismus gezeigt haben, welche bei den Katholiken *weder* in der einen *noch* in der anderen Lage in gleicher Weise zu beobachten war und ist [11a].

[11a] Anm. Denn die gelegentliche Exemplifikation Pettys auf *Irland* hat den sehr einfachen Grund: daß dort die protestantische Schicht nur als absentistische Landlords saß. Würde sie mehr behaupten, so wäre sie (bekanntlich) irrig gewesen, wie die Stellung der Scotch-Irish beweist. Die typische Beziehung zwischen Kapitalismus und Protestantismus bestand in Irland ebenso wie anderwärts. (Über die „Scotch-Irish" in Irland s. C. A. Hanna, The Scotch-Irish, 2 Bände, New-York, Putnam).

[12] **statt** nicht in der:
nicht nur in der jeweiligen

[13] Daß *Emigranten* aller Konfessionen der Erde: indische, arabische, chinesische, syrische, phönikische, griechische, lombardische „cawerzische" als Träger *kaufmännischer Schulung* hochentwickelter

Länder in andere übersiedelten, war eine ganz universelle Erscheinung und hat mit unserem Problem nichts zu tun. (Brentano in dem öfter zu zitierenden Aufsatz über „Die Anfänge des modernen Kapitalismus" verweist auf seine eigene Familie. Aber: *Bankiers* fremder Provenienz als vorzugsweise Träger kaufmännischer Erfahrung und Beziehungen hat es zu *allen* Zeiten in allen Ländern gegeben. Sie sind kein Spezifikum des *modernen* Kapitalismus und wurden – s. später – von den Protestanten mit ethischem Mißtrauen beachtet. Anders stand es mit den nach Zürich gewanderten Locarneser Protestantenfamilien Muralt, Pestalozzi usw., welche in Zürich sehr bald zu den Trägern einer spezifisch *modernen* kapitalistischen (*industriellen*) Entwicklung gehörten).

[14] **statt** Erwerbssinn:
Geschäftssinn

[15] Anm. *Dann* natürlich, soll das heißen, wenn die *Möglichkeit* kapitalistischer Entwicklung in dem betreffendem Gebiet *überhaupt* gegeben war.

[16] (Das gleiche – s. u. – in Holland. Das kanonische *Zinsverbot* spielt, um dies ausdrücklich zu sagen, in *diesen* Untersuchungen überhaupt keinerlei Rolle.)

[17] dies entspricht durchaus den Ansichten, welche Sir W. Petty in seiner Erörterung über die Gründe des kapitalistischen Aufschwungs der Niederlande vortrug.

[18] Später hat Sombart leider, in dem in diesen Partien m. E. weitaus schwächsten seiner größeren Werke (Der Bourgeois, München 1913), unter der Einwirkung einer ebenfalls, trotz vieler guter (aber in *dieser* Hinsicht nicht neuer) Bemerkungen, *unter* dem Niveau anderer modern-apologetisch katholischer Arbeiten bleibenden Schrift von F. *Keller* (Unternehmung und Mehrwert, Schriften der Görres-Gesellschaft, 12. Heft) eine völlig verfehlte „These" verfochten, auf die gelegentlich zurückzukommen ist.

[19] und trifft das Gleiche z. B. für die Parsen zu

[20] **statt** Calvinisten:
Protestanten

[21] ähnlich wie in Indien etwa bei den Jaina

[22] Nicht alle protestantischen Denominationen scheinen aber gleich stark in dieser Richtung zu wirken. Der Calvinismus tat dies anscheinend auch in Deutschland; die „reformierte" Konfession [22a] scheint, im Wuppertal ebenso wie anderwärts, im Vergleich mit anderen Bekenntnissen der Entwicklung kapitalistischen Geistes förderlich gewesen zu sein. Förderlicher als z. B. das Luthertum, wie der Vergleich im großen ebenso wie im einzelnen, insbesondere im Wuppertal, zu lehren scheint [22b]. Für Schottland haben Buckle und von den englischen Dichtern namentlich Keats diese Beziehungen betont [22c].

[22a] Anm. Sie ist bekanntlich in den meisten ihrer Formen ein mehr oder minder *temperierter* Calvinismus oder Zwinglianismus.

[22b] Anm. In dem fast rein lutherischen Hamburg ist das *einzige* bis in das 17. Jahrhundert zurückreichende Vermögen dasjenige einer bekannten *reformierten* Familie (freundlicher Hinweis von Prof. A. Wahl).

[22c] Anm. „Neu“ ist also nicht, daß hier dieser Zusammenhang behauptet wird, über den schon Lavaleye, Matthew Arnold u. a. gehandelt haben, sondern umgekehrt seine ganz unbegründete Anzweiflung. Es gilt ihn zu *erklären*.

[23] offizielle

[24] aus der Hausindustrie

[25] (Über die spezifische Arbeitseignung pietistischer Arbeitskräfte finden sich von mir errechnete Beispiele aus einer westfälischen Fabrik in dem Aufsatz: „Zur Psychophysik der gewerblichen Arbeit“, Archiv f. Soz. Band XXVIII, S. 263 und öfter).

[26] an rheinische Verhältnisse und

[27] als „Weltfreude“ oder irgendwie sonst

[28] bestimmter Ausprägungen des

[29] Bei dem Versuch, so etwas wie eine Definition davon zu geben, zeigen sich sofort gewisse, im Wesen des Untersuchungszwecks liegende Schwierigkeiten.

[30] genetische

[31] vorerst wenigstens

[32] und doch zugleich den Vorteil bietet, von *aller* direkten Beziehung zum Religiösen losgelöst, also – für unser Thema – „voraussetzungslos“ zu sein

[33] angebliches

[34] – Kürnbergers etwas freie Übersetzung der Franklinschen Traktate ist hier nach dem Original korrigiert.

[35] das Ideal des *kreditwürdigen* Ehrenmannes und vor allem:

[36] In der Tat: daß hier nicht einfach Lebenstechnik, sondern eine eigentümliche „Ethik“ gepredigt wird, deren Verletzung nicht nur als Torheit, sondern als eine Art von Pflichtvergessenheit behandelt wird: dies vor allem gehört zum Wesen der Sache. Es ist nicht *nur* „Geschäftsklugheit“, was da gelehrt wird – dergleichen findet sich auch sonst oft genug: – es ist ein *Ethos*, welches sich äußert, und in eben *dieser* Qualität interessiert es uns.

[37] Anm. Was selbstverständlich weder bedeutet, daß Jakob Fugger ein sittlich indifferenter oder irreligiöser Mann gewesen sei, noch, daß Benjamin Franklins Ethik *überhaupt* sich in jenen Sätzen erschöpfe. Es hätte wohl nicht der Zitate Brentanos (Die Anfänge des modernen Kapitalismus, München 1916 S. 150 f.) bedurft, um diesen wohlbekannten Philanthropen dagegen zu schützen, so verkannt zu werden, wie Brentano es mir zuzutrauen scheint. Das Problem ist umgekehrt ja gerade: wie konnte ein solcher Philanthrop *eben diese Sätze* (deren besonders charakteristische Formung Brentano wiederzugeben unterlassen hat) im Stil eines *Moralisten* vortragen?

[38] Auf die von ihm in seinem „Bourgeois“ vorgetragene Polemik gegen mich komme ich weiterhin zu sprechen.

[39] Anm. Brentano (S. 125, 127 Anm. 1) nimmt diese Bemerkung zum Anlaß, um die späteren Ausführungen über jene „Rationalisierung und Disziplinierung", welche die innerweltliche Askese an dem Menschen vorgenommen habe, zu kritisieren: das sei also eine „Rationalisierung" zu einer „irrationalen Lebensführung". In der Tat ist dem so. „Irrational" ist etwas stets nicht an sich, sondern von einem bestimmten „rationalen" *Gesichtspunkte* aus. Für den Irreligiösen ist jede religiöse, für den Hedoniker jede asketische Lebensführung „irrational", mag sie auch, an *ihrem* letzten Wert gemessen, eine „Rationalisierung" sein. Wenn zu irgend etwas, so möchte dieser Aufsatz dazu beitragen, den nur scheinbar eindeutigen Begriff des „Rationalen" in seiner Vielseitigkeit aufzudecken.

[40] Anm. Gegenüber Brentanos (a. a. O. S. 150 f.) ausführlicher, aber etwas unpräziser Apologie des vermeintlich von mir in seinen ethischen Qualitäten verkannten Franklin verweise ich lediglich auf diese Bemerkung, welche m. E. hätte genügen dürfen, jene Apologie unnötig zu machen.

[41] (es wird über die spezifischen Erscheinungen profitsüchtiger Rechenhaftigkeit in Neuengland – im Gegensatz zu anderen Gebieten Amerikas – schon 1632 geklagt)

[42] Anm. Ich benütze diese Gelegenheit, einige „antikritische" Bemerkungen schon hier vorweg einzuflechten. – Es ist eine unhaltbare Behauptung, wenn Sombart (Der Bourgeois, München und Leipzig 1913) gelegentlich versichert: diese „Ethik" Franklins sei die „wortwörtliche" Wiederholung von Ausführungen des großen Universalgenies der Renaissance: Leon Battista Albertis, der neben theoretischen Schriften über Mathematik, Plastik, Malerei, (vor allem:) Architektur und über die Liebe (er war persönlich Frauenfeind) auch über den Haushalt (Della famiglia) eine Schrift in 4 Büchern verfaßte (von der mir im Augenblick der Niederschrift leider nicht die Ausgabe von Mancini, sondern nur die ältere von Bonucci vorliegt). – Die Stelle Franklins steht ja wörtlich abgedruckt oben, – wo finden sich denn nun entsprechende Stellen aus Albertis Werken, insbesondere die Maxime, die an der Spitze steht: „Zeit ist *Geld*" und die anschließenden Vermahnungen? Die einzige daran auch nur aus weitester Distanz erinnernde Stelle steht m. W. gegen Schluß des 1. Buchs von Della famiglia (Ausg. v. Bonucci Vol. II, p. 353), wo ganz allgemein von dem Gelde als dem Nervus rerum des Haushalts die Rede ist, mit dem daher ganz besonders gut gewirtschaftet werden müsse – ganz wie schon bei Cato (De re rustica). Die Behandlung Albertis, der allen Nachdruck darauf legt, aus einer der vornehmsten Kavaliersfamilien von Florenz zu stammen („nobilissimi cavalieri": Della famiglia p. 213, 228, 247 in der Ausgabe von Bonucci), als eines Mannes mit „verpantschtem Blut", eines mit Ressentiment gegen die Geschlechter erfüllten, weil – wegen seiner (ihn nicht im mindesten deklassierenden) außerehelichen Erzeugung – von den Signorengeschlechtern ausgeschlossenen Bürgerlichen, ist grundverkehrt. Für Alberti charakteristisch ist gewiß seine Empfehlung *großer* Geschäfte, die allein einer nobile e onesta famiglia und eines libero e nobile animo würdig seien (das. p. 209) und: weniger Arbeit kosten (vgl. Del governo della famiglia IV, p. 55, ebenso in der Redaktion für die Pandolfini p. 116: *darum* am besten Verlagsgeschäft in Wolle und Seide!), ferner einer geord-

neten und strengen Haushaltung, d. h. der Bemessung der Ausgaben nach den Einnahmen. Dies, also: primär ein Prinzip der *Haushalts*-führung, nicht aber: des *Erwerbs* (wie gerade Sombart recht gut hätte erkennen können) – ganz ebenso wie es sich bei der Diskussion über das Wesen des Geldes (a. a. O.) primär um *Vermögens*anlage (Geld oder possessioni) handelt, nicht um *Kapital*verwertung – ist die „santa masserizia", deren Vertretung dem Gianozzo in den Mund gelegt wird. Empfohlen wird, – als Selbstschutz gegen die Unsicherheit der „Fortuna", – die frühe Gewöhnung an stete, übrigens auch (Della famiglia p. 73–74) allein dauernd gesund erhaltende, Tätigkeit in cose magnifiche ample (p. 192) und Meidung des stets für die Erhaltung der eigenen Stellung gefährlichen Müßiggangs, daher auch fürsorgliches Lernen eines standesgemäßen Metiers für den Fall von Wechselfällen (aber: jede opera mercenaria ist unstandesgemäß: Della famiglia 1. I p. 209 das.). Sein Ideal der „tranquillità dell' animo" und seine starke Hinneigung zum epikureischen „λάϑε βιώσας" (vivere a sè stesso – das. p. 262), insbesondere die Abneigung gegen jedes Amt – das. p. 258 – als Quelle von Unruhe, Feindschaft, Verwicklung in schmutzige Geschäfte, das Ideal des Lebens auf der ländlichen Villa, seine Speisung des Selbstgefühls durch den Gedanken an die Ahnen, und die Behandlung der *Ehre der Familie* (die deshalb auch ihr Vermögen nach Florentiner Art zusammenhalten, nicht teilen, soll) als des entscheidenden Maßstabs und Zieles: dies alles wäre in den Augen jedes Puritaners eine sündhafte „Kreaturvergötterung", in Benjamin Franklins Augen aber eine diesem unbekannte aristokratische Pathetik gewesen. Man beachte noch die hohe Schätzung des Literatentums (denn auf literarisch-wissenschaftliche Arbeit ist die „industria" vor allem gerichtet, sie ist das eigentlich Menschenwürdige und wesentlich nur dem Illiteraten Gianozzo wird die Vertretung der masserizia – im Sinn von „rationalem Haushalt" als dem Mittel, von andern unabhängig zu leben und nicht ins Elend zu kommen – als gleichwertig in den Mund gelegt und dabei der Ursprung des der Mönchsethik (s. u.) entstammenden Begriffs auf einen alten Priester zurückgeführt p. 249). Man stelle dies alles neben die Ethik und Lebensführung Benjamin Franklins und, vollends, seiner puritanischen Ahnen, die an die humanistischen Patriziate sich wendenden Schriften des Renaissanceliteraten neben die an die Massen des bürgerlichen Mittelstandes – ausdrücklich: der Commis – gerichteten Schriften Franklins und neben die Traktate und Predigten der Puritaner, um die Tiefe des Unterschieds zu ermessen. Der ökonomische Rationalismus Albertis, überall durch Zitate aus antiken Schriftstellern gestützt, ist am wesensähnlichsten der Behandlung ökonomischer Stoffe in den Schriften Xenophons (den er nicht kannte), Catos, Varros und Columellas (die er zitiert), – nur daß insbesondere bei Cato und Varro das *Erwerben* als solches ganz anders als bei Alberti im Vordergrund steht. Im übrigen wirken die freilich nur sehr gelegentlichen Ausführungen Albertis über die Verwendung der fattori, ihre Arbeitsteilung und Disziplin, über die Unverläßlichkeit der Bauern usw. in der Tat ganz wie eine Übertragung catonischer Lebensklugheit aus dem Gebiet des Sklavenfronhofs auf das der freien Arbeit in Hausindustrie und Teilbau. Wenn Sombart (dessen Bezugnahme auf die Ethik der Stoa entschieden verfehlt ist) den ökonomischen Rationalismus schon bei Cato zu äußerster Konsequenz entwickelt findet, so ist das, richtig verstanden, nicht geradezu unrichtig. Man wird den „diligens pater familias“ der Römer mit dem Ideal des „massajo“ bei Alberti in der Tat unter die gleiche Kategorie bringen können. Charakteristisch ist bei Cato vor allem: daß das Landgut als Objekt einer Vermögens-„*Anlage*“ gewertet und beurteilt wird. Der Begriff der „industria“ ist allerdings anders gefärbt infolge christlichen Einflusses. Und da zeigt sich eben der Unterschied. In der Konzeption der „industria“, die aus der Mönchsaskese stammt und von Mönchsschriftstellern entwickelt ist, liegt der Keim eines „Ethos“, der in der protestantischen ausschließlich *inner*weltlichen „Askese“ (s. später) voll entwickelt wurde (*daher*, wie noch oft zu betonen sein wird, die Verwandtschaft beider, die übrigens zur offiziellen Kirchenlehre des Thomismus *geringer* ist als zu den Florentiner und Sieneser Mendikanten-Ethikern). Bei Cato und auch in den eignen Darlegungen von Alberti fehlt dieses Ethos: um Lebens*klugheits*lehre handelt es sich bei beiden, nicht um Ethik. Um Utilitarismus handelt es sich auch bei Franklin. Aber die ethische Pathetik der Predigt an die jungen Kaufleute ist ganz unverkennbar und ist – worauf es ankommt – das Charakteristische. Mangel an Sorgfalt mit dem Gelde bedeutet ihm, daß man – sozusagen – Kapital-Embryonen „mordet“ und ist deshalb auch ein *ethischer* Defekt.

Eine innere Verwandtschaft beider (Albertis und Franklins) liegt dabei lediglich insofern tatsächlich vor, als bei Alberti – den Sombart „fromm“ nennt, der aber in Wahrheit zwar die Weihen und eine römische Pfründe hatte, wie so viele Humanisten, aber seinerseits religiöse Motive (von zwei gänzlich farblosen Stellen abgesehen) *überhaupt nicht* als Orientierungspunkt für die von ihm empfohlene Lebensführung verwertet – *noch* nicht, bei Franklin *nicht mehr* religiöse Konzeptionen mit der Empfehlung der „Wirtschaftlichkeit“ in Beziehung gesetzt sind. Der Utilitarismus, – bei Albertis Empfehlung des Woll- und Seide-Verlagsbetriebs auch der merkantilistische Sozialutilitarismus („daß viele Menschen in Arbeit gesetzt werden“ a. a. O. p. 292) – führt auf diesem Gebiete, formell wenigstens, allein das Wort, bei dem einen wie bei dem andern. Die hierhergehörigen Ausführungen Albertis sind ein sehr geeignetes Paradigma für diejenige Art von – sozusagen – immanentem ökonomischem „Rationalismus“, wie er als, in der Tat, „Widerspiegelung“ ökonomischer Zustände, bei rein „an der Sache selbst“ interessierten Schriftstellern sich überall und zu allen Zeiten, im chinesischen Klassizismus und in der Antike nicht minder als in der Renaissance und in der Aufklärungszeit, gefunden hat. Gewiß ist, wie in der Antike bei Cato, Varro, Columella, so hier bei Alberti und seinesgleichen, namentlich in der Lehre von der „industria“ wirtschaftliche *ratio* weitgehend entwickelt. Aber wie kann man nur glauben, daß eine solche Literaten*lehre* eine lebenumwälzende Macht entwickeln könne von der Art, wie ein religiöser Glaube, der *Heilsprämien* auf eine bestimmte (in diesem Fall: methodisch-rationale) Lebensführung setzt? Wie demgegenüber eine *religiös* orientierte „Rationalisierung“ der Lebensführung (und damit eventuell auch: der Wirtschaftsgebarung) aussieht, kann man außer an den Puritanern aller Denominationen, in unter sich höchst verschiedenem Sinn an den Beispielen der Jaina, der Juden, gewisser asketischer Sekten des Mittelalters, an Wyclif, den böhmischen Brüdern (einem Nachklang der Hussitenbewegung), den Skopzen und Stundisten in Rußland und zahlreichen Mönchsorden ersehen. Das Entscheidende des

Unterschiedes ist (um das vorwegzunehmen): daß eine religiös verankerte Ethik auf das von ihr hervorgerufene Verhalten ganz bestimmte, und, so lange der religiöse Glaube lebendig bleibt, höchst wirksame *psychologische Prämien* (*nicht* ökonomischen Charakters) setzt, welche eine bloße Lebenskunstlehre wie die Albertis eben *nicht* zur Verfügung hat. Nur soweit diese Prämien wirken und – vor allem – in derjenigen, oft (das ist das Entscheidende) von der Theologen-*Lehre* (die ihrerseits ja auch nur „Lehre" ist) weit abweichenden *Richtung*, in der sie wirken, gewinnt sie einen eigengesetzlichen Einfluß auf die Lebensführung und dadurch auf die Wirtschaft: dies ist, um es deutlich zu sagen, ja die Pointe dieses ganzen Aufsatzes, von der ich nicht erwartet hätte, daß sie so völlig übersehen werden würde. Auf die freilich von Sombart ebenfalls sehr stark mißverstandenen relativ kapitalfreundlichen theologischen Ethiker des Spätmittelalters (Antonin von Florenz und Bernhardin von Siena insbesondere) komme ich an andrem Ort zu sprechen. Jedenfalls gehörte L. B. Alberti absolut nicht in diesen Kreis. Nur den Begriff der „industria" hat er mönchischen Gedankengängen, gleichviel durch welche Mittelhände, entnommen. Alberti, Pandolfini und ihresgleichen sind Repräsentanten jener, trotz aller offiziellen Obödienz, doch innerlich von dem überlieferten Kirchentum schon emanzipierten, und bei aller Gebundenheit an die geltende christliche Ethik weitgehend antik-„heidnisch" orientierten Gesinnung, welche, wie Brentano meint, ich in ihrer Bedeutung für die Entwicklung der modernen Wirtschaftslehre (und auch: der modernen Wirtschaftspolitik) ignoriert habe. Die Tatsache, daß ich diese Kausalreihe *hier* nicht behandle, ist nun zwar völlig richtig: in eine Abhandlung über die *„protestantische Ethik* und den Geist des Kapitalismus" gehört sie eben nicht hinein. Weit entfernt, – wie sich bei anderer Gelegenheit wohl zeigen wird, – ihre Bedeutung zu leugnen, war und bin ich aber allerdings, aus guten Gründen, der Ansicht: daß ihre Wirkungssphäre und Wirkungsrichtung durchaus *andere* waren als die der protestantischen Ethik (deren praktisch keineswegs ganz unwichtige Vorläufer die Sekten und die Wyclifisch-hussitische Ethik gewesen sind). *Nicht* die *Lebensführung* (des entstehenden Bürgertums), sondern: die Politik der Staatsmänner und Fürsten hat sie beeinflußt, und diese beiden zwar teilweise, aber keineswegs überall konvergierenden Kausalreihen wollen zunächst einmal sauber auseinandergehalten werden. Was Benjamin Franklin anlangt, so gehören seine – s. Z. als Schullektüre in Amerika verwerteten – privatwirtschaftlichen Traktate in *diesem* Punkt, im Gegensatz zu Albertis kaum über die Gelehrtenkreise hinaus bekannt gewordenem umfangreichem Werke, in der Tat der für die Lebens*praxis* einflußreichen Kategorie an. Aber ausdrücklich ist er von mir hier als ein Mann zitiert, der ganz ebenso schon jenseits der inzwischen verblaßten puritanischen Lebensreglementierung stand, wie die englische Aufklärung überhaupt, deren Beziehungen zum Puritanismus ja öfter dargestellt worden sind.

[43] Anm. Leider hat auch Brentano a. a. O. zunächst jede Art von Streben nach Erwerb (einerlei ob kriegerisch oder friedlich) in einen Topf geworfen und dann als Spezifikum des „kapitalistischen" (im Gegensatz z. B. zum feudalen) Erwerbsstreben nur die Richtung auf *Geld* (statt auf Land) hingestellt, jede weitere Scheidung aber – die

überhaupt erst zu klaren Begriffen führen könnte – nicht nur abgelehnt, sondern (S. 131) auch von dem hier, für die Zwecke dieser Untersuchung, gebildeten Begriff „Geist" des (modernen!) Kapitalismus die mir unverständliche Behauptung aufgestellt: er nehme schon in seine Voraussetzungen das auf, was bewiesen werden solle.

[44] – an den Maßstäben der okzidentalen Entwicklung gemessen –

[45] sämtlichen entscheidenden

[46] in ihrer Formulierung

[47] spezifisch moderne

[48] Den rücksichtslosen, an keine Norm innerlich sich bindenden Erwerb hat es zu allen Zeiten der Geschichte gegeben, wo und wie immer er tatsächlich überhaupt möglich war. Wie Krieg und Seeraub, so war auch der freie, nicht normgebundene Handel in den Beziehungen zu Stammfremden, Ungenossen, unbehindert; es gestattete die „Außenmoral" hier, was im Verhältnis „unter Brüdern" verpönt war. Und wie, äußerlich, der kapitalistische Erwerb als „Abenteuer" in allen Wirtschaftsverfassungen heimisch war, welche geldartige Vermögensobjekte kannten und Chancen boten, sie gewinnbringend zu verwerten: – durch Kommenda, Abgabenpacht, Staatsdarlehen, Finanzierung von Kriegen, Fürstenhöfen, Beamten, – so fand sich auch jene innerliche Abenteurer-Gesinnung, welche der Schranken der Ethik spottet, überall. Die absolute und bewußte Rücksichtslosigkeit des Gewinnstrebens stand oft ganz hart gerade neben strengster Traditionsgebundenheit. Und mit dem Zerbröckeln der Tradition und dem mehr oder minder durchgreifenden Eindringen des freien Erwerbes auch in das Innere der sozialen Verbände pflegte nicht eine ethische Bejahung und Prägung dieses Neuen zu erfolgen, sondern es pflegte nur faktisch *toleriert*, entweder als ethisch indifferent oder als zwar unerfreulich, aber leider unvermeidlich, behandelt zu werden. Dies war nicht nur die normale Stellungnahme aller ethischen Lehre, sondern – worauf es wesentlich mehr ankommt – auch des praktischen Verhaltens der Durchschnittsmenschen der präkapitalistischen Epoche: – „präkapitalistisch" in dem Sinn: daß die rationale *betriebs*mäßige Kapitalverwertung und die rationale kapitalistische *Arbeits*organisation noch nicht beherrschende Mächte für die Orientierung des wirtschaftlichen Handelns geworden waren. Eben dies Verhalten aber war eines der stärksten innerlichen Hemmnisse, auf welche die Anpassung der Menschen an die Voraussetzungen geordneter bürgerlich-kapitalistischer Wirtschaft überall stieß.

[49] **statt** Vielmehr ... pflegt:
Der Gegner, mit welchem der „Geist" des Kapitalismus im Sinne eines bestimmten, im Gewande einer „Ethik" auftretenden, normgebundenen Lebensstils in erster Linie zu ringen hatte, blieb jene Art des Empfindens und der Gebarung, die man als *Traditionalismus* bezeichnen kann.

[50] moderne

 [51] und ist nicht endgültig erledigt

[52] **statt** mir ... bestätigt:
gelegentliche rechnerische Überprüfungen bestätigen es [52a]

[52a] Anm. S. die oben [25] zitierte Arbeit.

[53] **statt** Beflissenheit:
früher nicht seltene Neigung

[54] **statt** Gewinn um des Gewinns willen:
rational legitimen Gewinn

[55] (modernen)

[56] Anm. Natürlich des dem Okzident spezifischen *modernen* rationalen *Betriebs*, nicht des seit 3 Jahrtausenden in der Welt, von China, Indien, Babylon, Hellas, Rom, Florenz bis in die Gegenwart verbreiteten Kapitalismus der Wucherer, Kriegslieferanten, Amts- und Steuerpächter, großen Handelsunternehmer und Finanzmagnaten. S. die Einleitung.

[57] modernen

[58] **statt** aufsteigende Kleinbürgertum:
zum Unternehmer aufsteigende *Mittel-* und *Klein*bürgertum

[59] Aber eben das stimmt recht gut mit dem hier Vorgetragenen überein: Große Geldbesitzer und Händler hat es zu allen Zeiten gegeben. Eine rationale kapitalistische Organisation der gewerblichen bürgerlichen Arbeit aber hat erst die Entwicklung vom Mittelalter zur Neuzeit gekannt.

[60] Und ähnlich stand es schon im 16. Jahrhundert: die damals neu entstehenden *Industrien* sind meist dem Schwerpunkt nach von Parvenüs geschaffen [60a].

[60a] Anm. S. darüber die gute Züricher Dissertation von J. Maliniak (1913).

[61] **statt** der „Ethik":
dem „Ethos"

[62] Anm. Es ist auch aus diesem Grunde kein Zufall, daß diese erste Periode des beginnenden Rationalismus, der ersten Flügelschläge der deutschen Industrie z. B., mit einem gänzlichen Verfall des Stils der Bedarfsgegenstände des Alltagslebens Hand in Hand geht.

[63] modernen

[64] **statt** Entwicklung des Kapitalismus:
Expansion des modernen Kapitalismus

[65] vor allem

[66] Anm. Damit soll die Bewegung des Edelmetallbestandes nicht etwa als ökonomisch gleichgültig bezeichnet werden.

[67] Und ebenso waren es in der Regel nicht waghalsige und skrupellose Spekulanten, ökonomische Abenteurernaturen, wie sie in allen Epochen der Wirtschaftsgeschichte begegnen, oder einfach „große Geldleute", welche diese äußerlich unscheinbare und doch für die Durchsetzung des ökonomischen Lebens mit diesem neuen Geist

entscheidende Wendung schufen, sondern in harter Lebensschule aufgewachsene, wägend und wagend zugleich, vor allem aber *nüchtern* und *stetig*, scharf und völlig der Sache hingegebene Männer mit streng bürgerlichen Anschauungen und „Grundsätzen“.

[68] **statt** das *Irrationale*:
das, vom persönlichen Glücksstandpunkt aus angesehen, so *Irrationale*

[69] **statt** in dieser Zeitschrift:
im Archiv f. Sozialwissensch.

[70] Wer sich in seiner Lebensführung den Bedingungen kapitalistischen Erfolges nicht anpaßt, geht unter oder kommt nicht hoch.

[71] moderne

[72] **statt** In dem Satz ... wurde:
In dem in das kanonische Recht übergegangenen, damals (ebenso wie die Stelle des Evangeliums vom Zins [72a]) für echt gehaltenen Satz „Deo placere vix potest“, der von der Tätigkeit des Kaufmanns gebraucht wurde, in der Bezeichnung des Gewinnstrebens durch Thomas als turpitudo (mit dem selbst das unvermeidliche und daher ethisch erlaubte Gewinnmachen belegt wurde)

[72a] Anm. Es ist hier vielleicht der geeignete Ort, ganz kurz auf die Bemerkungen in der schon zitierten Schrift von F. Keller (Heft 12 der Schriften der Görres-Ges.) und die daran anknüpfenden Bemerkungen Sombarts (im „Bourgeois“) einzugehen, soweit sie hergehören. Daß ein Schriftsteller eine Abhandlung, in der das kanonische Zinsverbot (außer in *einer* beiläufigen Bemerkung und ohne *jede* Beziehung zu der ganzen Argumentation) *überhaupt nicht erwähnt* ist, unter der Voraussetzung kritisiert, daß eben dies Zinsverbot – welches doch fast in allen religiösen Ethiken der Erde Parallelen findet! – es sei, was hier als Unterscheidungsmerkmal der katholischen von der reformatorischen Ethik in Anspruch genommen wurde, ist eigentlich ein starkes Stück: man darf doch Arbeiten nur kritisieren, die man wirklich gelesen oder deren Darlegungen, wenn man sie gelesen, man noch nicht wieder vergessen hat. Der Kampf gegen die usuraria pravitas durchzieht die hugenottische ebenso wie die niederländische Kirchengeschichte des 16. Jahrhunderts. „Lombarden“, also Bankiers, wurden oft als solche vom Abendmahl ausgeschlossen [356]. Die freiere Auffassung Calvins (die übrigens nicht hinderte, daß im ersten Entwurf der Ordonnanzen noch Wucherbestimmungen vorgesehen waren) ist erst durch Salmasius zum Siege gelangt. Also *hier* lag der Gegensatz nicht: im Gegenteil. – Aber noch übler sind die eignen hierher gehörigen Argumentationen des Verfs., die gegenüber den (m. E. übrigens auch keineswegs nach Verdienst von ihm zitierten) Schriften von Funck und andren katholischen Gelehrten und gegenüber den heute im einzelnen veralteten, aber noch immer grundlegenden Untersuchungen von Endemann peinlich durch ihre Oberflächlichkeit auffallen. Zwar von Exzessen, wie den Bemerkungen Sombarts (a. a. O. p. 321): daß man den „frommen Männern“ (Bernhardin v. Siena und Antonin von Florenz sind die im wesentlichen gemeinten) förmlich anmerke, „wie sie auf alle Weise den Unternehmungsgeist anstacheln möchten“ – indem sie nämlich, ganz ähnlich, wie das in aller

Welt mit den Zinsverboten geschehen ist, das Wucherverbot so interpretierten, daß die (in unserer Terminologie) „produktive" Kapitalanlage unberührt blieb – hat sich K. freigehalten. (Daß bei Sombart einerseits die Römer zu den „Heldenvölkern" gehören, andererseits – bei ihm sonst ein unversöhnlicher Gegensatz – angeblich der ökonomische Rationalismus schon bei Cato zur äußersten Konsequenz entwickelt war – S. 267 –, sei nur nebenher als Symptom dafür notiert: daß hier eben ein „Thesenbuch" im schlechten Sinn des Wortes vorliegt). Aber die (hier nicht im einzelnen darzustellende, früher zunächst oft überschätzte, dann stark unterschätzte, jetzt, in der Ära auch katholischer Multimillionäre – zu apologetischen Zwecken – geradezu auf den Kopf gestellte) Bedeutung des Zinsverbots (welches bekanntlich – trotz biblischer Fundamentierung! – erst im letzten Jahrhundert durch Instruktion der Congregatio S. Officii außer Kraft gesetzt wurde, und zwar nur temporum ratione habita und *indirekt*, nämlich: durch Verbot, die Beichtkinder, wenn man sich ihres Gehorsams *auch für den Fall* der Wiederinkraftsetzung versehen könne, fernerhin durch Recherchen nach usuraria pravitas zu beunruhigen) hat auch er völlig verzerrt. Denn jemand, der irgendwelche eingehendere Studien über die höchst verwickelte Geschichte der kirchlichen Wucherdoktrin gemacht hat, darf, angesichts der endlosen Kontroversen z. B. über die Erlaubtheit des Rentenkaufes, des Wechseldiskonts und der verschiedensten andern Verträge (angesichts vor allem dessen, daß die oben erwähnte Verfügung der Congregatio S. Officii anläßlich einer *Stadt*anleihe erging) nicht (S. 24) behaupten, das Darlehenszinsverbot habe sich nur auf den Notkredit bezogen, es habe den Zweck der „Kapitalerhaltung" verfolgt, ja es sei der „kapitalistischen Unternehmung förderlich" gewesen (S. 25). Die Wahrheit ist, daß die Kirche sich erst ziemlich spät auf das Zinsverbot erneut besann, daß, als dies geschah, die üblichen rein geschäftlichen Kapitalanlageformen *nicht* festverzinsliche Darlehenshingaben, sondern foenusnauticum, commenda, societas maris und das dare ad proficuum de mari (nach der Risikoklasse in der Höhe der Gewinn- und Verlustanteile tarifierte Darlehen) waren (und bei dem Charakter des Unternehmerleihzinses sein *mußten*), die alle nicht (oder doch nur nach einzelnen rigorosen Kanonisten) betroffen wurden, daß aber dann, als festverzinsliche Kapitalanlagen sowohl als Diskontierungen möglich und üblich wurden, diesen (auch später) recht fühlbare Schwierigkeiten von seiten des Zinsverbotes erwuchsen: Schwierigkeiten, welche zu allerhand scharfen Maßregeln der Kaufmannsgilden (schwarze Listen!) führten, daß aber dabei die Behandlung des Zinsverbots durch die Kanonisten normalerweise *rein* juristisch-formal war, jedenfalls ohne alle und jede von K. ihnen unterstellte „kapitalschützende" Tendenz, daß endlich, *soweit* sich überhaupt einmal Stellungnahmen zum Kapitalismus als solchem feststellen lassen, einerseits traditionalistische, meist mehr dumpf empfundene, Abneigung gegen die um sich greifende *unpersönliche*, daher der Ethisierung schwer zugängliche, Macht des Kapitals (wie sie ja noch Luthers Äußerung über die Fugger und über das Geldgeschäft widerspiegeln), andererseits die Notwendigkeit der Akkommodation bestimmend einwirkte. – Doch das gehört nicht hierher, denn, wie gesagt: das Zinsverbot und sein Schicksal haben für uns höchstens symptomatische Bedeutung und auch diese nur begrenzt.

Die Wirtschaftsethik der scotistischen und besonders gewisser quattrocentistischer mendikantischer Theologen, vor allem des Bernhardin von Siena und Antonin von Florenz: spezifisch rational *asketisch* gerichteter Mönchsschriftsteller also, verdient unzweifelhaft ein besonderes Blatt und kann in unserem Zusammenhang nicht nebenher erledigt werden. Ich müßte sonst hier in einer Antikritik das vorwegnehmen, was ich erst bei der Darstellung der katholiscben Wirtschaftsethik in ihrer *positiven* Beziehung zum Kapitalismus zu sagen habe. Diese Schriftsteller bemühen sich – und sind darin Vorläufer mancher Jesuiten – den Unternehmergewinn des *Kaufmanns* als Entgelt für dessen „industria“ ethisch als *erlaubt* (mehr kann auch K. selbstverständlich nicht behaupten) zu rechtfertigen.

Der Begriff und die Schätzung der „industria“ ist selbstverständlich *letztlich* der Mönchsaskese entnommen, wohl auch der nach eigener, dem Gianozzo in den Mund gelegter, Angabe, aus dem priesterlichen in den Sprachgebrauch Albertis übernommene Begriff der masserizia. Über die Mönchsethik als Vorläuferin der innerweltlich asketischen Denominationen des Protestantismus ist eingehender erst später zu reden (in der Antike finden sich bei den Kynikern, auf späthellenistischen Grabschriften und – aus ganz andern Bedingungen heraus – in Ägypten Ansätze ähnlicher Konzeptionen). Was *vollkommen fehlt* (ebenso wie bei Alberti), ist gerade das für uns Entscheidende: die, wie wir später sehen werden, für den asketischen Protestantismus charakteristische Konzeption der *Bewährung* des eigenen Heils, der certitudo salutis, im Beruf: die psychischen *Prämien* also, welche diese Religiosität auf die „industria“ setzte und welche dem Katholizismus notwendig fehlen mußten, da seine Heilsmittel eben andere waren. Es handelt sich bei diesen Schriftstellern dem Effekte nach um ethische *Lehre*, nicht um praktische durch Heilsinteressen bedingte individuelle Antriebe, und überdies um *Akkommodation* (wie sehr leicht zu sehen ist), nicht wie bei der innerweltlichen Askese, um Argumentationen aus zentralen religiösen Positionen heraus. (Antonin und Bernhardin haben übrigens schon längst bessere Bearbeitungen erfahren als durch F. Keller.) Und selbst diese Akkommodationen blieben bis in die Gegenwart hinein bestritten. Trotzdem ist die Bedeutung dieser mönchischen ethischen Konzeptionen symptomatisch keineswegs gleich Null zu schätzen. Die wirklichen „Ansätze“ aber einer in den *modernen Berufs*begriff einmündenden religiösen Ethik lagen bei den Sekten und bei der Heterodoxie, vor allem bei Wyclif, wenn auch allerdings dessen Bedeutung von Brodnitz (Engl. Wirtschaftsgeschichte), der meint: sein Einfluß habe so stark gewirkt, daß der Puritanismus nichts mehr zu tun gefunden habe, doch sehr stark überschätzt ist. Auf all das kann (und soll) hier nicht eingegangen werden. Denn hier kann nicht nebenher auseinandergesetzt werden, daß und inwiefern die christliche Ethik des Mittelalters *tatsächlich* bereits mit an der Schaffung der Vorbedingungen kapitalistischen Geistes gearbeitet hat.

[73] Anm. Die Worte ‚μηδὲν ἀπελπίξοντες‘ (Luk. 6, 35) und die Übersetzung der Vulgata „nihil inde sperantes“ sind vermutlich (nach A. Merx) aus μησένα ἀπελπίξοντες(= *neminem* desperantes) entstellt, geboten also das Darlehen an *jeden*, auch den armen, Bruder, ohne überhaupt von Zins zu reden. Dem Satz Deo placere vix potest wird jetzt arianischer Ursprung nachgesagt (was sachlich für uns gleichgültig ist).

[74] Einzelne damalige Ethiker vor allem der nominalistischen Schule nahmen die entwickelten Ansätze kapitalistischer Geschäftsformen als gegeben hin, und suchten sie als statthaft, vor allem den Handel als nötig, die darin entwickelte „industria" als legitime Gewinnquelle und ethisch unanstößig zu erweisen: – nicht ohne Widerspruch, – aber den „Geist" des kapitalistischen Erwerbes lehnte die herrschende Lehre als turpitudo ab oder konnte ihn mindestens nicht positiv ethisch werten.

[75] kapitalistischen

[76] wenn sie auf dem Boden der kirchlichen Tradition standen,

[77] Anders standen – neben häretischen oder als bedenklich angesehenen Richtungen – nur die innerlich von der Tradition schon losgelösten patrizischen Kreise.

[78] **statt** und teilweise:
oder geradezu

[79] oder allenfalls tolerabel

[80] und dem „Abenteuerkapitalismus", der an politischer Chance und irrationaler Spekulation orientiert war

[81] – dieser einfache Satz, der oft vergessen wird, sollte an der Spitze jeder Studie stehen, die sich mit „Rationalismus" befaßt –

[82] **statt** lateinisch-katholischen:
vorwiegend katholischen

[83] Von den antiken Sprachen hat *nur* die *hebräische* Ausdrücke ähnlicher Färbung. Zunächst in dem Wort מְלָאכָה: Es wird gebraucht für *priesterliche* Funktionen (Ex. 35, 21; Neh. 11, 22; 1 Chr. 9, 13; 23, 4; 26, 30) für Geschäfte im Dienst des Königs (insbesondre 1 Sam. 8, 16, 1 Chr. 4, 23; 29, 6), Dienst eines *königlichen* Beamten (Esth. 3, 9; 9, 3), eines Arbeits*aufsehers* (2 Reg. 12, 12), eines Sklaven (Gen. 39, 11), von *Feld*arbeit (1. Chr. 27, 26), von *Handwerkern* (Ex. 31, 5; 35, 21; 1 Reg. 7, 14), Händlern (Ps. 107, 23) und für jede „Berufsarbeit" in der zu besprechenden Stelle Sir. 11, 20. an. Das Wort ist vom Stamm לאך = senden, schicken, abgeleitet, bedeutete also ursprünglich „Aufgabe". Seine Herkunft aus der Fron- und Leiturgie-bürokratischen Begriffswelt des ägyptischen und nach ägyptischen Mustern angelegten salomonischen Fronstaates scheint nach den vorstehenden Zitaten evident. Gedanklich war, wie A. Merx mich s. Z. belehrte, schon im Altertum dieser Stammbegriff völlig verloren gegangen, das Wort wurde für jede Arbeit gebraucht und war in der Tat ganz so farblos geworden wie unser „Beruf", mit dem es auch das Schicksal teilte, primär von geistlichen Funktionen gebraucht zu werden. Der Ausdruck חק = das „Bestimmte", „Zugewiesene", „*Pensum*", welcher ebenfalls Sirach 11, 20 vorkommt und dort von der LXX mit „διαθήκη" übersetzt wird, entstammt ebenso der Sprache der Fron-Bürokratie, wie דְּבַר־יוֹם (Ex. 5, 13, vgl. Ex. 5, 14, wo die LXX ebenfalls „διαθήκη" für „Pensum" hat. Sirach 43, 10 ist es in der LXX mit κρίμα übersetzt). Es wird Sirach 11, 20 offenbar von der Erfüllung von Gottes Geboten gebraucht, – also ebenfalls eine Verwandtschaft mit unserem „Beruf". Über die Sirach-Stelle sei hier auf

Smends bekanntes Buch über Jesus Sirach zu diesen Versen und auf dessen Index zur Weisheit des Jesus Sirach, Berlin 1907 zu den Worten διαθήκη, ἔργον, πόνος verwiesen. (Bekanntlich war der hebräische Text des Sirach-Buchs verloren, ist aber von Schechter wiederentdeckt und z. T. aus talmudischen Zitaten ergänzt. Luther lag er nicht vor und auf *seinen* Sprachgebrauch haben die beiden hebräischen Begriffe *keine* Wirkung geübt: s. u. über Spr. Sal. 22, 29). –

[84] in einer allerdings, scheint es, völlig verderbten Stelle (im hebräischen Original ist vom Aufleuchten der göttlichen Hilfe die Rede!)

[85] Von einem *Asketen* wie Hieronymus stammt der Zusatz „mandaturam tuorum", was Brentano ganz richtig hervorhebt, ohne hier – wie auch sonst – zu bemerken: daß *ebendies* charakteristisch für die *asketische* – vor der Reformation außerweltliche, nachher innerweltliche – Provenienz des Begriffs ist. Es ist im übrigen unsicher, nach welchem Text die hieronymische Übersetzung gemacht wurde; eine Einwirkung der alten leiturgischen Namenbedeutung von מְלָאכָה scheint nicht ausgeschlossen.

[86] (Seltsamerweise meint Brentano a. a. O., dieser von mir selbst *für* meine Ansicht angeführte Umstand spreche *für* die Existenz des „Berufs"-Begriffs in seiner nachreformatorischen Bedeutung auch schon vorher. Aber davon ist doch gar keine Rede: κλῆσις *mußte* ja durch „vocatio" übersetzt werden, – aber wo und wann wäre es im Mittelalter in unserem heutigen Sinne gebraucht? Die Tatsache dieser Übersetzung und das *Fehlen* der innerweltlichen Wortbedeutung *trotz* ihrer sind ja gerade das Beweisende).

[87] innerweltlichen

[88] Den Protestanten der romanischen Länder ist es, infolge ihrer Minderzahl, nicht gelungen, resp. sie haben gar nicht versucht, einen solchen sprachschöpferischen Einfluß zu üben, wie Luther ihn auf die noch weniger akademisch rationalisierte deutsche Kanzleisprache ausüben konnte.

[89] **statt** germanischen:
betreffenden

[90] *Alle* Sprachen, welche durch die *protestantischen* Bibelübersetzungen beherrschend beeinflußt sind, haben das Wort gebildet, *alle*, bei denen dies nicht der Fall ist (wie die romanischen) nicht oder nicht in der heutigen Bedeutung. –

[91] in der Übertragung der LXX

[92] deutsche

[93] (Die vorhergehende Mahnung – v. 20 – στῆθι ἐν διαθήκη σου übersetzt er mit „bleibe in Gottes Wort", obwohl Sirach 14, 1 und 43, 10 zeigen, daß – dem hebräischen Ausdruck חֹק, den (nach Talmud-Zitaten) Sirach gebraucht hatte, entsprechend – διαθήκη in der Tat etwas unserem „Beruf" Ähnliches, nämlich das „Schicksal" oder die „zugewiesene Arbeit" bedeuten sollte.)

[94] **statt** In ... vorher:
Im späteren und heutigen Sinne existierte das Wort „Beruf" vorher

[95] **statt** nicht ... solchen:
in der Fassung der LXX keine Beziehung auf eine spezifische religiöse *Wertung* der weltlichen „Berufs“-Arbeit (der Ausdruck πόνος, Mühsal, in der verdorbenen zweiten Stelle wäre eher das Gegenteil einer solchen, wenn er nicht verderbt wäre)

[96] **statt** Mahnung (v. 20) ... ergibt:
Mahnung (v. 21), sich nicht von den Werken der Gottlosen blenden zu lassen, da Gott es leicht falle, einen Armen reich zu machen, auf das deutlichste ergibt. Nur die Anfangsmahnung: in der חק zu bleiben (v. 20), hat eine gewisse Verwandtschaft mit der evangelischen κλῆσις, aber gerade hier verwendete Luther (für das griechische διαθήκη) das Wort „Beruf“ nicht

[97] **statt** eine:
die

[98] (Aber doch gewiß nicht, wie Brentano a. a. O. p. 137 annimmt, im Sinn von „Beruf“ im heutigen Sinne. Br. hat sowohl die Stelle selbst, wie was ich darüber sage, schwerlich genau gelesen.)

[99] (Das ist das Endscheidende und Charakteristische. Die Stelle 1 Kor. 7, 17 braucht κλῆσις, wie gesagt, überhaupt *nicht* im Sinn von „Beruf“ = abgegrenztes Gebiet von Leistungen).

[100] „Vocatio“ war eben im überlieferten Latein = göttliche Berufung zu einem heiligen *Leben*, insbesondere im Kloster oder als Geistlicher, gebraucht und diese Färbung nahm nun, unter dem Druck jenes Dogmas, für Luther die innerweltliche „Berufs“-Arbeit an.

[101] wofür vorher nur die aus der *Mönchs*übersetzung stammende (lateinische) Analogie vorlag,

[102] ebenso wie an anderen Stellen (Gen. 39, 11)

[103] **statt** Gedanklich ... „Berufsstatistik“:
Die nunmehr von ihm vollzogene Schöpfung des Worts „Beruf“ in unserem heutigen Sinne blieb zunächst durchaus *lutherisch*. Den Calvinisten galten die Apokryphen als unkanonisch. Sie haben erst im Gefolge jener Entwicklung, welche das „Bewährungs“-Interesse in den Vordergrund schob, den lutherischen Berufs-*Begriff* akzeptiert und nun scharf betont; in den ersten (romanischen) Übersetzungen aber hatten sie ein entsprechendes *Wort* nicht zur Verfügung und nicht die Macht, es in der schon stereotypierten Sprache sprachgebräuchlich zu schaffen.

[104] – als erste von allen –

[105] – also, was bei der Art der Lollarden-Ethik gewiß charakteristisch ist: ein dem späteren reformatorischen Sprachgebrauch schon entsprechendes Wort, –

[106] **statt** weltlich:
ständisch

[107] für England

[108] (Höchst merkwürdig ist Brentanos Vorstellung – a. a. O. p. 139 –, daß man im Mittelalter „vocatio“ nicht als „Beruf“ übersetzt und diesen Begriff nicht gekannt habe, weil nur *Freie* einem „Beruf“

folgen konnten und freie Leute damals – in den bürgerlichen Berufen: – *gefehlt* hätten. Da die ganze gesellschaftliche Gliederung des mittelalterlichen Gewerbes im Gegensatz zur Antike auf freier Arbeit ruhte und die Kaufleute vor allem fast durchweg Freie waren, verstehe ich diese Behauptung nicht recht.)

[109] , ja selbst im (*spät*hellenistischen) Altertum,

[110] in diesem Sinn erstmalig

[111] und nunmehr vor allem in den betreffenden Partien seiner „Soziallehren" der christlichen Kirchen

[112] Ganz ebenso geht z. B. Pascals Bewertung des „Berufs" von dem Satz aus, daß der *Zufall* es sei, der über die Berufswahl entscheide (vgl. über Pascal: A. Köster, Die Ethik Pascals, 1907). Von den „organischen" religiösen Ethiken steht in dieser Hinsicht nur die geschlossenste von ihnen allen: die indische, anders.

[113] des thomistischen

[114] Anm. Um so erstaunlicher ist, daß einzelne Forscher glauben: eine solche Neuschöpfung könne am *Handeln* der Menschen spurlos vorübergehen. Ich gestehe, das nicht zu verstehen.

[115] Weltenfern steht diese Auffassung dem tiefen Haß, mit welchem *Pascals* kontemplative Stimmung die, nach seiner tiefsten Überzeugung, nur aus Eitelkeit oder Schlauheit überhaupt erklärbare, Schätzung des Wirkens in der Welt von sich wies [115a], – noch ferner freilich der weitherzigen utilitarischen *Anpassung* an die Welt, welche der jesuitische Probabilismus vollzog.

[115a] Anm. „Die Eitelkeit wurzelt so tief im menschlichen Herzen, daß ein Troßknecht, ein Küchenjunge, ein Lastträger sich rühmt und seine Bewunderer haben will ..." (Faugères Ausgabe I, 208, vgl. Köster a. a. O. S. 17, S. 136 ff.). Über die prinzipielle Stellung von Port Royal und des Jansenismus zum „Beruf", auf die später noch kurz zurückzukommen ist, vgl. jetzt die vorzügliche Schrift von Dr. Paul *Honigsheim*, „Die Staats- und Soziallehren der französischen Jansenisten im 17. Jahrhundert" (Heidelberger historische Dissertation 1914, Teildruck aus einem umfassenden Werke über die „Vorgeschichte der französischen Aufklärung"; vgl. insbes. p. 138 ff. des Teildruckes).

[116] des Protestantismus

[117] – oder, übrigens: in irgendeinem Sinn überhaupt –

[118] Gegen diese, gegen die Lombarden, die „Trapeziten", die vom Anglikanismus, den Königen und Parlamenten in England und Frankreich begünstigten Monopolisten, Großspekulanten und Bankiers führten auch die Puritaner ebenso wie die Hugenotten einen erbitterten Kampf [118a].

[118a] Anm. Der Gegensatz ist von H. Levy (in seiner Schrift über „Die Grundlagen des ökonomischen Liberalismus in der Geschichte der englischen Volkswirtschaft" Jena 1912) zutreffend entwickelt. Vgl. auch z. B. die Petition der Leveller in Cromwells Heer gegen Monopole und Kompagnien von 1653 bei Gardiner, Commonwealth II S. 179. Das Laudsche Regime erstrebte dagegen eine von König und Kirche

geleitete „christlich-soziale" Wirtschaftsorganisation – von welcher der König politische und fiskalisch-monopolistische Vorteile erwartete. Eben hiergegen richtete sich der Kampf der Puritaner.

[119] (was – obwohl ich es hier hervorhob – seltsamerweise Brentano a. a. O. p. 142 mir entgegenhält)

[120] Die Leistung der Reformation als solcher war zunächst nur, daß, im Kontrast gegen die katholische Auffassung, der sittliche Akzent und die religiöse *Prämie* für die innerweltliche, beruflich geordnete Arbeit mächtig schwoll. Wie der „Berufs"-Gedanke, der dies zum Ausdruck brachte, weiter entwickelt wurde, das hing von der näheren Ausprägung der Frömmigkeit ab, wie sie nunmehr in den einzelnen Reformationskirchen sich entfaltete.

[121] **statt** nur in einzelnen asketischen Ansätzen:
in der gemeinen Priphetie gar nicht und auch sonst nur in ganz vereinzelten Rudimenten und Ansätzen

[122] **statt** mit dem:
mit der typisch antik-orientalischen Bitte:

[123] Die z. T. ausgezeichnete Lutherliteratur anläßlich der Jahrhundertwende der Reformation hat, so viel ich sehe, über *diesen* besonderen Punkt nichts entscheidend Neues gebracht. Über Luthers (und die lutherische) Sozialethik sind natürlich die betreffenden Partien in *Troeltschs* „Soziallehren" vor allem zu vergleichen.

[124] **statt** entsprechende:
innerlich verwandte

[125] **statt** und also:
, muß deshalb als Symptom mangelnden Gnadenstandes und, da es ja

[126] **statt** später:
bei Besprechung der mittelalterlichen religiösen Ethik

[127] Anm. Weil dies an dieser Stelle der alleinige Zweck dieser Bemerkungen über Luther ist, begnügen sie sich mit einer so dürftigen vorläufigen Skizze, die natürlich vom Standpunkt einer Würdigung Luthers aus in keiner Art befriedigen kann.

[128] Erstaunlich genug, daß uns bisher noch niemand die plebejischen „Roundheads" als „Rundköpfe" im anthropometrischen Sinn gedeutet hat!

[129] Anm. Insbesondere der englische Nationalstolz, eine Folge der Magna Charta und der großen Kriege. Die heute so typische Äußerung: „She looks like an english girl" beim Anblick ausländischer Mädchenschönheit wird ebenso schon aus dem 15. Jahrhundert berichtet.

[130] Anm. Diese Unterschiede sind natürlich auch in England bestehen geblieben. Namentlich die „Squirearchie" blieb Träger des „merry old England" bis in die Gegenwart hinein und die ganze Zeit seit der Reformation kann als ein Kampf der beiden Typen des Engländertums miteinander aufgefaßt werden. In diesem Punkt gebe ich den Bemerkungen M. J. *Bonns* in der „Frankf. Zeitung" zu der schönen Schrift von *v. Schulze-Gävernitz* über den britischen Imperialismus recht. Vgl. H. Levy im A. f. Soz.-Wiss. 46, 3.

[131] **statt** materiellen:
spezifisch „diesseitig“ gerichteten

[132] Eben diese ist mir – trotz dieser und der folgenden, unverändert
Anm. stehengebliebenen m. E. hinlänglich deutlichen Bemerkungen – seltsamerweise immer wieder unterstellt worden.

[133] oder wohl gar: daß der Kapitalismus als *Wirtschaftssystem* ein Erzeugnis der Reformation sei

[134] , wenn dies leidlich eindeutig feststeht,

[135] **statt** Berufsidee:
Berufsethik

]136] **statt** Kapitalismus:
kapitalistischer Geist

[137] westeuropäischen

[138] und der die „innerweltliche Askese“ ablehnte

[139] bzw. nur von dem negativen Interesse: daß er die Konfession des kaufmännischen Patriziats in Holland war (s. darüber später)

[140] Seine „erastianische“ (d. h. die Souveränität des Staates auch in Kirchensachen vertretende) Haltung war aber die *aller* rein politisch interessierten Instanzen, des Langen Parlaments in England ganz ebenso wie der Elisabeth und der niederländischen Generalstaaten, vor allem: Oldenbarneveldts.

[141] **statt** und ... gegenseitig:
Auch die für den Betrieb der Seelsorge bestimmten einflußreichen literarischen Hilfsmittel, vor allem die casuistischen Kompendien der verschiedenen Konfessionen, beeinflußten sich im Lauf der Zeit gegenseitig

[142] untereinander verschiedenen

[143] Das ist in den Erörterungen dieser Fragen sehr arg verkannt worden.
Anm. Namentlich Sombart, aber auch Brentano, zitieren stets die ethischen Schriftsteller (meist solche, die sie bei mir kennen lernten) wie Kodifikationen von Lebensregeln, ohne *je* zu fragen, für welche von diesen denn die psychologisch allein wirksamen *Heils*prämien gegeben waren.

[144] **statt** sondern ... Antriebe:
sondern auf etwas ganz anderes: auf die Ermittelung derjenigen durch den religiösen Glauben und die Praxis des religiösen Lebens geschaffenen psychologischen *Antriebe*

[145] **statt** Manche ... könnte:
Auf diese und überhaupt auf die soziologische Seite der Sache ist, seit dieser Aufsatz erschien, durch das schon oben zitierte Werk von E. *Troeltsch* – dessen „Gerhard und Melanchthon“ sowie zahlreiche Rezensionen in den Gött. Gel. Anz. bereits manche Vorläufer seiner großen Arbeit enthalten, – systematisch eingegangen worden.

[146] Groen van Prinsterer, Geschied. v. h. Vaderland; – La Hollande et l’influence de Calvin (1864) – Le parti autirévolutionnaire et con-

fessionnel dans l'église des P. B. (1860: für das moderne Holland); – ferner vor allem

[147] daneben W. J. F. *Nuyens*, Gesch. der kerkel an pol. geschillen in de Rep. de Ver. Prov. (Amst. 1886); A. *Köhler*, Die niederl. ref. Kirche (Erlangen 1856) für das 19. Jahrhundert,

[148] **statt** (1845):
(1854)

[149] ferner – selbstverständlich – dessen „Soziallehren der christlichen Kirchen und Gruppen"

[150] Für Schottland z. B. *Sack*, K. von Schottland (1844) und die Literatur über John Knox.

[151] Ferner: Daniel Wait *Howe*, The Puritan Republic (Indianapolis, The Bowen-Merrill-Cy publishers), J. *Brown*, The pilgrim fathers of New England and their Puritan successors (3d ed. Revell). Weitere Zitate am gegebenen Ort.

[152] reine

[153] „Reformiert" ist natürlich keineswegs identisch mit „calvinistisch".

[154] Anm. Schon die von der Universität Cambridge mit dem Erzbischof von Canterbury vereinbarte Deklaration des 17. Artikels des anglikanischen Bekenntnisses, die sog. Lambeth-Artikel von 1595, welche (im Gegensatz zur offiziellen Fassung) ausdrücklich auch die Prädestination zum Tode lehrten, wurde von der Königin nicht ratifiziert. Auf die ausdrückliche Prädestination zum Tode (nicht nur: die „Zulassung" der Verdammnis, wie die mildere Lehrewollte), legten gerade die Radikalen entscheidendes Gewicht (so die Hanserd Knollys Confession).

[155] und im 18. ebenso wie im 19. Jahrhundert hat sie Kirchenspaltungen hervorgerufen und bei großen Neuerweckungen das Schlachtgeschrei abgegeben

[156] Weitere Zitate am gegebenen Ort.

[157] Anm. Vgl. die Savoy und die (amerikanische) Hanserd Knollys Declaration, Über den Prädestinatianismus der Hugenotten s. u. a. Polenz I 545 ff.

[158] im einzelnen

[159] posthum

[160] **statt** usw.:
– wie sie schon beim ersten Ausbau der Lehre bei Augustin begannen –

[161] Diese tiefe innere Vereinsamung des einzelnen ist ganz ebenso auch bei den Jansenisten von Port Royal eingetreten, welche Prädestinatianer waren.

[162] Anm. „Man sagt wohl, daß Gott seinen Sohn gesandt habe, um das Menschengeschlecht zu erlösen, – aber das war sein Zweck nicht, er wollte nur einigen aus dem Fall aufhelfen ... und ich sage euch, daß Gott nur für die Auserlesenen gestorben ist ..." (Predigt, gehalten 1609 zu

Broek bei Rogge, Wtenbogaert II p. 9. Vgl. Nuyens a. a. O. II S. 232.) Verwickelt ist auch die Begründung der Mittlerschaft Christi in der Hanserd Knollys Confession. Daß Gott dieses Mittels eigentlich gar nicht bedurft hätte, wird eigentlich überall vorausgesetzt.

[163] Dies: der absolute (im Luthertum noch keineswegs in allen Konsequenzen vollzogene) Fortfall kirchlich-*sakramentalen* Heils, war gegenüber dem Katholizismus das absolut Entscheidende. Jener große religionsgeschichtliche Prozeß der *Entzauberung* der Welt [163a], welcher mit der altjüdischen Prophetie einsetzte und, im Verein mit dem hellenischen wissenschaftlichen Denken, alle *magischen* Mittel der Heilssuche als Aberglaube und Frevel verwarf, fand hier seinen Abschluß. Der echte Puritaner verwarf ja sogar jede Spur von religiösen Zeremonien am Grabe und begrub die ihm Nächststehenden sang- und klanglos, um nur ja keinerlei „superstition": kein Vertrauen auf Heilswirkungen magisch-sakramentaler Art, aufkommen zu lassen [163b]. Es gab nicht nur kein magisches, sondern überhaupt kein Mittel, die Gnade Gottes dem zuzuwenden, dem Gott sie zu versagen sich entschlossen hatte.

[163a] Anm. Über diesen Prozeß s. die Aufsätze über die „Wirtschaftsethik der Weltreligionen". Schon die Sonderstellung der altisraelitischen Ethik gegenüber der ihr inhaltlich nahe verwandten ägyptischen und babylonischen und ihre Enwicklung seit der Prophetenzeit beruhte, wie sich dort zeigen wird, ganz und gar auf diesem Grundsachverhalt: der Ablehnung der sakramentalen Magie als Heilsweg.

[163b] Anm. Ebenso war nach der konsequentesten Ansicht die Taufe nur kraft positiver Vorschrift verbindlich, aber nichts Heilsnotwendiges. *Deshalb* vermochten ja die streng puritanischen schottischen und englischen Independenten den Grundsatz durchzuführen: daß Kinder von offenbar *Reprobierten* nicht getauft werden sollten (z. B. Kinder von Trunkenbolden). Einen Erwachsenen, der die Taufe begehrte, aber noch nicht „reif" zum *Abendmahl* ist, empfahl die Synode von Edam 1586 (Art. 32, 1) nur dann zu taufen, wenn sein Wandel tadellos sei und er das Begehren „sonder superstitie" stelle.

[164] **statt** das konstitutive:
ein konstitutives

[165] Anm. Und ebenso in – natürlich weniger scharfem – Gegensatz gegen die spätere katholische Lehre. Der tiefe, gleichfalls auf der Gnadenwahllehre ruhende, Pessimismus Pascals dagegen ist jansenistischer Provenienz und sein daraus hervorgehender weltflüchtiger Individualismus stimmt mit der offiziellen katholischen Stellungnahme keineswegs zusammen. S. darüber die in [115a] zitierte Schrift von Honigsheim über die französischen Jansenisten.

[166] Anm. Ganz ebenso die Jansenisten.

[167] **statt** frateum:
fratrum

[168] **statt** Welche ... „Nächstenliebe":
die gleiche „Verschiebung der Rache", wie sie sich in den nachexilischen Teilen des A.T. findet: eine raffinierte Steigerung und Verinnerlichung des Rachegefühls gegenüber dem alten: „Auge um Auge"

[169] im Zusammenhang mit dieser Lebensstimmung

[170] **statt** Deutung:
Mißdeutung

[171] : ein Vorgang von größter Tragweite. Zunächst als Symptom für die Art der Wirkung dieser Religiosität. Dann aber auch als psychologischer Entwicklungsreiz für ihre ethische Haltung. Das Mittel zum periodischen Abreagieren des affektbetonten Schuldbewußtseins [171a] wurde beseitigt. Von den Konsequenzen für die sittliche Alltagspraxis wird noch zu reden sein. Auf der Hand aber liegen die Folgen für die religiöse Gesamtlage der Menschen.

[171a] Anm. Freilich hat der Beichtstuhl durchaus nicht nur als ein solches gewirkt; die Formulierungen z. B. von Muthmann, Z. f. Rel. Psych. I, Heft 2 S. 65 sind allzu einfach für das höchst komplizierte psychologische Problem der Beichte.

[172] „zweck-“ oder „wertrationalen“

[173] Anm. Der *antiautoritäre* Grundzug der Lehre, der ja im Grunde alle und jede kirchliche und staatliche Fürsorge für Ethik und Seelenheil als zwecklos entwertete, führte stets erneut zu ihrem Verbot, so namentlich durch die niederländischen Generalstaaten. Die Folge war stets: Konventikelbildung (so nach 1614).

[174] **statt** Leben, ewiges Leben:
„Life, eternal life“

[175] **statt** ganzen:
gläubigen

[176] **statt** fatal:
etwas

[177] und, freilich, noch weiter entfernt von Empfindungen, wie sie Richard Wagner Siegmund vor dem Todesgefecht in den Mund legt: „Grüße mir Wotan, grüße mir Wallhall ... Doch von Wallhall's spröden Wonnen sprich du wahrlich mir nicht“. Nur freilich sind eben die *Wirkungen* dieser Angst bei Bunyan und Liguori so charakteristisch verschieden: dieselbe Angst, welche diesen zu jeder erdenklichen Selbsterniedrigung treibt, spornt jenen zu rastlosem und systematischem Kampf mit dem Leben. Woher dieser Unterschied?

[178] **statt** Die ... entwickeln:
Der Hinweis auf die unzweifelhaft große Wichtigkeit des calvinistischen Gedankens von der aus dem Erfordernis der Einverleibung in Christi Körper (Calvin. Instit. III, 11, 10) folgenden Heilsnotwendigkeit der Aufnahme in eine den göttlichen Vorschriften entsprechende *Gemeinschaft* für den *sozialen* Charakter des reformierten Christentums liegt nahe.

[179] dogmatische

[180] Er hat an sich nicht die psychologische Kraft, gemeinschaftsbildende *Initiative* zu wecken und ihr vollends eine solche Kraft zu verleihen, wie der Calvinismus sie besaß.

[181] in der „Welt“

[182] und alles Haftens an den *persönlichen* Beziehungen zu Menschen

[183] Der Christ, dem die Bewährung seines Gnadenstandes am Herzen liegt, wirkt für die Zwecke *Gottes* und diese können nur unpersönliche sein.

[184] Den Calvinisten begeistert der Gedanke: daß Gott in der Weltgestaltung, auch der sozialen Ordnung, das *sachlich Zweckvolle* als Mittel der Verherrlichung seines Ruhms wollen müsse: nicht die Kreatur um ihrer selbst willen, aber die *Ordnung* des Kreatürlichen unter seinem Willen. Der durch die Gnadenwahllehre entbundene Tatendrang der Heiligen strömt daher ganz in das Streben nach Rationalisierung der Welt ein.

[185] **statt** moderne:
traditionelle

[186] neben anderen massiven Gründen, die aus „demokratischen" Empfindungen folgen, immerhin

[187] **statt** davon später:
gehört nicht in unseren Zusammenhang

[188] **statt** Gottesbegriff:
Glauben

[189] Sie folgt daraus zunächst dogmatisch [189a].

[189a] Anm. Über das Verhältnis dogmatischer und praktisch-psychologischer „Konsequenzen" wird noch oft zu reden sein. Daß beides nicht identisch ist, bedarf wohl kaum der Bemerkung.

[190] dazu – und nur dazu –

[191] erwählte

[192] rein konstruktiv-gedanklicher

[193] Anm. Gute Werke, die *irgend*einem andern Zweck, als der Ehre *Gottes* willen, getan werden, sind *sündhaft*, Hanserd Knollys Confession ch. XVI.

[194] ja *ob* sie selbst die Sprache des Missionars auch nur grammatisch *verstehen*, – das

[195] und durch kirchliche Zuchtmittel ja in gar keiner Weise beeinflußt werden konnte –

[196] **statt** jetzt:
im 20. Jahrhundert

[197] unpersönlichen

[198] Die völlige Ausschaltung des Theodizeeproblems und aller jener Fragen nach dem „Sinn" der Welt und des Lebens, an welcher sich andere zerrieben, verstand sich für den Puritaner ganz von selbst wie – aus ganz andern Gründen – für den Juden. Und übrigens in gewissem Sinn für die nichtmystische christliche Religiosität überhaupt. Zu dieser Kräfteökonomie trat beim Calvinismus noch ein weiterer in gleicher Richtung wirkender Zug hinzu. Der Zwiespalt zwischen dem „Einzelnen" und der „Ethik" (in Sören Kierkegaards Sinn) existierte für den Calvinismus

nicht, obwohl er den Einzelnen in religiösen Dingen ganz auf sich selbst stellte.

[199] **statt** Wir ... haben:
Die Gründe dafür und die Bedeutung dieser Gesichtspunkte für den politischen und ökonomischen Rationalismus des Calvinismus zu analysieren ist hier nicht der Ort.

[200] Anm. In all diesen Hinsichten ganz anders steht die prädestinatianisch determinierte Ethik von Port Royal infolge ihrer mystischen und *außer*weltlichen, insoweit also: katholischen, Orientiertheit (s. Honigsheim a. a. O.).

[201] Und selbst da trifft es nur höchst begrenzt zu. Köhler (a. a. O.) fand in den 40er Jahren des 19. Jahrhunderts gerade die „Massen" (gemeint ist: das Kleinbürgertum in Holland) streng prädestinatianisch gesonnen; jeder, der das doppelte Dekret leugnete, war ihnen ein Ketzer und Verworfener. Er selbst wurde nach dem *Zeitpunkt* seiner (prädestinatianisch gefaßten) Wiedergeburt gefragt. Da Costa und die de Kocksche Separation waren dadurch mitbedingt.

[202] Cromwells tryers und ejectors ließen nur Prädestinatianer zu und Baxter (Life I p. 72) beurteilt, obwohl sonst Gegner, ihre Wirkung auf die Qualität des Klerus als erheblich.

[203] Inwieweit Pascals Prädestinationsglaube korrekt war, ist hier nicht zu untersuchen.

[204] Im *Islam* sind diese fatalistischen Konsequenzen eingetreten. Aber weshalb? Weil die islamische Vorherbestimmung prädeterministisch, nicht *prädestinatianisch,* auf die Schicksale im *Diesseits,* nicht auf das *jenseitige* Heil bezogen war, weil infolgedessen das ethisch Entscheidende: die „Bewährung" als Prädestinierter, im Islam keine Rolle spielte, also nur die *kriegerische* Furchtlosigkeit (wie bei der „Moira"), nicht aber lebens*methodische* Konsequenzen daraus folgen konnten, für die ja die religiöse „Prämie" fehlte. S. die (Heidelberger) theol. Diss. von F. Ullrich, Die Vorherbest. L. im Isl. und Chr., 1912.

[205] **statt** Milton ... Franklin:
Milton ebenso wie – in freilich zunehmend sich abschwächendem Maße – Baxter und noch der später sehr freidenkende Franklin

[206] in gleicher Richtung auch

[207] *Alle* großen kirchlichen Revivals mindestens in Holland und die meisten auch in England knüpften aber stets wieder gerade an sie an.

[208] auch abgesehen vom Prädestinationsdogma

[209] und in ihr geborgen

[210] Die Frage der certitudo salutis *selbst* aber war für jegliche nichtsakramentale Erlösungsreligion – mochten sie Buddhismus, Jainismus oder was immer sein – schlechthin zentral; das möge man nicht verkennen. *Hier* entsprangen alle psychologischen Antriebe rein *religiösen* Charakters.

[211] Anm. Die Westminster Confession stellt denn auch (XVIII, 2) den Erwählten die *untrügliche* Gnaden*gewißheit* in Aussicht, obwohl wir

mit allem unserm Tun „unnütze Knechte“ bleiben (XVI, 2) und der Kampf gegen das Böse lebenslang dauert (XVIII, 3). Nur hat auch der Erwählte oft lange zu ringen, um die certitudo zu erlangen, die das Bewußtsein der Pflichterfüllung ihm gibt, deren der Gläubige nie völlig beraubt sein wird.

[212] **statt** Schätzung:
Stellung

[213] Anm. Die Auffassung des „Gnadenstandes“ als einer Art von *ständischer* Qualität (so etwa wie die des Asketenstandes in der alten Kirche) findet sich oft, u. a. noch bei Schortinghuis (Het innige Christendom 1740, – von den Generalstaaten verboten!).

[214] – Diese Empfehlung der Berufsarbeit zur Ablenkung von der Angst vor der eignen sittlichen Minderwertigkeit erinnert an Pascals psychologische Interpretation des Geldtriebes und der Berufsaskese als zur Hinwegtäuschung über die eigne sittliche Nichtigkeit erfundener Mittel. Bei ihm ist eben der Prädestinationsglaube zusammen mit der Überzeugung von der erbsündlichen Nichtigkeit alles Kreatürlichen ganz in den Dienst der Absage an die Welt und der Empfehlung der Kontemplation gestellt, als des einzigen Mittels der Entlastung vom Sündendruck und der Erlangung der Heilsgewißheit. – Über die korrekt katholische und die jansenistische Ausprägung des Berufsbegriffs hat Dr. Paul *Honigsheim* in seiner schon zitierten Dissertation (Teil einer größeren, hoffentlich fortgesetzten Arbeit) eindringende Bemerkungen gemacht. Es fehlt bei den Jansenisten jede Spur einer Verknüpfung der Heilsgewißheit mit innerweltlichem *Handeln*. Ihre „Berufs“-Konzeption hat noch weit stärker als die lutherische und selbst die genuin katholische durchaus den Sinn eines Sich-*Schickens* in die gegebene Lebenslage, geboten nicht nur, wie im Katholizismus, durch die soziale Ordnung, sondern durch die eigene Stimme des Gewissens (Honigsheim a. a. O. S. 139 f.).

[215] – daß sie, sozusagen, als das geeignete Mittel zum Abreagieren der religiösen Angstaffekte behandelt werden konnte –

[216] Sie spielt, wie gesagt, nicht nur in diesem Falle, sondern in der Religionsgeschichte überhaupt, z. B. auch in der indischen, eine zentrale Rolle. Und wie könnte es auch anders sein?

[217] **statt** *mitbedingt*:
*mitbegünstigt*

[218] und wir werden darauf noch zurückkommen

[219] Nun ist an sich eine mystisch gewendete Religiosität nicht nur, wie aus der Geschichte der Philosophie bekannt, – mit ausgeprägt realistischem Wirklichkeitssinn auf dem Gebiet des empirisch Gegebenen sehr gut vereinbar, ja, zufolge der Ablehnung dialektischer Doktrinen oft seine direkte Stütze. Sondern ebenso kann die Mystik auch indirekt der rationalen Lebensführung geradezu zugute kommen. Immerhin mangelt ihrer Beziehung zur Welt naturgemäß die positive Wertung äußerer Aktivität.

[220] **statt** Die ... nicht:
Die spezifisch reformierte Religiosität dagegen stand der quietisti-

schen Weltflucht Pascals wie dieser lutherischen rein nach innen gerichteten Stimmungsfrömmigkeit von Anfang an ablehnend gegenüber.

[221] Tiefgehende, für die Klassifikation aller praktischen Religiosität überhaupt geltende Unterschiede der entscheidenden Heilszuständlichkeiten [221a] kommen darin zum Ausdruck: Der religiöse Virtuose kann seines Gnadenstandes sich versichern *entweder,* indem er sich als Gefäß, *oder,* indem er sich als Werkzeug göttlicher Macht fühlt. Im ersten Fall neigt sein religiöses Leben zu mystischer Gefühlskultur, im letzteren zu asketischem *Handeln.* Dem ersten Typus stand Luther näher, dem letztern gehörte der Calvinismus an.

[221a] Anm. Darüber die folgenden Aufsätze über die „Wirtschaftsethik der Weltreligionen", Einleitung.

[222] offiziellen

[223] Die Examination Fullers (des Kirchenhistorikers) beschränkte sich auf die eine Frage nach der praktischen Bewährung und den Selbstzeugnissen seines Gnadenstandes im Wandel.

[224] – Eine völlige Neuerung waren diese Konzeptionen gegenüber Calvins eigner Lehre nicht (cf. Inst. Christ. c. I, Orig. Ausg. v. 1536 p. 97, 112). Nur war die Gnadengewißheit bei Calvin selbst auch auf diesem Wege nicht sicher zu erlangen (147 das.). Üblicherweise berief man sich auf 1. Joh. 3, 5 und ähnliche Stellen. Das Verlangen der fides efficax ist – um dies hier vorwegzunehmen – nicht auf die Calvinisten i. e. S. beschränkt. *Baptistische* Glaubensbekenntnisse behandeln im Artikel über die Prädestination ganz ebenso die Früchte des Glaubens („and that its") – der regeneration – „proper evidence appears in the holy fruits of repentance and faith and *newness of life*" (Art. 7 des in The Baptist Church Manual by J. N. Brown D D. Philadelphia, Am. Bapt. Publ. Soc. abgedruckten Bekenntnisses). Ebenso beginnt der *mennonitisch* beeinflußte Traktat: Olijf-Tacxken, den die Harlemer Synode 1649 annahm, S. 1 mit der Frage: woran *erkennt* man die Kinder Gottes, und antwortet (p. 10): Nu al is't dat dasdanigh *vruchtbare* ghelove alleene zii het seker fondamentale kennteeken ... om de conscientien der gelovigen in het nieuwe verbondt der genade Gods te *versekeren.*

[225] die Berufung zum Heil ein „effectual calling" (Ausdruck der Savoy declaration)

[226] **statt** Vorerst:
Hier

[227] Anm. So sagt die Savoy Declaration von den members der ecclesia pura: sie seien „saints by *effectual* calling, *visibly manifested* by their profession *and walking*".

[228] **statt** gottgewollt und:
nicht nur gottgewollt, sondern

[229] Sie sind das technische Mittel, nicht: die Seligkeit zu erkaufen, sondern: die Angst um die Seligkeit loszuwerden.

[230] **statt** ein Beispiel:
eines der vielen in der Religionsgeschichte sich findenden Beispiele

[231] (Aus prinzipiell gleichartigem Grunde nehmen bekanntlich die Anhänger Nietzsches für den Gedanken der ewigen Wiederkehr positive ethische Bedeutung in Anspruch. Nur handelt es sich hier um die Verantwortlichkeit für ein mit dem Handelnden durch keinerlei Bewußtseinskontinuität verbundenes Zukunftsleben, – während es bei dem Puritaner hieß: Tua res agitur.)

[232] Verhältnis von Gnadenwahl und Handeln

[233] Die *praktische* Interessenverschlingung zerschneidet die *logisch* zu erschließenden (übrigens trotz allem *gelegentlich* auch faktisch eingetretenen) fatalistischen Konsequenzen.

[234] **statt** reformatorischen:
calvinistischen

[235] vornehmlich

[236] **statt** richten sich:
entwickeln sich in Zeiten intensiver Beeinflussung des Lebens durch die Kirche und starker Entwicklung dogmatischer Interessen in der letzteren

[237] Wie ganz unglaublich intensiv – mit heutigem Maßstab gemessen – das dogmatische Interesse auch des Laien im Zeitalter der großen Religionskämpfe war, weiß jeder, der die historischen Quellen kennt. Man kann damit nur die im Grunde auch abergläubische Vorstellung des heutigen Proletariats von dem, was „die Wissenschaft" leisten und beweisen könne, in Parallele stellen.

[238] **statt** mittelalterliche Katholik:
normale mittelalterliche katholische Laie

[239] **statt** ist später:
wäre gesondert

[240] Es versteht sich von selbst, daß die katholische offizielle *Lehre* schon im Mittelalter auch ihrerseits das Ideal der systematischen Heiligung des *gesamten Lebens* aufstellte. Aber ebenso zweifellos ist es, daß 1. die kirchliche Alltagspraxis, gerade durch ihr wirksamstes Zuchtmittel: die Beichte, die im Text angezogene „unsystematische" Lebensführung *erleichterte*, ferner daß 2. der grundlegende rigoristisch kalte Stimmungsgehalt und die gänzlich auf sich selbst gestellte Isoliertheit der Calvinisten dem mittelalterlichen Laienkatholizismus dauernd fehlen mußten.

[241] **statt** planlose:
nicht notwendig zusammenhängende, zum wenigsten eine nicht notwendigerweise zu einem Lebens*system* rationalisierte

[242] je nach Gelegenheit, etwa

[243] Natürlich war die katholische Ethik „Gesinnungs"ethik. Aber die konkrete „intentio" der einzelnen *Handlung* entschied über deren Wert. Und die *einzelne* – gute oder schlechte – Handlung wurde den Handelnden angerechnet, beeinflußte sein zeitliches und ewiges Schicksal. Ganz realistisch rechnete die Kirche damit, daß der Mensch keine absolut eindeutig determinierte und zu bewertende Einheit, sondern daß sein sittliches Leben (normalerweise) ein durch streitende Motive beeinflußtes oft sehr widerspruchvolles

Sichverhalten sei. Gewiß forderte auch sie von ihm als Ideal *prinzipielle* Wandlung des Lebens. Aber eben diese Forderung schwächte sie (für den Durchschnitt) durch eines ihrer allerwichtigsten Macht- und Erziehungsmittel wieder ab: durch das Bußsakrament, dessen Funktion tief mit der innersten Eigenart der katholischen Religiosität verknüpft war.
Die „Entzauberung“ der Welt: die Ausschaltung der *Magie* als Heilsmittel [243a], war in der katholischen Frömmigkeit nicht zu den Konsequenzen durchgeführt, wie in der puritanischen (und vor ihr nur in der jüdischen) Religiosität. Dem Katholiken [243b] stand die *Sakramentsgnade* seiner Kirche als Ausgleichsmittel eigner Unzulänglichkeit zur Verfügung: der Priester war ein Magier, der das Wunder der Wandlung vollbrachte und in dessen Hand die Schlüsselgewalt gelegt war. Man konnte sich in Reue und Bußfertigkeit an ihn wenden, er spendete Sühne, Gnadenhoffnung, Gewißheit der Vergebung und gewährte damit die *Entlastung* von jener ungeheuren *Spannung*, in welcher zu leben das unentrinnbare und durch nichts zu lindernde Schicksal des Calvinisten war. Für diesen gab es jene freundlichen und menschlichen Tröstungen nicht und er konnte auch nicht hoffen, Stunden der Schwäche und des Leichtsinns durch erhöhten guten Willen in andern Stunden wettzumachen, wie der Katholik und auch der Lutheraner.

[243a] Anm. Die absolut zentrale Bedeutung *dieses* Moments wird, wie schon einmal erwähnt, erst in den Aufsätzen über die „Wirtschaftsethik“ der Weltreligionen allmählich hervortreten.

[243b] Anm. Und, in gewissem Maß, *auch* dem Lutheraner. Luther *wollte* diesen letzten Rest von sakramentaler Magie nicht ausrotten.

[244] Wirkliche Buße drückt sich stets im Wandel aus (S. 361).

[245] **statt** aber ... zeigen:
die sich natürlich ebenso auch in den höchsten Idealen des Katholizismus finden; *aber* eben in den auf *inner*weltliche Askese abgesteckten puritanischen Richtungen erst ihre Konsequenzen für die Welt zeigen konnten und, vor allem, nur dort hinlänglich stark psychologisch *prämiiert* waren

[246] Von dem katholischen, echt menschlichen Auf und Ab zwischen Sünde, Reue, Buße, Entlastung, neuer Sünde oder von einem durch zeitliche Strafen abzubüßenden, durch kirchliche Gnadenmittel zu begleichenden Saldo des Gesamtlebens war keine Rede.

[247] – ein Bild, das schon dem Altertum geläufig war –

[248] **statt** S. ... unten:
Anklänge an die Kontokorrent-Auffassung s.

[249] durchweg

[250] Anm. Es ist hier noch nicht der Ort, die Verwandtschaft der – nie zur Herrschaft gelangten, stets nur geduldeten, zuweilen nur verketzerten – Theologie des Duns Scotus mit gewissen Gedankengängen des asketischen Protestantismus zu erörtern. Die spätere spezifische Abneigung der Pietisten gegen die aristotelische Philosophie teilte, wie – in etwas anderem Sinn – Luther, auch Calvin in bewußtem Gegensatz gegen den Katholizismus (cf. Inst. Chr. II c.

2, s. 4, IV c. 17, s. 24). Der „Primat des Willens“, – wie Kahl das genannt hat, – ist allen diesen Richtungen gemeinsam.

[251] Denn natürlich war ähnliches dem Katholizismus nicht etwa fremd.

[252] **statt** Die ... Charakter:
Die christliche Askese enthielt in sich zweifellos sowohl der äußeren Erscheinung wie dem Sinn nach höchst Verschiedenartiges. Im Okzident aber trug sie in ihren höchsten Erscheinungsformen bereits im Mittelalter durchaus und in manchen Erscheinungen schon in der Antike einen *rationalen* Charakter.

[253] – nicht: seiner Gesamtheit, aber seinem allgemeinen Typus –

[254] **statt** und:
wiederum mehr bei den

[255] Es muß gestattet sein, für die Zwecke dieser Abhandlung den Begriff so zu verwenden, wie es hier geschieht. Daß man ihn anders – weiter sowohl wie enger – fassen kann und meist zu fassen pflegt, ist mir wohl bekannt.

[256] **statt** unbedingte:
aktive

[257] Anm. Im Hudibras wurden die Puritaner (I. Gesang 18, 19) den Barfüßern verglichen. Ein Bericht des genuesischen Gesandten Fieschi nennt Cromwells Heer eine Versammlung von „Mönchen“.

[258] Anm. Angesichts dieser ganz ausgesprochenermaßen von mir behaupteten innerlichen Kontinuität zwischen außerweltlicher Mönchsaskese und innerwertlicher Berufsaskese bin ich überrascht, von Brentano (a. a. O. p. 114 und sonst) die Arbeitsaskese der *Mönche* und ihre Empfehlung *gegen* mich angeführt zu finden! Sein ganzer „Exkurs“ gegen mich kulminiert darin. Eben jene Kontinuität ist aber, wie jeder sehen kann, eine Grundvoraussetzung meiner ganzen Aufstellung: die Reformation trug die rationale christliche Askese und Lebensmethodik aus den Klöstern hinaus in das weltliche Berufsleben. Vgl. die folgenden, unverändert stehen gebliebenen Ausführungen.

[259] Man wolle beachten, daß die hier und sonst zitierten Quellen weder dogmatische noch erbauliche Werke, sondern aus der Praxis der Seelsorge erwachsen und also ein gutes Bild der Richtung sind, in welcher diese wirkte.

[260] Anm. Ich würde es, beiläufig gesagt, bedauern, wenn aus der Darstellung irgendwelche *Bewertung*, es sei der einen oder der anderen Form von Religiosität, herausgelesen würde. Sie liegt hier ganz fern. Es kommt nur auf die *Wirkung* bestimmter, vielleicht für die rein religiöse Bewertung relativ peripherischer, für das praktische Verhalten aber wichtiger, Züge an.

[261] anfänglich übrigens in den praktischen Konsequenzen noch schwankend,

[262] und Situationen

[263] Es traf für dessen Art von Religiosität in der Tat den Kern der Sache,

wenn schon Sebastian Franck die Bedeutung der Reformation darin fand, daß nun *jeder* Christ ein Mönch sein müsse sein Leben lang.

[264] den breiteren Schichten der religiös orientierten Naturen

[265] in England

[266] asketisch entwickelten

[267] **statt** Und ... zuzulassen:
Wenn also, mit einem Wort, der donatistische Kirchenbegriff als Konsequenz des Bewährungsgedankens auftauchte, wie dies bei den calvinistischen Baptisten der Fall war. Und auch wo die volle Konsequenz der Forderung der „reinen" Kirche als der Gemeinschaft der als wiedergeboren Bewährten: die Sektenbildung, nicht gezogen wurde, gingen mannigfache Ausgestaltungen der Kirchenverfassung aus dem Versuch hervor, wiedergeborene und unwiedergeborene, zum Sakrament nicht reife, Christen zu scheiden, den ersteren das Kirchenregiment vorzubehalten oder ihnen sonst eine Sonderstellung vorzubehalten, und nur wiedergeborene Prediger zuzulassen.

[268] gottinniger und doch völlig

[269] mystischen, überhaupt der

[270] **statt** alttestamentlichen Elemente:
Bestandteile alttestamentlicher Frömmigkeit

[271] **statt** reformierten:
calvinistischen

[272] **statt** reformierte:
puritanische

[273] **statt** des ... Gläubigen:
des Christen bzw. (meist) der Christin

[274] Anm. Die sittliche Buchführung ist natürlich auch sonst weit verbreitet gewesen. Aber der *Akzent*, der darauf lag: alleiniges *Erkenntnismittel* der von Ewigkeit her beschlossenen Erwählung oder Verwerfung zu sein, fehlte und damit die entscheidende psychologische *Prämie* auf die Sorgfalt und Beachtung dieser „Kalkulation".

[275] Anm. *Dies* war der entscheidende Unterschied gegen andere äußerlich ähnliche Verhaltungsweisen.

[276] Daß diese *Methodik* für die Beeinflussung des Lebens das Entscheidende war, hat man sich zum richtigen Verständnis der Art der Wirkung des Calvinismus stets vor Augen zu halten. Einerseits ergibt sich daraus, daß eben erst *diese* Ausprägung jenen Einfluß üben konnte, andererseits aber: daß auch andere Bekenntnisse, wenn ihre ethischen Antriebe in diesem entscheidenden Punkt: dem Bewährungsgedanken, die gleichen waren, in der gleichen Richtung wirken mußten.

[277] **statt** *prinzipielle*:
*prinzipiellste*

[278] **statt** besten:
höchsten

[279] ganz wesentlich auch

[280] Anm. Über die ganz andersartige Wirkung der islamischen Prädestinations- (richtiger: *Prädeterminations-*)Lehre und ihre Gründe s. die früher zitierte (Heidelberger theologische) Dissertation von F. *Ulrich*: Die Vorherbestimmungslehre im Islam und Christentum, 1912. Über die Prädestinationslehre der Jansenisten s. P. *Honigsheim* a. a. O.

[281] Wo trotz andersartiger Glaubensfundamentierung dennoch die gleiche asketische Konsequenz auftrat, war dies regelmäßig Folge der Kirchen*verfassung*, von der in anderm Zusammenhang zu reden ist [281a].

[281a] Anm. S. darüber den folgenden Artikel dieser Sammlung.

[282] **statt** deutlich entwickelt ist:
anklingt

[283] **statt** durch sexuelle Anklänge vergröberte:
krypto-sexuell gefärbte

[284] Die Entstehung asketischer revivals innerhalb der reformierten Gemeinschaften ist, namentlich in Holland, ganz regelmäßig mit einem Wiederaufflammen der zeitweilig in Vergessenheit geratenen oder abgeschwächten Gnadenwahllehre verbunden gewesen.

[285] Für die Anfänge des englischen Pietismus in der zeitgenössischen Literatur vgl. etwa: W. Whitaker, Prima institutio disciplinaque pietatis (1570).

[286] Über diesen sei bei dieser Gelegenheit einiges eingeschaltet.

[287] **statt** derselbe:
er im Okzident

[288] überhaupt jede Einmischung der oft in ihrem Wandel anfechtbaren politischen Machthaber in die Gemeindeangelegenheiten

[289] **statt** Die täuferischen Sekten:
Die nachher zu erörternden *täuferischen Sekten,* und sie weitaus am stärksten und innerlich konsequentesten,

[290] **statt** Roger Williams ... Puritanismus:
Der erste, der aus solchen Gründen, fast eine Generation vor den Baptisten, zwei Generationen vor Roger Williams, für unbedingte Toleranz *und* Trennung von Staat und Kirche eintrat, war wohl John Browne. Die erste Erklärung einer Kirchengemeinschaft in diesem Sinne scheint die Resolution der englischen Baptisten in Amsterdam von 1612 oder 1613 zu sein: „the magistrate is not to middle with religion or matters of conscience ... because Christ is the King and lawgiver of the Church and conscience". Das erste offizielle Dokument einer Kirchengemeinschaft, welches den *positiven* Schutz der Gewissensfreiheit durch den Staat als *Recht* forderte, war wohl Art. 44 der Confession der (Particular) Baptists von 1644. – Nachdrücklich sei nochmals bemerkt: daß die gelegentlich vertretene Ansicht: die Toleranz *als solche* sei dem Kapitalismus zugute gekommen, natürlich völlig irrig ist. Religiöse Toleranz ist nichts spezifisch Modernes oder Okzidentales. Sie hat in China, in Indien, in den großen vorderasiatischen Reichen im Zeitalter des

Hellenismus, im Römerreich, in den islamischen Reichen, während langer Zeiträume in einen nur durch Gründe der *Staats*raison (die auch heute die Schranke bilden!) begrenzten so weiten Umfang geherrscht, wie nirgends auf der Welt im 16. und 17. Jahrhundert, am allerwenigsten aber in den Gebieten, wo der Puritanismus *herrschte*, wie z. B. in Holland und Seeland in der Zeit des politisch-ökonomischen Aufstieges, oder im puritanischen Alt- oder Neuengland. Dem Okzident war gerade – nach wie vor der Reformation – ähnlich wie z. B. dem Sassanidenreich die *konfessionelle Intoleranz* charakteristisch, wie sie auch in China, Japan, Indien während einzelner Epochen, aber meist aus politischen Gründen, geherrscht hat. Folglich hat Toleranz *als solche* mit Kapitalismus gewiß nicht das geringste zu tun. Es kam darauf an: *wem sie zugute kam.* – Über die Konsequenzen bei Forderung der „believers" Church ist in dem folgenden Artikel weiter zu reden.

[291] Anm. Das für den Pietismus charakteristische Mißtrauen gegen Aristoteles und die klassische Philosophie überhaupt findet sich schon bei Calvin vorgebildet (vgl. Instit. II c. 2 S. 4; III c. 23 S. 5; IV c. 17 S. 24). Bei Luther war es in seinen Anfängen bekanntlich nicht geringer, ist aber dann durch den humanistischen Einfluß (vor allem Melanchthons) und zwingende Bedürfnisse der Schulung und Apologetik wieder zurückgedrängt worden. Daß das zur Seligkeit *Nötige* auch für Ungelehrte deutlich genug in der Schrift enthalten sei, lehrte natürlich auch die Westminster Confession (c. I, 7) in Übereinstimmung mit den protestantischen Traditionen.

[292] Anm. Hiergegen wendete sich der Protest der offiziellen Kirchen, z. B. auch noch der (kürzere) Katechismus der schottischen presbyterianischen Kirche von 1648, S. VII: Teilnahme von *nicht* derselben Familie angehörigen Personen an den Hausandachten wird, als Eingriff in die Befugnisse des *Amtes*, verpönt. Auch der Pietismus löste, wie jede asketische Gemeindebildung, das Individuum aus den Banden des mit dem Interesse des Amtsprestiges verbündeten Hauspatriarchalismus.

[293] **statt** psychophysisch:
neuropathisch

[294] **statt** einigermaßen:
wirklich

[295] einschließlich der *Psychiatrie*

[296] **statt** entfernt:
noch

[297] , ohne die Unbefangenheit des historischen Urteils zu trüben

[298] – Religionsgeschichtlich geht das zurück auf die deuterojesajanische Gottesknechts-Perikope und den 22. Psalm.

[299] **statt** Pietät:
pietas

[300] Noch im 19. Jahrhundert wurde Köhler (nach seinem zum folgenden Artikel zu zitierendem Buch) in den Niederlanden oft nach den *Zeitpunkt* seiner Wiedergeburt gefragt.

[301] **statt** attritio:
contritio

[302] Also auch hier: nicht Realgrund, aber – *einziger* – Erkenntnisgrund.

[303] An Stelle des „Werkzeug"-Gefühls tritt das „Haben" des Göttlichen: Mystik, nicht Askese (in dem in der Einleitung zu den späteren Aufsätzen zu besprechenden Sinn). – Natürlich ist (wie ebendort erörtert wird) auch für den Puritaner der gegenwärtige, *diesseitige*, Habitus das, was er *wirklich* erstrebt. Aber dieser als certitudo salutis gedeutete Habitus ist bei ihm das aktive *Werkzeugsgefühl.*

[304] , vielmehr durch den Gedanken der Arbeit *lediglich* „um des Berufes willen", innerlich stark vorbereitet

[305] **statt** äußeren, „materiellen":
ökonomischen

[306] **statt** Davon ... sein:
Darauf kann an dieser Stelle nicht eingegangen, ebenso auch nicht davon gesprochen werden

[307] Anm. S. den Anm. 181 zitierten Ausspruch Zinzendorfs.

[308] **statt** Dies ... beschäftigen:
Dies Problem kann nur in anderem Zusammenhang erörtert werden.

[309] Southey

[310] Eine Art von Kette vom klassischen Puritanismus zum Methodismus bildete der religiöse Dichter Isaac Watts, ein Freund des Kaplans Oliver Cromwells (Howe), dann Richard Cromwells, dessen Rat Whitefield gesucht haben soll (cf. Skeats p. 254 f.).

[311] asketischen

[312] eigentümliche

[313] und stets ist von den Methodisten betont worden, daß sie sich nicht in der Lehre, sondern durch die Art der Frömmigkeit von der offiziellen Kirche unterscheiden. Die Bedeutung der „Frucht" des Glaubens wurde meist aus 1. Joh. 3, 9 begründet und der Wandel als deutliches *Zeichen* der Wiedergeburt hingestellt.

[314] Beide Konsequenzen sind aller ähnlich gearteten Religiosität typisch.

[315] Hier zeigt sich die Schranke, welche zwischen jeder Art von *rationaler* religiöser Lebensführung und dem Luthertum unvermeidlich fortbestand.

[316] Und jedenfalls bezeichnet das „general awakening" im Gefolge des Methodismus überall, auch z. B. in Neu-England, eine Steigerung der Lehre von Gnade und Erwählung [316a].

[316a] Anm. Vgl. z. B. Dexter, Congregationalism, p. 455f.

[317] dortigen

[318] Anm. Die er aber, wie die Stelle aus John Wesley [427] zeigt, ganz ebenso und mit genau gleicher Wirkung entwickelte wie die andern asketischen Denominationen.

[319] Anm. Und – wie sich zeigte – *Abschwächungen* der konsequenten asketischen Ethik des Puritanismus: während, wenn man, nach beliebter Art, diese religiösen Konzeptionen nur als Exponenten oder Widerspiegelungen der kapitalistischen Entwicklung deuten wollte, ja doch das *gerade Umgekehrte* eingetreten sein müßte.

[320] **statt** Berücksichtigung:
dogmatische Analyse

[321] Zur Geschichte der Baptisten vgl. u. a.: H. M. Dexter, The true story of John Smyth, the Se-Baptist, as told by himself and his contemporaries, Boston 1881 (dazu J. C. Lang in Bapt. Quart. R. 1883, p. 1 f.). J. *Murch*, A hist. of the Presb. and Gen. Bapt. Ch. in the W. of Engl., London 1835. A. H. *Newman*, Hist. of the Bapt. Ch. in the U. S., New York 1894 (Am. Church Hist. Ser. Vol. 2): *Vedder*, A short hist. of the Baptists, London 1897; E. B. Bax, Rise and fall of the Anabaptists, New York 1902; G. Lorimer, Baptists in history, 1902; J. A. Seiss, Bapist system examined Luth. Publ. S. 1902; ferneres Material in Baptist Handbook, London 1896 ff.; Baptist Manuals, Paris 1891/3; der Baptist Quart. Review; der Bibliotheca sacra (Oberlin 1900).

[322] Für die Quäkergeschichte gilt als beste Sammlung die in Devonshire House in London (von mir nicht benutzt). Das moderne offizielle Organ der Orthodoxie ist der von Prof. Jones herausgegebene „American Friend", die beste Quäkergeschichte die von Rowntree. Im übrigen: Rufus B. *Jones*, George Fox, an autobiography, Phil. 1903; Alton C. *Thomas*, A Hist. of the S. of Friends in America, Phil. 1895; Eduard *Grubb*, Social Aspects of Quaker Faith, London 1899. Dazu die große und sehr gute *biographische* Literatur.

[323] **statt** Bettelorden:
Vollorden

[324] Entwicklung der

[325] Sie hat ihr nichts unbedingt Neues hinzugefügt.

[326] weit wichtigere

[327] **statt** weil ... *durfte*:
weil die religiöse Gemeinschaft überhaupt *nur* voluntaristisch: als Sekte, nicht anstaltmäßig: als Kirche, organisiert sein *durfte*

[328] **statt** und ... beschäftigen:
S. über „Kirche" und „Sekte" näher den folgenden Aufsatz. Den hier verwendeten Begriff der „Sekte" hat etwa gleichzeitig mit und – ich nehme an – unabhängig von mir auch Kattenbusch in der R. E. f. Pr. Th. u. K. (Art. „Sekte") verwendet. Troeltsch in seinen „Soziallehren der christlichen Kirchen", akzeptiert ihn und spricht eingehender darüber. S. auch unten die Einleitung in die Aufsätze über „Wirtschaftsethik der Weltreligionen".

[329] **statt** Darüber später:
S. den folgenden Aufsatz.

[330] Sehr stark war aber die Entwertung, ja man kann für alle mit Ausnahme des Abendmahls geradezu sagen: – die *Verdächtigkeit*, der Sakramente wie bei den Prädestinatianern. S. den folgenden Aufsatz.

[331] Die täuferischen Denominationen vollzogen, neben den Prädestinatianern, vor allem den strengen Calvinisten, die radikalste Entwertung aller Sakramente als Heilsmittel und führten so die religiöse „Entzauberung" der Welt in ihren letzten Konsequenzen durch. Nur das „innere Licht" der

[332] der fortdauernden Offenbarung

[333] **statt** wird .. beschäftigen:
hat uns hier nicht zu beschäftigen

[334] **statt** Reformeifer:
Chiliasmus

[335] bei allen ähnlich fundamentierten Arten von Frömmigkeit möglich ist und

[336] **statt** jedenfalls:
praktisch

[337] **statt** Damit ... Berufsarbeit:
Die radikale Entzauberung der Welt ließ einen anderen Weg als die innerweltliche Askese innerlich nicht zu. Für Gemeinschaften, welche mit den politischen Gewalten und ihrem Tun nichts zu schaffen haben wollten, folgte daraus auch äußerlich das Einströmen dieser asketischen Tugenden in die Berufsarbeit.

[338] **statt** in den:
auch in anderen

[339] **statt** seitens ... *Akkomodation*:
seitens ihrer Träger die innerweltliche Wendung

[340] **statt** Berufsidee:
Berufskonzeption

[341] **statt** bei ... werden:
weiterhin näher und auch dann nur soweit kennen lernen werden, als dies ohne Erörterung der gesamten politischen und Sozialethik der protestantischen Askese hier möglich ist

[342] äußerst schematische

[343] **statt** erst später:
bei anderer Gelegenheit einmal

[344] Anm. Einiges darüber in der nächstfolgenden Abhandlung.

[345] Anm. *Hier* liegt der Grund für die penetrante ökonomische Wirkung (asketisch-) protestantischer, nicht aber katholischer, *Minoritäten*.

[346] Anm. Daß die Verschiedenheit der dogmatischen Fundamentierung mit der Einfügung des entscheidenden „Bewährungs"-Interesses vereinbar war, hat seinen *letzten*, hier noch nicht zu erörternden Grund in der religionsgeschichtlichen Eigenart des Christentums überhaupt.

[347] in Haverford College

[348] *nicht* durch irgendwelche magisch-sakramentalen Mittel oder durch Entlastung in der Beichte oder durch einzelne fromme Leistungen garantiert werden konnte, sondern

[349] Jenes religiös geforderte, vom „natürlichen" Leben verschiedene Sonderleben der Heiligen spielte sich – das ist das Entscheidende – nicht mehr außerhalb der Welt in Mönchsgemeinschaften, sondern *innerhalb* der Welt und ihrer Ordnungen ab.

[350] **statt** *Berufsidee*:
Wirkung der *Berufskonzeption*

[351] **statt** Kapitel:
Darlegungen

[352] Ebensogut hätten Voët oder andere kontinentale Vertreter der innerweltlichen Askese herangezogen werden können. Die Ansicht Brentanos, daß diese Entwicklung „nur angelsächsisch" gewesen sei, ist gänzlich irrig.

[353] Anm. Denn man könnte ebensowohl die Schriften des Gisbert Voët oder Verhandlungen der Hugenottensynoden oder die holländische Baptistenliteratur zur Hand nehmen. In höchst unglücklicher Art haben Sombart und Brentano gerade jene von mir selbst stark hervorgehobenen „ebionitischen" Bestandteile aus Baxter herausgegriffen, um die zweifellose (kapitalistische) „Rückständigkeit" seiner *Lehre* mir entgegenzuhalten. Man muß aber 1. diese ganze Literatur wirklich gründlich *kennen*, um sie richtig zu benutzen, 2. nicht übersehen, daß ich ja gerade nachzuweisen trachtete: wie *trotz* der „antimammonistischen" *Lehre* doch der Geist dieser asketischen *Religiosität*, ganz ebenso wie in den Klosterwirtschaften, den ökonomischen Rationalismus geboren hat, weil sie das Entscheidende: die, asketisch bedingten, rationalen *Antriebe* prämiierte. Darauf ganz allein kommt es ja an und eben dies ist ja doch die Pointe des hier Vorgetragenen.

[354] Anm. Ebenso bei Calvin, der durchaus kein Liebhaber bürgerlichen Reichtums war (s. die heftigen Angriffe auf Venedig und Antwerpen Comm. in Jes. Opp. III 140 a, 308 a).

[355] Bailey, Praxis pietatis p. 182, oder etwa

[356] Anm. Denn nicht nur der Reichtum, sondern auch das *triebhafte Gewinnstreben* (oder was dafür galt) wurde ähnlich scharf verurteilt. In den Niederlanden wurde von der südholländischen Synode 1574 auf eine Anfrage erklärt: daß „Lombardierer", obwohl das Geschäft ja gesetzlich gestattet sei, nicht zum Abendmahl zuzulassen seien; die Provinzialsynode Deventer von 1598 (Art. 24) erstreckte dies auf die Angestellten von „Lombarden", die Synode zu Gorichem von 1606 statuierte scharfe und erniedrigende Bedingungen, unter denen *Frauen* von „Wucherern" zugelassen werden durften und es wurde noch 1644 und 1657 erörtert, ob Lombarden zum Abendmahl zugelassen werden dürfen (dies gegenüber namentlich Brentano, der seine katholischen Vorfahren zitiert – obwohl es doch in der ganzen europäisch-asiatischen Welt seit Jahrtausenden fremdbürtige Händler und Bankiers gegeben hat) und noch Gisbert Voët (Disp.

theol. IV Anst. 1667 de usuris S. 665) möchte die Trapeziten (Lombarden, Piemontesen) von der Kommunion ausschließen. In den Hugenottensynoden stand es nicht anders. *Diese* Arten von kapitalistischen Schichten waren durchaus *nicht* die typischen Träger der Gesinnung und Lebensführung, um die es sich hier handelt. Sie waren auch, gegenüber der Antike und dem Mittelalter, nichts *Neues.*

[357] Man kann die Beispiele der Verdammung des Strebens nach Geld und Gut aus puritanischen Schriften ganz beliebig häufen und mit der darin viel unbefangeneren spätmittelalterlichen ethischen Literatur kontrastieren.

[358] **statt** 376/5:
375/6

[359] in scharfem Gegensatz nicht nur gegen den Orient, sondern gegen fast alle Mönchsregeln der ganzen Welt [359a]

[359a] Anm. Worauf *dieser* wichtige Gegensatz, der seit der Benediktinerregel offensichtlich vorliegt, beruht, kann erst eine viel umfassendere Betrachtung lehren.

[360] **statt** Gleichstellung:
Gleichwertung

[361] **statt** das Prinzip:
das uns leicht banausisch anmutende Prinzip der „Kompetenz" zur Erledigung der Frage

[362] **statt** mögen ... erscheinen:
mit allen ihren Prüderien

[363] **statt** dabei entscheidend:
bei der „Emanzipation" der Frau

[364] **statt** Doktrin:
Haltung

[365] S. Anm. 95 f.

[366] psychologische

[367] Anm. Mit welcher die ganze Lebensführung beherrschenden höchsten Pathetik die *indische* Heilslehre den Berufstraditionalismus mit den Wiedergeburtschancen verknüpft, ist in den Aufsätzen über die „Wirtschaftsethik der Weltreligionen" ausgeführt. Gerade daran kann man den Unterschied bloßer ethischer *Lehr*begriffe von der Schaffung psychologischer *Antriebe* bestimmter Art durch die Religion kennen lernen. Der fromme Hindu konnte günstige Wiedergeburtschancen nur durch streng *traditionelle* Erfüllung der Pflichten seiner Geburtskaste erlangen: die denkbar festeste religiöse Verankerung des Traditionalismus. Die indische Ethik ist tatsächlich in diesem Punkt die konsequenteste Antithese der puritanischen, ebenso wie sie in anderer Hinsicht (ständischer Traditionalismus) die konsequenteste Antithese des Judentums ist.

[368] **statt** in ... Zusammenhang:
nicht in diesem Zusammenhang

[369] Anm. Vollends kann natürlich diese Wendung der religiösen Ethik nicht als Reflex der tatsächlichen ökonomischen Verhältnisse angesehen

werden. Die Berufsspezialisierung war im italienischen Mittelalter natürlich eher weitergehend als in England in jener Periode.

[370] , und das heißt: daß jeder formal *redliche* Verdienst auch *legitim* ist.

[371] **statt** par:
pro

[372] **statt** in ... Kapitel:
hier nicht

[373] (den Puritanern ist später oft genug die jesuitische Ethik als im Grunde der ihrigen ganz gleichartig entgegengehalten worden)

[374] **statt** Der ... der:
Von dem entscheidenden Umstande der religiösen *Prämiierung* des asketischen Lebens für den Laien ganz abgesehen aber ist der gewaltige Unterschied schon in der Theorie eben der

[375] dem Erfolg nach

[376] auch für die Neuzeit

[377] Schon Calvin hatte das Betteln strikt verboten und die holländischen Synoden eifern gegen die Bettelbriefe und Attestationen für Zwecke des Bettels. Wahrend die Epoche der Stuarts, insbesondere das Regime Lauds unter Karl I. das Prinzip der behördlichen Armenunterstützung und Arbeitszuweisung an Arbeitslose systematisch ausgebildet hatte, war das Feldgeschrei der Puritaner: „Giving alms is no charity" (Titel der späteren bekannten Schrift Defoes) und begann gegen Ende des 17. Jahrhunderts das Abschreckungssystem der „Workhouses" für Arbeitslose (vgl. Leonard, Early History of English poor relief, Cambridge 1900 und H. Levy, Die Grundlagen des ökonomischen Liberalismus in der Gesch. d. engl. Volksw., Jena 1912, S. 69 ff).

[378] **statt** filius alicujus:
filius de aliquo: – wobei das „aliquid" eben ein von Vorfahren ererbtes *Vermögen* ist –

[379] **statt** ebenso ... Europa:
gelegentlich vertreten, während in Europa

[380] Das Gefühl einer inneren Verwandtschaft mit dem Judentum, wie es sich noch in dem bekannten Schreiben Roosevelts aussprach, fand Köhler (a. a. O.) auch in Holland bei den Bauern weitgehend verbreitet. – Auf der anderen Seite aber war sich der Puritanismus des *Gegensatzes* der jüdischen Ethik in ihrer praktischen Dogmatik wohl bewußt, wie Prynnes Schrift gegen die Juden (anläßlich der Cromwellschen Toleranzpläne) deutlich zeigt. S. Anm. 273.

[381] **statt** unzweifelhaft ... meisten:
trotz seiner hellenistischen Beeinflussung doch zu den

[382] und gerade – im Buch Hiob: nur! –

[383] **statt** erst ... Zusammenhang:
in diesem Zusammenhang nicht

[384] über die Bedeutung der alttestamentlichen Ethik für die lex naturae vieles in Troeltschs „Soziallehren".

[385] und muß auch dann äußerst vorsichtig mit Parallelen sein

[386] Ebenso fern lag ihm – und auch das darf nicht übersehen werden – die Wirtschaftsethik des mittelalterlichen und neuzeitlichen Judentums in den Zügen, welche für die Stellung beider innerhalb der Entwicklung des kapitalistischen *Ethos* entscheidend waren. Das Judentum stand auf der Seite des politisch oder spekulativ orientierten „Abenteurer"-Kapitalismus: sein Ethos war, mit einem Wort, das des *Paria*-Kapitalismus, – der Puritanismus trug das Ethos des rationalen bürgerlichen *Betriebs* und der rationalen Organisation der *Arbeit*. Er entnahm der jüdischen Ethik nur, was in diesen Rahmen paßte.

[387] Näheres darüber in den Aufsätzen über die „Wirtschaftsethik der Weltreligionen".

[388] **statt** zahlreiche:
manche

[389] weit

[390] Der Gedanke, daß der Erfolg Gottes Segen offenbare, ist dem Judentum natürlich nicht etwa fremd. Die grundstürzend abweichende religiös-ethische Bedeutung aber, die er zufolge der doppelten (Innen- und Außen-) Ethik im Judentum gewann, schloß jede Verwandtschaft der Wirkung gerade in diesem entscheidenden Punkt aus. Dem „Fremden" gegenüber war erlaubt, was dem „Bruder" gegenüber *verboten* war. Unmöglich konnte (schon deshalb) der Erfolg auf dem Gebiet dieses nicht „Gebotenen", sondern „Erlaubten" Merkmal *religiöser* Bewährung und Antrieb methodischer Lebensgestaltung in jenem Sinn sein, wie beim Puritaner. Über dies ganze, von *Sombart* in seinem Buch „Die Juden und das Wirtschaftsleben" vielfach nicht richtig behandelte Problem s. die oben zitierten Aufsätze. Das einzelne gehört nicht hierher. Die jüdische Ethik, so befremdlich es zunächst klingt, blieb sehr stark traditionalistisch.

[391] (autoritätsfeindliche)

[392] ihre entscheidendste Eigenart:

[393] **statt** späterhin:
andern Orts

[394] der Bewegung

[395] Und nicht nur die weltlichen Feste wurden davon betroffen. Der zornige Haß der Puritaner gegen alles, was nach „superstition" roch, gegen alle Reminiszenzen von magischer oder hierurgischer Gnadenspendung verfolgte das christliche Weihnachtsfest ganz ebenso wie den Maibaum [395a] und die unbefangene kirchliche Kunstübung.

[395a] Anm. In Holland ganz ebenso, wie die Verhandlungen der Synoden erkennen lassen. (S. die Beschlüsse über den Maibaum in der Reitsma'schen Sammlung VI, 78. 139 u. ö.)

[396] und die pietistische Orientierung an gewissen, letztlich auf Deuterojesaja und den 22. Psalm zurückgehenden schönheitsfeindlichen christlichen Empfindungen

[397] **statt** im Haag:
im Mauritshuis

[398] (einer Rentnerschicht)

[399] merklich

[400] schon Anfang des 17. Jahrhunderts (den 1608 nach Holland geflüchteten englischen Kongregationalisten war die unzulängliche holländische Sabbatruhe anstößig), vollends aber

[401] traditionellen

[402] , welche erst nach der Restauration in den Dienst der Interessen der Krone gestellt wurde

[403] Proteste der Synoden gegen ihre Lebensführung finden sich immer wieder.

[404] **statt** Davon später:
Der Fortbestand der Stadtwirtschaft hemmte die Industrie. Sie nahm fast nur durch Refugiés und daher stets nur zeitweilig einen Aufschwung. Wirksam gewesen war aber auch in Holland, in ganz gleicher Richtung wie anderwärts, die innerweltliche Askese des Calvinismus und Pietismus (auch in dem gleich zu erwähnenden Sinn „asketischen Sparzwangs", wie Groen van Prinsterer an der Anm. 2 S. 193 zitierten Stelle bezeugt). Das fast völlige Fehlen schöner Literatur im calvinistischen Holland ist natürlich kein Zufall.

[405] Die Bedeutung der holländischen Religiosität als „asketischer Sparzwang" tritt noch im 18. Jahrhundert, z. B. in den Aufzeichnungen von Albertus Haller, deutlich hervor. Für die charakteristischen Eigenarten holländischen Kunsturteils und deren Motive zu vergleichen z. B. die autobiographischen Aufzeichnungen von Const. *Huyghens* (1629–31 geschrieben) in Oud Holland 1891. (Die schon zitierte Arbeit von Groen *van Prinsterer*, La Hollande et l'influence de Calvin (1864) bietet für *unsere* Probleme nichts Entscheidendes.) – Die Nieuw-Nederland-Kolonie in Amerika war sozial eine halbfeudale Herrschaft von „Patronen": – Händlern, die das Kapital vorschossen – und im Gegensatz zu Neu-England hielt es schwer, „kleine Leute" zur Übersiedelung dorthin zu bewegen.

[406] Anm. Es sei daran erinnert: wie die puritanische Stadtbehörde das Theater in Stratford-on-Avon noch bei Shakespeares Lebzeiten und Aufenthalt dort in seiner letzten Lebenszeit schloß. (Shakespeares Haß und Verachtung gegen die Puritaner tritt ja bei jeder Gelegenheit hervor.) Noch 1777 lehnte die Stadt Birmingham die Zulassung eines Theaters als der „Faulheit" förderlich und daher dem Handel abträglich ab (Ashley auf S. 196 Anm. 2, a. a. O. S. 7, 8).

[407] **statt** später:
hier nicht

[408] anvertrauten

[409] modernen

[410] **statt** dasselbe:
Vermögensakkumulation

[411] psychologischen

[412] **statt** Erwerbsstrebens:
Gewinnstrebens

[413] **statt** Reichtum und Erwerb:
rationalen Erwerb

[414] **statt** die ... Versuchungen:
irrationale Verwendung des Besitzes

[415] Vgl. über all dies: Morgenblatt für gebildete Leser 1846 Nr. 216 ff. (Insbesondere: Komfort und Solidität der Stoffe bei den Quäkern, vgl. Schneckenburger, Vorlesungen S. 96 f.).

[416] **statt** später ... eingehen:
*hier* nicht eingehen (darüber s. die Aufsätze über die „Wirtschaftsethik der Weltreligionen").

[417] religiösen

[418] **statt** eigene ... Macht:
Eigengesetzlichkeit und zwingende Macht auch rein

[419] Für die amerikanischen Kolonien ist der Gegensatz des puritanischen Nordens, wo infolge des „asketischen Sparzwangs" stets anlagebedürftiges Kapital vorhanden war, gegen die Verhältnisse des Südens schon bei Doyle klar betont.

[420] Immerhin sagt Groen van Prinsterer (Handb. d. Gesch. v. h. V. 3. Aufl., § 303 Anm., S. 254): „De Nederlanders verkoopen veel en verbruiken wenig", noch von der Zeit *nach* dem westfälischen Frieden.

[421] (S. darüber die bei Fruin, Tien jaren uit den tachtigjarigen oorlog zitierte Klage aus dem Jahre 1652, daß die Regenten Rentiers und keine Kaufleute mehr seien.)

[422] **statt** Geldes:
ererbten Geldbesitzes

[423] Durch die englische Gesellschaft der Zeit seit dem 17. Jahrhundert zieht sich der Zwiespalt zwischen der „Squirearchie", der Trägerin des „fröhlichen alten England", und den in ihrer gesellschaftlichen Macht stark schwankenden puritanischen Kreisen [423a]. Beide Züge: der einer ungebrochenen naiven Lebensfreude und der einer streng geregelten und reservierten Selbstbeherrschung und konventionellen ethischen Bindung stehen noch heute im Bilde des englischen „Volkscharakters" nebeneinander [423b]. Und ebenso zieht sich durch die älteste Geschichte der nordamerikanischen Kolonisation der scharfe Gegensatz der „adventurers", die mit der Arbeitskraft von indented servants Plantagen einrichten und seigneurial leben wollten, gegen die spezifisch bürgerliche Gesinnung der Puritaner [423c].

[423a] Anm. Anglikanische Landlords haben sich noch bis in dieses Jahrhundert nicht selten geweigert, Nonkonformisten als Pächter anzunehmen. (Zur Zeit sind beide kirchlichen Parteien an Zahl annähernd gleich stark, früher waren die Nonkonformisten stets die Minderheit.)

[423b] Anm. Mit Recht macht H. Levy (in dem soeben erschienenen Aufsatz im Archiv f. Sozialwiss. 46 S. 605 f.) darauf aufmerksam, daß nach

der aus zahlreichen Zügen zu erschließenden „Charakteranlage" des englischen Volkes dies für die Rezeption eines asketischen Ethos und bürgerlicher Tugenden wohl eher *weniger* disponiert war, als andere Völker: derbe und rohe Lebenslust war (und ist) ein Grundzug seines Wesens. Die Macht der puritanischen Askese in der Zeit ihrer Herrschaft zeigt sich gerade in dem erstaunlichen Grade, in welchem dieser Charakterzug bei ihren Anhängern *temperiert* wurde.

[423c] Anm. Kehrt auch in der Darstellung Doyles immer wieder. Stets wirkte in der Stellungnahme der Puritaner das religiöse Motiv entscheidend (nicht immer natürlich: *allein* entscheidend) mit. Die Übersiedelung von Gentlemen nach Massachusetts, selbst ein Oberhaus mit Erbadel, war die Kolonie (unter Winthrops Führung) geneigt, zuzulassen, *wenn nur* die Gentlemen der *Kirche* beitreten würden. Um der *Kirchen*zucht willen wurde auf *geschlossene* Siedelung gehalten. (Die Kolonisation von New-Hampshire und Maine erfolgte durch anglikanische große Kaufleute, welche große Viehplantagen anlegten. Hier bestand sehr geringer sozialer Zusammenhang.) Über die starke „Profitgier" der Neuengländer wurde schon 1632 geklagt (s. z. B. Weedens Economic and social history of New Enland I p. 125).

[424] Anm. Dies betont schon Petty a. a. O., und alle zeitgenössischen Quellen ohne Ausnahme sprechen insbesondere von den puritanischen *Sektierern*: Baptisten, Quäkern, Mennoniten, als von einer teils mittellosen, teils *klein*kapitalistischen Schicht und stellen sie in Gegensatz sowohl zu der Großhändler-Aristokratie wie zu den Finanz-Abenteurern. Aus eben dieser kleinkapitalistischen Schicht aber, und *nicht* etwa aus den Händen der großen Finanzleute: Monopolisten, Staatslieferanten, Staatsgeldgeber, Kolonialunternehmer, promoters usw. ging das hervor, was dem Kapitalismus des Okzidents *charakteristisch* war: die bürgerlich-privatwirtschaftliche Organisation der gewerblichen Arbeit. (S. z. B. *Unwin*, Industrial Organization in the 16th and 17th centuries, London 1914 S. 196 ff.) Daß dieser Gegensatz schon den Zeitgenossen selbst genau bekannt war, dafür vgl. *Parkers* Discourse concerning Puritans von 1641, wo gleichfalls der Gegensatz gegen Projektenmacher und Höflinge betont ist.

[425] die Vorgängerin der innerweltlichen Askese:

[426] Von John Wesley selbst möge nun hier eine Stelle [426a] Platz finden, welche wohl geeignet wäre, als Motto über allem bisher Gesagten zu stehen. Denn sie zeigt, wie die Häupter der asketischen Richtungen selbst sich über die hier dargelegten scheinbar so paradoxen Zusammenhänge vollkommen, und zwar durchaus in dem hier entwickelten Sinn klar waren. [426b] Er schreibt:
„Ich fürchte: wo immer der Reichtum sich vermehrt hat, da hat der Gehalt an Religion in gleichem Maße abgenommen. Daher sehe ich nicht, wie es, nach der Natur der Dinge, möglich sein soll, daß irgendeine Wiedererweckung echter Religiosität lange Dauer haben kann. Denn Religion *muß notwendig* sowohl Arbeitsamkeit (industry) als Sparsamkeit (frugality) erzeugen, und diese können nichts anderes als Reichtum hervorbringen. Aber wenn Reichtum zunimmt, so nimmt Stolz, Leidenschaft und Weltliebe in all ihren

Formen zu. Wie soll es also möglich sein, daß der Methodismus, das heißt eine Religion des Herzens, mag sie jetzt auch wie ein grünender Baum blühen, in diesem Zustand verharrt? Die Methodisten werden überall fleißig und sparsam; folglich vermehrt sich ihr Güterbesitz. Daher wachsen sie entsprechend an Stolz, Leidenschaft, an fleischlichen und weltlichen Gelüsten und Lebenshochmut. So bleibt zwar die Form der Religion, der Geist aber schwindet allmählich. Gibt es keinen Weg, diesen fortgesetzten Verfall der reinen Religion zu hindern? Wir dürfen die Leute nicht hindern, fleißig und sparsam zu sein. *Wir müssen alle Christen ermahnen, zu gewinnen was sie können und zu sparen was sie können, das heißt im Ergebnis: reich zu werden.*" (Folgt die Ermahnung, daß die, die „alles gewinnen was sie können und alles sparen was sie können" auch „alles was sie können, geben" sollen, um so in der Gnade zu wachsen und einen Schatz im Himmel zu sammeln.) – Man sieht, es ist das bis in alle Einzelheiten der hier beleuchtete Zusammenhang [426c].

[426a] Anm. S. dieselbe in Southeys Leben Wesleys Kap. 29. Den Hinweis – ich kannte sie nicht – erhielt ich durch einen Brief Prof. Ashleys (1913). E. Troeltsch (dem ich sie zu diesem Zweck mitteilte) hat sie gelegentlich schon zitiert.

[426b] Anm. Die Stelle sei allen denen zur Lektüre empfohlen, welche heute über diese Dinge informierter und klüger sein wollen als die Führer und Zeitgenossen jener Bewegungen *selbst*, die, wie man sieht, sehr genau wußten, was sie taten und – gefährdeten. Es geht wirklich nicht an, so, wie einzelne meiner Kritiker, ganz unbestreitbare und bisher auch von niemand bestritten gewesene, von mir lediglich etwas mehr auf ihre inneren Triebkräfte untersuchte, Tatbestände so leichthin zu bestreiten, wie dies leider geschehen ist. Kein Mensch hat im 17. Jahrhundert diese Zusammenhänge je bezweifelt (vgl. noch: Manley, Usurry of 6% examined 1669 S. 137). Außer den schon früher zitierten modernen Schriftstellern haben Dichter wie H. Heine und Keats ganz ebenso wie Vertreter der Wissenschaft wie Macaulay, Cunningham, Rogers oder Schriftsteller wie Mathew Arnold sie als selbstverständlich behandelt. Aus der neuesten Literatur s. *Ashley*, Birmingham Industry and Commerce (1913), der mir s. Z. auch brieflich sein völliges Einverständnis aussprach. Vgl. zu dem ganzen Problem jetzt den Anm. 4 [423b] zitierten Aufsatz von H. Levy.

[426c] Anm. Daß genau die gleichen Zusammenhänge schon den Puritanern der klassischen Zeit selbstverständlich waren, wird vielleicht durch nichts deutlicher belegt als dadurch, daß bei Bunyan, „Mr. Money-Love" geradezu argumentiert: „man dürfe religiös werden, *um reich zu werden*, z. B. um seine Kundschaft zu vermehren", denn *weshalb* man religiös geworden sei, sei gleichgültig (S. 114 der Tauchnitz Ed.).

[427] , ganz wie es hier Wesley sagt,

[428] **statt** „non:
vix

[429] **statt** *bürgerliche Berufsethik*:
*bürgerliches Berufsethos*

[430] Mit Recht nannten englische Schriftsteller die protestantischen Immigranten die „Pioniere der gelernten Arbeit". S. auch die Nachweise bei H. Levy, Die Grundl. des ökonom. Liberalismus S. 53.

[431] Die mittelalterliche Ethik hatte den Bettel nicht nur geduldet, sondern in den Bettelorden geradezu glorifiziert. Auch die weltlichen Bettler wurden, da sie ja dem Besitzenden Gelegenheit zu guten Werken durch Almosen gaben, gelegentlich geradezu als „Stand" bezeichnet und gewertet. Noch die anglikanische Sozialethik der Stuarts stand dieser Haltung innerlich sehr nahe. Es war der puritanischen Askese vorbehalten, an jener harten englischen Armengesetzgebung mitzuarbeiten, welche hierin grundsätzlichen Wandel schuf. Und sie konnte das, weil die protestantischen Sekten und die streng puritanischen Gemeinschaften überhaupt in ihrer eigenen Mitte den Bettel tatsächlich *nicht kannten* [431a].

[431a] Anm. S. oben [377] und die dort zitierte Arbeit von H. Levy. Ganz das Gleiche wird von allen Schilderungen hervorgehoben (so durch Manley für die Hugenotten).

[432] das, worauf es ja schließlich doch für deren Wirkung *allein ankam*:

[433] als vorzüglichsten, ja letztlich oft

[434] Heute sitzt er im Sattel und vermag ihre Arbeitswilligkeit ohne jenseitige Prämien zu erzwingen.

[435] Es war eine Wiedergabe dieses damals neuen Tatbestandes, wenn ein so scharfer anglikanischer Beobachter wie Sir William Petty die holländische Wirtschaftsmacht des 17. Jahrhunderts darauf zurückführte, daß die dort besonders zahlreichen „Dissenters" (Calvinisten und Baptisten) Leute seien, welche *„Arbeit und Gewerbefleiß für ihre Pflicht gegen Gott"* ansahen. Der „organischen" Sozialverfassung in jener fiskalisch-monopolistischen Wendung, welche sie im Anglikanismus unter den Stuarts, namentlich in den Konzeptionen Lauds annahm: – diesem Bündnis von Staat und Kirche mit den „Monopolisten" auf dem Boden eines christlich-sozialen Unterbaus stellte der Puritanismus, dessen Vertreter durchweg zu den leidenschaftlichen Gegnern *dieser* Art von staatlich privilegiertem Händler-, Verleger- und Kolonialkapitalismus gehörten, die individualistischen *Antriebe* des rationalen legalen Erwerbs kraft eigener Tüchtigkeit und Initiative gegenüber, welche – während die staatlich privilegierten Monopolindustrien in England bald sämtlich wieder verschwanden – am Aufbau der ohne, zum Teil trotz und gegen die obrigkeitlichen Gewalten entstehenden Industrien entscheidend mitbeteiligt waren [435a]. Die Puritaner (Prynne, Parker) lehnten jede Gemeinschaft mit den „Höflingen und Projektenmachern" großkapitalistischen Gepräges als mit einer ethisch verdächtigen Klasse ab, im Stolz auf ihre eigne überlegene bürgerliche Geschäftsmoral, welche den wahren Grund der Verfolgungen bilde, denen sie von jenen Kreisen ausgesetzt seien. Den Kampf gegen den Dissent schlug noch Defoe vor, durch Boykott gegen die Bankwechsel und durch Depotkündigungen zu gewinnen. Der Gegensatz der beiden Arten kapitalistischer Gebarung ging sehr weitgehend mit den religiösen Gegensätzen Hand in Hand. Die Gegner der Nonkonformisten haben auch im 18. Jahrhundert immer wieder diese als die Träger des „spirit of shopkeepers" verhöhnt und als

den Verderb der altenglischen Ideale verfolgt. *Hier* lag auch der Gegensatz des puritanischen gegen das jüdische Wirtschaftsethos verankert und schon die Zeitgenossen (Prynne) wußten, daß das erstere, nicht das letztere, das *bürgerliche* Wirtschaftsethos war [435b].

[435a] Anm. S. über diese Gegensätze und Entwicklungen H. Levy in dem früher zitierten Buch. Die für England charakteristische und sehr mächtige monopolfeindliche Haltung der öffentlichen Meinung ist geschichtlich aus einer Verbindung *politischen* Machtkampfes gegen die Krone – das Lange Parlament schloß die Monopolisten vom Parlament aus – mit ethischen Motiven des Puritanismus und mit den ökonomischen Interessen des bürgerlichen Klein- und Mittelkapitalismus gegen die Finanzmagnaten im 17. Jahrhundert entstanden. Die Declaration of the Army vom 2. Aug. 1652 und ebenso die Petition der Leveller vom 28. Jan. 1653 fordern neben Beseitigung der Akzisen, Zölle, indirekten Steuern und der Einführung einer Single tax auf estates vor allem: „free trade", d. h. die Beseitigung aller monopolistischen Schranken des Erwerbs (trade) nach innen und außen als von Verletzungen der Menschenrechte. Ähnlich schon die „große Remonstranz".

[435b] Anm. Vgl. dazu H. Levy, Oekon. Liberal. S. 51 f.

[436] modernen

[437] **statt** und die:
Franklin's

[438] **statt** werden ... sehen:
gehört in einen etwas anderen Zusammenhang. (S. dazu den folgenden Aufsatz). Hier möge darüber nur folgende Bemerkung J. A. *Rowntrees* (Quakerism, past and present p. 95/6), auf die mich Ed. Bernstein aufmerksam machte, wiedergegeben werden: „Is it merely a *coincidence*, or is it a *consequence,* that the lofty profession of spirituality made by the Friends has gone hand in hand with shrewdness and tact in the transaction of mundane affairs? Real piety favours the success of a trader by insuring his integrity, and fostering habits of prudence and forethought: – important items in obtaining that standing and credit in the commercial world, which are requisite for the steady accumulation of wealth." (S. den folgenden Aufsatz.) „Ehrlich wie ein Hugenotte" war im 17. Jahrhundert ebenso sprichwörtlich wie die Rechtlichkeit der Holländer, die Sir W. Temple bewunderte und – ein Jahrhundert später – die der Engländer, verglichen mit Kontinentalen, welche diese ethische Schule nicht durchgemacht hatten.

[439] an ihrem Teile mit daran,

[440] **statt** metaphysischen:
religiös-ethischen

[441] **statt** eingewanderte ... Abkunft:
(aus Deutschland eingewanderte) Schwiegersohn des führenden dry-good-man

[442] **statt** chinesische:
mechanisierte

[443] **statt** *sozial*ökonömischen:
*sozialpolitischen*

[444] Anm. Schon diese (hier unverändert stehengebliebene) Bemerkung hätte Brentano (a. a. O.) zeigen können, daß ich dessen *selbständige* Bedeutung nie bezweifelt habe. Daß auch der Humanismus nicht *reiner* „Rationalismus" war, betont neuerdings wieder stark Borinski in den Abhandl. der Münchener Ak. der Wiss. 1919.

[445] Hier ist ja erst Tatsache und *Art* seiner Einwirkung in einem, wenn auch wichtigen, Punkt auf ihre Motive zurückzuführen versucht worden.

[446] Anm. Nicht mit diesem Problem, sondern mit dem der Reformation überhaupt, insbesondere Luthers, befaßt sich die Akademische Rede *v. Belows*: Die Ursachen der Reformation (Freiburg 1916). Für das hier behandelte Thema, insbesondere die Kontroversen, die sich an diese Studie anschlossen, sei schließlich auf die Schrift von *Hermelink*, Reformation und Gegenreformation, verwiesen, die allerdings in erster Linie anderen Problemen zugewendet ist.

[447] (Ich lasse diese Sätze hier unverändert stehen.) – Für die *Spannung* zwischen Lebensideal und Realität in der frühkapitalistischen Zeit vor der Reformation jetzt *Strieder*, Studien zur Geschichte der kapitalist. Organisationsformen (1914) Buch II (auch gegen die früher zitierte von Sombart benutzte Schrift von *Keller*).

[448] Anm. Ich finde, daß dieser Satz und die unmittelbar vorausgehenden Be- und Anmerkungen wohl hätten genügen dürfen, um jedes Mißverständnis dessen, was diese Abhandlung leisten wollte, auszuschließen und finde *keinen Anlaß zu irgendeinem Zusatz*. Statt der ursprünglich beabsichtigten unmittelbaren Fortsetzung im Sinn des weiter oben stehenden Programms habe ich mich, teils aus zufälligen Gründen, insbesondere wegen des Erscheinens von E. Troeltschs „Soziallehren der christlichen Kirchen" (der manches von mir zu Erörternde in einer Art erledigte, wie ich als Nicht-Theologe es nicht gekonnt hätte), teils aber auch, um diese Ausführungen ihrer Isoliertheit zu entkleiden und in die Gesamtheit der Kulturentwicklung hineinzustellen, seinerzeit entschlossen, zunächst die Resultate vergleichender Studien über die *universal*geschichtlichen Zusammenhänge von Religion und Gesellschaft niederzuschreiben. Diese folgen hier. Ihnen vorangestellt ist nur ein kurzer Gelegenheitsaufsatz zur Klärung des oben verwendeten „Sekten"-Begriffs und zugleich zur Darlegung der Bedeutung der puritanischen *Kirchen*-Konzeption für den kapitalistischen Geist der Neuzeit.